U0720420

抗日战争专题研究

张宪文 主
朱庆葆 编

第六辑
战时经济
与社会

民生公司
与抗日战争

张守广 著

江苏人民出版社

图书在版编目(CIP)数据

民生公司与抗日战争/张守广著.—南京:江苏
人民出版社,2022.1

(抗日战争专题研究/张宪文,朱庆葆主编)
ISBN 978 - 7 - 214 - 26142 - 7

Ⅰ.①民… Ⅱ.①张… Ⅲ.①抗日战争-史料-研究
-中国②长江-航运-交通运输史-研究-1931—1945
Ⅳ.①K265.06②F552.9

中国版本图书馆 CIP 数据核字(2021)第 077823 号

书 名	民生公司与抗日战争	
著 者	张守广	
责 任 编 辑	莫莹萍	
责 任 校 对	张 欣	
装 帧 设 计	刘葶葶	
责 任 监 制	王 娟	
出 版 发 行	江苏人民出版社	
地 址	南京市湖南路 1 号 A 楼,邮编:210009	
照 排	江苏凤凰制版有限公司	
印 刷	苏州市越洋印刷有限公司	
开 本	652 毫米×960 毫米 1/16	
印 张	29.25 插页 4	
字 数	343 千字	
版 次	2022 年 1 月第 1 版	
印 次	2022 年 1 月第 1 次印刷	
标 准 书 号	ISBN 978 - 7 - 214 - 26142 - 7	
定 价	108.00 元	

(江苏人民出版社图书凡印装错误可向承印厂调换)

教育部哲学社会科学研究重大委托项目
2021年度国家出版基金资助项目
南京大学"双一流"建设卓越计划项目

———— 合作单位 ————

南京大学　北京大学　南开大学　武汉大学
复旦大学　浙江大学　山东大学
台湾中国近代史学会

———— 学术顾问 ————

金冲及　章开沅　魏宏运　张玉法　张海鹏
姜义华　杨冬权　胡德坤　吕芳上　王建朗

总　序

张宪文　朱庆葆

　　日本侵华与中国抗日战争是近代中国最重大的历史事件。中国人民经过 14 年艰苦卓绝的英勇奋战，付出惨重的生命和财产的代价，终于取得伟大的胜利。

　　自 1945 年抗日战争结束至 2015 年，度过了漫长的 70 年。对这一影响中国和世界历史进程的重大事件，国内外历史学界已经做过大量的学术研究，出版了许多论著。2015 年 7 月 30 日，在抗日战争胜利 70 周年前夕，中共中央政治局就中国人民抗日战争的回顾和思考进行集体学习，习近平总书记发表重要讲话，指示学术界应该广为搜集整理历史资料，大力加强对抗日战争历史的研究。半个月后，中共中央宣传部迅速制定抗日战争研究的专项规划。8 月下旬，时任中共中央宣传部部长刘奇葆召开中央各有关部委、国家科研机构和部分高校代表出席的专题会议，动员全面贯彻习总书记的讲话精神，武汉大学和南京大学的代表出席该会。

　　在这一形势下，教育部部领导和社会科学司决定推动全国高校积极投入抗战历史研究，积极支持南京大学联合有关高校建立抗战研究协同创新中心，并于南京中央饭店召开了由数十所高校的百余位教授、学者参加的抗战历史研讨会。台湾中国近代史学会也派出十多位学者,在吕芳上、陈立文教授率领下出席会议,共同协商在新时代深入开展抗战历史研究的具体方案。台湾著名资深教授蒋永敬在会议上发表了热情洋溢的讲话。经过几个月的酝酿和准备,南京大学决定牵头联合我国在抗战历史研究方面有深厚学术基础的北京大学、南开大学、武汉大学、复旦大学、浙江大学、山东大学及台湾中国近代史学会,组织两岸历史学者共同组建编纂委员会,深入开展抗日战争专题研究。中央档案馆和中国第二历史档案馆也积极支持。在南京中央饭店学术会议基础上,编纂委员会初步筛选出130个备选课题。

南京大学多次举行党政联席会议和校学术委员会会议,专门研究支持这一重大学术工程。学校两届领导班子均提出具体措施支持本项工作,还派出时任校党委副书记朱庆葆教授直接领导,校社科处也做了大量工作。南京大学将本项目纳入学校"双一流"建设卓越计划,并陆续提供大量经费支持。

江苏省委、省政府以及江苏省委宣传部,均曾批示支持抗战历史研究项目。国家教育部社科司将本项研究列为哲学社会科学研究重大委托项目,并要求项目完成和出版后,努力成为高等学校代表性、标志性的优秀成果。

本项目编纂委员会考察了抗战历史研究的学术史和已有的成果状况,坚持把学术创新放在第一位,坚持填补以往学术研究的空白,不做重复性、整体性的发展史研究,以此推动抗战历史研究在已有基础上不断向前发展。

本项目坚持学术创新,扩大研究方向和范围。从以往十分关注的九一八事变向前延伸至日本国内,研究日本为什么发动侵华战争,日本在早期做了哪些战争准备,其中包括思想、政治、物质、军事、人力等方面的准备。而在战争进入中国南方之后,日本开始实施一号作战,将战争引出中国国境,即引向亚太地区,对东南亚各国及东南亚地区的西方盟国势力发动残酷战争。特别是日军偷袭美军重要海军基地珍珠港,不仅给美军造成严重的军事损失,也引发了日本法西斯逐步走向灭亡的太平洋战争。由此,美国转变为支援中国抗战的主要盟国。拓展研究范围,研究日本战争准备和研究亚太地区的抗日战争,有利于进一步揭露日本妄图占领中国、侵占亚洲、独霸世界的阴谋。

本项目以民族战争、全民抗战、敌后和正面战场相互支持相互依靠的抗战整体,来分析和认识中国抗日战争全局。课题以国共两党合作为基础,运用大量史实,明确两党在抗日战争中的地位和作用,正确认识各民族、各阶级对抗日战争的贡献。本项目内容涉及中日双方战争准备、战时军事斗争、战时政治外交、战时经济文化、战时社会变迁、中共抗战、敌后根据地建设以及日本在华统治和暴行等方面,从不同视角和不同层面,深入阐明抗日战争的曲折艰难历程,以深刻说明中国抗日战争的重大意义,进一步促进中华民族的伟大复兴。

对于学界已经研究得甚为完善的课题,本项目进一步开拓新的研究角度和深化研究内容。如对山西抗战的研究更加侧重于国共合作抗战;对武汉会战的研究将进一步厘清抗战中期中国政治、经济、社会的变迁及国共之间新的友好关系。抗战前期国民党军队丢失大片国土,而中国共产党在十分艰难的状况下,在敌后逐步收复失地,建立抗日根据地。本项目要求各根据地相关研究课题,应在以往学界成果基础上,着力考察根据地在社会改造、经济、政治、人才培养等方面,如何探索和积累经验,为1949年后的新中国建设提供有益的借鉴。抗战时期文学艺术界以其特有的文化功能,在揭露日军罪行、动员广大民众投入抗战方面,发挥了重要作用。我们尝试与艺术界合作，动员南京艺术学院的教授撰写了与抗日战争相关的电影、美术、音乐等方面的著作。

本项目编纂委员会坚持鼓励各位作者努力挖掘、搜集第一手历史资料，为建立创新性的学术观点打下坚实基础。编纂委员会要求全体作者坚决贯彻严谨的治学作风，坚持严肃的学术道德，恪守学术规范，不得出现任何抄袭行为。对此，编纂委员会对全部书稿进行了两次"查重"，以争取各个研究课题达到较高的学术水平，减少学术差错。同时，还聘请了数十位资深专家，对每部书稿从不同角度进行了五轮审稿。

本项目自2015年酝酿、启动，至2021年开始编辑出版，是一项巨大的学术工程，它是教育部重点研究基地南京大学中华民国史研究中心一直坚持的重大学术方向。百余位学者、教授，六年时间里付出了艰辛的劳动，对抗战历史研究做出了重要贡献！编纂委员会向全体作者，向教育部、江苏省委省政府以及各学术合作院校，向江苏凤凰出版传媒集团暨江苏人民出版社，向全体编辑人员，表示最崇高的敬意和诚挚的感谢！

目　录

表格目录

导　论

　　大江东去,万里奔腾,自古磨砺英雄。民生实业股份有限公司(以下简称民生公司)就是依托长江,特别是依托川江及其腹地,在军阀混战持续不断、民族危机日益加深的艰难局面下,由小到大发展起来,并对坚持持久抗战作出重大贡献的现代早期大型民族资本企业。

　　长江中下游水面宽阔,古称天堑。长江上游险滩众多,阻碍行船。到清代尤其是清代中叶,随着川江水运取得突破性的发展,以长江为主干的东西航运大动脉得到拓展从而贯通。[①]自近代轮船畅行以后,长江作为横贯我国东西的水上大动脉,在中国水运史上的地位更加重要。作为后起的近代民族资本大型轮船公司,民生公司筹备于1925年,第二年开始在嘉陵江和长江上游运营。开办之初,民生公司的股本只有艰难筹措而来的8 000元现款,负责人卢作孚用其中的一部分股款订造了一艘70吨内河小轮船。由于船

---

① 许涤新、吴承明主编:《中国资本主义发展史》第1卷《中国资本主义的萌芽》,北京:人民出版社1985年版,第269—271页。

小股份少，"大家以为开玩笑"①。就是这样一家初创时被人看不上眼的小公司，在 20 世纪 30 年代初的几年间，采用"宽厚的办法"②，对川江华商轮船进行了"善意的合并"③，很快就发展成为川江轮船航运业的劲旅，改变了川江华商轮船公司过去资金微薄、经营分散、缺乏竞争力的不利状况。接着，其又与资本雄厚、技术和管理先进、横行川江的美商捷江轮船公司展开竞争并取胜，成功收购该公司在长江航线的大部分轮船和产业，从而成为以长江上游航线即峡江航线为主要依托，以川渝地区为经济腹地的大型民族资本航运企业。

在民生公司的早期发展进程中，中国正受到来自东邻日本的严重战争威胁。战争形态从一战开始就发生了重大的改变，现代国家间的战争变成了"全体性战争"，而"全体性战争所要求于人民者，为民族之全力"④。对于现代工业在全体性战争中的作用，人们早已有了十分清醒的认识。高叔康在《新经济》上发表的《经济战》一文说："军队的编制和武器，随着社会生产组织和生产技术的改变而改变。换一句话说，现在军队的机械化、动力化、技术化是现代工业化的产儿。工业化没有完成的国家，军队的机械化、动力

---

① 凌耀伦、熊甫编：《卢作孚文集》，北京：北京大学出版社 1999 年版，第 375 页。

② 朱荫贵教授说："卢作孚采取了易被人接受的较为宽厚的办法，即凡愿意归并于民生公司的川江华轮公司，均以优惠的价格将其资产折价，以现金代偿债务，结余部分作为股本加入民生公司，原有人员则全部量才录用。"参见朱荫贵《中国近代股份制企业研究》，上海：上海财经大学出版社 2008 年版，第 193 页。

③ 张忠民教授也指出：民生公司统一川江华轮的行为，"从合并的类型上看，大多是属于一种善意的合并"。参见张忠民《艰难的变迁：近代中国公司制度研究》，上海：上海社会科学院出版社 2002 年版，第 500 页。

④ ［德］埃里克·鲁登道夫著，张君劢译：《总体战》，北京：北京理工大学出版社 2007 年版，第 3 页。

化、技术化，也就不能配备得了。因为武力的形成依存于社会生产发展的力量，生产力量就是形成武力的重要基础。"其结论是："建国的主要工作，就在完成中国工业化。完成了中国工业化，就是树立我们建国的'钢骨'。"①问题是中国的现代工业远远落后于当时的日本，这是中国的全面抗战一定是持久战的重要原因之一。高度集中在沿海和沿江的十分有限的现代工业需要内迁，机关、学校、政府机构也需要内迁，内迁运输成为关乎抗战能否持久进行的大问题。

全面抗战爆发后，民生公司成为沿海沿江机关、学校、厂矿内迁的重要运输力量。尤其在川江运输中，民生公司作为主要的轮船公司发挥了无可替代的作用，成为中国抗战史上的不朽传奇。卢作孚以国民政府交通部常务次长和民生公司总经理的双重身份充分发挥了其运筹和组织的长才，有效保证了川江运输的有序和成功。截至1942年年底，民生公司运输"兵工器材约17万吨，壮丁部队约200万人，军品辎重约26万吨，其他工商物资，尚未计入"②。民生公司的巨大贡献获得了社会各界人士的一致赞誉，冯玉祥1944年6月在民生公司的讲演中，就称赞"民生公司是救国公司"③。民生公司无愧于这样的赞誉。

民生公司的事业与卢作孚密不可分。卢作孚生于1893年，在他出生第二年就爆发了甲午战争。甲午战争的失败，刺激中国知识界在观念上和行动上发生了一系列极其艰难而重要的变化。在这个变化中，中国社会"产生了一批有远见有魄力的人，他们以身

---

① 高叔康：《经济战》，《新经济》第4卷第8期，1941年1月，第174页。
② 龚学遂：《中国战时交通史》，上海：商务印书馆1947年版，第230页。
③《民生实业公司简讯》第698期，1943年6月28日。

作则,埋头努力,不计成败地去倡导各种最切要的实业,著有良绩,才转变了全国有志人士的观点,造成了兴办实业的风气,不再向猎官求名的方向奔竞,转向办实业开矿山的途径发展了"①。南方的张謇和北方的周学熙,即"南张北周",便是其中最为著名的代表人物。尽管就时代而言晚了40年,但张謇及其事业对卢作孚具有非常大的影响。如果说张謇的事业是民族战争失败后的奋起,那么卢作孚的事业则主要是对新的民族战争的因应。几乎从创办的那一天开始,民生公司就在为即将到来的战争积蓄物质的力量,进行精神的训练。早在1929年,已经创办民生公司的卢作孚兼任了川江航务处处长,采取强有力措施,成功地对进出重庆港的外籍轮船进行管理。1930年,卢作孚率领由民生公司、峡防局等人员组成的合组考察团,经华东、华北到东三省进行实地考察,真切感受到了日本人正处心积虑地准备发动大规模的侵华战争。在长春,卢作孚一行"经过西广场,见着日本的兵营正有一队兵在那里演习劈刺,非常努力。所谓文明国家,处心积虑,朝夕准备的才是同人厮杀的事,岂不太可叹息! 而且在这里准备厮杀的是谁人,我们岂可熟视"②?

　　卢作孚作为民生公司的创办人和总经理,深深地影响着民生公司事业的导向和荣枯。卢作孚曾经积极主张过"教育救国",并著文表示"教育为救国不二之法门"③。但他从切身的感受中,逐渐对许多空疏的救国主张产生了怀疑。他曾说:如果总是遇一回灾

① 胡光麃:《波逐六十年》,沈云龙主编:《近代中国史料丛刊续编》(616),台北:文海出版社1974年版,第182页。
② 卢作孚:《东北游记》,张研、孙燕京主编:《民国史料丛刊》(808),郑州:大象出版社2009年版,第231页。
③ 凌耀伦、熊甫编:《卢作孚文集》,第1页。

难救一回亡,恐怕要一直救到亡国的时候。由此,卢作孚开始探寻在他看来更加切实和富有意义的人生道路。在不断的摸索中,他越来越注重包括教育、科学、实业在内的各种建设事业的创办和经营,从而形成了一套现代化建设的思想主张。他认为:"中国的根本办法是建国不是救亡,是需要建设成功一个现代的国家,使自有不亡的保障。"①又说:"我们的责任绝不是救亡,而是将一个国家经营到像一个国家——像一个现代的国家。"②他不厌其烦地强调:"(中国的)根本问题,就是建设成功一个现代化的国家。"③卢作孚所要追求的现代化国家,不仅要有现代的工厂、农场、交通、科学,还是一个超越了家族利益的现代集团。生活在这个现代集团中的人们,以服务社会为天职,在生活上相互依赖。④ 具体到四川现代化建设的目标,他提出要经过建设,使四川"各个地方布满铁路之网,布满电线之网,一切大规模的工业都次第举办起来,集中生产大批出口,使原来贫穷的人都会变为有钱的富家翁了。这样一来,不单是可以把'魔窟'变为'桃源',而且是也要把'天府'造成'天国'"⑤。以现代化建设思想为动力,卢作孚主持进行了一系列建设试验,通过试验寻找社会改造的方法,探索建设现代化国家的途径,致力于"局部改造以规范全局"⑥的摸索和努力。他满怀信心地希望通过自己的局部社会改造试验的成果,去影响中国社会整体的现代化改造,以局部改造的鲜活经验做整体社会改造的先导,从

---

① 凌耀伦、熊甫编:《卢作孚文集》,第 272 页。
② 卢作孚:《我们对于国家的责任》,《申报》,1936 年 1 月 1 日,第 6 版。
③ 凌耀伦、熊甫编:《卢作孚文集》,第 430 页。
④ 参见卢作孚《建设中国的困难及其必循的道路》,《大公报》,1934 年 8 月 8 日,第 3 版。
⑤ 凌耀伦、熊甫编:《卢作孚文集》,第 207 页。
⑥ 黄立人主编:《卢作孚书信集》,成都:四川人民出版社 2003 年版,第 144 页。

而推动和加快民族复兴的进程,建设一个富强、美丽、各尽所能、相互依赖、各尽义务的现代化新中国。在卢作孚的社会改造和建设试验中,最重要的是民生公司的现代企业经营试验和北碚的区域现代化建设试验。卢作孚坚信个人把自己手中的事业做好,把建设事业做好就是爱国,坚信民生公司经营中最有价值的报酬是成绩和贡献。他说:"我们的报酬不是金钱,而是事功,是我们对国家直接、间接的贡献。"①他强调:"个人的工作是超报酬的,事业的任务是超利润的。""个人为事业服务,事业为社会服务。"②卢作孚的上述论述和坚持,是民生公司价值观的体现。以"服务社会"为核心的价值观,是民生公司在抗日战争中成为一家能够为国家、为民族作出巨大贡献而不骄,付出巨大牺牲而不悔的重要精神动力。卢作孚创办了民生公司,并悉心经营,将其发展成为以轮船运输业为核心的大型现代企业,但卢作孚本人始终只是民生公司的一个小股东。直到1949年年底,卢作孚及其亲属在民生公司的股本数只有4 937股,仅占公司80万总股本数(每股100元)中微不足道的6‰而已。③

对民生公司的研究,在公司的发展过程中就开始了。20世纪三四十年代关于民生公司的研究资料中,特别值得注意的有四项。其中之一是由民生实业公司十一周年纪念刊编辑委员会所编的《民生实业公司十一周年纪念刊》(中华书局1937年版)。该纪念

①《公司成立十八周年纪念会志略·卢总经理报告》,《民生公司简讯》第714号,1943年10月18日。
②徐盈:《当代中国实业人物志·卢作孚》,《新中华》复刊号第2卷第6期,1944年6月,第108页。
③《民生实业公司股东名册》(1949年12月31日),广东省档案馆藏,民生实业公司广州分公司档案,49/1/76。

刊内容丰富,以卢作孚《一桩事业的几个要求》一文代序言,内容涉及民生公司航业、机器业、电气业、染织业、代办业、投资事业、人事、大事记、纪念死者、公司章程、组织系统表、事业概况表、现有轮船表、航线图、总分各部主干人员及各轮经理管理人姓名、总分各部所在地以及统计图表等,既全面反映了公司发展,也是对公司十一年发展过程的一个历史总结。其二是 1943 年卢作孚所著《一桩惨淡经营的事业——民生实业公司》。这是一本小册子,通过"在航业消沉时产生""第一只轮船'民主'""机器事业开始""三只轮船两条航线""运动航业化零为整""面对一切困难""进一步改善及发展""战时运输中最紧张的一幕""如何准备战时运输""巨大的损失与牺牲""有计划的投资"十一部分,简要而完整地回顾了民生公司筹备和发展的历史,尤其还记述了民生公司对全面抗战时期内迁运输的巨大贡献。其三是 1950 年 7 月 21 日《民生实业公司简讯》第 1036 期刊载的《民生公司简史》(上),作者不详。这个研究成果第一次明确地以"简史"的形式记述了民生公司的早期发展史,并把这一段发展史分为三个阶段:甲创始时期(1924 年—1929 年);乙发展时期(1930 年—1935 年 6 月);丙整理时期(1935 年 6 月—1936 年 6 月)。尽管内容简略,但分期清晰。第 1037 期应有《民生公司简史》(下),可惜这一期简讯迄今未能找到。第三项是《当代中国实业人物志·卢作孚》。1944 年 6 月出版的《新中华》复刊号第 2 卷第 6 期,刊载了大公报著名记者徐盈撰写的《当代中国实业人物志·卢作孚》。该文分"对效率的追求""民生公司的努力""由一只船到一三七只船""牺牲与创造"四部分,记述和考察了卢作孚、民生公司以及民生公司对抗战的贡献。该文根据卢作孚所说,称最初是晏阳初把武汉沦陷后的宜昌撤退抢运称为"中国实业上的敦刻尔克"①。在述及卢作孚与民生公司的关系及贡献时,徐盈写道:没有卢作孚,就没有民生公司。假若没有民生公司和它在战时的牺牲和创造,"也许不是今天的局面"②。之后,徐盈还把该文收入其《当代中国实业人物志》一书,该书于 1948 年由中华书局出版。第四项值得注意的成果是许晚成的《船主奋斗史》(上海龙文书店 1950 年版)。该书是许晚成根据其 1945 年和 1949 年两次采访民生公司著名船长周海清的记录撰写而成,全书有 10 章,第一章到第五章主要讲述周海清在长江轮船上从西崽到船长的奋斗历程,第六章到第九章记述周海清在民生公司任船长、参加抗战运输,以及出国到加拿大督造轮船等经历。对我们了解长江轮船航运的发展以及民生公司在全面抗战爆发前的准备、抗战中的贡献、抗战后的复员运输和重建,具有重要的参考价值。

20 世纪 50 年代末到 60 年代初,武汉大学经济系曾与交通部长江航运管理局合作,编写了《民生公司历史资料汇编》。该书分为四编,第一编为"民生公司的创立及初期发展(1926 年 10 月—1937 年 8 月)",第二编为"抗日时期的民生公司(1937 年 8 月—1945 年 9 月)",第三编为"抗战胜利后的民生公司(1945 年 9 月—1949 年 5 月)",第四编为"解放后民生公司的社会主义改造(1949 年 5 月—1958 年)"。这部资料汇编尽管有各种局限性,但内容丰富,且大体已经编辑完成,然而没有能够正式出版十分可惜。

20 世纪 80 年代以后,关于中国近代企业史、近代企业家以及水运史的研究受到重视。有关卢作孚和民生公司的系统研究开始

---

① 徐盈:《当代中国实业人物志·卢作孚》,《新中华》复刊号第 2 卷第 6 期,1944 年 6 月,第 110 页。

② 徐盈:《当代中国实业人物志·卢作孚》,《新中华》复刊号第 2 卷第 6 期,1944 年 6 月,第 133 页。

出现。最早较为系统的研究是卢国纪根据相关历史资料以及家族记忆撰写的《我的父亲卢作孚》(重庆出版社 1984 年版)。该书出版后产生了很大的社会影响,随后又经过两次修订先后在四川人民出版社(2003 年)和人民出版社(2014 年)出版。1988 年,凌耀伦所著的专题性研究著作《卢作孚与民生公司》由四川大学出版社出版。该书分上下两编,上编考察和分析了卢作孚有关社会经济和企业管理的主张,下编考察和分析了民生公司的发展历程和经验、教训。在此基础上,凌耀伦所著《民生公司史》作为中国水运史丛书的一种,于 1990 年由人民交通出版社出版。该书把民生公司分为创立和发展(1925—1937 年)、壮大(1937—1945 年)、困难(1946—1949 年)、社会主义改造(1949—1956 年)四个时期。作为民生公司研究领域的开拓性著作,该书从水运史、经济史的角度,利用交通部长江航远管理局(现为"交通运输部长江航务管理局",以下简称"长航局")丰富的档案史料,对民生公司从初创到公私合营,进行了深入、系统的研究。在卢作孚文集的整理出版方面,从 1989 年罗中福、李萱华、唐文光合编《卢作孚文选》(西南师范大学出版社 1989 年版)开始,黄立人主编《卢作孚书信集》(四川人民出版社 2003 年版),凌耀伦、熊甫编《卢作孚文集》(北京大学出版社 2012 年增订版),王果编《中国近代思想家文库·卢作孚卷》(中国人民大学出版社 2015 年版),张守广、项锦熙主编《卢作孚全集》(人民日报出版社 2016 年版)等的相继出版,为研究卢作孚的社会改造思想和管理思想,奠定了较为丰富的资料基础。有关民生公司和卢作孚的专门研究或论文集、资料集尚有杨光彦、刘重来主编的《卢作孚与中国现代化研究》(西南师范大学出版社 1995 年版),周凝华、田海蓝所著的《卢作孚和民生公司》(河南人民出版社 1998 年版),凌耀伦、周永林主编的《卢作孚研究文集》(北京大学出版社

2000 年版),周永林、凌耀伦主编的《卢作孚追思录》(重庆出版社
2001 年版),赵晓铃所著的《卢作孚的梦想与实践》(四川人民出版
社 2002 年版),刘重来主编的《卢作孚社会改革实践与中国现代化
研究》(香港天马出版公司 2004 年版),朱复胜主编的《宜昌大撤退
图文志》(贵州人民出版社 2005 年版),赵晓铃所著的《卢作孚的选
择》(广东人民出版社 2010 年版),张守广所著的《卢作孚年谱长
编》(中国社会科学出版社 2014 年版),项锦熙主编的《民生公司演
讲集》(人民日报出版社 2016 年版)等。2015 年 8 月,上海中国航
海博物馆主办的《国家航海》12 期邀请澳大利亚昆士兰大学黎志刚
教授为特约主编,编辑了《民生公司 90 周年纪念专刊》。该专刊收
录黎志刚、戴鞍钢、刘重来、罗安妮、马长林、朱荫贵等人的研究论
文 11 篇,集中探讨和书写民生公司的航海问题。其中,黎志刚的
论文《卢作孚、民生公司和中国航运业的发展》从宏观视野考察了
卢作孚、民生公司及其在中国航运业中的地位和作用,指出民生公
司的创办人卢作孚是中国航运界的先驱,"是一个精明且具有现代
化视野的企业家","为重庆乃至中国的航运界作出了杰出的贡
献"。戴鞍钢的论文《卢作孚与长江航运——以创办民生公司为中
心(1925—1931)》主要考察了在民生公司初创时期卢作孚对推动
民族航运业发展的贡献,指出卢作孚在创办民生公司之初"所展示
的非凡的勇气、智慧和创业精神,令人崇敬"。刘重来《艰难起航称
雄川江——论卢作孚在民生公司初创中的经营举措》,认为民生公
司能够战胜困难发展壮大的重要原因是民生精神,而"民生精神的
核心价值理念是公司超个人、超集团利益的价值观"。美国学者罗
安妮(Anne Reinhardt)的《卢作孚与茶房:民生公司的管理对于长
江航运公司的影响(1930—1937)》从民生公司轮船上的服务员即
茶房管理入手,探讨了民生公司从小到大的发展和转变的原因。

该文指出,卢作孚于 1925 年创立民生公司时,川江航运业正处于衰落时期。卢作孚以非凡的智慧和勇气,开辟新航线,改善管理,推进川江航业"化零为整",凝聚民生精神(爱国主义、集体主义和艰苦奋斗),施行三段航行。这些举措使民生公司在激烈的商业竞争中取得了良好的开端。在不到十年的时间里,成为川江现代航运业的翘楚。澳大利亚昆士兰大学历史哲学学院博士候选人吴晓璐的《天府煤矿的现代企业转型初探(1925—1945)》一文根据当时的期刊、书信、档案等资料,讨论了卢作孚"矿(天府煤矿)—路(北川铁路)—船(民生轮船)""三位一体"的企业集团发展形态,以及相关问题。该文指出,为适应民生公司用煤需求,卢作孚把眼光投向自办煤矿,创办了天府煤矿,又经过几次转型,使天府煤矿成为民生公司燃料基地的同时,成为一个独立经营的大型煤矿企业。朱荫贵在《抗战胜利后的轮船招商局与民生公司》一文中,通过分析战后招商局和民生公司的消长,探讨了国家资本和民族资本在战后的不同境遇和发展路径。张利民的论文通过卢作孚从政探讨了企业家社会责任问题,马长林探讨了卢作孚与宜昌大撤退问题。此外,特别值得注意的论文还有熊甫、凌耀伦、马昌铭撰写的《民生公司的企业管理与行为科学》(《中国社会经济史研究》1985 年第 2 期)与李金铮、邓红的《论卢作孚对民生公司的有效管理》(《近代史研究》1990 年第 3 期)。两篇文章从企业管理的层面,给予卢作孚和民生公司以相当高的评价。此外,尚有若干以专章或较大篇幅涉及民生公司的研究著作,如徐鼎新著《中国近代企业的科技力量与科技效应》(上海社会科学院出版社 1995 年版)、张忠民著《艰难的变迁:近代中国企业制度研究》(上海社会科学院出版社 2002 年版)、张瑾著《权力、冲突与变革:1926—1937 年重庆城市现代化研究》(重庆出版社 2003 年版)、黄振亚著《长江大撤退全景实录》(广东人民出版社 2013 年版)、苏智良等编著《中国抗战内迁实录》(上海人民出版社 2015 年版)等。上述研究,大致从卢作孚、水运史、企业管理与企业制度、科技应用、战时内迁、城市史等角度,对民生公司进行了相关研究。其中,朱荫贵、黎志刚、李金铮、张忠民、徐鼎新、罗安妮的观点很有启发性。

本书不同于上述研究的地方在于,从 14 年抗战的角度出发,即在日本大举侵华给中华民族造成空前危机这样的历史背景下,讨论了像民生公司这样的中国民族资本企业如何适应历史条件,通过自身努力迅速发展壮大,并为抗战的持久进行作出重大的历史贡献。本书主要内容由互相联系的三部分组成:

第一章至第三章为第一部分,主要考察了民生公司于 1926 年初创后,特别是1931—1937 年抗战全面爆发之前即局部抗战时期,通过制度创新、善意合并、公司化改造、建造新轮等经营手段,获得了迅速发展和壮大,其发展动力主要来自日本侵华和严重民族危机所激发起来的爱国主义。推动民生公司发展壮大的这种爱国主义,具体表现为发展理念的现代化(现代集团)、企业规模的大型化、经营管理的合理化。当时民生公司的根本理念是"把事业做好就是爱国"。

第四章为第二部分,主要考察抗战全面爆发后,民生公司在政府及文教机构、厂矿企业、难童的内迁抢运,出川将士、前线伤亡将士,以及军用物资的运送等关乎持久抗战的重大事项上的作用。这一时期民生公司的爱国主义表现为不畏强暴、不怕牺牲的企业担当,在抢运政府机关、文教机构、厂矿企业人员物资的同时,输送川军出川抗战,运送伤亡将士到后方,为持久抗战的进行,做出了彪炳史册的巨大贡献。民生公司在这一时期的突出表现成为其历史上最为辉煌的篇章。

　　第五章和第六章为第三部分，主要考察了全面抗战时期民生公司在发展成为大型实业公司的同时，在大后方社会经济急剧变迁的历史背景下，日益陷入艰难处境的过程；这一部分还试图通过考察抗战后期、战后民生公司力图摆脱困境的努力，以及处境日益艰困的状况，探讨民生公司这样大型而且贡献巨大的民族资本企业由盛到衰的原因，试图揭示大规模、强烈度、长时间的抗日战争对中国近代企业和社会经济变迁的巨大、深远影响。

第一章　民生公司的创办与初期发展

民生公司由卢作孚于 1925 年 10 月开始筹办,并于 1926 年 8 月开始在嘉陵江下游从事商业运营。因为船小、资本少,民生公司在筹办期间和运营之初并不被人看好。由于制度得宜,经营得法,民生公司在以重庆为中心、竞争异常激烈的长江上游轮船航运业中,很快就建立起良好的社会信誉,为这项事业的进一步发展奠定了初步根基。

第一节　川江航运与民生公司的创办

民生公司诞生于嘉陵江下游的合川。嘉陵江发源于陕西,经陕西、甘肃、四川,在重庆朝天门汇入长江。合川则是嘉陵江、涪江和渠江汇合处的交通要道,是经济相对繁荣的城市。民生公司从这里起航,并从嘉陵江进入长江,成为川江轮船航运业中一个不起眼的小企业。

一、川江航运的早期状况

川江大约指湖北宜昌到四川宜宾之间的长江航线,其中重庆下游到宜昌又称峡江。重庆位于长江、嘉陵江两江汇合处。汇入两江的主要支流有乌江、綦江、涪江、渠江等,其他南来北汇的小河还有不少。因此,重庆自古就是长江上游的重要码头,水上交通向称便利。《乾隆巴县志》说这里"三江总汇,水陆冲衢,商贾之囤,百货萃聚"①。自古以来,重庆就是水路出入四川的要道。②

　　1876 年,根据中英《烟台条约》,英国获得派员"寓驻"重庆特权。1890 年 3 月,中英订立《烟台条约续增专条》,英国获得重庆开埠的条约权利。③ 1891 年,根据相关条约规定,重庆正式对外开埠通商,并设立由"客卿"把持的海关。当时,进出重庆港口的"挂旗船"全为木船,且"俱系华轮"。出口第一号挂旗船由英商太古洋行雇佣,装载黄丝、白蜡等货于 5 月 12 日出口。进口第一号挂旗船由英商立德洋行雇佣,装载火油、海带等货于 5 月 12 日进口。由于川江"凶滩险隘甚多","下水稍易,上水尤难",进口船从宜昌到重庆全程航行用时 40 多天。统计 1891 年进口挂旗船共 300 只,计载 7 300 余吨。内载 50 吨者 1%,载 30 吨者 23%,载 10 吨者 76%。出口挂旗船共 307 只,计载 73 000 余担④。内载 1 000 担者 1%,载 500 担者 8%,载 250 担者 31%,载 100 余担者 45%,载 20 余担者 15%。⑤ 1892 年,重庆海关全年进口的木船 1 203 只,其中英商雇佣者 680 只、美商雇佣者 395 只、招商局雇佣者 128 只。出口的木船

---

① 《乾隆巴县志》第 10 卷,"风土",吴波主编:《重庆地域历史文献选编》,成都:四川大学出版社 2011 年版,第 408 页。

② 周传儒:《四川省一瞥》,上海:商务印书馆 1926 年版,第 6 页。

③ 周勇主编:《重庆通史》第 2 卷,重庆:重庆出版社 2002 年版,第 283 页。

④ 担,中国古代重量计量单位,1 担等于 0.05 吨。

⑤ 重庆关税务司好博逊:《光绪十七年重庆口华洋贸易情形论略》,茅家琦、黄胜强、马振犊主编:《中国旧海关史料》第 17 册,北京:京华出版社 2001 年版,第 111 页。

676 只,其中英商雇佣者 434 只、美商雇佣者 2 只、招商局雇佣者 240 只。进口木船中大船载重 91 吨,小船 6 吨多,出口船载重大者 95 吨,极小 1 吨,一般 20—30 吨。① 作为通商口岸,此时重庆港不同于其他通商口岸"进出口各货均由轮船往来",虽兼有用木船装运者但不多,重庆"既无轮船往来,商人采办土货载旗船者固多,载民船者亦复不少。至洋货一项,则多由旗船运渝"②。

英国商人立德乐(Archibald John Little)的利川轮(Leechuan)入川是轮船航行川江的先导。1898 年重庆关海关报告载:"本年有英商立德(乐)自制利川小轮一艘行驶来川,因其船身略小,不便装货,拟在本口拖带驳船以及小号旗船。此为本省通商以来,轮船入川之第一次也。"③利川轮载重 7 吨,在枯水期间的 3 月由宜昌试航到重庆。1899 年,这只小轮返回上海。虽然该轮未能运货到重庆,但这是抵达重庆的第一艘轮船,自此,"川江轮船航运业迈出了第一步"④。1900 年夏初,英国两艘浅水兵轮武克、武喇行驶入川,于5 月 8 日抵达重庆。⑤ 同年,6 月 20 日立德乐的肇通轮抵达重庆,从宜昌到重庆用时 73 小时。肇通轮船长 15 丈 3 尺⑥,宽 2 丈 5 尺半,深 8 尺半,机器足抵马力 1 000 匹,在英国名厂制造。其在航行

---

① 重庆关署税务司好博逊:《光绪十八年重庆口华洋贸易情形论略》,茅家琦、黄胜强、马振犊主编:《中国旧海关史料》第 19 册,第 108 页。

② 重庆关署税务司好博逊:《光绪十九年重庆口华洋贸易情形论略》,茅家琦、黄胜强、马振犊主编:《中国旧海关史料》第 21 册,第 105 页。

③ 重庆关署税务司余德:《光绪二十四年重庆口华洋贸易情形论略》,茅家琦、黄胜强、马振犊主编:《中国旧海关史料》第 28 册,第 121 页。

④ 英国驻重庆领事列顿:《年度报告(1898)》,周勇、刘景修译编:《近代重庆经济与社会发展》,成都:四川大学出版社 1987 年版,第 277 页。

⑤ 署理重庆关税务司韩威礼:《光绪二十六年重庆口华洋贸易情形论略》,茅家琦、黄胜强、马振犊主编:《中国旧海关史料》第 32 册,第 124 页。

⑥ 丈、尺为中国古代长度计量单位,10 尺等于 1 丈。1 市丈合 $3\frac{1}{3}$ 米,1 市尺合 1/3 米。

途中于泄滩损失两条钢丝牵绳，但这对行驶不造成影响。① 肇通号商轮抵达重庆，"促起了扬子江上游航行规约的制订"②。商轮的出现，对重庆这个长江上游大码头的货品集散功能产生了巨大的影响。12 月 27 日，德商轮船瑞生轮从宜昌航行入川，途中于崆岭滩触礁沉没。③ 这是在川江上发生的第一起轮船沉船事故，溺毙乘客为数颇多，"川江行轮问题，遂引起莫大之疑虑"④。

　　1901 年 12 月 31 日，重庆轮船航运业开始实行扬子江上游航行规约。⑤ 1902 年，日商日清汽船会社的轮船也加入长江上游的商业运营。1908 年，资本 20 万两，官商合办的川江轮船公司在重庆创办。⑥ 川江轮船公司在英国著名造船厂定造特色船只 2 艘，1 艘为轮船，1 艘为拖船。⑦ 其中，轮船载重 80 吨，船长 115 英尺⑧，宽 15 英尺，吃水 3 英尺，装以水箭锅炉，其机器有 600 匹马力。拖船时每小时能行驶 11 海里。如不拖船，每小时能行驶 13.5 海里。拖船载重 159 吨，外有华客铺 68 张、西客铺 12 张，请英人蒲

---

① 署理重庆关税务司韩威礼：《光绪二十六年重庆口华洋贸易情形论略》，茅家琦、黄胜强、马振犊主编：《中国旧海关史料》第 32 册，第 125 页。

② 重庆关署理税务司花苏：《概述（1892—1901）》，周勇、刘景修译编：《近代重庆经济与社会发展》，第 141 页。

③ 署理重庆关税务司韩威礼：《光绪二十六年重庆口华洋贸易情形论略》，茅家琦、黄胜强、马振犊主编：《中国旧海关史料》第 32 册，第 128 页。

④ 邓少琴：《近代川江航运简史》，《邓少琴西南民族史地论集》下册，成都：巴蜀书社 2001 年版，第 929 页。

⑤ 重庆关署理税务司花苏：《概述（1892—1901）》，周勇、刘景修译编：《近代重庆经济与社会发展》，第 141 页。

⑥ 重庆关署理税务司斯泰老：《概述（1902—1911）》，周勇、刘景修译编：《近代重庆经济与社会发展》，第 149—150 页。

⑦ 重庆关署税务司阿其苏：《光绪三十四年重庆口华洋贸易情形论略》，茅家琦、黄胜强、马振犊主编：《中国旧海关史料》第 48 册，第 243 页。

⑧ 英尺，英美制长度单位，1 英尺等于 12 英寸，合 0.304 8 米。

兰德(又译蒲兰田)为船长,于 9 月 30 日从宜昌上行,10 月 8 日到重庆,共行驶 65 个小时。据称一路均极平安,并无些许危险。这是重庆开埠以后入口的第三艘营业性的轮船。① 由于季冬到季春的 3 个月中川江水枯滩多,不宜行船,因此 1910 年蜀通轮及拖船实际上只运营了 9 个月。从 1910 年 3 月 24 日到 12 月 20 日之间,蜀通轮航行 14 次,只有第 13 次发生了并无大碍的触礁。这一结果被认为"标志着通往重庆的轮船运输事业的重大发展"②。但 1911年,因为洪水等情况,蜀通轮的航行比上一年少了 6 趟。③ 1914 年5 月,蜀亨轮投入运营,川江轮船航运迎来了一个新的时期。之后,川汉铁路公司的大川、利川、巨川、济川,瑞庆公司的庆余、瑞余先后建造并投入川江营运,且均获得优厚利润。大利所在,川江轮船事业大有风起云涌之势。④ 资料载:

> 大队商轮在洪水季节(阳历四月至十一月)经常往来于扬子江上游的宜昌、重庆之间,使四川省敞开商业的汽船航行,是目前这十年间的突出特点。对一般旅行者来说,重庆已不再像从前年间只有依赖民船作为唯一的交通工具才能达到的遥远城市了。搭上一支为扬子江上游货运特制的加强汽力的轮船,由上海到重庆的行程现今约八天就能安适而且容易地完成,宜昌到重庆的距离也只三天至四天。这个重大成绩的

---

① 重庆关署税务司阿其苏:《宣统元年重庆口华洋贸易情形论略》,茅家琦、黄胜强、马振犊主编:《中国旧海关史料》第 51 册,第 268—269 页。

② 重庆关署理税务司斯泰老:《年度报告(1909)》,周勇、刘景修译编:《近代重庆经济与社会发展》,第322 页。

③ 重庆关胜利税务司斯泰老:《年度报告(1911)》,周勇、刘景修译编:《近代重庆经济与社会发展》,第330 页。

④ 张肖梅编著:《四川经济参考资料》,上海:中国国民经济研究所 1939 年版,第 H5 页。

取得主要应归功于已故的海关江工司（即簿蓝田①船长
Captain S. C. Plant），他不顾早先企图克服长江上游滩险的多
种艰难和屡经失败，坚持乐观信心，熟察长江这段复杂情况，
努力不懈地设计载重大、吃水浅、足以发挥商业效果的轮船。
这件事在一九一四年五月全功告成。其时由英国格拉斯哥的
雅罗公司（Messrs. Yarrow Glasgow Co.）依照簿蓝田船长设
计制造的蜀亨轮船到达江边，随即开始了宜昌、重庆之间经常
营运。这只船在随后年间一切符合期望。它的蒸汽力强大到
足以使它上溯各个险滩不需外力相助，并且在财务上它给它
的主人们带来巨大成绩。然而，乃是经过几年之后，扬子江上
游轮船吨位的增长出现飞速的发展，这才证实一种适宜的轮
船构造确被发明了……本港一九一二年只有一只轮船行驶，
轮船吨量总计四千九百吨，一九二一年升为十三万三千零九
十吨，其时约二十只轮船共同助成此数。②

有关统计资料，也反映出 1914 年起进出重庆的轮船迅速增加
的趋势。见表 1-1。

表 1-1　1909—1919 年重庆港轮船、木船进出口情况

| 年份 | 进口船只 | | | | 出口船只 | | | |
| | 轮船 | | 木船③ | | 轮船 | | 木船 | |
	船只数	吨位	船只数	吨位	船只数	吨位	船只数	吨位
1909	1	196	1 521	51 459	无	无	819	23 037
1910	14	2 744	1 269	47 998	15	2 940	787	24 751

① 通常翻译为蒲兰田。
② 重庆关署税务司古绿编：《概述（1912—1921）》，周勇、刘景修译编：《近代重庆经济与
社会发展》，第335页。
③ 原表中为"民船"，下文中的"民船"亦指"木船"。

续表

年份	进口船只				出口船只			
	轮船		木船		轮船		木船	
	船只数	吨位	船只数	吨位	船只数	吨位	船只数	吨位
1911	9	1 764	1 293	48 863	8	1 568	886	25 863
1912	12	2 352	1 203	49 906	13	2 548	936	29 855
1913	13	2 548	1 240	54 352	13	2 548	789	26 266
1914	47	43 293	1 423	82 032	43	12 154	740	38 197
1915	58	15 244	1 154	73 394	62	16 383	871	44 026
1916	35	11 108	870	56 547	18	5 266	867	50 682
1917	51	14 124	1 119	70 779	61	16 993	717	40 645
1918	22	4 314	704	41 140	21	4 380	701	28 550
1919	111	29 417	1 026	77 490	109	29 331	813	55 527

资料来源:周勇、刘景修译编:《近代重庆经济与社会发展》,第511页。

　　上表显示,1914年是重庆近代航运史上一个重要的分界线。相比之前,进出重庆的轮船显著增加。木船出口数量尽管变化不大,但吨位有显著增加。同时,进口木船数量虽然呈现出下降的趋势,但平均吨位却有上升。上述数字与1901年前后相比,情况就更加明显。因为在1901年前后,"重庆常年抵埠和离埠的民船大致不少于2万支(只),运载约50万吨"①。这一情况表明,在轮船大量出现后,重庆的木船运输也有显著的改进。轮船和木船共同促使了进出重庆的贸易量迅速增加。

　　1922—1931年的10年间,川江轮船航运出现了重大突破。在此之前,轮船大体上只能在每年4—12月之间行驶。一到冬季或

① 重庆关署理税务司花苏:《概述(1892—1901)》,周勇、刘景修译编:《近代重庆经济与社会发展》,第140页。

浅水时期,则川江轮船全部停航。在 1922 年浅水时期,小轮船试航川江获得成功。于是,宜渝之间轮船全年均可行驶,"实开本期长江上游航业之新纪元"①。同时,重庆海关方面积极增设川江航路上的标识、信号台及水尺等便利航行的设施,并于 1923 年参照法国海军所制水道图翻制宜渝、渝叙、叙嘉、渝涪各段水道图。所有关于河道宽窄、流量缓急以及水位高低等方面的情形,在水道图中"一一详载,绘有图表,分给航商,以利航行"②。于是,宜昌上游以重庆为中心的川江航线"出现了航业的大量增加"③。突出的表现,是在轮船航运整体上取代木船运输的同时,川江航运业勃兴。1925 年,"常川往来渝宜之汽船,于浅水时期内,并未曾如去年之间断"④。渝宜航线内,1925 年新增轮船 16 艘,计 4 177 吨,"该口前途之发达,于是可卜"⑤。同年进出重庆的旧式木船在海关登记的仅有 1 只,合 20 余吨,而轮船以及机动木船则剧增到 1 172 只之多,约合 40 万吨。川江航运进入"华洋行业竞争之剧烈时代"⑥。当时川江上的大型外国轮船公司有英国的太古、怡和轮船公司及白理洋行,日本的日清公司,美国的美孚公司和亚细亚公司。其中,太古公司有万县、万通和万流 3 艘大型轮船;怡和公司有 1 艘福和大轮

---

① 海关总税务司署统计科编:《民国十一年至二十年最近十年各埠海关报告》,茅家琦、黄胜强、马振犊主编:《中国旧海关史料》第 157 册,第 642 页。

② 海关总税务司署统计科编:《民国十一年至二十年最近十年各埠海关报告》,茅家琦、黄胜强、马振犊主编:《中国旧海关史料》第 157 册,第 642 页。

③ 重庆关署理税务司斯泰老:《概述(1902—1911)》,周勇、刘景修译编:《近代重庆经济与社会发展》,第 353—354 页。

④ 通商海关造册处税务司卢立基:《中国海关民国十四年华洋贸易报告书》,茅家琦、黄胜强、马振犊主编:《中国旧海关史料》第 98 册,第 65 页。

⑤ 通商海关造册处税务司卢立基:《中国海关民国十四年华洋贸易报告书》,茅家琦、黄胜强、马振犊主编:《中国旧海关史料》第 98 册,第 65 页。

⑥ 张肖梅编著:《四川经济参考资料》,第 E5 页。

船和 1 艘庆和小轮船；白理洋行有川东、川西、川南和川北 4 艘轮船；日清公司有宜阳、云阳 2 艘大轮，1 艘德阳小轮。此外，美孚有美川、美滩、安南 3 艘油船，亚细亚有天光、渝光 2 艘油船，皆可搭客带货。总计有外国轮船公司 24 家，大小轮船 56 艘。但随着轮船运输的兴起，旧式木船纷纷退出川江主要航道。到 1926 年，宜昌海关报告甚至声称，川江"民船运输事业，几尽为轮船取而代之，而绝迹于江面"①。这里透露出的历史信息是旧式木船在川江主航道上已经彻底被轮船和新式的机动木船所取代。1925—1926 年即是轮船和新式机动木船在川江主航道上取代旧式木船的年代。1928—1929 年，行驶在宜昌重庆段上的轮船达到 58 艘，登记总吨位达到1.8 万吨。1931 年上述数字有所下降，同时，行驶重庆上游江面的小轮船有 28 艘（其中 26 艘是摩托船，也称电船）。在此时期，被称为"民船"的机动木船货运也随着轮船航行的发展而大为减少，"但往来于江上的民船艘数仍甚巨大"②。

　　民生公司就产生于这样一个轮船和新式机动木船在川江主航道取代旧式木船的转捩性年份。值得注意的是，这也是中国近代民族主义日益高涨的重要年份。五卅运动、省港大罢工，以及万县惨案引发的抗英斗争使民族自觉的烈焰熊熊燃烧起来了。这样的社会历史背景，必定对民生公司的成长和发展产生深远的影响。

---

① 谭刚：《抗战时期大后方交通与西部经济开发》，北京：中国社会科学出版社 2013 年版，第 51、156 页。

② 重庆关署理税务司斯泰老：《概述（1902—1911）》，周勇、刘景修译编：《近代重庆经济与社会发展》，第 354 页。

二、卢作孚的早年经历

民生公司的创办人是卢作孚,谱名魁先,后改名思,以字行,①四川省合川县(今重庆市合川区)人,1893 年出生。1908 年,小学毕业的卢作孚只身到当时的四川省会成都,从这里开始走向社会。随后,他在这里目睹和经历了四川保路运动和辛亥革命,对革命的惨烈有了深切的体会和认识。民国初年,卢作孚做过新闻记者、小学和中学的教师等。在新文化运动时期,卢作孚受运动影响并接受了杜威实验主义和罗素改良主义的影响,成为四川新文化运动的活跃分子。1921—1922 年,卢作孚曾在杨森治下的泸州担任川南永宁道教育科科长。他还通过友人邀请恽代英前往协助,在川南开创出了一个新文化运动的崭新局面。其间,经恽代英等人的介绍,卢作孚加入了少年中国学会。《少年中国》记载:

> 卢作孚由王德熙、恽代英、穆济波、彭云生等介绍入会,本年仍主持川南教育。现所筹备者:建筑图书馆(已成立一部)、通俗讲演所、陈列室、川南师范新校舍、联合中学新校舍、女子联合学校新校舍、巡回讲演指导员毕业服务事件、各属校长视学第二次会议事件、出省旅行参观团事件、运动会事件、教育月刊事件、印刷事件、公费派遣留学资助已赴欧留学生年费等事件。②

少年中国学会是新文化运动时期具有很大影响的社会团体,"吸纳了当时大多数知识精英和青年领袖。这些人后来在各个不

---

① 雁琴室主:《人物月旦:卢作孚》,《万县党务旬刊》第 44 期,1929 年 6 月 16 日,第 1 页。
②《少年中国学会消息:四川会员近况》,《少年中国》第 3 卷第 7 期,1922 年 1 月,第 62 页。

同的领域中,各个不同的党派里发挥极其重要的作用"①。按照规定,加入少年中国学会需要 5 位会员介绍。卢作孚的介绍人王德熙、恽代英、穆济波、彭云生等皆是当时四川省内外知名人士。王德熙(生卒年不详),四川渠县人,曾任川南师范学校校长,后任四川省富顺县县长。恽代英(1895—1931),原籍江苏武进,生于湖北武昌,是中国共产党早期著名领导人,后因叛徒出卖被国民党杀害。穆济波(1870—?),四川合江人,是 20 世纪 20 年代中学语文教育界知名学者,《新蜀报》编辑。彭云生(1887—1966),四川崇庆人,曾任云南民族文化书院、(成都)齐鲁大学、四川大学等学校教授。加入少年中国学会的卢作孚,成为该会历史上全部 112 名会员之一,成为这个有志于社会改造的全国性青年知识分子精英群体中的一员。尽管少年中国学会只存在了几年,但其"奋斗、实践、坚忍、俭朴"的八字信条,显然在卢作孚的一生都有所体现。

1924 年 3 月中下旬,卢作孚在杨森的支持下被任命为成都市市立通俗教育馆筹备主任,开始在原少城公园、四川省商品陈列馆基址上,筹建成都市市立通俗教育馆。经过几个月的努力,到 8 月初,成都市市立通俗教育馆筹建各项工作基本完成,原来一片荒凉之地,"一变而为锦绣之场"②。开馆后,该馆成为成都一项引人注目的新式事业。曾经参观该馆的教育家舒新城曾记述说:"城里各种大集会几全在此地举行,通俗教育馆几字也普遍地深印到一般人民脑海之中,而川中各种可陈列的物品,他们也可以以几行公文

---

① 耿云志:《〈少年中国学会研究〉序》,吴小龙:《少年中国学会研究》,上海:上海三联书店 2006 年版,第 1 页。
② 林恕:《成都市市立通俗教育馆周年报告叙》,《成都市市立通俗教育馆周年报告》,1926 年,北碚图书馆藏,第 11 页。

不费代价而索得。故此处有不易得之古物,有全川的土产,有各校所不有之模型标本,然而颇不自足……以僻在边陲的内地省会,而竟有如此成绩的通俗教育馆,实亦值得宣传。"①学术界一般认为,成都市市立通俗教育馆属于成都市政府设立的综合性社会文化教育设施。② 该馆的布置,体现了卢作孚在社会改造方面的思考。该馆的成绩,给卢作孚以人生道路选择上的激励。后来,卢作孚将该馆相关工作,与北碚试验和民生公司试验一起,视为他主持的建设现代集团生活的三个试验之一。

在筹办和管理成都市市立通俗教育馆的过程中,卢作孚遇到了来自各方面的巨大压力,尤其是杨森属下师长、成都市政督办王缵绪。他认为通俗教育馆根本是无谓之举,白花了许多金钱。王缵绪甚至听信谗言,怀疑卢作孚在经济上有问题,专门派人进行稽查,结果"全部账目有物有据,分毫不差"。原来,在成都市市立通俗教育馆筹备期间,卢作孚为保证不出差错,"每晚必审核财务收支",这一做法后来竟然发生了作用。无端遭人诽谤怀疑,卢作孚感到难以久处,于是萌生去意。馆中同事彭瑞成、赵瑞清为卢作孚的同学、同乡,彼此志同道合,愿意与卢共进退。③ 深悉内情的郑璧成说:"(民生)公司经营航业,胚胎于民国十三年,是时卢总经理作孚在成都办通俗教育馆,公余之暇,尝同朋辈讨论此问题,并正式会议进行办法。"④

---

① 舒新城:《蜀游心影》,上海:中华书局1939年版,第175—176页。

② 何一民主编:《变革与发展:中国内陆城市成都现代化研究》,成都:四川大学出版社2002年版,第785页。

③ 周永林、凌耀伦主编:《卢作孚追思录》,重庆:重庆出版社2001年版,第173页。

④ 郑璧成:《本公司的航业》,民生实业公司十一周年纪念刊编辑委员会编:《民生实业公司十一周年纪念刊》,上海:中华书局1937年版,第84页。

　　1925 年 8 月 9 日,杨森下令所部施行总退却,邓锡侯、田颂尧、刘文辉等部进驻成都。① 杨森战败退出成都,卢作孚深刻感受到"纷乱的政治不可凭依"②,婉拒当局的挽留,决心辞去通俗教育馆馆长职务,转而投身实业。卢作孚后来回忆说:"这时候我的思想受罗素的影响很大,又感觉到办教育的人不可靠。你们一班人一下办教育,一下一个电报又去做官了,因此才发起筹办民生公司。"③实业家吴晋航也曾回忆说:"在杨森任四川督理时,他(卢作孚)做过成都市通俗教育馆馆长;工作虽有成绩,却因设备费很多,为人中伤,负气辞职,回合川原籍。"④8 月下旬,卢作孚与彭瑞成等人游青城山。之后,一行人从遂宁乘木船下行,沿河测量水深,做造船的准备。耿布诚后来谈到这次调查:"结果由遂宁至合,河水过浅,航行艰难,于是遂合航线,作为罢论,专注意于渝合间航(行)之计划。"⑤正如马克斯·韦伯所说:"直接支配人类行为的是(物质上及精神上的)利益,而不是理念。但是,由'理念'所创造出的'世界图像',常如铁道上的转辙器,决定了轨道的方向,在这轨道上,利益的动力推动着人类的行为。"⑥新文化运动的激荡,罗素在华访问时对发展实业的呼

---

① 周开庆编著:《民国川事纪要》(1911—1936),台北:四川文献研究社 1974 年版,第 326 页。

② 卢作孚:《建设中国的困难及其必循的道路》,《大公报》,1934 年 8 月 8 日,第 3 版。

③ 欧阳平记录:《卢作孚的检讨》,交通部长江航务管理局档案中心藏,民总 17/永久/第 62 卷。

④ 吴晋航:《民生公司概述》,《文史资料选辑》编辑部编:《文史资料选辑》第 12 辑(合订本第 3 卷),北京:中国文史出版社 2000 年版,第 88 页。

⑤《谈话会(三)旧话》,《新世界》第 14 期,1933 年 1 月 16 日,第 52 页。

⑥ 康乐:《导言》,[德]马克斯·韦伯著,简惠美译:《韦伯作品集》第 5 卷,桂林:广西师范大学出版社 2004 年版,第 16 页。

吁①,对混乱政治和投机文人的失望,使卢作孚的思想观念发生了巨大的转变,他的努力方向从传统的文教领域转向了近代实业。就中国知识精英而言,这是一个具有典型意义的转变。

三、民生公司的筹备与创办

负气回到合川的卢作孚,经过一番联络,于 1925 年 10 月 11日,在合川通俗教育馆和陈家花园举行了民生公司筹备会。到会的人有卢作孚、陈伯遵、刘勃然、陈念孙、周尚琼、黄云龙、彭瑞成、赵瑞清、余文舫、张程远、卢志林、刘润生等人,多为卢作孚的同学、好友、地方商贾和当地知名人士。筹备会议定创设民生公司,公推卢作孚为筹备主任,暂定股本为 5 万元,每股 500 元,分 4 次缴纳,由各发起人分头劝募,张程远为出纳,彭瑞成协助张程远在合川收款以及筹备公司事务,卢作孚、黄云龙负责造船。赴申造船人员旅费,由陈伯遵垫付银洋 200 元。② 所有筹备人员,一概不支月薪,公司筹备办事处设在合川药王庙旧址。③ 这次筹备会标志着民生公司艰苦创业的开始,后来这一天被定为民生公司成立纪念日。会后,卢作孚等人先到重庆调查川江轮船及航运情形,接着到上海调查相关机器产销性能,订购轮船。此时,卢作孚等公司发起人的目

----

① 应梁启超的邀请,1920 年 7 月至 1921 年 7 月,罗素在华访问。其间,罗素反复强调中国的当务之急在于发展实业。在 1921 年 7 月离京的末次讲演《中国人到自由之路》中,他还强调说:"(中国在)改革之初,需有一万彻底的人,愿冒自己生命的牺牲,去制驭政府,创兴实业从新建设。这类人又须诚实能干,不沾腐败习气,工作不倦,肯容纳西方的长处。"参见曹元勇编《通往自由之路——罗素在中国》,南昌:江西高校出版社 2009 年版,第 158 页。
②《民生实业公司大事记》,《新世界》第 65 期,1935 年 3 月 1 日,第 89 页。
③ 陈雨生:《电灯自来水厂史略》,《新世界》第 1 期,1932 年 7 月 12 日,第 15 页。

的就是"只在办一航行合渝之小船,与在合川办一电灯厂"①。就公司发起人和股东而言,"以合川为最多,其投资大半为了朋友关系,而非为了事业关系;并非有了认识,而是为了尝试"②。如陈伯遵原是卢作孚的老师,时任合川县教育局局长。不过,募集股份进展缓慢,初期实际收到的款项只有8 000元左右。稍后,当过合川知县的郑东琴也弃政从商,加入刚刚筹备中的民生公司。合川当时是川军二十八军邓锡侯所在部队师长陈鼎勋的防区,卢作孚通过郑东琴等人,争取到了陈鼎勋的支持与投资。③ 后来卢作孚回顾民生公司初创时的情形说:

　　　　民生公司产生于民国十四年重庆嘉陵江上游五十二浬的合川,选择其着手的事业为航业,正是在扬子江上游一般航业十分消沉,任何公司都无法撑持的时候,而不是在航业有利的时候。扬子江上游分为两段,宜昌至重庆为一段,重庆至宜宾为一段,有航业不过十几年,但已经过了极其复杂的发轫时期,发展时期,极盛时期,过剩时期,而进入了衰微时期。在这十几年中,由中国公司的创始,到外国公司的继起;由看重一时利益旋起旋落的若干中外公司的经营,到英商太古、怡和,日商日清,凭扬子江中下游的基础,有计划地伸入扬子江上游,以成不可拔的势力;因为内地一时的不宁,中国旗轮船日减,外国旗轮船日增,以致中国人所有的轮船,亦几乎无不挂外国旗。有一时期,扬子江上游宜渝一段,触目可见英、美、日、法、意、瑞典、挪

---

① 佚名:《民生简史》(上),《民生实业公司简讯》第1036期,1950年7月21日,第3版。

② 卢作孚:《一桩惨淡经营的事业——民生实业公司》,民生实业公司1943年印,第3—4页。

③ 周永林、凌耀伦主编:《卢作孚追思录》,第189页;《九周年纪念各轮开会纪念汇志》,《新世界》第56期,1934年10月16日,第70页。

威、芬兰等国国旗,倒不容易看见本国国旗。①

卢作孚在上海奔波了2个月,到1925年年底为止,先后接洽了9家造船厂。合川募集到的8 000多元股本也汇到了上海,卢作孚在上海合兴造船厂订造1只小轮船,"议妥船价全部二万四千五百两,约合三万五千元"。他考虑还要在合川创办民生公司电灯部,因此决定购买1部小型柴油引擎和发电机。电机电料花去了5 000多元,最后,订造轮船的费用仅仅"交了二千多元"②。实际上是"先交付造船厂订金,并办妥签约手续,俟返回合川,再行设法增加股本来解决此事"③。还有记载说:"当卢(作孚)君赴申时,有多数股东疑此事之难成,相率观望。卢君称贷,毅然就道。去数月而船未至,益增其疑,甚有已缴股本,极(急)觅转让者。"④就是在这种路费自垫、股款无着、众人迟疑、举债维艰的情况下,卢作孚在上海订造了民生公司的第一艘轮船。1926 年 1 月,民生公司在上海订购的柴油引擎电机运抵合川。公司聘请杨月衢、韩祺祥安装机器,建立电厂,厂址附设在药王庙民生公司筹备办事处。⑤ 资料载:"公司事业,始于电气,而增至航运、机器、染织、投资、代办诸业。"⑥2月,民生公司合川县药王庙电厂初步建成。⑦ 3月,民生公司电厂试验发电以及电灯照明。⑧ 民生实业公司在合川成立事务所,卢作孚任经

① 张守广、项锦熙主编:《卢作孚全集》第 3 卷,第1129 页。
② 卢作孚:《本公司是怎样筹备起来的》,《新世界》第 56 期,1934 年 10 月 15 日,第 1 页。
③ 周永林、凌耀伦主编:《卢作孚追思录》,第 175 页。
④ 陈雨生:《电灯自来水厂史略》,《新世界》第 1 期,1932 年 7 月 12 日,第 16 页。
⑤ 陈雨生:《电灯自来水厂史略》,《新世界》第 1 期,1932 年 7 月 12 日,第 15 页。
⑥ 民生实业公司十一周年纪念刊编辑委员会编:《民生实业公司十一周年纪念刊》,第189 页。
⑦ 卢作孚:《本公司历年营业进展概述》,《新世界》第 20 期,1933 年 4 月 16 日,第 46 页。
⑧ 陈雨生:《电灯自来水厂史略》,《新世界》第 1 期,1932 年 7 月 12 日,第 15 页。

理,全公司 14 个人。① 卢作孚说:"开始安设电机,正式成立公司了,才租了小小的药王庙。前殿是电厂,后殿是办公室。虽然狭陋,却严定了工作的纪律。自早至晚都要求紧张地工作着,这在合川县城算是造起新纪录了。"②4 月,民生公司成立电灯部,③合川电厂同月正式发电并营业。当时电厂电力可供 500 盏电灯照明,16 支光灯每月租费 1 元 2 角。④ 此时,民生实业公司略分为航业部、碾米部、电灯部、自来水部,着眼于经营相关四部分业务。⑤ 其中除航业部拟从事川江轮船航运外,其他三部分俱为岸上事业,这表明筹建中的民生公司十分注重岸上事业。不过,电灯虽是新事物,但业务惨淡。资料载:"是年(1926 年)五月,杨、韩二君因事它去,继其任者为华阳刘德经。营业之初,县人囿于积习,复昧于电灯利益,率不愿租灯,虽经陶建中、姜石礁诸君之极力劝导,然以十启罗瓦特之机器,仅燃十六支光灯百余盏,可谓惨淡经营矣。是时公司收入,仅恃每月灯租百余元。幸于开支,极力撙节,尚无不足之感。"⑥

　　5 月,民生公司第一艘轮船在上海建造完成。由于投资者踌躇观望,不愿如数缴纳股金,船厂方面甚至延期交船,卢作孚只好先借款解决船款及回川沿途所需费用。耿布诚回忆说:"当民生船未进川时,需款一万余元,甚急。股东意存观望,不再缴款,而事业初

① 民生实业公司十一周年纪念刊编辑委员会编:《民生实业公司十一周年纪念刊》,第171 页。
② 卢作孚:《本公司是怎样筹备起来的》,《新世界》第 56 期,1934 年 10 月 15 日,第 2 页。
③ 佚名:《民生简史》(上),《民生实业公司简讯》第1036期,1950 年 7 月 21 日,第 3 版。
④ 陈雨生:《电灯自来水厂史略》,《新世界》第 1 期,1932 年 7 月 12 日,第 15 页。
⑤ 亦闻:《民生公司初期的四大业务——民生掌故之一》,《民生实业公司简讯》第1036期,1950 年 7 月 21 日,第 3 版。
⑥ 陈雨生:《电灯自来水厂史略》,《新世界》第 1 期,1932 年 7 月 12 日,第 15 页。

起,又不易借款。适陈伯遵长教局,而局款又适有余存,公司乃商得陈伯遵同意,向教局暂借,以电灯机械抵。此公司初起时难关之一也。"①卢作孚也说:"这时多亏得陈先生伯遵大胆借了七八千元,郑先生礼堂(县中士绅)大胆借了几千元,才得依期交款,直到轮船造成回来。"②该船即民生轮,动力选用德国造道奇主机,双机功率达 180 马力,转速 360 转每分钟,载重 70 吨,船长 75 英尺,宽 14 英尺,深 5 英尺,吃水较浅,专任客运。以借款方式凑足船价款项后,卢作孚派彭瑞成、周尚琼赴上海办理付款、接收手续,并与卢子英一道,护送轮船回渝。卢作孚后来还说,在民生公司的初期,陈伯遵先生是"最得力的一位朋友",他"在民生公司经济的撑持上加了最大的力量"。③ 6 月初,卢子英、彭瑞成等人率领民生轮离沪。当民生轮驶抵湖北省境时恰遇江水猛涨,在城陵矶下游东湾小镇附近和沙市下游两次遭遇江湖惯匪,但两次都凭借船上早有准备而脱险。④

　　鉴于民生轮即将驶回投入营运,人员安排、工资薪金、招揽客源等成为必须解决的问题。在这种情况下,民生公司于 6 月 10 日在重庆举行发起人和投资人会议。从这次会议开始,卢作孚自行负起公司经营管理责任,正式担任民生公司总经理,并任命陈伯遵和黄云龙为协理。后来卢作孚回忆:"为了证明发起人的几位同仁的要求,不在利益,而在事业,所以自行负起主持事业的责任,任总经理;一位幼时的老师陈伯遵先生,及一位同学黄云龙君任协理,

---

① 《谈话会(三)旧话》,《新世界》第 14 期,1933 年 1 月 16 日,第 52 页。

② 卢作孚:《本公司是怎样筹备起来的》,《新世界》第 56 期,1934 年 10 月 15 日,第 2 页。

③ 《民生公司八周年纪念大会记录》,《新世界》第 32 期,1933 年 10 月 16 日,第 11 页。

④ 卢尔勤、卢子英:《回忆卢作孚片断》,重庆市政协文史资料研究委员会编:《重庆文史资料》第 10 辑,重庆:西南师范大学出版社 1981 年版,第 152 页。

彭瑞成君、陶建中君分担事业各部分的责任,报酬都定得非常低,低到总经理月薪不过三十元,协理月薪不过十五元,待遇较高的到(倒)是船员,而非公司负责的人员。"①这次会议决定了公司的人事组织和分工,会后开始给职工全员发放工资。这在民生公司史上是一个重要会议,后被认为是民生公司第一届董事会和成立会。②据称,此次会议还推举石璧轩为董事长。③至于公司章程、宗旨等等,此时尚没有正式的决定,正所谓"其始也简"。

6月中旬,卢作孚与卢魁杰到宜昌接船,下旬民生轮驶抵宜昌。此时,长江洪水虽然稍有消退,但对于民生轮这样的小轮船而言,上驶依然十分危险。在宜昌等待民生轮上驶的过程中,卢作孚为民生公司制定了管理办法和发展规划,并为公司设计了以峨眉金顶为背景,民生轮航行于长江三峡的宣传画。宣传画还向全体职工与全社会昭示出民生公司轮船客货服务的要求和"安全、迅速、舒适、清洁"的承诺。④

7月中旬,一个月的等待令卢作孚无法继续忍受。公司所借造船价款即将到期,急需民生轮驶回投入运营,以减缓负债压力。卢作孚召集船上引水和轮机人员仔细研究上驶的方案,并向大家说明公司当前情形,这得到了大家的支持。于是卢作孚决定安排民生轮冒险入川,同时与海关交涉,使民生轮获特许开行。卢作孚后来回忆从

---

① 卢作孚:《一桩惨淡经营的事业——民生实业公司》,第4—5页。

② 民生实业公司十一周年纪念刊编辑委员会编:《民生实业公司十一周年纪念刊》,第195—196页。

③ 民生实业公司十一周年纪念刊编辑委员会编:《民生实业公司十一周年纪念刊》,第193—194页。

④ 卢国纪:《我的父亲卢作孚》,成都:四川人民出版社2003年版,第67页;周永林、凌耀伦主编:《卢作孚追思录》,第27页。

宜昌接船的情形时说:"在最枯燥的轮船上整整等了一个多月,水才退到三十呎三时①。人都认为危险,我们却以领江的保证,决心生死与俱地开了回来。"②耿布诚记述民生轮冒险上驶的情形,谓:

> 航行至泄滩,因船小滩高,领江领船深入洄水,冀其借洄水之力,易于冲上,乃逼近石头五尺矣,舵忽不灵。此时领江无计,顿脚太息。作孚于皇急中,奔至机舱,令开倒车,大有"羞见江东父老"之概。在此千钧一发中,突见一个炮花,抬船转入流水,抛过北岸。但因水流太急,船开满车,犹难撑持。水手曾宗应力持钢绳,跳入河心,全船人为之惊异。注视,知准备绞滩矣。当时全船大喜,疑有天助。于是停泊,相与欢庆。民生公司之成败,系此须臾,此时作孚之喜,不言可知矣。③

长江三峡险滩众多,其中最险者为新滩(又名青滩)、泄滩、崆岭,当地谚语云:"新滩泄滩不算滩,崆岭才是鬼门关。"民生轮初次涉险过泄滩,真是惊心动魄。就这样闯过峡江,民生轮终于驶抵重庆。7月23日,卢作孚又率民生轮从重庆起航驶抵合川。④ 随即,他又任命陶建中为该轮第一任经理,"兼办重庆岸上的事"⑤。8月初,民生轮正式开始在渝合线航行,隔日一往返。不过,重庆航业界对于民生轮这样一个小吨位轮船的加入未给予任何特别的关注,甚至连投资人都持一种怀疑的态度。卢作孚后来说:"民生公

---

① 呎、时为英美制长度单位,现通常写作英尺、英寸。
② 卢作孚:《本公司是怎样筹备起来的》,《新世界》第56期,1934年10月15日,第2页。
③ 《谈话会(三)旧话》,《新世界》第14期,1933年1月16日,第53页。
④ 魏文翰:《民生实业公司在川江》,《中国航业》第2卷第2期,1942年2月,第8页。
⑤ 卢作孚:《本公司是怎样筹备起来的》,《新世界》第56期,1934年10月15日,第2页。

司初办的时候,总共只有几十吨的轮船,大家以为开玩笑。"①

　　民生轮虽然只有 70 吨,但是船身为铁壳,比较安全。② 尤其是卢作孚在业务管理上锐意革新,"船上不用买办(包办)制,而设事务经理"③。在此基础上,后来民生公司在业务管理上逐步形成了由公司统一任用船上人员、统一船上财务、统一船上油料核发、船长统一管理船上事务的"四统制"。这一先进、科学的业务管理制度,杜绝了当时川江轮船航运业通行的旧式买办包办制的弊端,成为民生公司民生轮取得优良经营业绩的重要制度保障。3 个月经营下来,股东们看到能够有相当好的收益,公司股本额定为 5 万元,很快收到了 49 049 元,而公司轮船部的职员只有四五人。④ 11月,嘉陵江水枯,民生轮改航渝涪线。卢作孚说:"(当时这一段航线)没有其他轮船航行,客人不如重庆合川多,但兼有货运,可以维持过冬季,同时决计加造更浅水的轮船,期于终年能够行通重庆合川一线。"⑤开辟渝涪线后,民生公司在重庆水巷子汇源栈租房 1 间(前后两进),设立办事处,调陶建中为办事处主任,徐晓江接任民生轮经理兼办涪陵岸上的事。办事处另有茶房 1 人,合共 3 人。卢作孚说:"最苦算是这个时期的船上经理了! 船到涪陵停在距城几里的荔枝园,经理到岸上赶场揽货,黑夜摸索回船,应付上船的客人。常常拥挤的经理没有睡觉的地方,只好坐在账房打盹。刚刚入梦,则又要检查客票,预备开船了。……在这艰难缔造的时候,

① 卢作孚:《我总是希望大家继续为国家为公司努力》,《新世界》第 13 卷第 2、3、4 期合刊,1938 年 10 月 31 日。
② 周开庆:《卢作孚传记》,台北:川康渝文物馆 1987 年版,第 7 页。
③ 佚名:《民生简史》(上),《民生实业公司简讯》第1036期,1950 年 7 月 21 日,第 3 版。
④ 佚名:《民生简史》(上),《民生实业公司简讯》第1036期,1950 年 7 月 21 日,第 3 版。
⑤ 卢作孚:《本公司是怎样筹备起来的》,《新世界》第 56 期,1934 年 10 月 15 日。

努力的朋友都有牺牲个人的决心。没有说事苦的,亦没有说钱少的,同时各方面争来拉人做事,待遇地位都远在这桩小小事业之上,却没有一个人离开这桩事业而去。"①郑璧成也说:"在此艰难缔造之时,人皆有事业无权利,总经理月薪三十元,协理月薪十五元,办事处主任及船上经理月薪皆十元,董事、监察舆马费皆四元,而又须实际办事。一群事业上良友,绝不畏事苦,亦绝不计待遇,当时各方面,尤其是政治方面,争相物色人材(才),待遇与地位皆较高,却无一人忍离此事业以去者。"②在上下一致努力下,民生公司在重庆初步建立了良好的商业信誉。有"猪鬃大王"之称的古耕虞后来回忆:公司有一批羊皮在涪州(今涪陵)要运往重庆,他找到卢作孚,要民生公司派船专程走一趟,"卢慨然应允,及时运回。在其后的交往中涉事更多,愈觉其人办事认真,很孚信用"③。1927 年 4 月,民生公司召开第二届股东大会,推举耿心开为董事长,郑东琴为监察。④ 整个 1927 年,民生实业公司业务进展顺利,股本增加为 10 万元,收足 99 225 元,并新造吃水更浅的小轮船新民轮(后改名为民用轮),以期保证渝合线每日有轮船对开。电灯部也新订 80 千瓦电机 1 部、发动机 1 部、锅炉 1 部。职工增加为 75 人。此外还订购了车床、钻床、刨床等,准备设立机器部。⑤ 卢作孚后来把民生轮开始在渝合间营运到 1927 年这一段时间称作"公司事业经营之

① 卢作孚:《本公司是怎样筹备起来的》,《新世界》第 56 期,1934 年 10 月 15 日。
② 民生实业公司十一周年纪念刊编辑委员会编:《民生实业公司十一周年纪念刊》,第 84—85 页。
③ 古耕虞:《缅怀挚友卢作孚》,《人民日报》,1988 年 6 月 24 日,第 5 版。
④ 民生实业公司十一周年纪念刊编辑委员会编:《民生实业公司十一周年纪念刊》,第 196 页。
⑤《民生实业公司大事记》,《新世界》第 65 期,1935 年 3 月 1 日,第 89 页;《民生简史》(上),《民生实业公司简讯》第1036期,1950 年 7 月 21 日,第 3 版。

第一期"①。他说:"当着轮船开行以后,客票收入相当盛旺,股东缴款亦因而相当踊跃,股额五万,二三月内,完全收足,于是决计加募股额五万,加订吃水更浅的小轮一只,以期先健全重庆合川线,使每日有轮船往返。"②

第二节　从时代出发探寻发展方向

对于初创的民生公司而言,如何凝聚力量,形成动力,突出重围,得到发展,是一个迫切需要解决的问题。对于四川军政当局而言,改变川江轮船航运业的无序状态,对行驶川江的中外轮船进行有效管理,也是一个需要面对的现实挑战。20 世纪 20 年代,爱国主义的历史潮流,促进了川江航运的发展,并对川江中外轮船实行有效管理提供了强大的推动力。民生公司及其创办人卢作孚则成为这股潮流中的弄潮者。

一、民生公司的初步发展

1928 年 2 月,民生公司举行第三届公司股东大会,推举耿布成为董事长,郑东琴等为监察。③ 春,民生公司第二艘轮船民用轮在上海造成,开回重庆,加入渝合、渝涪线航行。这样,"重庆合川间每日有船往来了;民生机器厂同时开工,修理无复困难"④。航业在民生公司业务中的比重因此大为增加。为此,陶建中被派赴渝,设

---

① 卢作孚:《本公司历年营业进展概述》,《新世界》第 20 期,1933 年 4 月 16 日,第 46 页。
② 卢作孚:《一桩惨淡经营的事业——民生实业公司》,第 6 页。
③ 民生实业公司十一周年纪念刊编辑委员会编:《民生实业公司十一周年纪念刊》,第196—197 页。
④ 卢作孚:《一桩惨淡经营的事业——民生实业公司》,第 6 页。

办事处于汇源店,这是民生公司设立分支机构的开始。4月,四川顺庆商人谭谦禄(又名谭谦六)在上海新造的顺庆轮开回重庆的途中被川军范绍增所部扣押,并且该部派员直接控制了该轮船。郑少琴曾经在顺庆县做过知县,与谭谦禄相识,受托为其转圜,事情得以解决。该年夏,顺庆轮改为长江轮,成立以郑少琴为董事长的长江轮船公司,投资人有王伯安、谭谦禄、郑璧成等。[①] 由于谭谦六不谙经营,民生公司抓住机会参加投资,于10月5日正式订约取得该公司的经营权,长江轮于是加入渝叙线[②],航行重庆、叙府(今宜宾)、嘉定间[③]。电灯部机器所发电量仅可供500盏电灯使用。由于合川市民、商户租用电灯数目增加,电灯部租出的灯额竟有530多盏。为限制租户增加过快,不得不提高灯租至16支光每月每盏1.5元。同时,从上海购买水管锅炉120马力竖式两联蒸汽机、100千伏安三相交流发电机,以合川城北瑞山总神庙为厂址建设发电部新厂。[④] 11月初电机安装竣工,11月中旬开始供电。新机发电量约是原机的10倍,可供5 000盏电灯之用,电灯月租费减为每月1元,租出灯额2 000余盏。旧有机器,于是搁置不用。公司碾米部也同时停办。[⑤] 民生机器厂也在1928年冬初步建成,虽然屋仅一椽,人仅十余,[⑥]机器也不过数部,只能修理小型轮船,但经后来不断扩充,对民生公司的发展具有非凡的意义。民生公司总事务所

① 佚名:《民生简史》(上),《民生实业公司简讯》第1036期,1950年7月21日,第3版。

②《民生实业公司大事记》,《新世界》第65期,1935年3月1日,第90页;《本公司历年营业进展概述》,《新世界》第20期,1933年4月16日,第46页。

③ 佚名:《民生简史》(上),《民生实业公司简讯》第1036期,1950年7月21日,第3版。

④ 四川省合川县地方志编纂委员会编纂:《合川县志》,成都:四川人民出版社1995年版,第414页。

⑤ 陈雨生:《电灯自来水厂史略》,《新世界》第1期,1932年7月12日,第16页。

⑥ 疏狂:《谈谈民生机器厂》,《新世界》第3期,1932年8月12日,第15页。

也在 11 月中旬从合川药王庙迁入合川总神庙,内分航业、电灯两部。① 民生公司合川瑞山总神庙新址地处合川县城最高处,地势雄峻,眼界辽阔,加上公司业务"蒸蒸日上"②,确实能够使人感受到一种蓬勃发展的生气。11 月 21 日,民生公司在总神庙新址召开特别股东大会,议决增加 100 股,总额 5 万元,使公司资本总额达到 15 万元。③ 大会公推耿布诚为董事长,陈念荪、梁明清、郑璧成、刘润生、周惠生、李佐臣为董事。余文舫、周纯钦、胡伯雄、郑东琴为监察。④ 这次股东会还讨论并通过了现存最早的《民生实业股份有限公司简章》,章程中载明"本公司以促进交通,开发产业为宗旨"。

1929 年春,陶建中被任命为民生机器厂经理,赵瑞清为工务主任。此时民生机器厂的动力机为 16 匹马力柴油引擎 1 部,工作机为大小车床 4 部,刨床、钻床各 1 部。⑤ 由于民生公司的事业尚在草创时期,轮船部仅有民生、长江、民用 3 只轮船,岸上事业有合川的电灯部,所以机器厂"营业尚须外求"⑥。

1929 年 10 月 5 日,民生公司接收长江轮船公司长江轮,后改名为民望轮。⑦ 民望轮结构坚固、机械良好、行驶速度快,航行渝叙航线,"所获营业利润和包税余额为数之大,竟超过民生、民用两轮

---

① 陈雨生:《电灯自来水厂史略》,《新世界》第 1 期,1932 年 7 月 12 日,第 16 页;民生实业公司十一周年纪念刊编辑委员会编:《民生实业公司十一周年纪念刊》,第 196—197 页。

② 陈雨生:《电灯自来水厂史略》,《新世界》第 1 期,1932 年 7 月 12 日,第 16 页。

③《建设新消息》,《嘉陵江》,1928 年 12 月 5 日,无版页序号。

④ 民生实业公司十一周年纪念刊编辑委员会编:《民生实业公司十一周年纪念刊》,第 197 页。

⑤ 疏狂:《谈谈民生机器厂》,《新世界》第 3 期,1932 年 8 月 2 日,第 15 页。

⑥ 疏狂:《谈谈民生机器厂》,《新世界》第 3 期,1932 年 8 月 2 日,第 5 页。

⑦《民生实业公司大事记》,《新世界》第 65 期,1935 年 3 月 1 日,第 90 页。

的利润总和,对公司的资金积累贡献最大,故有民生公司'发家船'之称"①。资料载:"长江轮船公司与本公司合并,长江轮更名民望,股本增加到十五万三千五百元,职工一百三十三人。在此初创时期,困难虽多,但人尽其能,物尽其用。且因在当时川江一般航业,极端腐败情况下,改用新方法经营,故年年盈余多,事业精神之初期基础遂告稳定。"②

合川电灯部经营上也有较大起色,该地驻军师长陈书农开办军事训练学校及新建营房,需用电灯颇多,民生公司电厂灯额由此增加为3 300余盏,电灯月租费由于煤价增高而增加为每月1元2角。③ 同时,民生公司新造民用轮,增设民生机械厂,投资北川铁路,由此奠定了较为坚实的发展基础。至此,民生公司在经营上迅速走上轨道,资本和资产也已初具规模。在重庆,民生公司已经是一个颇具规模的现代企业,"是为公司事业经营之第二期"④。

二、卢作孚与川江航政

早在1927年2月中旬,卢作孚接受刘湘的委任,就任江巴璧合四县特组峡防团务局(简称峡防局)局长,负责嘉陵江下游小三峡区域39个乡镇的治安。这一区域,正处于民生公司初期航行的主要航线渝合线上。凭借治本、治标,双管齐下的一系列措施的实

---

① 郑东琴:《民生公司创业阶段纪略》,周永林、凌耀伦主编:《卢作孚追思录》,第182页。
② 佚名:《民生简史》(上),《民生实业公司简讯》第1036期,1950年7月21日,第3版;民生实业公司编:《民生实业公司概况》,1937年,北碚图书馆藏,第3页。
③ 陈雨生:《电灯自来水厂史略》,《新世界》第1期,1932年7月12日,第16页。
④ 卢作孚:《本公司历年营业进展概述》,《新世界》第20期,1933年4月16日,第46—47页。

施,不仅峡区治安得到根本好转,而且新兴事业也蓬勃发展。特别是卢作孚在峡防局训练和组织的常备队、学生队、少年义勇队,既可以用于维持峡区治安,又可以用于新兴事业的经营。嘉陵江小三峡地区匪患的整治和建设事业的展开,对民生公司的生存和发展具有直接而积极的影响。

1929 年 5 月 1 日,刘湘又任命卢作孚为川江航务处处长,这一次卢作孚未接受任命。① 关于设置川江航务处并任命卢作孚为处长的缘由,对内幕有所了解的刘航琛后来回忆说:1929 年某日,刘湘谈及四川内河航运几乎是外国人的天下,华商经营的都是些只有 1 条船、2 条船的小公司,跟外国人不能竞争,很难生存。刘湘要求刘航琛邀集华商轮船业者在重庆总商会商议,希望航业界的华商能够成立一个联合组织,设一个管理处统一管理大家的船,以与外国轮船公司竞争。但刘航琛召集华商轮船业者开会商议的结果却不如人意,因为航业界人士各怀私见,无法达成一致意见及采取联合行动。刘航琛把川江华商轮船航运业目前的这一情形报告给刘湘,刘湘表示:"既然这些小公司不愿意联合,那么,就该扶植一个公司使其壮大,然后将这些小公司拿来逐一归并。"他们都想到卢作孚。

卢作孚不能不有所顾虑,因为重庆是长江上游的大码头,各种势力盘根错节,错综复杂。刘湘又派他的机要秘书王伯安跟卢作孚商议。王伯安与卢作孚恳谈过后,向刘湘转达了卢作孚的意见:如果刘甫澄先生认为他是统一川江航务工作的适当人选,他愿意尽力而为之。要他先做川江航务管理处处长,以便进行统一川江航业,他原则上表示赞成。不过,他也提出几点意见,要刘湘

---

① 黄立人主编:《卢作孚书信集》,第 147 页。

考虑核定。第一，统一川江航业的目标一旦有成，他便无法兼顾航务管理处的工作。他推荐何北衡任副处长，以便将来由他接替处务工作。第二，统一川江航业办法分三项。其一为合作，请民生轮船公司以外的航业机构，把他们的轮船交给民生公司经营，同时折价换取民生公司的股票。其二为购买，由民生公司收买其他航业机构的轮船，所需款项由督办公署财政处垫付，再由民生公司以出售股票或贷款的方式，设法归垫。其三为代理，即其他航业机构尚未决定将轮船折价投资或售与民生公司之前，可以先将轮船交由民生公司代理业务。刘湘听王伯安说完了卢作孚的意见办法后，当时便请王去写个简明扼要的签呈。送上以后，刘湘亲笔批了"照办"。①

　　刘航琛的回忆和叙述未必完全可靠，但在民生公司草创时期，刘湘机要秘书王伯安曾给予大力支持则为事实。尽管王伯安在1930年就病逝，但1937年编辑出版的民生公司纪念刊中仍特撰《王伯安先生事略》以示纪念。其中说：1929年，公司只有民生、民用二轮，"先生关注备至"。为顺庆轮与民生公司合组长江公司事，王伯安"往复商讨，累数十次"。合作事成，王被"举任董事"。王"出长江北（指任江北县县长）时，公司偶有要务，往往不惮深宵渡江，立为处理"②。这说明刘航琛所述也不是全无根据。

　　经过王伯安的斡旋沟通，1929年7月6日，"等于一省之水上

---

① 刘航琛述：《戎幕半生》，沈云龙主编：《近代中国史料丛刊续编》（489），台北：文海出版社1978年版，第175—176页。

② 民生实业公司十一周年纪念刊编辑委员会编：《民生实业公司十一周年纪念刊》，第236页。

治安机关"①的川江航务管理处在重庆成立,②卢作孚就任处长,何北衡担任副处长,邓少琴任秘书并负责主编管理处主办的《星槎》周刊。任职之先,卢作孚曾与四川军政当局"约期半年,半年期满,即办移交"③。在政局变动频繁的岁月,卢作孚这种约期半年的做法无疑是非常明智的。

担任川江航务管理处处长后,卢作孚首先安排好川江航务管理处的内部人事,接着举办川江航业调查。通过调查,卢作孚进一步认清了川江中国籍轮船公司无不岌岌可危的现状,"知道重庆上游也要整顿,于是才想两个办法,第一是要求政府保护中国船,无论军人坐船或打差,都要出钱。第二是要把上下游轮船各设一个有力量的轮船公司来统制,谁知单靠政治的力量,并不能把他办到。嗣后我向刘澄甫先生说,我要想从经济上去想办法"④。第一件事做到了,包括第二十一军在内的四川军人不再任意扣船;第二件事通过航务管理处办不到,需要另想办法。7月底至8月初,卢作孚开始进行第三件工作,即检查进出重庆的外轮以健全航政制度。这件事遭到外商极力反对,尤其是日商日清轮船公司声称决不买账受管。鉴于日商船拒绝接受检查,卢作孚一面强化奉派前来的峡防局常备队的警备和武力支撑,一面动员码头工人拒绝装卸不接受检查、管理的外轮货物。外轮业务遭到致命打击,只得屈服,接受航管处的管理和检查。

---

① 王洸:《战时航政与航政建设》,《经济建设季刊》第 1 卷第 2 期,1942 年 10 月,第 49 页。

②《航务处周年纪念盛况》,《星槎》第 7 期,1930 年 7 月 12 日,第 8 页。

③ 卢作孚:《一桩惨淡经营的事业——民生实业公司》,第 6 页。

④ 卢作孚:《我总是希望大家为国家为公司努力》,《新世界》第 13 卷第 2、3、4 期合刊,1938 年 10 月 31 日,第 11—12 页。

卢作孚对进出重庆的外轮实施检查,并取得成功绝非侥幸。实际上在担任川江航务处处长之先,卢作孚任局长的峡防局在3月上旬就应邀派出常备队到重庆检查轮船。3月8日当峡防局所派3个班的常备队首次赴重庆检查汽船时,卢作孚亲自对前往的官兵讲话。他希望官兵在重庆切实维持交通,保持在峡防局时的精神:忠实地做事,诚恳地对人。《嘉陵江》报载:

> 峡局应重庆航务管理处之请,派队下去检查汽船。昨天派第三中队邓队长桂庭率兵三班,先到河边等候平福、天新汽船,全局职员及各队官长士兵齐来送行。卢局长对于担任检查官长、士兵有恳切的训话,大意是:此次下去担任检查往来汽船,责任是很重大的。希望第一是维持交通,扶助交通事业的发展,要从没有汽船达到有小的汽船,有小汽船的地方能够达到走大的汽船;第二是希望保持峡局的精神,每天工作、读书、运动,早晨洗冷水澡,不要染起各种嗜好;第三希望你们忠实地做事,诚恳地对人。不要人一文钱,不受人一袋纸烟。最后大家欢呼:我们希望保障交通,扶助交通事业的发展,保持峡局的精神。邓队长及所率兵士齐声回答说:希望我们的话,我们谨记在心了。到十点半钟,天新、平福已到,下渝的兵分乘三个小划子递上汽船。岸上送行的官长、士兵欢呼如前,船上的兵也齐声答应:希望我们的话,我们谨记在心了。两个汽船一霎时就过了黄葛树。①

卢作孚通过检查华轮积累了一定的经验,但对外籍轮船实施检查和管理显然是另外一件事。8月7日,四川和重庆各重要报纸

---

① 《峡防局欢送兵士检查船》,《嘉陵江》,1929年3月9日,无版页序号。

都连续报道了卢作孚检查重庆港外国轮船的相关情形。其中《新蜀报》报道了日清公司云阳轮不服检查,卢作孚与日本领事大谈法理的情形:

> 日清公司云阳轮船,不服航务处武装检查,日领事前日正与卢作孚谈判各节,已志前讯。闻是日日领事在航务处与卢作孚处长共谈四小时之久,其所持理由,谓轮上已有日海军保护,可无须武装上船,且万国检查均为无武装之例。卢即谓武装上船,系检查中国人民有无挟带违禁物品,与日海军保护商船用意完全不同。在渝之英、法、美各国商轮,均系武装检查,何言无先例。日领事又谓各轮无海军,故可武装(上船),日轮有海军,若武装上船,恐滋误会。卢则答英商太古、怡和公司各轮,均有海军,现尚有船停渝,尽可上轮调查。航务处武装保安队,亦驻在船上,与英轮海军异常亲善。即前次日清公司富阳轮,亦系武装上船,且与守船日海军互相敬礼,并未发生误会,此层诚未免过虑。日领事复谓海军驻在船上,即系警戒区域,中国武装兵,当然不能上船。卢作孚则笑答:中日两国,并未断绝国交,有何警戒之可言。且英商各轮均驻有海军,均未将海军驻船,即认船为警戒区域,日商想不能独异。日领事至此语塞,惟称若武装兵上船恐与海军舰长面子有关,容再商议。最后复谓如航务处认有武装上船之必要时,亦未尝不可,但不能时时驻在船上。卢处长又笑谓在航务处实认为时时均有必要。此场谈话,遂无若何结果,日领事旋既辞去。昨日航务处之兵,已完全撤回。该处趸船仅留步哨三人,在嘉陵码头监视有无违禁卸载。而日兵及船上洋奴,反向码头卫兵掷果皮、泼秽水,意存挑动。卫兵均忍受不理,直立如故。惟码头上之提装工人、搬运力夫,及趸船工人、驳船工人等,睹此情

形,金大愤激,遂在附近茶社由各代表等联合协商,金以该轮蔑视我国官厅,目无政府,在未接受检查前,议决一致不与合作,并定明日约集炭帮米帮等实行断绝交通(易)云。①

峡防局训练的常备队,是卢作孚可以从容淡定、据理力争的武力基础。8月15日卢作孚命令峡防局3个常备队,各派1个分队士兵赴重庆替换在渝人员。《嘉陵江》报载:

> 卢局长昨(八月十五日)令此间一二三中队,各派一分队下渝替换检查,三中队所派系第三分队,由刘分队长学理十四日率领下渝。二中队所派系第二分队,由罗中队长代荣率领下渝。一中队须更迭数目,驻重庆的兵昨已搭长江、定远两汽船回来一分队,以事休息云。②

刘航琛曾追忆说:

> 从此,卢作孚在川江航业界,有了超越别人的声望,其能力尤为京沪各方人士所并知,他努力从事以民生公司统一川江航业的工作。外国轮船不受川江航管处的管理,码头工人就不给他们起卸货物,这一着棋来得很凶,使外轮业务遭受无法抗拒的致命打击。他们企图设法转圜,但是劳工大众所表现的,是一种自发自动,群情激昂的爱国精神,外国轮船公司无可奈何,唯有宣告屈服,开始接受川江航管处的管理。③

不动声色地迫使骄横的外国船商接受中国地方当局的检查和管理这件事,只是全国爱国主义运动蓬勃发展背景下的区域性事

---

① 《卢作孚与日领事大谈法理》,《新蜀报》,1929 年 8 月 7 日,第 6 版。
② 《峡局士兵替换检查》,《嘉陵江》,1929 年 8 月 16 日,无版页序号。
③ 刘航琛述:《戎幕半生》,沈云龙主编:《近代中国史料丛刊续编》(489),第 177 页。

件,由于处理得当,并取得了成功,加之地方报纸连篇累牍追踪报道,因此卢作孚在川江航运界,有了超越别人的声望,并受到南京、上海舆论的赞誉。这种个人声望对于有志于统一川江航业的卢作孚来说,无疑是一笔重要的无形资本。对于注定要在未来的全面抗战中发挥重要作用的民生公司而言,这又仅仅是一个很小的试炼。不过要实施川江航业的统一,这点资本当然是不够的。

三、合组考察团出川考察

在实施统一川江华商航业之前,民生公司的一个重要举措是与有关机构合组考察团出川考察。实际上,早在 1929 年,卢作孚就有出川考察的打算,当时"准备联合几桩事业中间努力的朋友,作中原的游历,或竟想及于南洋和日本"①。由于种种原因,这个计划没能够付诸实践。

1930 年 2 月,民生公司召开第五届股东大会,此次股东大会决定将公司资本增加为 30 万元(当年实收 25 万元),②公推郑东琴为董事长,何北衡、郑璧成、王伯安、耿布诚、李佐臣、周尚琼为董事。杨鹤皋、殷子符、刘放皆、余文舫为监察。③ 自此开始,郑东琴长期担任该职,在民生公司的发展中,给予卢作孚以极大的支持。卢作孚曾经称赞郑东琴"老成持重、支持公司主张"④。

在将各方面工作进行了适当安排的情况下,1930 年 3 月 1 日,卢作孚回北碚峡防局召集局务会议,讨论出川考察等问题。卢作

① 卢作孚:《东北游记》,张研、孙燕京主编:《民国史料丛刊》(808),第 279 页。
② 民生实业公司编:《民生实业公司概况》,第 3 页。
③ 民生实业公司十一周年纪念刊编辑委员会编:《民生实业公司十一周年纪念刊》,第 197 页;《民生公司在长江》,《新世界》1945 年 11 月号,1945 年 5 月 15 日,第 8 页。
④ 卢作孚:《一桩惨淡经营的事业——民生实业公司》,第 33 页。

孚后来说:"经半年的努力,盼望军事机关帮助轮船公司的,完全办到了;盼望外轮帮助华轮的,亦相当办到了;华轮本身就太散漫,各公司各有其特殊的困难,盼望其联合帮助自己,却不容易办到。半年期满,辞职未得,遂请假到各省考察去了。"①此次出川考察的直接目的,是为解决民生公司及相关事业发展中的问题,寻找具有参考价值的解决办法,同时也是为了避开复杂的利益漩涡,与被人诟病的四川军政当局保持适当的距离。

1930 年 3 月 8 日到 8 月 21 日,民生公司、北碚峡防局、北川铁路公司等相关人员组成了一个不到 10 人的小型考察团,出川到华东、华北和东三省进行了长达 5 个月又 13 天的参观考察。这次出川考察活动,对考察团成员刺激很大,直接影响到民生公司的事业发展和精神面貌。具体分析,可以从以下几个方面认识此次出川考察的历史和现实背景。

第一,四川具有丰厚历史文化底蕴,而在近代又是一个相对沿海地区较为落后但并不封闭的内陆省份。四川古有"天府之国"的称誉,山川雄伟秀美,平原广袤肥沃,都江堰更是巴蜀文化的一座不朽的丰碑。以优越自然条件和丰厚历史文化底蕴为基础的巴蜀区域文化孕育出的川省知识分子,具有一种与生俱来的卓越不群、通脱灵活的区域文化特征。然而从晚清直到 20 世纪 30 年代初,四川社会进步迟缓,政治军事混乱,经济文化落后,乃至于有"魔窟"②之名。这种基于自然与历史文化的地区优越感与地区政治经济社会混乱落后现实之间的巨大反差,使得川渝地区的许多青年和有识之士,"都认定四川的文化太落伍,在那里得不着什么,想要从根

---

① 卢作孚:《一桩惨淡经营的事业——民生实业公司》,第 7 页。
② 胡光麃:《波逐六十年》,沈云龙主编:《近代中国史料丛刊续编》(616),第 274 页。

本改造,遂相率出川在中国文化中心之上海北平去得到地道的中西文化"①。他们走出四川以求找寻到新知识或到川外发展自己的事业,包括民生公司人员在内的出川考察团无疑也是其中之一,而且早在1929年就有这方面的打算。

　　第二,到1930年出川考察前,民生公司已发展到了一个关键时期,需要尽快明确发展思路并找到解决办法。此时公司的轮船已增加到了3艘,规模不大但与川江诸轮船公司相比也不算小,而且有相当好的经营业绩。公司创办人卢作孚在应邀担任川江航务管理处处长时,原本希望能够借助现实政治力量,实现由民生公司统一川江航业的计划。② 但他很快发现"单靠政治的力量,并不能把他(它)办到"③。于是,他决心改用经济办法来实现上述目标。这时正是长江中下游地区中国早期现代企业风起云涌地进行合并的时期,出川进行一番考察很有必要。④ 此外,由卢作孚任局长的北碚社会改造事业也面临同样的问题。正如卢国纪所说的那样,"如何规划,如何决策,如何更好地推动一切事业的前进"的问题已经相当突出,于是"带着问题出去,求得办法回来"成为卢作孚组织考察团出川考察的直接动因。⑤

　　第三,1930年初中原大战正在紧张地酝酿并行将爆发,出川考察借以就近观察、了解当时复杂的政治军事形势,对于正雄心勃勃

---

① 默情:《四川文化的一般》,《国立成都大学旅沪同学会会刊》第1期,1931年5月,第23页。

② 刘航琛述:《戎幕半生》,沈云龙主编:《近代中国史料丛刊续编》(489),第175—176页。

③ 卢作孚:《我总是希望大家为国家为公司努力》,《新世界》第13卷第2、3、4期合刊,1938年10月31日,第11—12页。

④《两年来的峡防局》,北碚:江巴璧合四县峡防团务局1929年刊,第2页。

⑤ 卢国纪:《我的父亲卢作孚》,第108页。

力图冲出夔门到长江中下游一试身手的民生公司而言很有必要。作为民生公司的创办人，卢作孚是一位出生于四川的爱国实业家，他对军阀混战深恶痛绝，深望国家能够尽快实现真正的统一，以便展开经济建设活动。他用自己的方式不断呼吁四川军阀停止内战，而且密切关注着全国的军事、政治局势。在 1930 年 1 月出川前，他还在文章中说：中原的战局促起了四川人耳目心思的紧张，大家"十分留意着中原如何变化，亦十分留意着自己如何来应付中原的变化"，"正在急切地寻求……何种办法是可以应付变化的"。① 这正是他当时心态的真实表露。同时，出川考察借以了解一些相关的国际形势动态，也有助于在混乱的政治、军事、经济局势中把握好行动方向。实际上，在 6 月 20 日考察途中卢作孚所作的致刘湘的信函中就谈到了他到东北和平京津考察的直接目的，在于"观日本人在南满之所经营"，并"观北平气象"。② 联想到 1930 年 5 月 11 日到 10 月 9 日发生的中原大战和一年多后爆发的九一八事变，我们不得不佩服卢作孚观察的敏锐和谋事的远见。

出川考察的目的区域按照考察的先后主要定为华东的江浙沪、华北的青岛、东北的东三省以及华北的平津。8 月 20 日考察团返回重庆，考察结束。

在考察中，考察团设法与各方面的人士建立联系。如到达上海后，卢作孚看望了蔡元培、黄炎培、秉志等人。此后还分别拜会了旅居大连的川人周孝怀，旅居旅顺的学者罗振玉，天津大公报社的胡政之、南开大学校长张伯苓，北平的地质调查所的丁文江和黄

① 卢作孚：《四川人的大梦其醒》，原载《建设月刊》第 9 期，1930 年 1 月。此处根据单行本，第 1 页。

② 《卢作孚致刘湘函》（1930 年 6 月 20 日），重庆市档案馆藏，江巴璧合四县特组峡防团务局档案，0081/1/326。

汲清、中国文化基金董事会的任鸿隽、中华平民教育促进会的陈筑山等著名人物。在大连，卢作孚与周孝怀详细地谈了四川的近况和中国的统一问题，周给卢作孚留下了良好而深刻的印象，他写道："在这一次会面中间，我们发现（周孝怀）有两点，是我们青年朋友特别值得留意的：第一是关心事业，第二是爱重人才。"①在天津卢作孚与大公报社的胡政之谈到时局，并再次谈到统一问题，胡"非常反对国内战争，认为要国内战争消灭，有两个方法：一个方法是不让战争起来，一个方法是战争到底，不堪再有第二次牺牲"②。在北平，卢作孚与丁文江、黄汲清作了畅谈。与丁文江"谈起川中事业，彼力劝缩短战线，集中精力，人力，财力于一种事业以求其有大成，并为介绍张伯苓先生"③。黄汲清来访卢作孚，"谈川省近年进步的概况，较中原为有望"④。在北平，卢作孚还会晤了平民教育会的陈筑山、汤懋如等人，他介绍了四川局势、经营的相关事业、考察所得等三方面情况，并向陈筑山等人"问定县的平教经营很详"⑤。卢作孚在北平还拜访了文化基金董事会的任鸿隽，与其叙谈四川局势以及中国西部科学院标本采集交换等问题，表示"彼极愿帮助。最后商量觅专门学者到川省考察几大生产事业，彼极愿约人，并愿亲自回川一行"⑥。在天津，卢作孚会晤了近现代著名教育家、南开大学校长张伯苓。

考察团携带了大量的植物、昆虫、矿物标本，以及凉山彝族的

① 卢作孚：《东北游记》，张研、孙燕京主编：《民国史料丛刊》(808)，第 187 页。
② 卢作孚：《东北游记》，张研、孙燕京主编：《民国史料丛刊》(808)，第 255 页。
③ 卢作孚：《东北游记》，张研、孙燕京主编：《民国史料丛刊》(808)，第 268 页。
④ 卢作孚：《东北游记》，张研、孙燕京主编：《民国史料丛刊》(808)，第 266 页。
⑤ 卢作孚：《东北游记》，张研、孙燕京主编：《民国史料丛刊》(808)，第 269 页。
⑥ 卢作孚：《东北游记》，张研、孙燕京主编：《民国史料丛刊》(808)，第 267 页。

风物样品。在考察期间,考察团参观了南京的中央研究院、中国科学社、中央大学,北京的地质调查所、北京大学、清华大学,天津的南开大学等著名学术机构和高等院校以及众多的工厂企业、中小学校、职业学校、幼儿园等,与中央研究院、中国科学社、中央大学、金陵大学交换了各种植物标本,与浙江和江苏的省立昆虫局交换了昆虫标本。南京、上海、北平各学术团体的负责人蔡元培、翁文灏、黄炎培等人对于卢作孚在北碚成立中国西部科学院的计划都表示积极支持的态度。① 考察期间卢作孚还通过黄炎培等人,选派了若干青年进入上海的有关工厂、机构实习,学习先进的生产技术。在江浙沪地区为辖区聘请工作人员也是考察期间的一项重要工作。购买各种机器、用具、材料等事务性的工作在这一次出川中占用了大部分的时间。

考察结束后,卢作孚曾回顾了出川几个月的活动:在出川的 5 个月零 13 天中,包括购物、联络、交换标本等在内的事务性工作用了 3 个多月,考察浙江、江苏、上海、青岛、东三省、平津各地用了近 70 天,考察团的原计划"本在考察,附带办几桩事。结果却发生了变化,办事倒居主要的地位,考察乃用剩余的时间了"②。

这次出川考察,对于民生公司的发展具有深远的影响。团员从考察中获得了不少新经验,特别是目睹了日德两国在华势力的迅速扩张,这给考察团团员的思想观念以强烈的刺激。从江浙地区看到了消除农作物病虫害、改良蚕种和棉种、采用机器灌溉农田等作法,这使考察团团员深切感受到农业科学技术的巨大作用,特别使卢作孚进一步坚信"一切事业,都由学术出发,一切学术都应

---

① 周永林、凌耀伦主编:《卢作孚追思录》,第 467 页。

② 卢作孚:《东北游记》,张研、孙燕京主编:《民国史料丛刊》(808),第 280 页。

着眼或归宿于社会的用途上，在当今的中国尤其感着急切的需要"①。考察团在考察中还发现德国已完全恢复其在欧战中丧失了的中国市场，而且德国能够迅速恢复和发展的原因在于机器工业发达，经济事业采取了全国联合的措施，"颜料厂统一了，化学药品厂统一了，钢铁厂统一了，乃至于灯泡厂亦统一了，所以他们对外贸易的力量愈加伟大"②。具有新闻从业经历的卢作孚显然清楚地注意到，这种集中经营也是中国民族工商业发展中出现的新动态和新趋势。在东北，考察团看到日本人经营中国东北以南满铁道为中心，而日本人侵略满蒙最厉害的两个武器是满铁殖产部所属的满蒙资源馆和中央试验所，"凡满蒙的矿产、农产、畜产，都被日人将标本搜集起来，将数字统计起来，将地形测量起来，绘图列表，并制模型，加以说明，——陈列在满蒙资源馆里。……规模很大的中央试验所，则更把满蒙的出产——化验出来，考求其原质、用途及其制造方法"③。这使考察团感到日本"方进取未已，为东北最可顾虑的问题"④。卢作孚在游记中反复自问，中国人怎么办，中国人"如何不奋发起来"⑤？他的结论是"最要紧的办法是自己起来经营，才能灭杀日本人的野心"⑥。回到重庆后，在合川民生公司欢迎会上，卢作孚说：

> 我们在东三省时，问了几个东三省人，东三省出产些什么？可以作什么用途？一句也答不出来。但是我们在日人几

---

① 卢作孚：《东北游记》，张研、孙燕京主编：《民国史料丛刊》(808)，第283页。
② 卢作孚：《东北游记》，张研、孙燕京主编：《民国史料丛刊》(808)，第292页。
③ 卢作孚：《东北游记》，张研、孙燕京主编：《民国史料丛刊》(808)，第286页。
④ 卢作孚：《东北游记》，张研、孙燕京主编：《民国史料丛刊》(808)，第291页。
⑤ 卢作孚：《东北游记》，张研、孙燕京主编：《民国史料丛刊》(808)，第181页。
⑥ 卢作孚：《东北游记》，张研、孙燕京主编：《民国史料丛刊》(808)，第196页。

间屋子里,却把满蒙的家财,看出来了,这是个什么地方呢?就是日人所设的满蒙资源馆。蒙古与满洲所产的动物,植物,矿物,都采集有标本,依次陈列,加以说明,叫什么名字,出在什么地方,作什么用途,可以制造什么东西,一年可产若干,什么时候播种,什么时候收获,都注明得很详细。这还不算,还有一个中央化验所,把东三省所产的矿植物,都一一分析化验,看它可以作什么用途。最可惊人的,就是把一种岩石来提取柴油,大豆榨油,余剩的豆饼来作饼干与面包,以备他日军食。日本人的野心,是何等可畏!

……

我们要是不想当亡国奴,或是要为个人前途谋光明,那么就要有组织的能力,与进展的精神和勤俭两种美德,最好是从在会诸君身上想办法起,是我惟一的希望![1]

总之,东北考察的刺激,增强了民生公司未来发展的动力。这就是卢作孚说的要通过"自己起来经营"以"灭杀日本人野心"的使命感,以及运用组织能力、发扬进取精神、保持勤俭品格以避免成为亡国奴,并为个人、社会乃至于国家"谋光明前途"的紧迫感。

考察结束回川后,卢作孚于1930年12月1日正式辞去川江航务管理处处长一职,该职由何北衡继任。[2] 辞去川江航务管理处处长一职后,卢作孚开始用更多的精力致力于民生公司统一川江航业的工作。

---

[1]《卢作孚之演说词》,《嘉陵江》,1930年9月4日、9月7日,无版页序号。
[2]《航处纪事》,《星槎》第29期,1930年12月13日,第23页。

第二章　川江轮船航运业巨擘

打消日本人掠夺和侵略中国野心最要紧的办法就是自己起来经营,这是民生公司等相关人员在内的考察团从东北之行中得到的基本结论,这个结论也成为推动民生公司发展的巨大精神驱动力。出川考察后,民生公司开始整理川江华商航业并获得巨大成功。在企业规模迅速扩大的同时,人力资源开发、企业制度建设方面也取得显著的成效,民生公司在长江上游异军突起,发展成为现代经济力量,呈现出蓬勃的生机与活力。中国征信所1932年8月的征信报告称:民生公司在创办后,"五年之间,大小轮船,增至二十只,航线由重庆达上海,资产增至一百四十余万元,长江上游言航业者,推巨擘焉"[1]。

第一节　"化零为整"的川江轮船业整合

1930—1934年,民生公司通过"化零为整"的方式统一川江华轮,使在川江上运营的大部分华商轮船公司及其轮船归并到民生

---

[1]《民生实业公司》,中国征信所,1932年8月29日。

公司。在实现规模化经营的同时,民生公司还推进企业管理的合理化。在民族危机日益加深的情形下,民生公司迎难而上,化危机为动力,使公司保持高速发展的良好势头。

一、航运业"化零为整"的必要性

川江华轮之所以需要"化零为整",在于当时各个华商轮船公司规模小,数量多,盲目竞争,经营不善,以致出现行业性的衰败。这种衰败,尤其以重庆上游的川江上游航线最为突出。为应对恶性竞争造成的行业性经营困局,重庆上游轮船公司也曾确立协定,规定轮船依次开班,按吨位分摊水脚,结果常有轮船一两个月仅能航行一次。同时,这些小航运公司通行买办包办制度,经营管理方式落后,造成公司亏损以至于无法维持而包办商发财的奇怪情形。[1]

四川军政当局也注意到上述情形,并有意对川江轮船航运业进行"化零为整"的改造。就在卢作孚出川考察期间的1930年5月28日,以刘湘为委员长的川东南工商业整理委员会在重庆总商会召集重庆上下游华轮船商开会,筹商统一华轮办法。刘湘、潘文华、何北衡、刘航琛、甘典夔、陈学池等军政要人,以及赵资生、温少鹤等华轮公司代表数十人到会。会议上大家讨论了何北衡此前的提议,决定统一川江华轮,除轮船招商局和三北公司外,把所有在川江上运营的华轮公司合组为一个大公司。[2] 虽做过许多努力,甚至还成立了华轮评价委员会,但可惜的是,这种力图运用军政力量来达成统一川江华轮的努力,最终没有能够达到预期的结果。

---

[1] 佚名:《民生简史》(上),《民生实业公司简讯》第1036期,1950年7月21日,第3版。
[2]《川江华轮统一之福音》,《星槎》创刊号,1930年6月1日,第4—15页。

　　考察团回川后,川江华商航业"化零为整"的努力开始以私营企业民生公司为中心继续进行。考察回川后,卢作孚决心以民生公司为核心,逐渐收并川江各小轮船公司。1931年春,为办事便利计,民生公司办事处迁到重庆,股本扩充到50万元。先与川江上游渝叙线各公司商洽,劝其加入民生公司共同经营,将其所有轮船估值移转,除由民生公司代筹现金偿清债务外,其余资产即作为股本加入民生公司。这种航业合理化运动推进不到一年,民生公司在重庆上游就合并了九江、通江、协同、锦江、定远、川东、利通7个轮船公司,接收了10只轮船。民生公司的轮船达到13只,其中12只为油轮,9只总吨位在100吨以上300吨以下,全体总吨数达到2 000吨。民生公司航线也"第一次伸展到川省以下"①。

　　民生公司大规模地合并川江华商轮船公司,也曾在川江航业界和川渝社会引起不少议论。面对社会上一些对于"化零为整"的非难和不理解,卢作孚稍后在《航业为什么要联成整个的》文章中进行了系统的回答。他指出,"化零为整"的关键在于减少开支,谋求华商轮船业的生存空间:

　　　　我们这样吃亏去与他公司合作,似乎不是帝国主义所肯采的手段,其意义亦绝不在操纵航业或谋垄断。第一就航业本身言,联成整个的,若干轮船只有一个公司,开支应较经济。何条航线需有几只轮船,或某线需要大船,某线需要小船,或有时需要大船,有时需要小船,应着需要分配,更较经济。可以设备比较完备的工厂,担任修理。由重庆、宜昌以至于上海,大小问题发生,自己皆能修理,亦较经济,更较便利。这些利益,不是从社会上去取得的,是从航业一经联成整个的时候

---

①《民生公司在长江》,《新世界》1945年11月号,1945年5月15日,第7页。

产生的。

　　航业联成整个的以后,公司利益更是"安全"。一只轮船发生问题,尚有他轮可以替代;一条航线发生问题,尚有他线可以行驶。可以增加救船的设备,或安设在各个船上的,或准备在工厂的。例如橡皮的气囊,是有浮船的功用的。一个公司有了若干轮船之后,尤其是行驶川江,更应设备。轮船公司太多的时候,大家尔虞我诈,竞争营业,水脚时涨时落,轮船的营业太不安定,商人亦太不安定。一经联成整个的以后,则轮船公司间易于协定水脚,与商人间亦易于协定水脚,大家都入了安全的境地。①

　　"化零为整"对于川江华轮同业的好处在于减少开支,求得较为安全的生存空间。实际上,"化零为整"的核心问题在于促使整个航业经营的合理化,这个问题川江航业各个公司其实不难明白,因此是具有相当大的说服力的。

二、川江上游航业的整理

　　川江航业进行"化零为整"的整理有其合理性、必要性和紧迫性,但为什么要以民生公司为主来进行呢? 这是民生公司经营管理方法和制度的先进性决定的。如前所述,民生公司在创始时,即以新式经营为主,就是废除川江航业普遍采用的买办包办制而采用"四统制"。这一制度施行后,取得显著成效。反观"川江国人组织之失败",民生公司于是"倡人力、财力集中、化零为整、合并经营之议"。② 四川军政当局曾考虑以当局军政力量来主导

---

① 卢作孚:《中国的建设问题与人的训练》,上海:生活书店 1934 年版,第 173—179 页。
② 佚名:《民生简史》(上),《民生实业公司简讯》第 1036 期,1950 年 7 月 21 日,第 3 版。

"化零为整"、合并经营的川江航业整理，但得不到航业界的响应。

对于民生公司集中人力财力"化零为整"、合并经营的倡议，重庆上游由连雅各任经理的福川轮船公司首先赞成，并于1930年10月15日与民生公司合并，该公司的福川轮更名为民福轮。[①] 这是卢作孚倡言人力财力集中、"化零为整"后第一个并入民生公司的华商公司和轮船。合并后，民福轮成为民生公司的第4艘轮船，吨位273吨，超过民生公司其他3艘轮船的总吨位。由此，民生公司揭开了大规模合并川江轮船公司的序幕。

鉴于"事业逐渐扩充，总公司在合川遥治，有鞭长不及之虞"，民生公司总事务所于1931年1月1日从合川迁到重庆行街培厚里分所原址内，称事务所。事务所内还专辟一间作为书报阅览室。这时，航业已经成为民生公司的主要业务，同时"公司事业渐以重庆为中心"。合川电水厂仍直接隶属于民生公司，改称民生公司电灯部，兼办渝合航业、提装货件以及渝合汇兑等业务。[②]

民生公司总事务所迁重庆后，加快了以自身力量整理川江上游航业的进程，具体办法是"以民生公司为中心，增加资本，接收必须售卖的轮船，或合并可以合并于民生的公司。民[国]二十年先与重庆宜宾间各公司商量，加入民生共同经营，将所有轮船估价移转，为偿清其债务，需要若干现金即交付若干现金，其余作为加入民生的股本"[③]。随后，邓华益任经理的重庆九江轮船公司在1931

---

① 民生实业公司十一周年纪念刊编辑委员会编：《民生实业公司十一周年纪念刊》，第198页。

② 陈雨生：《电灯自来水厂史略》，《新世界》第1期，1932年7月12日，第16—17页。

③ 卢作孚：《一桩惨淡经营的事业——民生实业公司》，第7—8页。

年1月初正式并入民生公司。①

　　邓华益(1887—1966)，祖籍湖北，生于重庆。1904年毕业于重庆广益书院，1909年起任重庆中西德育社干事、总干事职，1913年任英商重庆白理洋行买办。1926年与川军将领李家钰等集资买下白理洋行的川东轮、川西轮2艘轮船，更名为九江轮、合江轮，创办九江轮船公司于重庆，任总经理。1928—1952年，邓华益还长期担任重庆轮船同业公会理事长。②

　　九江轮船公司并入民生公司后，九江公司原有九江、合江轮及一艘铁趸船，并入民生公司。九江轮、合江轮相应改为民治轮、民安轮。郑璧成说："斯三船者，上游之优秀，洪水航行渝叙嘉线，枯水航行渝万宜线，自是本公司始参加重庆下游之航运矣。"③民治、民安2艘轮船参加渝万宜航行，使民生公司管理层对于川江下游渝宜航线的内部情形有了新的认识，"深知渝宜航业竞争之酷，其无整理之望，乃远在叙渝航线之上，因集全力于叙渝航线之整理"④。同时，九江公司合入民生公司，该公司负责人邓华益成为民生公司大股东和民生公司高级管理人员。这对于民生公司推进川江华商轮船公司的合并不仅具有重要的示范效应，而且对于民生公司开辟重庆下游川江业务，也大有助益。因此，在合并九江公司后不到10天，民生公司即于1月10日在宜昌设立代办

---

① 并入的具体时间在1931年1月1日至4日。参见民生实业公司十一周年纪念刊编辑委员会编《民生实业公司十一周年纪念刊》，第86、198页。

② 邓安澜：《回忆我的父亲——重庆轮船同业公会理事长邓华益》，重庆市政协文史资料研究委员会编：《重庆文史资料》第10辑，第220—225页。

③ 民生实业公司十一周年纪念刊编辑委员会编：《民生实业公司十一周年纪念刊》，第86页。

④ 卢作孚：《本公司历年营业进展概述》，《新世界》第20期，1933年4月16日，第47页。

处,委托扬子江公司经理缪先谱代办。① 从各方面资料看,民治、民安参加川江下游航行以及在宜昌设立代办处,尚属于尝试性质。

1931 年 2 月 17 日,民生公司民福轮首航宜昌并取得成功。② 随后,民生公司正式在宜昌设立了代办处,由此民生公司正式加入重庆宜昌间航行。4 月 12 日,民生公司合并通江公司的通江轮、青江轮、岷江轮,改名为民有轮、民享轮、民江轮。③ 民江轮停航,旋即拆毁。5 月 7 日,民生公司合并协同公司的蓉江轮,改名为民选轮。④ 5 月 12 日(一说为 5 月 9 日⑤),民生公司合并定远公司的定远轮,改名为民约轮;合并锦江公司的乘风轮,改名为民殷轮。⑥ 从 1930 年 10 月开始,到 1931 年 5 月止,民生公司统一川江华轮航业的进展十分顺利。6 月 13 日,川江航务处《星槎》周刊刊载徐修平《过去一年间川江航业之回顾》的文章,其中对川江航业整理中民生公司的崛起作了一个初步的总结,指出:"(川江)各公司自动的分合兼并,事实上已有大联合的趋势。"而其中民生实业公司经营方法最善,感动了同业纷纷归附,"一个小小的汽船事业,在这一年

---

① 民生实业公司十一周年纪念刊编辑委员会编:《民生实业公司十一周年纪念刊》,第 198 页。

② 民生实业公司十一周年纪念刊编辑委员会编:《民生实业公司十一周年纪念刊》,第 92 页。

③ 佚名:《民生简史》(上),《民生实业公司简讯》第 1036 期,1950 年 7 月 21 日,第 3 版;民生实业公司十一周年纪念刊编辑委员会编:《民生实业公司十一周年纪念刊》,第 198 页。

④ 佚名:《民生简史》(上),《民生实业公司简讯》第 1036 期,1950 年 7 月 21 日,第 3 版。

⑤ 民生实业公司十一周年纪念刊编辑委员会编:《民生实业公司十一周年纪念刊》,第 198 页。

⑥ 佚名:《民生简史》(上),《民生实业公司简讯》第 1036 期,1950 年 7 月 21 日,第 3 版。

中,竟变成十几只轮船的大公司,真令人钦佩到莫可名状了"①。

　　正当民生公司整理川江初见成效之际,突然爆发日本大举侵华的九一八事变。其间,民生公司正准备发行数额50万元的公司债。② 9月25日,卢作孚以考察重庆上游航业为由,乘船前往成都了解情况并寻找公司债承购方。在民治轮上,卢作孚仍关注着东北的局势,并认真阅读专门探讨东北问题的《满铁外交论》。该书"说明日本外交以满铁为中心","认为日本之于满铁交通不仅有满铁富源的问题,更有世界经济、世界政策的意义"。③ 为进一步搜求研究东北问题的资料,10月4日,卢作孚还致函天津南开大学校长张伯苓寻求帮助,谓:"迩者东北失陷,深佩吾兄远识。而国人犹纷争离析,曷胜慨叹! 敝局同人顷亦谨效步趋,作东北各种问题之研究,深苦材料难寻,拟请先进将研究所得检赐一份,俾作参考,并祈介绍研究资料,以便购买。此后研究如有疑问,更盼指导。再贵校所出南开校刊,亦盼惠赠全份,借观勋业。上列各件如蒙俞允,统请赐交四川巴县北碚乡峡区图书馆查收。烦渎之处,不胜感祷。"④

　　卢作孚在东北之行中写下的《东北游记》,真实地记录了考察团和他自己在东北考察的足迹,以及所思所想所感。川江航务管理处主办邓少琴主编的《星槎》杂志从第17期(1930年9月20日出版)开始连载《东北游记》。九一八事变后,卢作孚决定重刊该游

---

① 徐修平:《过去一年间川江航业之回顾》,《星槎》第53期,1931年6月13日,第2—3页。
② 民生实业公司十一周年纪念刊编辑委员会编:《民生实业公司十一周年纪念刊》,第199页。
③《游程中寄回峡的第一封信》(1931年9月27日),张守广、项锦熙主编:《卢作孚全集》,第357页。
④ 黄立人主编:《卢作孚书信集》,第262—263页。

记。1931 年 10 月 20 日,卢作孚为即将再版的《东北游记》撰写了长篇序言,谓:

　　我们一度游历东北,见日本人在东北之所作为,才憬然于日本人之处心积虑。才于"处心积虑"一句话有了深刻的解释。才知所谓东北问题者十分紧迫,国人还懵懵然未知,未谋所以应付之。一旦东北各地,没于日军,然后举国震惊,起谋救济,已太迟矣;而又况狂呼之外,仍无如何应付之计。这岂止是东北问题? 实是国家根本问题。而且东北问题正由于这根本问题而起的。

　　有人说:日军突占东北,诚然是国家不幸的事情;然亦或许是一个好机会,足以刺激起中国人。不错,足以刺激起中国人! 然而感情上的刺激,旋起旋灭,历史上因已有了不少的证明,何尝有与于国家的根本! 根本有为是需要办法的,是需要整个国家的办法的,是需要深谋远虑,长时间不断的办法的。中国人的行动则往往由周围的情况所偶然刺激而起,故亦往往随情况而变迁。一切缺乏意识,更无论国家的意识,更无论深谋远虑。此则值得看一看日本人之所作为,看一看日本人在东北之所作为。

　　游东北时,曾从船车旅店中匆匆记其见闻所及,尤着眼于日本人,于其所谓东部内蒙古南满之经营,报告三峡中共同努力的青年,盼望由此而更加努力。……

　　日军占据东北之消息传来,人皆欲知东北情形,从游记中亦或可偶得其一二;人皆欲奋起而有所作为,从游记中亦或可偶将办法之所宜择取。故商至友何北衡君再交印刷,半作赠品。所介绍者外人在中国之所经营,尤在其如何经营。此则盼望有心人浏览之余,绕室从容,反省及于自身的。①

11 月 20 日,《东北游记》由川江航务管理处和成都书局分别再版,这是当时并不多见的以自己的见闻呼吁社会注意日本侵华野心的出版物。它的出版,成为当时民族救亡运动中独树一帜的呐喊——更加努力,加快发展。江苏苏州由汪漱玉编辑的《斗报》周刊,于第 2 卷第 1 期(1932 年元旦出版)开始连载《东北游记》。重庆《青年世界》从第 1 卷第 1 期创刊号(1932 年 1 月上旬出版)开始刊载《东北游记》。该刊还连续在上海《申报》刊载广告,介绍包括《东北游记》在内的主要篇目。一时间,卢作孚的《东北游记》成为人们了解东北问题的重要参考资料,产生了广泛的社会影响。

1931 年 12 月,著名爱国人士杜重远到重庆宣传抗日并与卢作孚相识。卢作孚陪同杜重远参观并在北碚发表了抗日演讲,还向他介绍了何北衡、汤壶峤等重庆工商界著名人物。对于九一八事变后全国上下的激愤情绪,卢作孚也向杜重远讲了自己的看法,即国人对于国难问题因未想出应付办法,故尽量激愤,若想定个人应行途径,即循序进行,埋头工作,绝不像现在这样徒事喧嚣。杜重远对卢作孚的看法深表赞成。经过接触、交谈和在北碚的参观,杜重远深感卢作孚"思想缜密,眼光敏锐,处事勤勉,持身俭约",两人从此引为知己。24 日,杜重远写信给上海《生活》周刊主编邹韬奋,专门谈到卢作孚,誉之为"川中之人杰",并谓"弟之来川,以得晤卢公为平生第一快事。由卢公介绍何北衡及汤壶峤诸君,皆孜孜于事业,与卢公共策进行。皆是重庆之中坚人物"。②

九一八事变后,民生公司整理川江的进程进一步加快。1931

---

① 卢作孚:《东北游记》,张研、孙燕京主编:《民国史料丛刊》(808),第 157—158 页。
② 杜重远:《从上海到重庆》,《狱中杂感》,上海:生活书店 1936 年版,第 184—187 页。

年 10 月 30 日,民生公司购买九江轮船公司重庆太平门外码头三处。10 月 31 日,民生公司合并利通轮船公司的利通轮,改名为民觉轮。① 至此,重庆上游航业整理暂告一段落,郑璧成说:"本年十个月间,收并轮船至十只之多,大有将上游航业整理就序之望矣。旋上游局面变易,计划因以停顿。"②

　　从 1929 年秋到 1931 年冬,民生公司先后合并长江、福川、九江、通江、青江、岷江等川江轮船公司。特别是 1931 年,对民生公司而言,这更是一个极为重要的年头。因合并条件优厚,民生公司经过不到一年时间,就合并了重庆上游的九江、通江、协江、锦江、定远、川东、利通等 7 家轮船公司,接收了 11 只轮船,使民生公司的轮船增加到 14 只,航线延展到重庆下游、四川省外的宜昌。③ 此外,民生公司还增设合川自来水厂,扩充民生机械厂,扩大对北川铁路公司的投资至 5 万元,"此为公司事业经营之第三期"④。

　　从整理川江上游华商轮船航运业的进程看,民生公司能够决心实施"化零为整"的川江上游华商合并计划,在东北之行过程中所感受到的严重民族危机无疑是重要的精神因素之一。民族危机所激发的爱国主义,成为民生公司加快发展最坚韧的持续性驱动力。这一点,并非一般社会所能够理解。当时四川社会中就有若干颇有影响的人,认为民生公司是靠第二十一军的力量发展起来的。在重庆上游航线所在的刘文辉防区,发生了比较严重的问题,长期困扰民生公司的发展,直到抗战爆发后的 1938 年上半年才得

① 佚名:《民生简史》(上),《民生实业公司简讯》第1036期,1950 年 7 月 21 日,第 3 版。
② 民生实业公司十一周年纪念刊编辑委员会编:《民生实业公司十一周年纪念刊》,第
　 86 页。
③《民生公司在长江》,《新世界》1945 年 11 月号,1945 年 11 月 15 日,第 8 页。
④ 卢作孚:《本公司历练营业进展概述》,《新世界》第 20 期,1933 年 4 月 16 日,第 47 页。

到解决。①

三、川江下游轮船业的整合

重庆上游航业的整理告一段落后,从 1931 年冬开始,民生公司开始筹划重庆下游航业的整理。自 1931 年冬季枯水季节起,民生公司便把民治、民福、民安 3 只轮船调至重庆下游,参加渝宜航行。当时重庆下游航业,也由于盲目竞争,经营困难,衰落不减重庆上游。民生公司遂下决心进一步做整理渝宜航线的准备。

1932 年 4 月 3 日,民生公司合并长宁轮船公司的长宁小轮,改名为民宁轮。民生公司整顿宜渝间航业的序幕由此正式拉开。4 月 22 日,民生公司合并涪丰公司的涪丰轮,改名为民康轮(即老民康轮)。② 4 月 24 日,民生公司收购并接收蜀平公司的福明轮(一说为涪顺轮)及趸船 1 只,驳船 8 只,其中福明轮改名为民主轮。4 月 26 日,民生公司接收蜀平公司代办所租用川江公司的蜀亨轮及其附属事业,并从川江公司继续转租。5 月 1 日,民生公司成立宜昌分公司,李肇基为经理,取消代办处。5 月 6 日,民生公司成立汉口办事处,③李龙章任办事处经理。7 月 16 日,民生公司在上海收购永年公司悬挂意大利旗的永年轮,改名为民俗轮。永年公司负责人为田习之,实际上的出资人为杨森。8 月 6 日,民生公司签约合并川渝地区最早的轮船公司——川江轮船公司的全部产业。8 月 19 日,民生公司正式接收川江轮船公司产业,其中蜀亨轮改名

① 卢作孚:《我总是希望大家继续为国家为公司努力》,《新世界》第 13 卷第 2、3、4 期合刊,1938 年 10 月 31 日,第 12 页。
② 佚名:《民生简史》(上),《民生实业公司简讯》第1036期,1950 年 7 月 21 日,第 3 版。
③ 民生实业公司十一周年纪念刊编辑委员会编:《民生实业公司十一周年纪念刊》,第 200—202 页。

为民贵轮①,新蜀通轮被拆毁②。关于接收川江轮船公司,郑璧成说:"川江公司,川江航业之鼻祖也,前清光绪末年官商合组而成,时本公司周董事孝怀任四川劝业道,力排众议,历尽艰辛,始克成就。开航以后,营业亦佳。惜民国以来,不谋进取,将独霸川江之好机会空以度过,致使中外航商纷起角逐,仅图保守者终不能自保,惜哉!"③9月,收购英船皮駞谦号,以其机器托上海江南厂建造渝申大轮民族轮。10月20日,民生公司致函聚兴诚银行,委托该行代为调查湖南长沙、湘潭、常德等处航运情况。④ 12月6日,民生公司合并中兴公司的万安轮,改名为民宪轮。⑤ 上述民宪、民康、民主、民俗、民贵、民族等6艘轮船,都是渝宜段500吨以上轮船,其中,民族、民贵、民俗各轮均在900吨以上,枯水可航行重庆上海间。12月16日,民生公司租川军第二十一军南通轮。12月23日,民生公司租川军第二十一军昭通轮、元通轮。⑥ 至此,民生公司在1932年收购合并大小轮船8只,趸船3只,驳船11只,改造轮船、驳船各1只,承租轮船2只。⑦ 民生公司的大小轮船已经达到22只,而且有大轮可以经常航行长江中下游,其总吨数也增加到

---

① 民生实业公司十一周年纪念刊编辑委员会编:《民生实业公司十一周年纪念刊》,第202页。

② 佚名:《民生简史》(上),《民生实业公司简讯》第1036期,1950年7月21日,第3版。

③ 民生实业公司十一周年纪念刊编辑委员会编:《民生实业公司十一周年纪念刊》,第86页。

④ 《委托聚兴诚银行调查湘南航业》,《新世界》第15、16期合刊,1933年2月16日,第76页。

⑤ 民生实业公司十一周年纪念刊编辑委员会编:《民生实业公司十一周年纪念刊》,第202页。

⑥ 佚名:《民生简史》(上),《民生实业公司简讯》第1036期,1950年7月21日,第3版。

⑦ 民生实业公司十一周年纪念刊编辑委员会编:《民生实业公司十一周年纪念刊》,第202页。

7 200吨,是1931年的3倍多,更"大于创设时百倍有几矣"①。郑璧成说:"自是本公司之航运,插足长江中下段矣。"②

为适应川江下游业务的展开,何北衡、卢作孚于1932年集资接收总行在重庆,分支机构遍布上海、汉口、宜昌、万县等地的大川通报关行。收购后何北衡任董事长,卢作孚为董事。原来为日商日清公司等招揽货运业务的大川通报关行,从此开始为民生公司招揽货运业务,这有力地帮助了民生公司在长江下游开展业务。后来该报关行改组为华懋公司。③ 从此之后,重庆以下的川江下游货运成为民生公司的主要收入来源。④

1933年,民生公司轮船的规模继续增加。1932年5月,太古公司值银60万两的万流轮在长寿县柴盘子一带沉没。由于无法打捞,1933年3月8日太古公司与民生公司签约,以5 000元价格出让万流轮。随后,民生公司即派工程师张干霆前往指导打捞,5月便将其从江中打捞出来,并用民康轮拖抵重庆民生机器厂进行改造。⑤ 5月24日,民生公司合并涪江公司的涪江轮,改名为民法轮。⑥ 5月26日,民生公司合并华阳公司的蜀安轮,改名为民意轮。⑦ 1933年民生公司航业方面共并入轮船4只,改造1只,拆毁

① 《民生公司在长江》,《新世界》1945年11月号,1945年5月15日,第7页。
② 民生实业公司十一周年纪念刊编辑委员会编:《民生实业公司十一周年纪念刊》,第87页。
③ 《华懋公司组织成立略历》,重庆市档案馆藏,川盐银行档案,0297/1/88。
④ 《民生公司在长江》,《新世界》1945年11月号,1945年11月15日,第11页。
⑤ 民生实业公司十一周年纪念刊编辑委员会编:《民生实业公司十一周年纪念刊》,第204—205页。
⑥ 佚名:《民生简史》(上),《民生实业公司简讯》第1036期,1950年7月21日,第3版;民生实业公司十一周年纪念刊编辑委员会编:《民生实业公司十一周年纪念刊》,第205页。
⑦ 佚名:《民生简史》(上),《民生实业公司简讯》第1036期,1950年7月21日,第3版。

1只。① 同时,民生公司在湖北沙市设立代办处,其主要业务是办理总公司物产部的实业业务,即在沙市采购棉花运往四川,把四川的盐、糖、榨菜等土产运到沙市销售,财务则由沙市的聚兴诚银行代办。②

1934年民生公司在整理川江航业中,"收买六船,售出一船,拆毁一船,改造一船"③。其中,1月21日,合并吉庆公司的吉庆轮。④ 2月22日,合并绍兴公司的蜀都轮,改名为民裕轮。⑤ 3月2日,并入镇江轮,⑥由于该船老旧而拆毁,机器分配各处使用,船壳改为趸船。⑦ 6月1日,收购美商美孚油行的美川轮,改名为民众轮,⑧后更换机器,改为民联轮,专航申宜线。7月2日,民法轮由嘉定(乐山)首航成都,不久由于江水太浅而停航,改航眉山。7月17日并购飞鹰轮,改名为民约轮。⑨ 12月12日,在上海收购扬子江公司航行于宜申间悬挂意大利旗的光耀轮,改名为民泰轮。⑩ 在

---

① 《民生公司在长江》,《新世界》1945年11月号,1945年11月15日,第8页。

② 蒋百衡:《民生公司沙市办事处的回顾》,《湖北文史资料》(总第20辑),湖北省政协文史资料研究委员会1987年编印,第123—124页。

③ 《民生公司在长江》,《新世界》1945年11月号,1945年11月15日,第8页。

④ 佚名:《民生简史》(上),《民生实业公司简讯》第1036期,1950年7月21日,第3版。

⑤ 民生实业公司十一周年纪念刊编辑委员会编:《民生实业公司十一周年纪念刊》,第210页。

⑥ 佚名:《民生简史》(上),《民生实业公司简讯》第1036期,1950年7月21日,第3版。

⑦ 民生实业公司十一周年纪念刊编辑委员会编:《民生实业公司十一周年纪念刊》,第210页。

⑧ 佚名:《民生简史》(上),《民生实业公司简讯》第1036期,1950年7月21日,第3版。

⑨ 民生实业公司十一周年纪念刊编辑委员会编:《民生实业公司十一周年纪念刊》,第87页。

⑩ 民生实业公司十一周年纪念刊编辑委员会编:《民生实业公司十一周年纪念刊》,第210页;佚名:《民生简史》(上),《民生实业公司简讯》第1036期,1950年7月21日,第3版。

轮船不断增加的同时,8月1日,民生公司奉川江航务处令,此后渝涪、渝万2条航线,由民生公司派船专航。[1] 在轮船管理和制度方面,民生公司于本年规定统一轮船机件名称,废除小工制。[2]随着快速发展,民生公司资本到该年增加至1 174 500元,固定资产达到3 328 804元,[3]职工增加为1 845人。

1935年1月1日,民生公司南京业务由聚兴诚银行南京分行代办改为由永利制碱公司代办。[4] 2月5日,民生公司收购意商永庆公司的永丰轮,改名为民风轮[5]。永庆公司负责人为潘文华之弟潘昌猷,实际投资人为刘湘、潘文华、唐式遵、甘绩镛。

至此,重庆下游轮船航业整理暂时告一段落。

第二节　公司事业的扩大与人的训练

随着川江华商轮船"化零为整"的顺利进展,民生公司的航线迅速向长江中下游延伸。同时,岸上事业即投资事业也得到稳步推进。与事业的迅速扩张和发展相适应,民生公司对从主干人员到普通员工在内的人的训练给予了高度重视,在业务和服务精神的训练方面,采取了一系列办法,取得了显著的成效。

---

[1] 民生实业公司十一周年纪念刊编辑委员会编:《民生实业公司十一周年纪念刊》,第211页。

[2] 佚名:《民生简史》(上),《民生实业公司简讯》第1036期,1950年7月21日,第3版。

[3]《二十三年本公司之营业概述》,《新世界》第65期,1935年3月1日,第5页。

[4] 民生实业公司十一周年纪念刊编辑委员会编:《民生实业公司十一周年纪念刊》,第219页。

[5] 佚名:《民生简史》(上),《民生实业公司简讯》第1036期,1950年7月21日,第3版。

一、航线延展的进程

资本是追逐利润的,盈利甚丰的民生公司越来越受投资者青睐。1932年5月8日,卢作孚到上海订购沪渝直航轮船。《嘉陵江日报》载:"民生公司于航业之推进计划,由上海至嘉定一千又八百海里之航线,均在经营计划中,投资家鉴于该公司经营成绩之佳,故极踊跃投资。卢作孚现为订购沪渝直航船到上海,银行界也多愿意借款云。"①

6月2日,民生公司民主轮直航上海并取得成功,公司航线延伸到长江中下游的汉口、南京、上海。② 7月1日,经过相当长时间的精心筹备,民生公司上海办事处正式成立。在上海办事处设立之前,民生公司的船,只是偶尔到上海试航。由于事务简单,所有开船到船、揽货载客等相关事务,一概委托聚兴诚银行代办。当遇到新订船或购买大批机器材料等重大业务问题的时候,或由总经理卢作孚亲自到上海主持办理,或由重庆总公司主干人前往负责办理,事情处理完毕即归四川,"盖始终以重庆为公司之大本营也"。到1932年,民生公司开始认识到在上海设立办事处的必要。一方面,宜昌上运货物95%来自上海;另一方面,随着宜渝段轮船逐渐增加,民生公司为保证客运货运不受他人操纵,需要在全国商业中心上海奠定业务的基础。上海办事处于是在1932年7月1日正式成立。上海办事处成立之初,除经理张澍霖外,另有工程师徐兆瑞、赵瑞清二人。其他会计、出纳、文书职务等事务,则由川康殖

---

① 《踊跃投资于民生公司》,《嘉陵江日报》,1932年5月8日,无版页序号。

② 民生实业公司十一周年纪念刊编辑委员会编:《民生实业公司十一周年纪念刊》,第92页;佚名:《民生简史》(上),《民生实业公司简讯》第1036期,1950年7月21日,第3版。

业银行职员李子君、巫家驹兼办,因张澍霖尚兼任川康银行经理。[1]

新成立的办事处很快就不足以应付业务的需要,1933 年 4 月 15 日,民生公司上海办事处改为分公司。[2] 当时,民生公司在长江下游遇到的最为棘手的问题就是南京政府强征差轮以及应差费用问题。到 1934 年,这个问题尤其突出。为解决此问题,民生公司首先设法弄清了轮船招商局和上海三北轮埠公司等航运企业应差问题及相关差费支付情况。随后,卢作孚电覆国民政府军政部交通司司长庄应时陈明民生公司困难并请予决定各轮租费,谓:

> 俭电悉。速秘。(一)二十二年民康、民宪、民贵应租,因用船不多,时间甚暂,虽受损失,亦未计较。今兹用船至十只之多,公司几全绝营业,不能与二十二年比。兼以现在有领江费及绞滩费,不能与下游比。(二)申航会代请所列数目,并未事先商得公司同意。民康大于民主,而租金反在民主之下,足知申航会并未详细考察情形。(三)三北、招商皆只租一二只船,不能作比。如敝公司亦只租一二只船,绝对不同政府争多寡也。(四)政府困难,敝公司所深知。惟租费,政府且不能担负,损失则责诸公司担负,万万不可。全部轮船,皆被租用,若不在租金上稍予救济,转瞬即绝生机。虽欲为国宣勤,而不可得。环顾今日国中如敝公司之主要轮船全部应租者,尚无第二,自问已尽最大之力矣。救国救川,固属亟图,但救公司之存在,俾能长久努力,当亦政府所乐为。区区顾至成本之请,实沧海之一粟。(五)敝公司各船之租费,务恳至少,族、主、

---

[1]《上海分公司四年来发展概况》,《新世界》第 101 期,1936 年 9 月 16 日,第 20—21 页。
[2] 民生实业公司十一周年纪念刊编辑委员会编:《民生实业公司十一周年纪念刊》,第 204 页。

康、宪每日为六百元,强、享、意每日为五百元,福、治、安每日为四百元,皆系申款支付。凡此皆系最低成本之要求,苟并此而不蒙允,则公司力实难胜,无法维持生命矣。伫候电覆。①

与国民政府交涉不是件容易的事,但结果还算圆满,后来卢作孚说:"下面的兵差,起初我们的船开起下去就被扣,当我接到这个电之后,即刻去招商、三北:'你们的兵差怎么打法?'他们说:'中央要打差的时候,先打电来通知我们公司,由经理酌派一只或两只船去。'我听见之后,唉,好奇怪呀!为什么我们不能援这个例呢?因此便打电给军政部,给蒋委员长,要求不要扣我们的船,结果目的也达到了。"②尽管还有其他许多问题,但民生公司终于还是在长江中下游的航线和码头上初步站稳了脚跟。

二、主要的投资事业

民生公司是一家以轮船航运业为主的实业公司,除经营轮船航运业外,在实业乃至于科学研究、文化教育等领域,还有诸多投资。就实业投资而言,全面抗战爆发前主要有合川电水厂、三峡染织厂、民生机器厂、北川铁路公司、天府煤矿等。这些附属事业或投资实业对于民生公司事业的发展具有重要的支撑作用。

合川电水厂是民生公司初创时期就经营的私营公用事业。资料载,"(民生)公司事业,始于电气,而增至航运、机器、染织、投资、代办诸业"③。原来在1925年冬,卢作孚用公司最初募集到的区

---

① 卢作孚:《电覆军政部交通司庄应时司长陈明公司困难及请决定各轮租费文》,《新世界》第65期,1935年3月1日。

②《朝会摘录》,《新世界》第18期,1933年3月16日,第36—39页。

③ 民生实业公司十一周年纪念刊编辑委员会编:《民生实业公司十一周年纪念刊》,第189页。

区8 000元中的5 000多元,在上海购买电机、电料等发电器材。①
1926年1月,上述电机、电料等运抵合川,公司聘请杨月衢、韩祺
祥安装机器,筹建电厂,厂址即附设在药王庙民生公司筹备办事
处。② 2月,民生公司合川县药王庙电厂初步建成。③ 3月,民生公
司合川电厂试验发电以及电灯照明。④ 4月,民生公司成立电灯
部。⑤ 电厂正式发电并营业。当时电厂所发电力,可供500盏电灯
照明,16支光灯每月租费1元2角。⑥ 1927年,电灯部新订80千
瓦电机1部,锅炉1部。⑦ 到1928年,合川市民使用电灯者渐多,
以至供不应求。电厂机器所发电力原来可供500盏电灯照明,而
租出的灯额竟有530余盏。由于供不应求,于是电厂一面将灯租
上涨为16支光每月每盏1元5角,一面从上海增购蒸汽电机,在
合川城北瑞山总神庙建厂,并于10月安装完毕,冬月开灯。新机
发电量约是原机的10倍,可燃灯5 000盏。由于供过于求,于是
减灯租为每月每盏1元,租出灯额2 000余盏。旧有机器,则搁置
不用。电厂新址为合川县城最高处,地势雄峻,眼界辽阔,"公司
事业亦蒸蒸日上"⑧。此时,碾米部停办,电灯部和航业部成为民
生公司两大营业单位。1929年10月,合川驻军师长陈书农开办军
事训练学校并新建营房,需用电灯颇多。由此,民生公司电厂用户
灯额增加为3 300余盏,电灯月租费由于煤价增高而增加为每月1

① 卢作孚:《本公司是怎样筹备起来的》,《新世界》第56期,1934年10月15日,第1页。
② 陈雨生:《电灯自来水厂史略》,《新世界》第1期,1932年7月12日,第15页。
③ 卢作孚:《本公司历年营业进展概述》,《新世界》第20期,1933年4月16日,第46页。
④ 陈雨生:《电灯自来水厂史略》,《新世界》第1期,1932年7月12日,第15页。
⑤ 佚名:《民生简史》(上),《民生实业公司简讯》第1036期,1950年7月21日,第3版。
⑥ 陈雨生:《电灯自来水厂史略》,《新世界》第1期,1932年7月12日,第15页。
⑦ 佚名:《民生简史》(上),《民生实业公司简讯》第1036期,1950年7月21日,第3版。
⑧ 陈雨生:《电灯自来水厂史略》,《新世界》第1期,1932年7月12日,第16页。

元2角,合川电灯部在经营上遂有较大起色。① 1930年8月,卢作孚率考察团出川考察结束返川之时,"携自来水管及机器归,是为创办自来水厂之始"②。1930年冬,民生公司合川自来水厂就新堤外河岸凿沟,开工建设。随后购公司附近夏姓地皮,建筑水池。负责建设工程的工程师为刘德经,工程建设以重庆自来水池建筑工程为参考,规划设计和建设中还得到重庆建筑工程师税西恒的帮助。

1931年1月1日,民生公司总事务所从合川迁到重庆行街培厚里分所原址内,称事务所。这时航业已经成为民生公司的主要业务,同时"公司事业渐以重庆为中心"。合川民生公司电灯部仍隶属于总事务所,同时兼办渝合航业、提装货件以及渝合汇兑等业务。③ 由于自1931年合川驻军陈鼎勋部移防他处后灯额大减,亏损严重,民生公司电灯部决定从1931年5月1日起,租费由3角6分增加到4角6分。这遭到合川县城使用电表者的群起反对,民众联名函请减价或缓增。民生公司认为加减价值,关系电厂营业,④由此产生纷争。

1932年2月11日,合川自来水厂经过一年多的建设正式建成,有沉淀池2座、滤水池3座、澄清池1座,设售水处于县城梓桥街。每挑水定价铜元50文,第一天售水数百挑,此后逐渐增加到千余挑。5月10日,改为每挑铜元100文。随后,又增设售水处于黑龙池。到当年7月,两处每日售水2 000余挑。⑤ 其间,合川民生

① 陈雨生:《电灯自来水厂史略》,《新世界》第1期,1932年7月12日,第16页。
② 陈雨生:《电灯自来水厂史略》,《新世界》第1期,1932年7月12日,第16页。
③ 陈雨生:《电灯自来水厂史略》,《新世界》第1期,1932年7月12日,第16—17页。
④ 陈雨生:《电灯自来水厂史略》,《新世界》第1期,1932年7月12日,第17—18页。
⑤ 陈雨生:《电灯自来水厂史略》,《新世界》第1期,1932年7月12日,第16页。

公司电灯部与自来水厂于同年 5 月合并,正式改名为合川电灯自来水厂(简称合川电水厂)。① 6 月 1 日,合川电灯自来水厂经理改称为厂长。② 10 月,合川电水厂开始向合川县城居民售供自来水。③ 合川电水厂呈请登记注册后,于 1933 年 6 月 19 日获得国民政府建设委员会批准注册执照。④

由北碚峡防局创办,后归民生公司的三峡染织厂虽在全面抗战爆发前规模有限,却是川渝地区最早的机器纺织染厂,具有开创性的意义。该厂肇始于江巴璧合四县特组峡防团务局举办的兵工织布事业。1927 年 4 月,峡防局派兵到北碚附近各小布厂见习,又派人到重庆各布厂考察、学习,⑤由此试行兵工织布、缝衣、打草鞋等生产事业。⑥ 到当年秋季,峡防局试办的兵工织布事业有了新的进展,"买机头数架,令常队、练队士兵练习织布"⑦,并设立工艺部加以管理,"以便每个人都有一织布的手艺,试办了几个月,成绩很好"⑧。后来的三峡染织厂及大明染织厂由此发端。到冬季,峡防局兵工织布事业开始逐渐扩充。史料载:"冬季开始试验木机,由数架渐次扩充到十数架,由一个中队渐次扩充到三个中队,由丢梭

---

① 陈雨生:《电灯自来水厂史略》,《新世界》第 1 期,1932 年 7 月 12 日,第 18 页。

② 民生实业公司十一周年纪念刊编辑委员会编:《民生实业公司十一周年纪念刊》,第 200 页。

③ 四川省合川县地方志编纂委员会编纂:《合川县志》,第 10 页。

④ 民生实业公司十一周年纪念刊编辑委员会编:《民生实业公司十一周年纪念刊》,第 207 页。

⑤ 黄子裳、刘选青:《嘉陵江三峡乡村十年来之经济建设》,《北碚月刊》第 1 卷第 5 期,1937 年 1 月 1 日,第 28—29 页。

⑥《江巴璧合特组峡防团务事业进程一览》,重庆:峡防局 1934 年刊,北碚图书馆藏。

⑦《峡局周年来经营的事业》,《嘉陵江》,1928 年 6 月 30 日,无版页序号。

⑧《大明染织厂——现代合营企业的一个试验》,《新世界》1944 年 6 月号,1944 年 6 月 15 日,第 23 页。

办到扯棱,由本地木机进化到湖北铁机到天津铁机,到东洋铁机。"①1928年3月8日,《嘉陵江》报道峡防局兵工并进的进展情况时说:峡防局内有个工艺部,兵弁每天除下操外,还要做工。"峡防局因为要使局内的兵,都能够学一种手艺,将来退伍,就成为有职业的,不至变成游民,在局内设了个工艺部,每天除下操而外,还要做工。现在工艺部只分织布、编草鞋、织布鞋几起,还计划添设装订、织袜等,候器具带来,这两种也要开工。所做的鞋和织的布,已经在市面发卖了。士兵除了月饷外,还要读书,把全队的士兵依识字的程度高低,分为低级高级两组,每组又分成两班,初级不识字的,教平民识字课,高级略识字的,就依成人教育的标准,自编国语常识,是要使他们几个月后,能看书报,能写信记账,有相当的常识。"②

嘉陵江三峡匪患平靖之后,1928年8月,峡防局进一步大力提倡兵工政策,以期根绝匪患,因此扩大工艺部的经营规模,成立浆洗房,③并从重庆购买铁轮机7部、木织机8部,让各队士兵轮流学习,以便使每一个人都学会织布手艺。浆洗房试办了几个月,成绩很好。④1929年1月,峡防局成立工务股,各队工艺部划归工务股管理,⑤工

---

① 黄子裳、刘选青:《嘉陵江三峡乡村十年来之经济建设》,《北碚月刊》第1卷第5期,1937年1月1日,第29页。

②《峡防局的兵工并进》,《嘉陵江》,1928年3月8日,无版页序号。

③《江巴璧合特组峡防团务事业进程一览》,重庆:峡防局1934年刊,北碚图书馆藏。

④ 民生实业公司十一周年纪念刊编辑委员会编:《民生实业公司十一周年纪念刊》,第141页;《大明染织厂——现代合营企业的一个试验》,《新世界》1944年6月号,1944年6月15日,第22—23页。

⑤《大明染织厂——现代合营事业的一个试验》,《新世界》1944年6月号,1944年6月15日,第23页。

务股成为当时峡防局五股之一。^① 此前在峡防局内已经逐渐形成一个小小的庙咀工场。工务股成立后，接办庙咀工场，添置设备，扩大士兵学习织布、织袜的规模。此后峡防局工务股以及所辖庙咀工场不断发展，成为后来三峡染织厂的前身。7 月 12 日，《嘉陵江》载北碚峡防局因常备队开展大规模染织事业，拟征请工务主任的消息，称："峡防局因常备各队士兵，大规模的染织布匹，拟征请学识宏富及素有染织经验专门技能者，充当工务主任一职，月薪在三四十元左右，不日即将在重庆各报刊登启事，正式征请云。"^② 在1930 年的出川考察中，4 月 29 日，卢作孚一行到上海浦东川沙考察，一行人发现：

> 川沙城市，街道窄得如小巷子一样。看见一条街里，还有几家扯梭织布厂，大家都惊奇，机器工业势力最发达的上海，附近这种手工业的小厂，仍然存在。一转弯，出人意料，发现一所三友实业社的工场。这个工场，是专织毛巾的；七十几架机头，都是人工扯梭，牵梳是一部简单木机。线筒一架一架的成行列着，由牵到梳，只须一道手续就可以上机织成。除了齿轮之外，其余都是木制的。一部机同时有导筒四十八个，只须两个人管理，一个人便要当旧法的二十四个人，峡局织布厂，很可以仿制。参观这个厂以后，告诉我们两个方法：一工厂不一定要集中在一个地方，可因地宜设小厂。二在乡里设厂，城里销售，也是一种办法。后面这个，便与峡局现在情形相同，能以提倡兵工的关系，及合川方面已经免税的先例，邀得北

---

① 《三峡染织工厂业务概要》，《嘉陵江日报》，1931 年 1 月 22 日，无版页序号。
② 《峡防局征请工务主任》，《嘉陵江》，1929 年 7 月 12 日，无版页序号。

碚、重庆间的免税,那便更有希望了!①

　　川沙县为黄炎培的家乡,川沙县的毛巾工业开创于黄炎培的姑丈沈肖韵,此人又是黄炎培父亲黄叔才的学生。黄炎培曾经记述沈肖韵开创川沙毛巾工业始末谓:甲午之役,沈肖韵从军出关抗日,深感民生痛苦,议和后归上海,亲见虹口日本人建毛巾工厂。当时国内无毛巾,肖韵为挽救民生热情所驱使,购机二架、毛巾几打,聘一工人归来,全家和亲邻妇女以期学习织毛巾。随着学会织毛巾者人数增多,制机也越多。由近而远,又招募许多女工学习。学成后,即招收进入附设的漂染工场继续学习。业务获得迅速发展以后,所有织机都赠给招来的女工,不取机价,让他们在各自的村庄自行联合经营,漂染工场则为公有,"这样一来,川沙毛巾工业,大大发展,贫民都变富有了"②。

　　参观川沙县的毛巾工业的经历,对于卢作孚一行在北碚扩大兵工织布的规模,具有很大的启发和激励作用。6月5日,卢作孚得知峡防局职员已经减月薪储作资本后,致函熊明甫,其中说:"接(黄)子裳函,峡局职员减支月薪储作资本,极佩服。此间已购造绳机五部,织袜机二十部,又正接洽摇纱机、纬纱机、宽木机、提花机等,一周以内即可完全解决,大约需款总额在七千元以上也。此后北碚电灯事业亦可开始办理矣。……梁仑则专学织,舒承谟学染,已小有成,并此报闻。"③

　　由此,北碚三峡染织工厂的筹备工作正式开始。④《嘉陵江日

① 佚名:《合组考察团的两天日报》,《嘉陵江》,1930年5月24日,无版页序号。
② 黄炎培:《八十年来》,北京:文史资料出版社1982年版,第32页。
③《卢作孚致熊明甫函》(1930年6月5日),张守广、项锦熙主编:《卢作孚全集》,第204页。
④《江巴璧合特组峡防团务事业进程一览》,重庆:峡防局1934年刊,北碚图书馆藏。

报》也曾载:卢作孚出川考察时,"深感峡局之事业要图巩固,只有自造生产事业,要造生产事业,先一步就由工务股扩大着手,是以到沪后,即订购大批染织机器回来"①。1930 年 8 月 24 日,峡防局在上海购买的三星棉铁厂动力机及各项机器,运回北碚,工程师也同时到厂安置机器设备。② 9 月 7 日,《嘉陵江》报道峡防局工务股染织部,初步独立成三峡染织工厂,③资本 5 万元④,以卢作孚、熊明甫任正副厂长。⑤ 同时,缙云石印社由峡防局工务股并入三峡染织工厂,成为该厂石印部。⑥ 1931 年 1 月 7 日,《嘉陵江》载峡防局事业"大分家"的情形:北碚峡防局自 1930 年卢作孚出川考察归来,便极力于经费上节俭开支,于事业上扩充进行。因之分峡防局事业为治安的、文化的、经济的三方面。其与经济相关的工务股便以此前购回的织袜机、电机、经纱机、纬纱机、电力织布机等分部,合组成一大规模的工厂,定名为三峡染织工厂,并于 1930 年冬与峡防局分家独立。⑦ 后来《嘉陵江日报》所载《三峡染织工厂业务概要》一文也追记说:1930 年 9 月,"因卢局长出川考察,深感峡局之事业,要图巩固,只有自造生产事业。要造生产事业,先一步就由工务股扩大着手。是以到沪后,即订买大批染织机器回来,即将工务股改为三峡染织工厂"⑧。10 月 10 日,峡防局工务股正式改组

①《三峡染织工厂业务概要》,《嘉陵江日报》,1931 年 1 月 22 日,无版页序号。

② 黄子裳、刘选青:《嘉陵江三峡乡村十年来之经济建设》,《北碚月刊》第 1 卷第 5 期,1937 年 1 月 1 日,第 29 页。

③《峡区要闻》,《嘉陵江》,1930 年 9 月 7 日,无版页序号。

④《江巴璧合特组峡防团务事业进程一览》,重庆:峡防局 1934 年刊,北碚图书馆藏。

⑤《峡区要闻》,《嘉陵江》,1930 年 9 月 7 日,无版页序号。

⑥《江巴璧合特组峡防团务事业进程一览》,重庆:峡防局 1934 年刊,北碚图书馆藏。

⑦《峡防局已大分家》,《嘉陵江》,1931 年 1 月 7 日,无版页序号。

⑧《三峡染织工厂业务概要》,《嘉陵江日报》,1931 年 1 月 22 日,无版页序号。

成为三峡织染工厂，"化兵为工，使其独立"①。三峡染织工厂由卢作孚任董事长，缪成之为厂长，下设事务、工务、营业、会计 4 处，并附设门市、服装 2 部。该厂是川渝地区第一家机器织布工厂。该厂的设备主要有卢作孚出川考察时，从上海购置的 12 匹马力柴油引擎 2 部，三星棉铁厂生产的铁轮机 30 部、电力机 6 部、捻纱机 2 部、导筒机 2 部、导线机 2 部、整经机 1 部、滤水机 1 部、印花机 1 部、织袜机 20 部。②

此时的三峡染织工厂规模尽管有限，但川渝地区，"以动力机织布，此为创举"③。此后，三峡染织工厂在合川、广安、重庆、北碚设立 4 个售货处，在成都、顺庆、岳池、自流井、泸州有 5 个代销处，在水土沱、静观场也办有巡回售货处。④

1934 年春，北碚峡防局三峡染织工厂新屋落成。织造机 80 余架以及摇纱机、漂染机若干架移至新屋，上述各项资本合计 7 万元全部划作科学院资产。该厂产品以制服布为主，棉纱为上海永安纱厂产品。为扩大规模，提高产品质量，加强管理，卢作孚还在上海聘请瞿济僧到川担任该厂工务长，并请杨秉钺为该厂制定成本会计实施办法。⑤ 1934 年 8 月，北碚中国西部科学院直接经营管理的三峡染织工厂在经营上发生困难，让渡给民生公司。⑥

---

① 杨秉钺：《三峡染织厂之成本会计》，《新世界》第 48 期，1934 年 6 月 16 日，第 1 页。
② 民生实业公司十一周年纪念刊编辑委员会编：《民生实业公司十一周年纪念刊》，第 141 页。
③ 黄子裳、刘选青：《嘉陵江三峡乡村十年来之经济建设》，《北碚月刊》第 1 卷第 5 期，1937 年 1 月 1 日，第 29 页。
④ 峡防团务局编：《峡区事业纪要》，重庆：峡防团务局 1935 年刊，第 4 页。
⑤ 杨秉钺：《三峡染织厂之成本会计》，《新世界》第 48 期，1934 年 6 月 16 日，第 1—2 页。
⑥ 黄子裳、刘选青：《嘉陵江三峡乡村十年来之经济建设》，《北碚月刊》第 1 卷第 5 期，1937 年 1 月 1 日，第 29 页。

由于厂长何玉璋因事请假,副厂长缪成之另调民生公司,1934 年
10 月 2 日卢作孚兼任三峡染织工厂厂长。卢作孚布告工人,对厂
务进行改革。①

　　民生公司虽经营川江轮船航运,但在重庆没有船舶修理厂,
船舶一旦出现问题,就要拖到上海才能修理。有鉴于此,1928 年
9 月,卢作孚派赵瑞清在重庆江北县金山门外水月庵创办民生机
械厂,旋迁到三洞桥地藏庵,最后再迁到江北青草坝。② 当年冬,民
生机器厂初步建成,只有屋 1 间,员工 10 余人,规模很小。1929 年
春,陶建中被任命为民生机器厂经理(1932 年 6 月改称厂长),赵瑞
清为工务主任,工作机“只十六匹马力黑油引擎一部,大小车床四
部,刨床、钻床各一部”③,只能修理小型轮船。此时,由于民生公司
的事业尚在草创时期,航业仅有民生、长江(即后来的民望)、民用 3
只轮船,岸上事业仅有合川的电灯部,所以机器厂“营业尚须外
求”④。后来,卢作孚的长孙女说:“祖父看上(青草坝)这个地方,图
的是它所处的位置,方便长江和嘉陵江两江流域航行的轮船上落,
而且它临近朝天码头,自然成了重庆的门户。更主要的是它依
山傍水,河滩开阔,便于停泊和修造船只。冬枯水季节,堆上木墩
就能作业;夏天洪水季节铺上浮筒船坞便可开工。”⑤1932 年 8 月
29 日,中国征信所《民生实业公司》征信报告中提到,此时的民生
机器厂,“凡十二丈以下之船,皆能就地修理,其于航业便利多

---

① 《卢作孚仍任厂长后厂务积极整顿改革》,《嘉陵江日报》,1934 年 10 月 3 日,第 2 版。
② 民生实业公司十一周年纪念刊编辑委员会编:《民生实业公司十一周年纪念刊》,第
　　111 页。
③ 疏狂:《谈谈民生机器厂》,《新世界》第 3 期,1932 年 8 月 2 日,第 15 页。
④ 疏狂:《谈谈民生机器厂》,《新世界》第 3 期,1932 年 8 月 2 日,第 5 页。
⑤ 卢晓蓉:《逆水行舟:卢作孚长孙女回忆录》,上海:上海三联书店 2020 年版,第 62 页。

矣"①。1933 年 5 月 17 日,民生公司买江北青草坝辰州会所地,作为扩建民生机器厂的用地。②

英商太古公司值银 60 万两的万流轮于 1932 年 5 月沉没在四川长寿县柴盘子一带江底,无从打捞。1933 年 3 月 8 日,民生公司与太古公司签约,用 5 000 元的低价买下沉没于江底的万流轮。随即,民生公司派工程师张干霆前往指导打捞。③ 1934 年 2 月初,民生机器厂将万流轮并从江底捞起,并拖回民生机器厂修造,又将船身接长为 219.1 英尺,后命名为民权轮。④ 10 月 17 日,民权轮在重庆民生机器厂码头试车。⑤ 10 月 31 日,民权轮下水试航,速力达到 13 海里。⑥ 在全面抗战爆发前,民生机器厂的业务只是紧急修理和小船修理,改造万流轮为民权轮,是这一时期民生厂仅有的巨大工程。⑦ 郑璧成对此曾非常高兴地称赞说:"本公司捞救大船,此为第一次,在川省建造一千吨以上之轮船,又开一新纪元也。"⑧试车后,民权轮舱面工程尚未完成。同年 11 月 11 日,民

① 《民生实业公司》,中国征信所,1932 年 8 月 29 日。

② 民生实业公司十一周年纪念刊编辑委员会编:《民生实业公司十一周年纪念刊》,第 205 页。

③ 民生实业公司十一周年纪念刊编辑委员会编:《民生实业公司十一周年纪念刊》,第 204 页。

④ 民生实业公司十一周年纪念刊编辑委员会编:《民生实业公司十一周年纪念刊》,第 123 页;佚名:《民生简史》(上),《民生实业公司简讯》第 1036 期,1950 年 7 月 21 日,第 3 版。

⑤ 民生实业公司十一周年纪念刊编辑委员会编:《民生实业公司十一周年纪念刊》,第 124 页。

⑥ 民生实业公司十一周年纪念刊编辑委员会编:《民生实业公司十一周年纪念刊》,第 124 页。

⑦ 《民生公司在长江》,《新世界》1945 年 11 月号,1945 年 11 月 15 日,第 11 页。

⑧ 民生实业公司十一周年纪念刊编辑委员会编:《民生实业公司十一周年纪念刊》,第 87 页。

权轮由重庆开往上海继续修理。23 日,抵达上海,交江南造船厂承修。① 1935 年 4 月,万流轮整修完工投入运营。② 当时担任民生机器厂厂长的李劼人后来说:"这件事③震动了船业界,尤其震惊了外国人。他们做梦也没有想到他们办不到的事,民生公司办到了。太古公司十分震怒;日本人也专门派人到民生机器厂刺探情况。谁也搞不清中国人怎么会有这么大的本领。"④1935 年 9 月 29 日,民生机器厂奉令补办公司登记手续。⑤

北川铁路全长16.5公里,是川渝地区第一条以煤炭运输为主的轻便铁路,也是民生公司创办后参与投资的重要实业单位。不过,该铁路的修筑,起意颇早,只是一直未能动工修筑。卢作孚在 1927 年春出任北碚峡防局局长后,就决心修筑该路。1928 年 1 月,卢作孚在上海聘请丹麦籍工程师守尔慈到四川北碚主持北川铁路工程。守尔慈六旬上下,精神健旺,初来无办公地点,就以储煤的炭坪子作为办公寝息之所,测勘路线 9 个月,终日跋涉山谷间,毫无饥疲之感。3 月,卢作孚约集合川、江北煤矿业有关人士,发起筹组北川铁路公司,资本额预定 30 万元,其中民生公司投资约 8 万元,约期 1 年建成。⑥ 不过,民生公司股东会对于投资北川

---

① 民生实业公司十一周年纪念刊编辑委员会编:《民生实业公司十一周年纪念刊》,第 210 页。

② 民生实业公司十一周年纪念刊编辑委员会编:《民生实业公司十一周年纪念刊》,第 124 页。

③ 指打捞万流轮。

④ 李劼人:《自传》,转引自卢晓蓉:《逆水行舟:卢作孚长孙女回忆录》,第 84 页。

⑤ 民生实业公司十一周年纪念刊编辑委员会编:《民生实业公司十一周年纪念刊》,第 217 页。

⑥ 高孟先:《卢作孚与北碚建设》,全国政协文史资料研究委员会编:《文史资料选辑》第 74 辑,北京:文史资料出版社 1981 年版,第 109 页。

铁路颇有顾虑。耿布诚回忆说:"北川铁路公司初行测勘路线时(已用二千余元),征求同意于公司。当时作孚以获利虽厚,究怀不测之险,计如投资陆上事业,即使水上有事,尚可借此撑持,徐图补救。但当开股东会时,少数股东则以公司股款,仅得五万,而乃欲投八万元于北川铁路公司,过于突如。于是会议结果,仅投资五千元。而二三股东,则因不同意此举而出卖股份,退出公司。其后,公司复行投资四万五千元于北川。"①这样,在卢作孚的坚持下,守尔慈于当年10月测绘完毕,并列具预算书,北川铁路即开始动工修建。12月3日,民生公司正式向北川铁路认投资金5 000元。②

　　1928年11月,北川铁路开始修建,张艺耘被聘为北川铁路公司经理,③丹麦人守尔慈为工程师。11月6日,北川铁路第一段即白庙子到戴家沟段开工。④ 其中水岚垭到土地垭一段计17里,率先开工建筑,1929年10月通车。1930年添修从水岚垭到白庙子一段计程5里,又接修土地垭到戴家沟一段计程3里,均在1931年5月通车。第一段铁路的修建中,民生公司本身资金有限而且股东对该项投资有不同意见,因此投下的资金仅5 000元,但成为北川铁路发起人。⑤ 其间,1929年5月31日,北川铁路公司在江北县文星场召开成立大会,文化成、张秩九、唐瑞五、季叔平、黄锡兹、李云根、张守权、尹焕廷、尹锡之组成董事会,推选尹锡之为董事长,张

①《谈话会(三)旧话》,《新世界》第14期,1933年1月16日,第53页。
②《民生实业公司大事记》,《新世界》第65期,1935年3月1日,第90页。
③ 民生实业公司十一周年纪念刊编辑委员会编:《民生实业公司十一周年纪念刊》,第159页。
④《峡区要闻》,《嘉陵江》,1928年11月8日,无版页序号。
⑤《民生实业公司大事记》,《新世界》第65期,1935年3月1日,第90页。

秩九被任命为总经理,何鹿篙、卢作孚任监察。① 1930 年 1 月 3 日,北川铁路举行试车典礼。② 1931 年 4 月 21—22 日,北川铁路公司在重庆召开股东大会,选举董事 9 人,监察 4 人。董事为张艺耘、唐建章、季叔平、文化成、李云根、罗希孔、郑东琴、张守权、卢作孚。监察为张绍初、李熙宇、张茂芹、雷义荣,聘唐瑞五为经理。③ 1932 年 11 月,民生公司对北川铁路公司的投资增加到5.5万元。④ 民生公司成为该铁路公司最大的股东,实际控制了该铁路。北川铁路的修建,对此后嘉陵江三峡地区煤矿业的发展,有重要的意义。

1933 年北川铁路接修从戴家沟到大田坎一段计程 8 里,到 1934 年 3 月该延伸工程完工。同时在白庙子建筑下河绞车第一段,于 1934 年 4 月 1 日完成。第二段绞车于 1935 年 3 月完成。北川铁路主要运输煤炭,平均每日 400 吨,拟募足股本 60 万。北川铁路起点在嘉陵江边白庙子,依山岭断岩而筑,乘船经过,闻汽笛鸣鸣鸣,在江中仰望,火车一列,盘旋天际,如在车中俯瞰,则又下临无地,使人心惴。江边车站地名白庙子,最初只有一所房屋。北川铁路修成后,新建街房上百余间,俨若成为一个新兴市场。北川铁路的设备有 11 处车站,一部 110 匹马力火车头,60 部 5 吨自卸煤车车厢,4 座卸煤桥,2 部绞车,各种修理机械及全套机械。1934 年营业约 14 万元,"盈利甚微"⑤。

①《北川铁路公司开创立会》,《嘉陵江》,1929 年 6 月 1 日,无版页序号。

②《北川铁路举行试车典礼》,《嘉陵江》,1930 年 1 月 4 日,无版页序号。

③《北川铁路公司改选董事监察人》,《嘉陵江日报》,1931 年 4 月 27 日,无版页序号。

④《民生公司在长江》,《新世界》1945 年 11 月号,1945 年 5 月 15 日,第 7 页;恽震:《参观四川小三峡社会事业日记》,《旅行杂志》第 7 卷第 3 号,1933 年 3 月,第 17—20 页。

⑤ 黄子裳、刘选青:《嘉陵江三峡乡村十年来之经济建设》,《北碚月刊》第 1 卷第 5 期,1937 年 1 月 1 日,第 35 页。

随着北川铁路的修筑,1933 年 6 月 24 日,嘉陵江小三峡内北川铁路沿线包括枧槽沟的同兴厂、老龙洞的福利厂、石笋沟的又新厂、卢梯沟的天泰厂、后峰岩的和泰厂、麻柳湾的公和厂等 6 家煤矿与民生公司、北川铁路合作,相约各就矿厂资产作为股份,成立天府煤矿股份有限公司,资本额 24 万元,其中民生公司先后投资10 万余元,卢作孚被选为董事长。①

由于向天府煤矿公司投入了巨资,加上其他的原因,民生公司从 1934 年开始直接经营天府煤矿公司。资料载:天府煤矿公司成立于 1933 年 6 月,而接收经营并处理一切纠纷则集中在 1934 年,"为使无办法之事业有办法,又不得不投资金于天府以协助"②。1934 年 3 月,卢作孚聘刘宗涛为天府煤矿公司总工程师兼经理。刘宗涛曾于 1904 年留学欧洲,回国后曾在各大学,京汉、京绥、津浦等铁路以及各煤矿,任教授、工务段长、所长、课长、工程师、总工程师等。③ 1935 年,黄云龙继刘宗涛被聘为天府煤矿公司经理。④ 1936年 4 月,北川铁路公司与天府煤矿公司联合办公,以黄云龙任两公司经理,唐瑞五为两公司工程师。⑤

民生公司在代办、煤炭、水力发电、水泥生产等方面都有经营或尝试。如民生公司在 1933 年 9 月正式成立代办处,以便利工商,开发实业,并任命马熏南为代办处经理。代办处内设进口部、出口

---

① 天府矿业公司编:《天府煤矿概况》,重庆:大东书局 1944 年版,第 4—5 页。

②《二十三年本公司之营业概述》,《新世界》第 65 期,1935 年 3 月 1 日,第 5 页。

③ 刘宗涛:《四川之动力》,《新世界》第 43 期,1934 年 4 月 1 日,第 7 页。

④ 民生实业公司十一周年纪念刊编辑委员会编:《民生实业公司十一周年纪念刊》,第163 页。

⑤ 民生实业公司十一周年纪念刊编辑委员会编:《民生实业公司十一周年纪念刊》,第163—164 页。

部、煤业部、保险部。后煤业部从代办处分离另设,代办处主要代理以下三方面业务:第一,民生公司为德国西门子洋行全川经理处,并代客购买马达、电话、钢铁、无线电收音机、电热用具、科学仪器及各种电料、大小五金等。第二,民生公司特聘工程师,代客设计大小电气工程,并有高艺工人代客装修电气设备。第三,民生公司代理华商太平洋保险公司及英商保泰保险公司,承保水火险、汽车险、人寿险、意外险等。代理公司资本雄厚,信用昭著,赔款迅速,手续方便。①

　　1934 年 2 月 29 日,民生公司成为上海西门子电机厂四川省总代理。② 由于商妥代理西门子业务,民生公司对代办处加以改组,"将代办处之保险部移并业务处,煤业部移船务部,进出口部交民生消费社,会计部并入会计处,而以西门子进口货件另于业务处下设代办股办理之"③。

　　为解决民生公司永年、民宪、民康等以煤为燃料的各轮的燃料问题,1932 年夏,民生公司与重庆著名煤商林竹筠、戴甫卿合资5 000 元,开设固陵煤号(总号设民生公司总公司内),在川东云阳固陵沱地方设立转运处。关于该煤号的缘起及经过,资料载:1932年,民生公司接收烧煤轮船民康、民主及民贵等。感觉亟需设法保障轮船用煤,遂与渝州著名煤商林竹筠及云阳戴甫卿,合资5 000元,开设固陵煤号,专购云阳固陵沱轮煤,供轮船使用。固陵煤号总号设在重庆民生公司内,由船务处燃料股行使职权,在云阳固陵

---

① 民生实业公司编:《民生实业公司概况》,第 9 页。

② 民生实业公司十一周年纪念刊编辑委员会编:《民生实业公司十一周年纪念刊》,第210 页。

③ 民生实业公司十一周年纪念刊编辑委员会编:《民生实业公司十一周年纪念刊》,第150 页。

沱设转运处,由公司派蒋伯衡君主其事。云阳固陵沱原有煤号六七家,因公司设立煤号收买,众煤号恐于己不利,遂群起反对。固陵煤号为安抚众商户起见,与彼等订约购买。在数月内,由间接变为直接购买,成本因此减低,年底结算,盈余6 000余元。随后民生公司烧煤轮船渐增,固陵煤号营业也随之扩充,变更资本为10 000元,仍与林、戴二股东分担,民生公司加派杨兴业与蒋伯衡共同主持。蒋、杨二人在任职数年后调回渝公司,该号事务继由李炯明接办。① 后固陵煤号设在云阳的转运处改为管理处,在宜昌、巫山、奉节、万县均设分处,专责采购优质煤焦,运供公司各轮使用。②

　　巴县歇马乡高坑岩瀑布有水力发电价值。1932 年 5 月,民生公司发起北碚富源水电厂,拟开发高坑岩水利发电事业。由于局势动荡,全面抗战爆发前未能开工。③

　　民生公司还拟在重庆北碚创办水泥厂,卢作孚于 1934 年曾聘请专家在北碚进行调查和规划,并召集了发起人会议,川渝军政金融界不少著名人士认了股本。1935 年,得知胡光麃与参谋团合办四川水泥厂,卢作孚说:"这件事我计划已久,应该由我办的,而胡叔潜竟从天上伸下一只手来就拿去办了!"④四川水泥厂在创办过程中,民生公司还是用民本轮帮助该公司从上海把包括重达十几吨的机器运到重庆,保证了四川第一家水泥厂的正常开办。

---

① 邓智源:《谈谈固陵采办处》,《新世界》第 10 卷第 11 期,1937 年 6 月 16 日,第 23 页。

② 民生实业公司十一周年纪念刊编辑委员会编:《民生实业公司十一周年纪念刊》,第 219 页。

③ 黄子裳、刘选青:《嘉陵江三峡乡村十年来之经济建设》,《北碚月刊》第 1 卷第 5 期,1937 年 1 月 1 日,第 31 页。

④ 胡光麃:《波逐六十年》,沈云龙主编:《近代中国史料丛刊续编》(616),第 302—305 页。

三、职工和股东训练

民生公司在用人上有自己的特点，"高级的人员，是慎选贤能来的；低级的职工，是用考试方法取得的。加以每年不断的训练，所以人才集中，都能发挥自己的才能，共同一致的鼓着勇气，向着康庄大道前进"①。民生公司兴起和发展中一个重要的特点，是高度重视并采取切实的措施进行人的训练。卢作孚认为："今天中国甚么都不缺乏，只缺乏人——只缺乏有训练的人，所以根本在先解决人的问题——解决人的训练问题。"②卢作孚坚信人是可以被成功地训练的，他说："动物尚且能训练，训练人虽难，只要努力，终会成功。"③人的训练在民生公司实际又分为职工的业务训练、精神训练和股东训练，重点是职工训练。

民生公司对职工的训练大体上采用业务与精神并重方针，业务训练内容广泛，精神训练特别注重爱国主义、服务精神、敬业精神的训练。卢作孚曾提出口号："白种人办得到的事情，黄种人亦办得到，日本人办得到的事情，中国人亦办得到！"④上海《申报》刊载过卢作孚《我们对于国家的责任》一文，文章提出：我们的责任不是救亡，而是要把我们每一个人都要负起责任，把国家经营成为一个现代化的国家。卢作孚还提出 3 个响亮的口号：我们的知识要

---

① ［卢］志林：《对本公司过去的感想和未来的希望》，《新世界》第 10 卷第 7 期，1937 年 4 月 16 日，第 6 页。

② 卢作孚：《中国的根本问题是人的训练问题》，《大公报》，1934 年 3 月 19 日，第 4 版；1934 年 3 月 20 日，第 4 版。

③ 卢作孚：《为社会找出路的几种训练活动》，《新世界》第 46 期，1934 年 5 月 16 日，第 1—6 页。

④ 卢作孚：《中国的建设问题与人的训练》，第 155—156 页。

有世界那样大，我们的问题要有国家那样大，我们的工作只须要当前正在做着的那样大。① 在这种观念主导之下，民生公司通过业务训练、会议协商及讲演、出版公司刊物等途径，采用集中学习、交流和润物无声的浸润等方式进行人的训练。

通过各种会议训练人是民生公司的重要方法之一。1933 年 3 月 2 日，卢作孚在民生公司朝会上提出公司管理上的 3 个改进办法，其一就是会议。他说："会议的方法，除了消防委员会、卫生清洁委员会、船员考绩会而外，各部还各自有部别会议。此外更有联席办公会。这是民康的办法。他如永年、民贵也都实行了会议的方法。无非会议的种类小有出入罢了。"②3 月 8 日，卢作孚给民生公司上海分公司经理张澍霖的复函中再次谈到会议的作用、人的训练、领导方法等问题，他说：

> 各部会议，乃训练人员最重要之一种方法，不但盼吾兄不断地用之于公司，尤盼吾兄促成在申及到申各船不断地用之于各部船员，公司所以表现于社会者，不在船多，而在船好，而在船员工作之好。能保护船，能保护货，能招待旅客。此三种成绩，均须超中外一切公司之上，乃贵乎有此一新公司也。求有此三种成绩，惟一方法，在人之训练。担任训练者，以船主经理为中心，而更由重庆总公司宜昌上海两分公司帮助之。重庆已着手，宜昌已商肇基，上海则端望吾兄矣，吾兄工作甚苦，工作，亦诚吾辈最紧要之生活。工作之训练，尤为吾辈最重要之生活。训练之中心问题，乃在分工与合作，乃在每人确定之任务，又相互有密切之联络。望兄力分自己之工作于公

----

① 卢作孚：《我们对于国家的责任》，《申报》，1936 年 1 月 1 日，第 6 版。
② 《朝会摘录》，《新世界》第 18 期，1933 年 3 月 16 日，第 36—39 页。

司之人员,而分精神于公司人员工作之分配与检点。领导人做事,须将自己做事之时间减少,训练人做事之时间加多也。①

卢作孚强调通过会议的办法训练人是非常有见识的,因为包括卢作孚在内的民生公司的创办者,大多不懂轮船航运技术和业务,而会议自然成为最好的办法。在这种情况下,包括旬会、主干会、周会、朝会、部门联席会等在内的会议制度次第出现,并产生十分明显的成效。

旬会制度开始于 1932 年 1 月。1931 年 12 月 29 日,民生公司事务所通报:从明年 1 月起,每次旬会,各轮船主脑人及民生机器厂经理,均须按时到事务所开会。每一部问题解决后,该部职工即行离去。② 由此初步确定了民生公司的旬会制度。1932 年 1 月 10 日,重庆民生公司事务所召开第一次旬会,到渝各轮船员、民生厂经理与事务所各级职员到会。③ 1 月 16 日,民生公司事务所制定了旬会细则,其中规定:事务所及所属各部分每 10 日须开会一次,航行渝宜航线的轮船每轮水须开会一次。轮船抵渝若未遇会期,须补开会议。④ 6 月 10 日,卢作孚亲自主持民生公司旬会。此次旬会有两方面内容,一是由民安轮经理蒙华章和民生机器厂厂长陶建中等报告 10 日内有价值的事件,二是讨论公司各轮船燃料问题。⑤ 9 月 27 日,从上海回重庆不久的卢作孚出席民生公司总公

---

① 卢作孚:《关于身心修养的两封信》,《新世界》第 18 期,1933 年 3 月 16 日,第 33 页。
②《民生实业公司大事记》,《新世界》第 65 期,1935 年 3 月 1 日,第 92 页;民生实业公司十一周年纪念刊编辑委员会编:《民生实业公司十一周年纪念刊》,第 199 页。
③《民生实业公司大事记》,《新世界》第 65 期,1935 年 3 月 1 日,第 92 页;民生实业公司十一周年纪念刊编辑委员会编:《民生实业公司十一周年纪念刊》,第 200 页。
④《民生实业公司大事记》,《新世界》第 65 期,1935 年 3 月 1 日,第 92 页。
⑤《本公司六月十日旬会记录》,《新世界》第 6 期,1932 年 9 月 16 日,第 24—29 页。

司旬会并讲话,内容涉及公司轮船、百万股份的募集、资产、职工福利等问题。① 10 月 7 日,民生公司旬会议定,与聚兴诚银行组织联络委员会,②以便联络双方感情。10 月 17 日晚上 6 时,卢作孚出席民生公司旬会并就公司职员统一制服、职工履行职务、募集股份等问题讲话。③ 总经理参加并主持旬会,在旬会上通报或解决公司相关重大问题,说明公司对旬会的重视以及旬会当时在训练公司员工方面发挥的重要作用。

接着旬会产生的是公司事务部主干会。民生公司总事务所举行第一次主干会议的时间是 1932 年 6 月 1 日,并由此次会议决定此后每星期三举行一次主干会。④ 民生公司的主干会对于公司总经理和董事会决定重大问题和指挥全局具有重要的作用。⑤ 如 1935 年 8 月 8 日的民生公司举行主干人会议,决定从本年开始把公司创立纪念日改在 10 月 10 日双十节进行,并通知公司各部分执行。⑥

除每周三的主干会之外,从 1932 年 8 月 17 日起,民生公司事务所还在周六下午 4—6 点召集周会。8 月 17 日、20 日、29 日,卢作孚连续主持第 1—3 次周会,不仅规定了周会举行的办法,还先

---

① 《九月二十七日旬会纪录》,《新世界》第 7 期,1932 年 10 月 1 日,第 29—32 页。

② 《民生实业公司大事记》,《新世界》第 65 期,1935 年 3 月 1 日,第 95 页。

③ 《民生公司旬会记录》,《本公司募股之我见》,《新世界》第 8、9 期合刊,1932 年 11 月 1 日,第 30—33、41 页。

④ 《民生实业公司大事记》,《新世界》第 65 期,1935 年 3 月 1 日,第 93 页。

⑤ 民生实业公司十一周年纪念刊编辑委员会编:《民生实业公司十一周年纪念刊》,第 200 页。

⑥ 民生实业公司十一周年纪念刊编辑委员会编:《民生实业公司十一周年纪念刊》,第 217 页。

后讨论了川康问题、民生问题等。[①]

朝会是民生公司总事务所最有生气的会议形式之一。民生公司事务所的首次朝会于 1932 年 10 月 8 日举行,出席朝会的人数达35 人,卢作孚亲自担任朝会主席并讲话。这次朝会决定此后除星期日以外,每天早上 8 点举行。[②] 卢作孚在此次朝会上明确了举办朝会的意义,"在使各部相互了解每日进行状况,并促其进步,在使了解各部每一个人办事的方法和其结果,有无善状"。为使朝会有效进行,他要求:

> 每部分的人,都应相当准备次日的报告。例如潘少毕最近所制的油表,张华贵所制的轮船航行停泊修理表,逐日配派航线表,都可提出向大家说明,以供参考。此后各营业、会计、出纳、运输、保管各股,都应照此把所作的事,在朝会中报告出来。此外即本公司全体职工的生活方面,亦须注意。尤其是公司内一般青年,其能力见解,有无进步,也应该就此机会,去想办法,总期使每日都有进步。至于住所、毛厕、食堂及一切地方的清洁问题,亦在讨论的范围。以上所说,都是这个会的内容。今后盼每人必到,按时开会,并请文书主任陈觉生负督促摇铃开会的责任,潘少毕负责设备会场的责任。今天就请潘少毕说明所造之油表,张华贵说明所造之航行各表。[③]

民生公司的朝会制度从此开始,以后逐渐发展、完善。该制度对于民生公司中高级管理层人员办事能力的提高和一般职工对公

---

① 《常会纪录》(1932 年 8 月 17、20、29 日),重庆市档案馆藏,民生实业公司档案,0328/82。

② 《民生实业公司大事记》,《新世界》第 65 期,1935 年 3 月 1 日,第 95 页。

③ 《民生公司朝会纪录》,《新世界》第 8、9 期合刊,1932 年 11 月 1 日,第 21 页。

司凝聚力的提高起到过重要的作用。1932 年 10 月 13 日,卢作孚出席民生公司第四次朝会并讲话,他说前一日看到一位练习生写给《新世界》编辑张从吾的信,信中说民生公司只知赚钱,不顾及练习生的钱够不够用,自怨父母不该送他读书,反不及一个当茶房的等语。对此,卢作孚提出批评,指出:"这种思想,毋乃太过错误。(原略)我们应该把社会放在前面,把个人放在后面。个人练习能力,是为社会。社会有办法,我们自然有办法。"①1932 年 10 月 14日卢作孚出席民生公司第五次朝会并讲话,指出朝会的意义,"在盼望各部分报告他对于职务进行的概况,和所得的方法。再者,我主张民生公司的人,应该明了各部办事的手续和其内容。最好各部轮流报告,或每部每个人轮流报告"②。在这次朝会上,卢作孚提出每周 6 次朝会,应该有 1 次有意义的讲演。经过与会者的讨论,决定每个星期一朝会举行讲演,讲演人由星期六朝会时推举的星期一的朝会主席邀请。此后民生公司总公司星期一晚上举办讲演会成为惯例,许多知名人物在民生公司讲演。据民生公司研究室项锦熙统计,1932—1946 年,在民生公司朝会、周会上讲演的社会各界人士(其中少部分是民生公司高级职员、董事)就有 192 人之多。③ 应邀在民生公司朝会或其他会议上发表演讲的人士中有黄炎培、张澜、江恒源、冯玉祥、梁漱溟、罗隆基、杜重远、李璜、刘泗英、周善培等社会名流,也有游走于官学两界之间的翁文灏、钱昌照、吴鼎昌、陶希圣等,有刘湘、杨森、曾养甫、康泽、刘航琛等军政人物,还有张伯苓、马寅初、李登辉、任鸿隽、李仪祉、蒙文通、卫挺

① 《民生公司朝会纪录》,《新世界》第 8、9 期合刊,1932 年 11 月 1 日,第 22 页。

② 《民生公司朝会纪录》,《新世界》第 8、9 期合刊,1932 年 11 月 1 日,第 22 页。

③ 《编辑说明》,项锦熙主编:《民生公司演讲集》,北京:人民日报出版社 2016 年版,第 1 页。

生等教育、科学界人士,甚至有郭沫若、阎宝航、杜重远、陈独秀等著名人物。民生公司骨干人员甘南引曾经说:"总公司每礼拜一晚间有讲演会,敦请名人讲演,增进职工智识。"[1]利用朝会、周会邀请社会各界人士在公司讲演,对于潜移默化地提高民生公司高级经营管理人员的综合能力,产生了深远的影响。卢作孚自己也多次在朝会进行讲演。如 1933 年 3 月 10 日,卢作孚在民生公司作题为《为己? 为人!》的演讲。演讲最后他强调说:归纳起来,我今天同大家讨论的总结论是"人不是为己的,人是为社会的。如果社会要求的是对的,我们就要遵从它;如果社会要求的是不对的,我们就要努力把它改造过"[2]。

　　1933 年 3 月 10 日,卢作孚出席民生公司朝会并针对朝会的一些问题作了讲话。他指出:今后在朝会上报告的材料要事前进行选择,事后进行整理。报告人在报告之先应明确报告什么好,什么材料能够引起大家的兴趣,什么材料是大家所需要的。不要把朝会看得不紧要,须知朝会是我们报告自己做事的结果和介绍自己解决问题的方法的。"如果我们的朝会弄到没有意义,就表示了民生公司各部没有办法。如果我们的朝会有结果,民生公司将来也就不愁无归宿了。从明晨早起,要报告的应事前求助于人,切实把材料选择和整理一下。"[3]11 月 2 日,民生公司总公司在朝会上决定,朝会改为每个星期一、三、五晨各举行一次。[4]

　　联席会议是民生公司总公司各处室负责人联合举行的业务会议,1932 年确立。该会议由公司总经理或总务处经理主持,上午

---

① 甘南引:《人事报告》,《新世界》第 41 期,1934 年 3 月 1 日,第 48 页。

② 卢作孚:《为己? 为人!》,《新世界》第 18 期,1933 年 3 月 16 日,第 1—3 页。

③《朝会与民生公司》,《新世界》第 18 期,1933 年 3 月 16 日,第 42 页。

④《民生实业公司大事记》,《新世界》第 65 期,1935 年 3 月 1 日,第 95 页。

9—10 时召开,主要是根据总经理室汇总的公司情况,发现问题,及时研究、协调并加以解决,后来演变成为调船会议。①

1933 年 2 月,卢作孚在辗转各地指导公司业务的过程中,多次主持召开民生公司有关会议,解决一系列问题。如 21 日会议卢作孚提出召开公司会议方法以及会议的种类。22 日会议卢作孚提出无论是办事处还是各轮船,均"亟宜组织会议以资改进"②。在永年轮查看情况过程中,卢作孚发起首脑会议。所谓首脑会议,"便是联络各同事感情及各部头脑会商解决问题的办法的一种会议"③。

民生公司还根据不同情形,举办各种时事性集会,如 1932 年 9 月 18 日,民生公司举行九一八事变周年大会,并通过爱国公约。民生公司经理室主任秘书郑璧成在《新世界》刊文指出:自己没有办法,一味地依赖乞怜于人是没有用的,要从"做"上下功夫,要"凭赖自己之努力"④。1933 年 9 月 18 日,民生公司在重庆陕西街青年会举行职工九一八事变两周年纪念大会,出席大会的有民生公司各部分代表 200 余人,郑璧成致开会词,甘南引讲述九一八事变的经过。大会讨论并通过民生公司公约、信条等议案。其中公约约定:民生公司之职工及其家属永远不为日人服务;不售予日人任何材料及食品;不购日人食品;不与亲日华人为友。⑤ 信条约定:第一,民生公司职工及其家庭要研究日人侵略中国的策略;要研究日

---

① 童少生:《回忆民生轮船公司》,周永林、凌耀伦主编:《卢作孚追思录》,第 195 页。

② 《会议纪录》,张守广:《卢作孚年谱长编》,北京:中国社会科学出版社 2014 年版,第 326 页。

③ 《两个船上的会议》,《新世界》第 18 期,1933 年 3 月 16 日,第 46 页。

④ [郑]璧成:《我们纪念"九一八"应有的觉悟》,《新世界》第 7 期,1932 年 10 月 1 日,第 13 页。

⑤ 《关于九一八纪念大会函件纪录和决议案》,《新世界》第 31 期,1933 年 10 月 1 日,第 12 页。

本国情;要尽量读关于日本问题的书籍;要研究日本办事的方法;
要超过日人刻苦耐劳的精神。第二,民生公司各部分的职工要在
技能上谋战胜日人;要在各部分的事业上谋战胜日人。第三,民生
公司各船船员招待乘客和蔼周到的精神要超过日船;保护各货的
办法要超过日船;保护船身节省费用的精神要超过日船;清洁整饬
调理秩序的精神要超过日船;对于乘客要随时提起其抗日救国的
精神。①

　　民生公司为丰富职工业余生活,还特设阅览室、图书室,经常
举办读书会等活动。1932 年 6 月 22 日,民生公司事务所迁到重庆
第一模范市场新屋,事务所阅览室同时扩大为报刊图书室。② 到
1933 年 5 月,民生公司报刊图书室经过扩充改为图书馆。③ 注意
职工生活,也是民生公司人的训练的重要部分。1932 年 3 月,卢作
孚在民生公司朝会上表示"要把重庆都没有那样阔的房子给职工
住";"职工宿舍修起了,赓续着就要在附近设立学校,教育职工们
的子女"。④ 民生公司要求青年职工参加读书会,有时候公司负责
人亲自参加读书会的交流活动。如 1934 年 3 月 31 日,卢作孚就出
席民生公司读书会,并作了《到北碚旅行之预备及意义》的报告。⑤

　　业务训练是民生公司员工业务技能方面的专业训练。1933 年
3 月 6 日,民生公司第一次通过考试招收茶房 36 人,送北碚托请峡

①《关于九一八纪念大会函件纪录和决议案》,《新世界》第 31 期,1933 年 10 月 1 日,第
　 12—13 页。
② 民生实业公司十一周年纪念刊编辑委员会编:《民生实业公司十一周年纪念刊》,第
　 202—223 页。
③ 民生实业公司十一周年纪念刊编辑委员会编:《民生实业公司十一周年纪念刊》,第
　 207 页。
④《朝会摘录》,《新世界》第 18 期,1933 年 3 月 16 日,第 36—39 页。
⑤ 卢作孚:《到北碚旅行之预备及意义》,《新世界》第 43 期,1934 年 4 月 1 日,第 61 页。

防局代为培训。3月27日,民生公司练习生训练班第一班开始上课。11月2日民生公司第二次通过考试招收茶房44人,同样送北碚托请峡防局代为培训。12月2日,民生公司第三次通过考试招收茶房36人,又送北碚托请峡防局代为培训。① 1936年3月24日,民生公司招考茶房,录用42人,送北碚请由峡防局演变而来的嘉陵江三峡乡村建设实验区署代为训练,训练期限3个月。1936年8月17日,民生公司招考水手,录用22人,送请北碚嘉陵江三峡乡村建设实验区署,帮同训练。②

　　北碚公共体育场中被称为新营房的一进三大间草屋和屋前的操场,就是当时民生公司在北碚培训人员的基地,在这里先后开设有民生公司练习生训练班、护航队训练班、理货生训练班、水手训练班、茶房训练班等。"忠实地做事,诚恳地对人"为学生必须遵守的信条。在训练内容上,有军事训练,还有政治常识、思想行为、工作方法、生活作风以及各方面基础知识和民生公司有关规章制度的培训。同时,训练注重青年事业心的培养,卢作孚特别强调"服务社会,便利人群,开发产业,富强国家"为民生公司追求的目标。③ 在训练的具体内容方面则各具特点,如军事训练重点是锻炼身体,早上运动,冬天到嘉陵江江边进行冷水浴,卢作孚还曾亲自带头;思想行为上强调个人为事业,事业为社会,不贪图享受,不争地位等;工作方法上强调用科学的方法处理问题;生活作风上强调艰苦朴素,吃苦耐劳,短衣布服等。在训练方法上,卢作孚强调实践,重

---

① 民生实业公司十一周年纪念刊编辑委员会编:《民生实业公司十一周年纪念刊》,第208页。

② 民生实业公司十一周年纪念刊编辑委员会编:《民生实业公司十一周年纪念刊》,第228页。

③ 童少生:《回忆民生轮船公司》,周永林、凌耀伦主编:《卢作孚追思录》,第195页。

视游览、参观等生动活泼的训练方式。先后受训练的人员有上千人,约有半数中层人员接受过北碚的培训。①

　　为提高船员训练的针对性,改善训练的方式,卢作孚在深入训练现场参与训练活动之后,1933 年 11 月 22 日,出席民生公司朝会并讲话,指出:训练股办理的是各股互相参观、讲演、清洁检查、私货检查,但感觉稍微空洞一点。各船不一定同时靠泊在一处。船到码头后,各船员又很忙。点名后,各人因事离开了的当不在少数。清洁的检查,各轮到码头后,成绩还不错。但过一段之后,恐怕又有些懈怠了。要从实际上做工作,即应由船上主干人员随时考察。他强调:训练的目的,一在补充船员常识;二在增加船员技能。像水手应该知道些什么,茶房应该知道些什么,都预备供给材料告诉给他们。特别重要的是,船上生活与陆上生活不同,尤其需要注意卫生常识。其他还有水、火险及救护病人等等,都要供给材料给船员,使船员得以增加常识,练成各种技能。卢作孚又讲到公司的理货人员中,有宜昌人、重庆人。当船到宜昌时,常有宜昌的人回去办自己的事,而把自己的相关职责托付给重庆籍的朋友。当船到重庆,重庆籍的人员也复如此。如此这般,难免不发生错误。自实行理货人员花单办法后,此种弊端得以剔除。至于宜昌包装货的花单,只有总件数。盼望以后货物的花单,副经理要复写数份交给理货人员查装,以避免错误发生。② 由此开始,民生公司的船员训练方式开始发生重要变化。

---

① 周永林、凌耀伦主编:《卢作孚追思录》,第 36 页;高孟先:《卢作孚与北碚建设》,全国政协文史资料研究委员会编:《文史资料选辑》第 74 辑,第 97 页;召川:《我所知道的卢作孚和民生公司》,全国政协文史资料研究委员会编:《文史资料选辑》第 74 辑,第 76—78 页。

②《朝会摘录》,《新世界》第 35 期,1933 年 12 月 1 日,第 32—33 页。

民国时期不少著名企业都有自己的刊物,民生公司也在 1932 年 7 月 12 日公开出版发行《新世界》半月刊。对于创办公司刊物的原因,卢作孚在该刊发刊词《为什么发行这小小的半月刊》中说:我们所处的世界,不是以前的世界,而是变化得非常之厉害的世界。科学方法在物质生产和社会组织上的运用,改变了整个世界,使世界变成一个新的世界。他强调:这新的世界已经在地球上有各种花样的实现,已经在我们周围有各种方式的压迫,我们已经抵御不得,逃避不得。然而也须知道这并不是痛苦的世界,乃是快乐的世界,痛苦是抵御它或逃避它产生出来的。只有下大决心,挟大勇气,尽我们的花样,定我们的理想,从我们手上去创造它,创造出一种社会的关系,创造出一种有组织的社会的关系,创造出一种互相信赖的社会的关系,创造出一种社会帮助我们,我们帮助社会,社会离不了我们,我们离不了社会的关系。无穷的快乐便会从这世界产生出来。这是我们以前不相信社会会有的,它们现在却在眼前,这就是我们今天正拼命努力经营的许多事业。或许说得更直截了当些,就是许多事业中间的一桩事业,就是民生公司。① 曾任合川县瑞山小学校长的张从吾被任命为《新世界》杂志的主编。张从吾在担任瑞山小学校长时办教育很有办法,给卢作孚留下深刻印象。卢作孚曾经回忆说:每一个人都有天才,只是需要通过教育去发展每个人的天才。但是过去的教育,常常把天才淹没,结果受教育愈深的人,天才被淹没的也愈严重。一次在瑞山小学的参观活动中,他发现 10 岁、8 岁的小学生,却有惊人的天才表现,而当时

---

① 卢作孚:《为什么发行这小小的半月刊》,《新世界》第 1 期,1932 年 7 月 12 日,第 1—4 页。

担任该校校长的人正是张从吾。① 显然，张从吾是因为教育有方引起了卢作孚的注意，从而被任命为《新世界》主编的。而在张从吾任主编期间，该刊确实在训练人方面发挥了独特的作用。如 1932 年 12 月 16 日，《新世界》刊载卢作孚《我们应该学习北方人那种和蔼的态度》的谈话，谈话中卢作孚特别提请民生公司坐柜台的人，要和蔼地回答客人的问题，尽快为客人办理有关的事宜。②

　　1933 年 4 月 1 日，《新世界》刊载卢作孚《民生公司的三个运动》等短文。在《民生公司的三个运动》中，卢作孚提出民生公司的意义在于它所从事的生产经营、集团生活、帮助社会等三方面运动。卢作孚强调："民生公司最后的意义决不是帮助本身，而是帮助社会。""我们只帮助社会，帮助个人亦只是因为他要帮助社会。这是我们的事业最后所含的意义，不但要十分明了它，而更要努力实现它。"③

　　1933 年 3 月，《新世界》还刊载瞿士煊在民生公司永年轮上的讲演《战胜日本茶房》。在讲演中瞿士煊介绍了日本轮船上茶房的服务情况及日本对我国东三省的侵略，并说："希望各位应具抵抗的决心，希望各位认清本身职务，埋头工作，不要自满，则我们做茶房的就战胜了日本。推之其他各业，人人皆照永年茶房去做，则各业皆战胜了日本；不须在战场上过杀，我们已打了胜仗，东北三省及热河亦不难收回。"卢作孚在瞿士煊讲演文后记中写道："瞿先生讲演词中有几句最精辟的话，就是'请永年茶房战胜日本茶房'！推广起来，应该是'永年全部船员战胜日本船员'，乃至'民生公司全部船员战胜日本船员'。如果全中国这样总动员，真能够把日本

---

① 卢作孚：《如何彻底改革教育》，《嘉陵江日报》，1948 年 4 月 22 日，第 2 版。

② 卢作孚：《我们应该学习北方人那种和蔼的态度》，《新世界》第 12 期，1932 年 12 月 16 日，第 47 页。

③ 卢作孚：《中国的建设问题与人的训练》，第 222—224 页。

战胜了,何愁东北不能恢复呢? 快起来参加这新式战争呵!"①

1933 年 4 月 16 日,卢作孚以"一个小小的股东"的名义在《新世界》上发表《公司的灵魂》一文,归纳出民生公司的五大法宝即民生公司的灵魂:"好像解决这一连串的问题,是有几个法宝或几个灵魂:第一是努力,工作的朋友努力工作,投资的朋友努力投资。第二是和气,从公司各部中看出职工的和气,从股东大会中看出股东的和气。第三是以公司利益为前提,职工绝不舞弊营私,股东绝不多分赢余。第四是联合同业,公司愿多利于同业,同业愿并入于公司。第五是无数朋友的帮助。何北衡先生说:非民生实业公司,是民生朋友公司。"②

民生公司的灵魂,又可以称为民生公司的精神,这是卢作孚先生在 1933 年通过《公司的灵魂》正式归纳出来的。同时,为了使"民生精神"深入人心,卢作孚还提出了与"民生精神"相关的一系列口号:"公司问题,职工来解决;职工问题,公司来解决","捏紧拳头,裹紧肚皮,渡过难关","梦寐不忘国家大难,作息均有人群至乐"③,以及"服务社会,便利人群,开发实业,富强国家","事业中心论"等。

1934 年 1 月 1 日,《新世界》刊载刘航琛在民生公司所作《我们干——干甚么?》的演讲。刘航琛在演讲中提出在日本侵略危机日益严重的情况下,建设事业应当放在中国的西部,西部首宜建造之地在四川。在刘航琛讲演文之后,《新世界》还刊载了卢作孚在演讲会上的简短总结及民生公司若干计划,卢作孚在演讲最后指出

① 卢作孚:《〈战胜日本茶房〉后记》,《新世界》第 19 期,1933 年 4 月 1 日,第 16 页。
② 卢作孚:《公司的灵魂》,《新世界》第 20 期,1933 年 4 月 16 日,第 3 页。
③ 召川:《我所知道的卢作孚和民生公司》,全国政协文史资料研究委员会编:《文史资料选辑》第 74 辑,第 79 页。

"能把事业做好，也就是救国"①。

1935 年 12 月 16 日，卢作孚在《新世界》刊载《新世界三年来的检讨》一文。文章回顾了《新世界》创刊三年来所取得的成绩，并将该刊发表的一些有代表性的文章以及内容分别作了介绍，最后写道："从新世界上的讲演、讨论、报告、描写、批评，看出了公司的理想，亦看出了公司许多朋友的活动，从那许多活动上证明了理想是会变成事实的。这样有价值的讲演、讨论、报告、描写、批评举来太多。"②

1935 年 5 月 1 日，《新世界》刊载卢作孚《本公司之职工教育运动》一文，对民生公司职工教育提出六项新要求和新办法。第一，由公司发起一职工教育联合会，易于集会的几部分应随时联合开会，每年应开大会一次，每部分须有代表列席。第二，以每一个机关为一个学校，依程度高下划分班次。教授项目为读书、写字、音乐、拳术、球类运动、游泳及各种工作技能。教授时间不须一致，在各部分工作暇余，分地方，分航线，分工作人员类型规定。第三，新世界应特辟职工教育运动专栏，专载各部分职工教育运动的消息、存在的问题及解决方案。会员都有通讯的义务。随时可从其间看出学校的增加、会员的增加、学生的成绩和各种超越从前的纪录。第四，每季应派人赴各部分考试，有数部分在一地方者，则联合考试。每年指定某种班次的学生每部分 1—2 人，举行一次竞赛。竞赛的科目是：读书、写字、拳术、游泳等。其成绩优秀者

---

① 刘航琛：《我们干——干甚么？》，《新世界》第 37 期，1934 年 1 月 1 日，第 6—12 页；卢作孚：《〈我们干——干甚么？〉附言》，《新世界》第 37 期，1934 年 1 月 1 日，第 12—15 页。

② 卢作孚：《新世界三年来的检讨》，《新世界》第 83、84 期合刊，1935 年 12 月 16 日，第 12—16 页。

给奖品,并给其所在团体以奖证。第五,举行成绩展览会,并在不同地方展览,重庆展览之后,移到宜昌,再移到上海。除请与公司事业有关之来宾外,凡在当地的公司职工必须有组织地前往参观,并有专人引导解释,藉资激励。第六,提倡参观。凡岸上工作人员在星期日,或偶在工作绝少之时间,船上工作人员偶在停船之时间,必整队到有意义的地方参观。参观人员必须有组织,有整齐的服装及行动。尤其在各部实施教育时间,需要相互参观。①

　　人的训练,不单是训练职工,训练经理管理人员,还包括训练股东。1933 年 4 月 9 日,民生公司首次召开股东欢迎大会,卢作孚为大会主席,他在演说中分析了民生公司之所以能在大多数公司亏损的情况下保持赚钱,是因为民生公司的目的不止于赚钱,它更主要的目的在于帮助社会。说到动情处,他竟"大哭起来"②。卢作孚大哭的一个主要原因,在于他十分希望股东能够同意增加对公司的投资,特别是希望股东能够同意把部分赢余用来修建职工宿舍,以增加公司的凝聚力,但这在当时股东中阻力非常大。

第三节　企业制度建设及其成效

　　民生公司在发展过程中,形成以经理制为核心的现代企业制度,成功培育出以"服务社会,便利人群,开发产业,富强国家"为主要内容的发展理念,制定了一系列有效的管理制度。民生公司的制度建设和特点不仅有效地保障了企业的发展,而且得到社会上

---

① 卢作孚:《本公司之职工教育运动》,《新世界》第 69 期,1935 年 5 月 1 日,第 3 页。
② 直云:《这一次的股东大会》,《新世界》第 21 期,1933 年 5 月 1 日,第 56 页。

较为普遍的认可。

一、治理结构与公司组织

　　1932年5月26日,民生公司董事会通过民生公司事务所组织大纲,公司事务所分总务、船务、会计、运输四处。1932年6月22日,民生公司事务所由行街培厚里全部迁到重庆第一模范市场新屋。[①] 又根据董事会决议,公司事务所从1933年1月1日起改组为总公司。[②] 总公司管理机构仍设总务、船务、会计、运输四处;规定举行船岸旬会;除星期日以外,总公司每天早上8点举行朝会;星期三举行公司股主任以上主干会。另据卢子英回忆,1933年其兄卢作孚让他以督练长代行峡防局局长职务,以便把主要精力转向民生公司。[③] 大约从这时候开始,到1935年年底,卢作孚在通常情况下是星期六下午从重庆乘船到北碚,了解、督促和处理北碚各种事务,星期一一早乘船赶回重庆,处理民生公司的事务。[④]

　　作为创办人和总经理的卢作孚自始至终在公司谋划、决策、执行等方面发挥核心领导作用。完全可以说,没有卢作孚就没有民生公司,也就没有民生公司的成功。因此,民生公司从一开始就形成经理负责制的治理结构。卢作孚把主要精力转向经营民生公司,对于正在快速发展的民生公司而言,十分重要。

　　1933年民生公司投资重庆公共汽车公司、天府煤矿公司、高坑岩水电厂,并扩充机器厂厂房于江北青草坝。年底,民生公司股本

---

① 民生实业公司十一周年纪念刊编辑委员会编:《民生实业公司十一周年纪念刊》,第200—223页。

②《民生实业公司大事记》,《新世界》第65期,1935年3月1日,第95页。

③ 周永林、凌耀伦主编:《卢作孚追思录》,第36页。

④ 周永林、凌耀伦主编:《卢作孚追思录》,第97页。

额达到106.3万元,职工达到1 911人。① 除川江下游航业的整理、投资事业获得新的进展外,民生公司施行的统一职工着装,发行《民生实业公司简讯》,举办各种职业技能训练班,提取职工住宅准备金等一系列新举措,使民生公司从外在的表现到内在的实际运行,都展现出一种新的气象。

民生公司统一制服的问题,最早在1932年10月17日的公司旬会上由卢作孚提出,他当时主要提出两个问题。一是关于公司统一制服的五个原则:第一,高级职员服装,公司津贴1/3,低级职员服装,津贴1/3再加一点;第二,样式依照中外船员已定的服式;第三,制服在职时必须穿,不在职时可不穿;第四,小工应同其他一般低级职员一样,服装津贴亦同低级职员;第五,服式及颜色,不在此讨论,由公司决定。二是统一制服的意义:第一,提倡短服,以整顿精神,便于操作;第二,提倡布服,经穿,耐久,合乎俭德。② 1934年3月21日开始,民生公司要求全体员工一律着公司制服——三峡染织工厂所织麻色棉布缝制的布质短衣上班。卢作孚再次说明这样做的意义主要两条:第一,是要营造起节约的风气,以期纠正和影响社会上正在加重的淫靡奢侈之风,而造成一个朴质而有意义的新社会。从穿衣服起,去影响社会。第二,是要表现事业精神。事业是公司里大家的力量创造出来的,大家不论什么职务都穿上一样制式,一样颜色的制服,代表整个事业的精神。③

1933—1934年,民生公司办理了公司登记。1933年6月7日,民生公司委托上海正则会计事务所为其向国民政府实业部登记领

---

① 佚名:《民生简史》(上),《民生实业公司简讯》第1036期,1950年7月21日,第3版。
②《民生公司旬会记录》,《新世界》第8、9期合刊,1932年11月1日,第30—33页。
③ 卢作孚:《为甚么要穿公司的制服》(1935年4月1日),《新世界》第67期,1935年4月1日,第1页。

照的代理人。① 6 月 10 日,民生公司具呈国民政府实业部申请登记。1934 年 1 月,民生公司聘请著名的上海正则会计师事务所会计师谢霖为公司顾问。谢霖(1885—1969),字霖甫,江苏省武进县人,1905—1909 年在日本明治大学攻读商科。1910 年成为清政府商科举人,曾任四川省劝业道署商业科科长。谢霖是中国第一位注册会计师,其创办的正则会计师事务所是中国近代最早的会计师事务所,该所后来也是上海四大会计师事务所之一②。谢霖按照公司登记要求为民生公司准备了相关材料,修订《民生实业股份有限公司章程》32 条③,并在南京国民政府进行公司登记。同时,他为民生公司建立了一套新式会计账册。④ 1934 年 6 月 4 日,民生公司注册登记获得国民政府批准并领得实业部颁发的 671 号执照。⑤呈请登记并获得执照,表明民生公司作为一个以航运为主的现代企业具有了合法的地位。

1934 年 9 月,民生公司开始在重庆上游各轮船上废除小工制度,以茶房取代小工工作。⑥ 同年,民生公司规定统一轮船机件名称,实收股本达到 1 174 000 元,职工增加为 1 845 人,⑦固定资产达

---

① 民生实业公司十一周年纪念刊编辑委员会编:《民生实业公司十一周年纪念刊》,第206 页。

② 杜恂诚:《近代中国鉴证类中介业研究——上海的注册会计师》,上海:上海财经大学出版社 2008 年版,第 235—236 页。

③《民生实业股份有限公司章程》,台北:"中研院"近代史研究所档案馆藏,卢晓蓉提供。

④ 召川:《我所知道的卢作孚和民生公司》,全国政协文史资料研究委员会编:《文史资料选辑》第 74 辑,第 81 页。

⑤ 民生实业公司十一周年纪念刊编辑委员会编:《民生实业公司十一周年纪念刊》,第212 页。

⑥ 民生实业公司十一周年纪念刊编辑委员会编:《民生实业公司十一周年纪念刊》,第211 页。

⑦ 佚名:《民生简史》(上),《民生实业公司简讯》第 1036 期,1950 年 7 月 21 日,第 3 版。

到3 328 804元。①

二、股东大会与经营理念

1926 年 6 月 10 日，民生公司在重庆举行发起人和投资人的会议。从这次会议开始，卢作孚自行负起公司经营管理责任，担任民生公司总经理，并任命陈伯遵、黄云龙为协理。后来卢作孚回忆："为了证明发起人的几位同仁的要求，不在利益，而在事业，所以自行负起主持事业的责任，任总经理。"②这次会议决定了公司的人事组织和分工，成立了民生公司第一届董事会，推举石璧轩为董事长。③ 从此开始，民生公司就建立了总经理负责制的企业制度。1927 年 4 月，民生公司召开第二届股东大会，推举耿心开为董事长，郑东琴为监察。④ 1928 年 2 月，民生公司举行第三届公司股东大会，推举耿布成为董事长，郑东琴等为监察。⑤ 1929 年 3 月，民生公司第四届股东会在合川举行，选出两李佐臣（一住城，一住乡）及周尚琼、胡绶若、耿布诚、郑璧成等 7 人为董事，耿布诚被选为董事长，并选出余文舫、陈若愚、华巨卿、郑东琴为监察员。⑥

1930 年 2 月，民生公司召开第五届股东大会，此次股东大会决

①《二十三年本公司之营业概述》，《新世界》第 65 期，1935 年 3 月 1 日，第 5 页。

② 卢作孚：《一桩惨淡经营的事业——民生实业公司》，第 4—5 页。

③ 民生实业公司十一周年纪念刊编辑委员会编：《民生实业公司十一周年纪念刊》，第 193—196 页。

④ 民生实业公司十一周年纪念刊编辑委员会编：《民生实业公司十一周年纪念刊》，第 196 页。

⑤ 民生实业公司十一周年纪念刊编辑委员会编：《民生实业公司十一周年纪念刊》，第 196—197 页。

⑥《民生公司选出董事》，《嘉陵江》，1929 年 3 月 13 日，无版页序号。

定将公司资本增加为 30 万元(当年实收 25 万元),①推举郑东琴为董事长,何北衡、郑璧成、王伯安、耿布诚、李佐臣、周尚琼为董事。杨鹤皋、殷子符、刘放皆、余文舫为监察。② 自此开始,郑东琴长期担任该职,在民生公司的发展中,给予卢作孚以极大的支持。卢作孚曾经称赞郑东琴"老成持重、支持公司主张"③。1931 年 1 月 28日,民生公司假座重庆陕西街青年会举行第六届股东大会,决定公司股本增加到 100 万元,本年实收股本50.6 万元④,资产达到1 110 318元。根据票选结果,郑东琴、何北衡、黄云龙、魏寿宣、耿布诚、李佐成、连雅各等 7 人当选为董事。黄幼甫、王辅廷、周尚琼、周纯钦等 4 人当选为监察。⑤ 1932 年 2 月 28 日,民生公司假座重庆陕西街青年会举行第七届股东大会,出席股东 170 人,通过发行 50 万元公司债案,修改公司章程,增加董事 2 人,监察 1 人案。郑东琴、赵百福、何北衡、黄云龙、李佐成、石荣廷、杨伯皋、连雅各、耿布诚等 9 人当选为董事。赵资生、王渭若、王辅廷、周纯青、周尚琼等 5 人当选为监察,并推郑东琴为董事长。⑥ 不知何故,此次公司债的发行最后无疾而终。

　　1932 年 11 月 2 日,民生公司假座重庆青年会举行临时股东大会,到会股东 118 人,董事长郑东琴报告召集临时股东大会的原

① 民生实业公司编:《民生实业公司概况》,第 3 页。
② 民生实业公司十一周年纪念刊编辑委员会编:《民生实业公司十一周年纪念刊》,第197 页;《民生公司在长江》,《新世界》1945 年 11 月号,1945 年 5 月 15 日,第 8 页。
③ 卢作孚:《一桩惨淡经营的事业——民生实业公司》,第33 页。
④ 民生实业公司编:《民生实业公司概况》,第 3 页。
⑤ 民生实业公司十一周年纪念刊编辑委员会编:《民生实业公司十一周年纪念刊》,第198 页。
⑥ 民生实业公司十一周年纪念刊编辑委员会编:《民生实业公司十一周年纪念刊》,第201 页。

因:"第一,因为公司现在还未注册。公司本为有限责任,若不注册,仍旧等于无限责任。若是注册,而公司简章又与新颁的公司法不无抵触之处,故提出修改章程案。第二,现在实收股额已到八十几万,只差十万多便达百万。公司事业,日渐发展,注册不久,又要变更股额,不如预为之计,提出增加股额案。"①卢作孚被推举为大会主席,并代表董事会说明提出增加股份、修改公司简章的理由:

一、本公司股本额之变更,很大而且很快。从十五年看,初为五万元,十六年则为十万元,十七年十五万元,十九年三十万元,廿年为一百万。迄至今天止,资本额已达八十四万三千元,只欠十余万元,便到百万了。但是,现在我们的资产额有一百八十几万,除掉我们的公积销磨约四十余万,比较看来,所负之债,稍嫌大点。本有债辄偿的原则,此为应该增加股本的第一原因。再我们接川江新蜀通,应在上海另订船壳,修添机器约需二十多万两,也是应该增加股本的。

二、我们本着简章第二条促进交通、开发产业的宗旨,那么,对于交通产业有关的事业,我们应设法帮助。如北川铁路公司,我们投入五万余元资本,但北川现尚有很多困难,对于资本的需要正多,我们应当多方想法,予以帮助。

三、民生厂翻沙,需用焦煤极多,但各地的焦煤,均经试用不好,由于各处无有炼焦煤的方法,所以准备在峡中设一炼焦厂,将来成货可以运出省外,因外面需用量极大,而又无好焦煤,每一吨焦煤运出,可卖二十几元或三十元之价。同时北川需用电力,我们就炼焦厂可以借瓦斯发电,供给北川

---

① 《二十一年临时股东大会记事录》,《新世界》第10、11期合刊,1932年12月1日,第2页。

就不小。同时,马路需用柏油,而焦煤厂可以提出柏油,其帮助于道路之敷设者亦不小。现在计划尚未确定,关于此事,已交中国西部科学院从事化验,大致一二月后,必得至明确的报告。

四、民生厂对于本公司之轮船修理,都日不暇给,供不应求,每天都在加夜工,实有扩充之必要,所以准备定造一个浮筒船坞,其价在十万乃至十几万,即可办到。此坞不独利便修船,且能救船。在十五丈三以下船,可以从水中抬起。

五、下游各轮,烧煤甚多,买煤总觉不合算。业与江合公司,共同组织一煤运处,办理此事,亦需一笔巨款。

六、与航务本身直接相关的事业,此外还多,我们都应该择要的进行。以上各端处处皆为必需增加股额之原因。所以董事会提出这个增股额案,请大家讨论。①

经过讨论,会议一致通过增加股额到 200 万元的提案,当年实收90.8万元。② 此次会议修改通过的《民生实业股份有限公司简章》特别规定,"本公司股东以中国人为限"③。从 1932 年 11 月初的民生公司临时股东大会到 1934 年 10 月初的公司成立九周年纪念会,民生公司的经营理念得以基本确立,这就是基于公司章程规定的"促进交通、开发产业"的企业宗旨,并加以阐发的"服务社会,便利交通,开发产业"的企业宗旨。④

① 《二十一年临时股东大会记事录》,《新世界》第 10、11 期合刊,1932 年 12 月 1 日,第 3 页。
② 民生实业公司编:《民生实业公司概况》,第 3 页。
③ 《民生实业股份有限公司简章》,《新世界》第 10、11 期合刊,1932 年 12 月 1 日,第 6 页。
④ 最后,民生公司的企业宗旨发展成为"服务社会,便利交通,开发产业,富强国家"。

　　1933 年 4 月 10 日,民生公司假座重庆青年会举行第八届股东大会(也是第二十二次股东大会),出席股东达 429 人,决定将董事增加到 17 人,监察增加到 8 人,补选张澜、周孝怀、康棣之、张嘉璈、康心如等人为董事,选举甘典夔、刘航琛等为监察。民生公司股本当年实收106.3 万元。[①] 10 月 11 日,民生公司第一次举行纪念公司成立的活动,卢作孚为纪念大会主席并致开会词。在开会词中,卢作孚提出并强调了几个非常重要的问题:第一,最要紧的事情是请大家绝对不要误解,不要担心民生公司将来会沦为资本主义事业。他说民生公司的经济立场,纯粹是社会事业。投资最多的股东也不过 5 万元,民生公司决不会走上资本主义性质的经济事业的发展道路。第二,企业非大规模经营便不能生存。公司要想办法把在川江上经营的各个同业,尽量联合起来,组成一个大规模的企业。我们要想在四川、在中国、在世界经济中生存,就非大规模、有系统、有计划、有步骤的努力经营不可。[②] 一个追求大规模经营的早期现代企业,拒绝资本主义企业的发展方向,用分散股权的方式摆脱资本的控制,以社会目标为企业发展的最高追求。我们从这样的论述中,可以感受到卢作孚把民生公司作为其"现代集团生活建设"试验之一的努力。

　　1934 年 3 月 20 日,民生公司假座重庆青年会召开第九届股东大会,选举张澜、田习之、周孝怀、耿布诚、唐棣之、左德范、郑东琴、黄云龙、钟孟武、何北衡、连雅各、石荣廷、康心如、任望南、赵百福、张公权、李佐承等 17 人为董事。赵资生、蒋祥麟、周纯青、甘典

---

① 民生实业公司编:《民生实业公司概况》,第 3 页。
②《民生实业公司八周年纪念大会记录》,《新世界》第 32 期,1933 年 10 月 16 日,第13—19 页。

夔、王辅廷、周尚琼、刘航琛、王渭若等 8 人为监察。① 股本于年底达到 117.4 万元。② 4 月初,《民生实业股份有限公司第二十二年决算报告书》中关于民生公司宗旨的表述再次与公司章程中的表述出现差异,其表述是"本公司的宗旨:服务社会,便利交通,开发产业"③。至此,民生公司"服务社会"的核心理念得以确立。

1934 年 10 月 11 日,民生公司召开九周年纪念会,卢作孚在会上作了《本公司是怎样筹备起来的》的讲话,强调"在纪念筹备开始这一天,不要忘掉事业开始那个时候的精神"④。民生公司初创时期的精神,实际就是"服务社会"的精神。正是这种"服务社会"的精神,使民生公司在后来的抗战运输中大放异彩。

1935 年 3 月 6 日,民生公司在重庆举行第十届股东大会,到会300 余人,报告 1934 年公司收入 380 余万元,支出 360 余万元,赢余 16 万余元,公司资产达到 490 余万元,并议决发行公司债 100 万元。本次股东大会推举张澜、田锡之、周孝怀、耿布诚、唐棣之、左德范、石荣廷、郑东琴、张嘉璈、何北衡、任望南、连雅各、黄云龙、钟孟武、赵百福、李佐成等 16 人为董事,赵资生、蒋祥麟、周纯钦、甘典夔、王辅廷、刘航琛、周尚琼、王渭若等 8 人为监察,公司股本本年达到 124 万元。⑤

股本超过百万,资产数百万,以张嘉璈、张澜、周孝怀这样在全

①民生实业公司十一周年纪念刊编辑委员会编:《民生实业公司十一周年纪念刊》,第209 页。
②民生实业公司编:《民生实业公司概况》,第 3 页。
③民生实业股份有限公司编:《民生实业股份有限公司第二十二年决算报告书》,重庆:民生实业股份有限公司 1934 年刊。
④卢作孚:《本公司是怎样筹备起来的》,《新世界》第 56 期,1934 年 10 月 15 日,第 1—3 页。
⑤民生实业公司编:《民生实业公司概况》,第 3 页。

国或四川享有巨大声望的金融家、社会活动家为董事,赵资生、周纯钦、甘典夔这样在四川拥有巨大声望的知名人士为监察,有明确的"服务社会,便利交通,开发产业"的发展理念,建立了以经理制为核心的现代企业管理制度,这一切,使民生公司充满了蓬勃的生机与活力。

三、让外界了解四川的努力

由于长期的军阀混战和社会动乱,20 世纪 30 年代初的四川,被中国社会视为"魔窟"。四川籍著名企业家胡光麃后来也回忆说:因为多年川局扰攘不宁,外间的人们不明究竟,甚至连川籍的吴鼎昌和胡政之所办的《大公报》,也将四川冠上了"魔窟"的绰号,"使得'下江'的工商界人士闻而裹足,都不愿到四川去"①。

为增进外界对四川的了解,卢作孚积极邀请沿海各界到四川考察。在卢作孚的努力奔走下,中国科学社第十八届年会于 1933 年 8 月 17—22 日在重庆召开。② 中国科学社的这次年会开得极其成功③,并在会议期间成立了由胡先骕发起的中国植物学会④,而且参会代表还参观了四川许多地方。他们看到了四川山川秀丽、名胜众多、物产丰富、城市繁盛,也看到民国以来四川在军阀混战、田粮预征、捐税繁重的状况下,出现了社会失序、土匪横行、农村经济破产、鸦片盛行、哀鸿遍野、民气消沉的社会惨状。在四川社会

---

① 胡光麃:《波逐六十年》,沈云龙主编:《近代中国史料丛刊续编》(616),第 274 页。

② 胡先骕说:"此次科学社在重庆开年会,即彼(卢作孚,引者注)所主张。"参见胡先骕《蜀游杂感》,《独立评论》第 70 号,1933 年 10 月 1 日,第 16 页。

③ 张剑:《科学社团在近代中国的命运——以中国科学社为中心》,济南:山东教育出版社 2005 年版,第 184 页。

④ 胡宗刚:《胡先骕先生年谱长编》,南昌:江西教育出版社 2008 年版,第 189 页。

的惨状中,社员们又透过北碚,看到了四川的希望。其间,卢作孚
还与部分代表在重庆召开会议,一致主张代表们回到上海后,组织
一个委员会,帮助四川做各方面的工作:帮助派人调查四川地上和
地下的各种物产、帮助计划一切、帮助介绍事业上需要的专门人
才、帮助对外接头。① 这次年会之后,卢作孚和四川实业界又开始
积极推动工程学会、经济学会来四川开会、考察,以便解决四川发
展中的各种问题。事后,卢作孚讲了他努力促成该年会在四川召
开的意义:我们现在正在用力做的工作,就是推动省外的人,甚至
国外的人都到四川来,把科学家吸引到四川来帮助我们探察地上
和地下的出产,把工程师吸引到四川来,利用四川所有的出产帮助
我们确定生产的计划,把金融界或实业界有力量的人吸引到四川
来,帮助我们前去经营和开发各种事业。这样,"各方面都集中精
力来创造,来建设,使四川的各个地方布满铁路之网,布满电线之
网,一切大规模的工业都次第举办起来,集中生产,大批出口,使原
来贫穷的人都变为有钱的富家翁。这样一来,不单是可以把'魔
窟'变为'桃源',而且是也要把'天府'造成'天国'"②。

　　中国科学社第十八届年会在重庆举行,民生公司、卢作孚在联
系、筹办以及会员接送中发挥了重要作用,从而给会员们留下了深
刻的印象。1933 年 10 月 1 日,著名植物学家胡先骕在《独立评论》
发表《蜀游杂感》,其中有《四川杰出人物卢作孚及其所经营之事
业》一节,对卢作孚及其经营的事业赞赏有加。谓:

---

①《九月廿四日周会中之工作报告》,《工作月刊》第 13、14 期合刊,1933 年 10 月 12 日,
　　第 3—4 页。
②《九月廿四日周会中之工作报告》,《工作月刊》第 13、14 期合刊,1933 年 10 月 12 日,
　　第 6—9 页。

　　此次入川,科学社社员皆乘民生实业公司所派之民贵专轮。作者年来为西部科学院组织采集队,聘任植物部职员等事,已数数(次)与其创办人卢作孚通函;至与卢君晤面,则初次尚在汉口民生实业公司办公室中。卢君为一貌若五旬,须鬓苍白,短小瘦弱之人,其目光冥然而远,其声音清而尖锐,一望而知其有(为)理想家,而非现实主义者。盖其办事之热忱,舍己耘人之精神,有大类宗教改革者,故其事业进步之速,亦出人意表也。

　　……

　　至其经营民生实业公司之成绩,尤为可惊。先是川江自通航轮以来,行驶川江之轮船,多为招商、太古、怡和、日清诸公司。川人自组航业公司者固亦有人,然以经营不善,亏累日巨,几于全体崩溃。卢君首创民生公司,始于合川,初于民国十四年募集资本以两万元为度而实收不过八千元,用购行驶合川重庆间小轮"民生",复在合川设立电灯厂。"民生"轮营业有利,乃于十六年增收资本至五万元。嗣后又增购小轮,设立机械工厂。后乃与各轮船公司合并,至二十一年遂有轮船二十一艘,行驶渝涪渝合渝叙渝宜渝申五线。以管理之合理化,故虽在四川紊乱之政局、崩溃之经济状况之下,其他轮船公司经营日有亏累,民生公司航业尚日有欣欣向荣之状。通常各轮船之管理皆委托于商人阶级之买办,故上自买办下至茶役皆营私舞弊,无所不至;民生公司各轮之经理,乃多以中小学校长教员之类人物任之,故弊绝风清,气象迥异。某轮在昔日由宜昌航行至重庆,每次须煤一百六十吨,自归民生公司经营后,则耗煤之量减至每次六十吨。昔日茶役每月收入以千

百金计，狎妓豪赌，有如富绅，今则此风绝迹。又该公司自
创办以来，从无一轮遇险，而他公司之船，则时以触礁闻。
凡此种切，皆可证明卢君一人之人格，与其苦心之擘画，有
以使黑暗沉沉之四川社会中，逐渐发展方兴之曙光也。

　　　卢君之办社会事业，并不忘情于四川政局之改革。……
王陵基师长曾与卢君戏言：汝之事业，余以一排兵可破坏之无
余。四川政局之可危，尽在此一语之中也。①

　　年会的成功召开，在一定程度上加强了沿海地区和内陆地区
的各种联系、交流。就在年会举办的同年 8 月下旬，中国工程师学
会于武汉举行年会。其间，卢作孚"（又）说刘湘电邀中国工程学会
于明年暑假、中国经济学会于后年暑假入蜀开会，冀有以一洗四川
各界陈腐昏瞽之空气，而稍收脚踏实地之建设功效"②。刘湘再次
被说服，于是正式发函电邀请该会第二年的年会到四川举办。中
国工程师学会年会当即做出决议：不必开年会，而是由董事会慎选
人才组织考察团，前往四川，分组视察，进行规划，提出建议。随
后，中国工程师学会董事会又决议由该会会员、电业专家恽震筹备
组织考察团事宜。经过半年多筹备，1934 年 4 月 15—28 日，中国
工程师学会四川考察团筹备完成，考察团分 9 个组，共有包括 2 名
国防设计委员会专门委员在内的 25 位专家为团员，由湖南大学校
长、冶金专家胡庶华任团长，四川善后督办刘湘负责解决 3 万元考
察经费。4 月 15 日民生公司派专轮民贵号到上海迎接考察团成
员，28 日考察团到达重庆。此后考察团在重庆乘汽车于 5 月 1 日
到达成都，于 5 月 7 日各组分别出发，到 6 月 15 日各组团员调查事

① 胡先骕：《蜀游杂感》，《独立评论》第 70 号，1933 年 10 月 1 日，第 14—16 页。
② 胡先骕：《蜀游杂感》，《独立评论》第 70 号，1933 年 10 月 1 日，第 16 页。

毕,陆续从重庆出川。① 中国工程师学会组织这次四川考察的成果
之一,是当年下半年就写出了《四川考察团报告》。该报告从各个
方面详细地介绍了四川的物产和产业发展状况,并提出了许多意
见和建议。在 1934 年 10 月考察团团长胡庶华为该书写的总论中
写道:"第二次世界大战迟早无可避免,长江下游物产虽丰,而无险
可守,西北可以自固,而残破不堪,苏俄各项重要工业及国防工业
多设于距海甚远万山丛集之险要地方,虽运道艰难亦所不计。若
以此例吾国,则将来重工业所在,以四川为最适宜之地点,且以天
时地利两擅优胜之故,可为将来复兴整个中华民族之根据地。愿
吾国人勿忘四川,更愿四川不失其为民族生命线之四川也。"②《四
川考察团报告》通过对四川经济情况的实地考察而得到的材料,以
及该书主张把四川作为"复兴整个中华民族之根据地"、把四川建
设成为"民族生命线"的主张与看法被以后的历史事实证明是有远
见的。1935 年 3 月 4 日,蒋介石在重庆出席四川省党务特派员办
事处扩大纪念周上,发表了题为《四川应作为复兴民族之根据地》
的讲话。在这次讲话中,蒋介石第一次提出并强调:"就四川地位
而言,不仅是我们革命的一个重要地方,尤其是我们中华民族立国
之根据地。"③此后蒋介石在成都又多次在演讲中提到四川"是复兴
民族最好的根据地"。同年 10 月,在西南的贵阳,蒋介石又发动国
民经济建设运动。这些事实表明蒋介石要以四川作为对日抗战的

① 恽震:《中国工程师学会四川考察团筹备经过及考察行程》,《四川考察团报告》,1936
　年,上海图书馆藏,第 1—5 页。
② 胡庶华:《中国工程师学会四川考察团报告总论》,《四川考察团报告》,1936 年,上海
　图书馆藏,第 3 页。
③ 蒋介石:《四川应作为复兴民族之根据地》,贺国光编:《国民政府军事委员会委员长行
　营参谋团大事记》,北京:军事科学院军事图书馆 1986 年影印本,第 866 页。

根据地的构想在 1935 年已初步确立。后来蒋介石自己也明确表示："到了二十四年进入四川，这才找到了真正可以持久抗战的地方。"①可见，《四川考察团报告》实际上成为蒋介石所提出的"四川应作为复兴民族的根据地"的先声。总之，中国工程师学会组织的这次四川考察及其报告，对于沿海社会各阶层特别是企业界重新认识和深入了解四川经济、社会发展的状况起到了非常重要的作用。这次考察的成果也为后来抗战爆发后国民政府决定把沿海厂矿迁往以四川为中心的后方地区提供了重要的科学依据。抗战初期负责厂矿内迁具体事务的林继庸说："关于四川的实业情形，中国工程师学会四川实业考察团于 1934 年所撰的调查报告，曾供给我们以许多宝贵的参考资料。"②

---

① 黄立人：《抗战时期大后方经济史研究》，北京：中国档案出版社 1998 年版，第 8 页。
② 林继庸：《民营厂矿内迁纪略》，重庆：新新出版社 1942 年版，第 24 页。

第三章 逆势成长的长江轮船航运业劲旅

随着民族危机的日益加深及国民政府考虑在川渝地区布置抗战后方,民生公司这个川江航业的巨擘更加受到社会各方面的关注和重视,经营环境得到进一步改善。随着与美商捷江轮船公司竞争的胜利,以及 10 多只新造轮船相继投入运营,民生公司不仅巩固了原本就声誉极佳的川江行业龙头地位,而且成为长江轮船航运业的劲旅。民生公司这支航行于长江,尤擅川江的商业船队,切实地为全民族抗战的到来积累和准备着自己的力量。

第一节 再破难关,加快发展

随着民生公司航线和业务范围向长江中下游拓展以及国民政府军政力量进入四川并开始筹划布置抗战后方,民生公司与南京国民政府、沿海金融界、社会各界的联系日益密切,迅速成为一个具有全局性影响的大型民族资本航运企业。

一、与南京国民政府关系的强化

在与南京国民政府的政治经济关系中,首先引起注意的自然是与轮船招商局(简称招商局)之间合作与矛盾的双重关系。

　　招商局是创办于清末的轮船航运企业。在经过官督商办和商办隶部两个阶段后,1927—1932 年,南京国民政府又通过种种手段,最终把招商局收归国有。之后,其又逐渐加强对招商局的控制。① 1933 年春,民生公司开始与刘鸿生任总经理的国营招商局就货载联运事宜开始接洽,一时未能达成协议。② 1934 年 4 月 1 日,川江轮船航运业 7 家公司解散同盟后,各公司跌减水脚,争运货件。到 8 月初"棉纱一项,已跌至二元一件,较原定逛运,只十分之一。其他各货,亦一致减价,致航行川河之轮,无一不受亏折"③。之后,经过反复磋商,1934 年 6 月,卢作孚与刘鸿生在上海拟定了双方合作原则 18 条,主要内容有以下几点。第一,互助:民生公司宜、万、渝三埠以最低报酬代理招商局各种业务,为招商局提供廉价煤炭并"以极低租金"租给趸船;招商局在宜昌以下各埠以最低报酬为民生公司代理各项业务并以廉价出租趸船与码头。第二,联运口岸:包括重庆至上海等 13 个沿江口岸和宁波、温州、福州、汕头、香港、广州、青岛、天津等 8 个沿海口岸。第三,营业范围:规定民生公司不在申汉线与湘江线开展营业活动,该公司在渝、万、宜、沙各埠的转口货物交招商局轮船转运;招商局除现有轮只外,不再扩充在宜汉线、宜渝线的营运业务,该局在申、汉、沙、宜各埠的转口货物除由自有船只转运外,得交民生公司轮船转运。联运的上下水接运点定为宜昌或汉口。此外,联运合同对船只分配、运

① 朱荫贵:《朱荫贵论招商局》,北京:社会科学文献出版社 2012 年版,第 314 页。
② 张后铨主编:《招商局史·近代部分》,北京:中国社会科学出版社 2007 年版,第 373—374 页。
③《招商民生同盟创办江海航业联运合作》,《申报》,1934 年 8 月 4 日,第 12 版。

费价格、各自的经济责任以及结账办法等也做了非常具体的规定。①

　　1934年7月17日,招商局理事会会议审议通过该局与民生公司货载联运合同草案。② 7月19日,招商局监事会核准该局与民生公司货载联运合同草案,联运合同正式生效。该项合同的生效,在近代中国航运史上具有重要的意义。正如《招商局史》所述,"这是中国国营航运企业与民营航运企业签订的一次较为重要的经济合同。这一合同的签订,对加强中国航运企业之间的相互协作,增强各自的运输能力,合理调配轮只与货流,特别是对进一步发展川江运输,发挥了一定的积极作用"③。对于民生公司与招商局的联运合同签订,8月4日,《申报》甚至以《招商民生同盟创办江海航业联运合作》为题加以报道,可见此项联运合同及其实施的影响之大。④ 该项合作的达成,对民生公司和招商局双方都是有利的。在之后与美商捷江轮船公司的竞争中,民生公司与轮船招商局的这种合作关系,对于竞争中的民生公司当然也是有利的。

　　考察民生公司与南京国民政府关系演变的历史进程,另一个值得引起注意的是民生公司在新生活运动中的作用。卢作孚于1934年8月22日在庐山参加中国科学社第十九届年会。会后访马寅初,并在牯岭胡金芳饭店与国民党中央党部组织部部长陈立夫等晤谈。在与陈立夫的晤谈中,两人主要谈及并讨论了与新生活运动相关的问题。陈立夫在解释"礼义廉耻"时,打了一个比喻,说:"有了两杯茶,多的一杯让给你吃,我吃少的一杯,此之谓礼;只

---

① 张后铨主编:《招商局史·近代部分》,第373页。
② 张后铨主编:《招商局史·近代部分》,第373页。
③ 张后铨主编:《招商局史·近代部分》,第373页。
④《招商民生同盟创办江海航业联运合作》,《申报》,1934年8月4日,第12版。

有一杯茶,不够两人分配,但是你口渴了,我不吃,请你吃,此之谓义;有两杯茶,每人一杯,你吃你的,我吃我的,此之谓廉;我假设多吃了你那一杯,便算是耻。"卢作孚说:"陈先生这个解释很实际而又具体,在原则上我是极端赞同的。要是本这个意义,更进一步,把只注意对人的方面改变到对事的方面,把只运用在过去应酬上的礼义廉耻,也运用到现代的国家建设上来,岂不是更有意义而更好吗! 此话怎么解释? 也可以假设几个例子来说。我们所谓礼者,客气之谓也。好比一桩经济事业赚得的钱,大多数拨归公有,继续作生产的用途,个人则只享受最低限度的生活费,此之谓礼;一桩公众的经营,今天没有钱办了,我们毁家纾难,枵腹从公,此之谓义;凡是公众的财富,我们绝不苟且一点,此之谓廉;同时做一桩公众的事情,假设我所做出来的成绩,不若别人的好,此之谓耻。但是只发扬中国的固有文化,我认为还不够,那只算是做到了一方面,可以说是消极的方面。我们还须得尽量运用现代世界上的科学技术,才能够完成一个现代国家的物质建设和社会组织。"对于卢作孚的上述主张,陈立夫颇为"首肯",甚至表示要向国民党中央党部辞去部长职务,并联络国内贤者,集中精力推动促进中国现代化的文化救国运动,为中华民国找到一条明白出路,使全国人知所趋附。①

　　两人的谈话,实际上涉及中国传统文化、价值观、现代化建设等一系列带有根本性的大问题,而卢作孚关于"礼义廉耻"的解释和评论,以及应尽可能吸收现代科学技术以完成现代化的物质建设和社会组织建设的主张,对于极力倡导"文化救国"的陈立夫而言,可谓颇具新意,因此得其"首肯"。两人高谈到晚,并一起在卢

---

① 朱树屏:《庐山印象记》(续),《新世界》第 67 期,1935 年 4 月 1 日,第 15—16 页。

山清凉饭店用了晚餐。① 这是已知资料中，卢作孚与陈立夫交往之始。姑且不论两人议论的高下，但卢作孚的笃实之论，确实是其近十年"现代集团生活试验"中所得感悟的体现。

1935年3月或4月某日，卢作孚与武昌行营秘书长杨永泰就轮船上新生活运动办法进行了讨论。之后，根据杨永泰的要求，卢作孚拟具了《民生公司轮船上新生活运动办法》。4月3日，杨永泰把卢作孚交来的《民生公司轮船上新生活运动办法》呈送蒋介石，并向蒋介石提出拟办意见，谓："（卢作孚民生公司轮船上新生活运动）所行办法，井井有条，确深得新生活运动之精神。拟酌复嘉勉，并将办法抄达交通部，转饬招商局及其他商轮公司切实仿行。"②对杨永泰所拟意见，蒋介石批示"如拟"。4月27日，国民政府交通部发布第2210号训令，内称："四川民生公司总经理卢作孚呈递的航轮新生活运动办法井井有条，深得新生活运动的精神，希各地商轮公司遵照办理云云。"训令后附有卢作孚拟具的《民生公司轮船上新生活运动办法》。③

《民生公司轮船上新生活运动办法》分用人、设备、要求、生活四大项。其中用人一项分取消包办制度、采取考试制度、按年考绩、加紧训练等四项；设备一项分消防设备、救生设备、卫生设备、教育及娱乐设备等四项；要求一项分使客人明了船上设备、船上注意事项、沿途风光及注意事项、尽量服务好客人、及时整理并保持船上清洁、相关事项的规定等；生活一项分工作、知识、技能、联络、

①《任鸿隽致卢作孚函》（1934年9月12日），黄立人主编：《卢作孚书信集》，第333页。
②《卢作孚致蒋介石电》（1935年3月29日），台北："国史馆"藏，蒋中正"总统"档案，002/080200/450/025（光碟号08B-04513）；《杨永泰拟办》（1935年4月3日），台北："国史馆"藏，蒋中正"总统"档案，002/080200/450/025（光碟号08B-04513）。
③《交通部汉口航政局训令》，《新世界》第79期，1935年10月1日，第42—48页。

旅行等五部分。我们认真阅读卢作孚拟具的这些办法条文后不难发现,这些办法条文决不是虚应故事的凿空之论,而是对民生公司创办以来长期实践(试验)的船上工作和服务事项的条理化,既有现代意义又有很强的操作性。5月6日,交通部汉口航政局发出第2371号训令,要求所辖区域内各轮船公司遵照卢作孚所陈办法施行轮船上的新生活运动。① 这也是迄今为止,我们所发现的新生活运动中最为切实可行的一个行业性办法。

当然,在民生公司与南京国民政府关系演变的历史进程中,最重要的应该是民生公司的差运办法得到当局的首肯。

1935年1月12日,军事委员会委员长行营参谋团一行200余人抵达重庆,以贺国光为主任。此后,参谋团组织不断扩大,如增设运输处,以林湘为处长。同时,康泽率领军事委员会别动队2 000余人随同到达。② 民生公司在参谋团及中央军入川过程中承担了繁重的军运事务,但差费问题却迟迟未能解决。2月1日,卢作孚为中央军入川征调民生公司轮船事,向贺国光呈函,要求解决差费问题。函称:此次中央军入川,"十之八九皆系由公司轮船运输,应差轮船由七只增至十只,向所恃以维持生存之渝宜主要航线及主要轮船全部应差,客货运费几于全绝收入,而公司一切开支则日需万元以上,皆需现款,且大部皆在申支付。恃以苟延生命之租金,至少盼望维持最低限度之开支。顾军政部交通司以差轮经费预算未算入此次川江运输,至今未肯核下。窃念政府财政支出,亦公司所深知。顾川江航业惟冬季水枯货运较佳,赖以补救洪水之损失,

① 《交通部汉口航政局训令》,《新世界》第79期,1935年10月1日,第42页。
② 邓汉祥:《四川省政府及重庆行营成立的经过》,全国政协文史资料研究委员会编:《文史资料选辑》第33辑,北京:文史资料出版社1980年版,第123页。

兹乃在枯水期间以全部轮船供应兵差,牺牲营业之收益为额已巨,如再在开支上有所垫累,则事业万难支持。三北、招商航线众多,租用二三轮尚不感觉痛苦,公司则全部应租,别无可以救济之路。救国救川皆为亟图,而救公司使其存在,庶有长久效力之机会,亦万望政府扶助。除另急电呈交通司外,拟请钧团更为去电请其查照。中央杨秘书长畅卿代将以上情形转陈蒋委员长,并迳电蒋委员长,恳予转知军政部转令交通司核准敝公司所请转下租金全额,以维本国航业最后一线之生机。不胜迫切,感祷之至"[1]。3日,贺国光将此事呈报给蒋介石。

3月1日,蒋介石为民生实业公司军运差费事函电军政部次长曹浩森、兵工署署长周骏彦,谓:"接贺主任国光宥电称民生公司经理卢作孚函称主要航轮十只均以供应军运,总计两月,垫出租金及燃料各费已达十余万元,仅于前月领得三万元,相差尚在十万以上。现民康沉没,民强、民宪各轮均因水枯损坏,损失又达十余万元,务恳转电军部于本月底先发十万元以救眉急等情,除已电复准先发五万元外,希即照发为要。"[2]

参谋团入川的直接缘由是所谓的"剿赤",直接的结果之一是使四川的政治生态发生急剧而深刻的变化。3月1日,改组后的四川省政府在重庆成立,刘湘就任四川省政府主席兼川康绥靖公署主任,邓汉祥为省府秘书长,刘航琛为财政厅厅长,郭昌明为建设厅厅长。新成立的四川省政府宣布废除防区制,实行省政统一。就职典礼结束后,刘湘即赴省会成都成立省政府及各厅处。此后

① 黄立人主编:《卢作孚书信集》,第 373—374 页。
② 《蒋介石致曹、周电》(1935 年 3 月 1 日),台北:"国史馆"藏,蒋中正"总统"档案,002/080200/221/043(光碟号 08B-03355)。

川中各军先后宣言交还军权,省政府将全川划分为 18 个行政督察专员区。① 从 3 月起,川军各军军费,由四川善后督办公署统筹核发,四川防区制从此打破,川局归于统一。②

　　4 月 22 日,川江航务管理处处长何北衡与杨永泰就改进中央军入川军队运输中的川江运输效率问题交换了意见。4 月 23 日,为使杨永泰对于川江差运有更多了解,何北衡致函杨永泰并附呈川江差运惯常做法以备采择。③ 这个川江差运惯常做法就是附件中何北衡所拟具的《关于军队轮运切实有效意见六项》。该意见陈述川江差运情况颇详,反映了川江差运的一般情况和办法,其主要内容为:第一,枪弹、行李、辎重等一律装入舱内,官兵上船,需要对面挨紧而坐。第二,军队应在搭轮当日早晨四时在岸上早餐,六时前上船坐定。每人随带冷饭或干饼一份备作午餐,因为船上只能供应开水。下午六时停船,军队上岸造饭。第三,由于轮船重心在下,大多数官兵需要坐在第一层船舱,少部分坐在第二层船舱。第四,军队必须严格遵守上船时间,以免延误行程。到达目的地时必须立刻上岸,并迅速将枪弹、辎重、行李起提上岸。第五,轮船载运官兵人数标准,民贵、永丰、富阳等轮,每船可载官兵1 600名。民主、民宪、富华、永游、永康、江泳等轮,每船可载官兵1 200名。民强、民意等轮每船可载 700 名。第六,严禁带私货、私人。对于此项意见和办法,杨永泰很快转呈给了蒋介石。

　　蒋介石于 4 月 27 日批准了何北衡经杨永泰转呈的《关于军队

---

① 邓汉祥:《四川省政府及重庆行营成立的经过》,全国政协文史资料研究委员会编:《文史资料选辑》第 33 辑,第 121 页。

② 周开庆:《民国刘甫澄先生湘年谱》,台北:商务印书馆 1981 年版,第 109 页。

③《何北衡致杨永泰电》(1935 年 4 月 23 日),台北:"国史馆"藏,蒋中正"总统"档案,002/080200/220/126(光碟号 08B‑0349)。

轮运切实有效意见六项》。5 月 1 日，蒋介石还特别致电军政部次长曹浩森转饬军政部所属各级主管人员，以后运兵入川即依照何北衡所拟六项办法切实规定、认真执行。电文如下："顷据川江航务处何北衡条陈，以川江水浅河狭云云，反行减少等语。查此次中央军运兵入川，因办理人员太缺经验，致原可容载一千余人之轮船，仅载五百名而止，而每次运输亦往往太迟，甚至到达目的地之后，部队留驻船上坐侯十余日之久，如郝师不过六团，几经两个月乃克运毕。该船管理人员调度无方，费时耗财，莫此为甚。兹据何北衡所拟意见六项，以后运兵入川，即依此六项办法切实规定，认真执行，并于运兵时在宜渝中途应行停泊之各要站，预派专人先往布置，必更周恰迅速，以后即其他各处运兵往来，亦应参酌此项办法以期节省时间，多载人数，不可听其紊乱、耗费为要。中正。冬福渝。"①

长期以来，民生公司在军队差运中摸索出了一套行之有效的具体办法。这一套办法在卢作孚任川江航务管理处处长时得到四川军政当局的认可，并在差运中实施。如今经过一番有效的沟通，上述办法又以川江航务管理处处长何北衡条陈的形式，得到国民政府最高军事当局蒋介石的认可。由此，国民政府军事委员会参谋团、中央军入川后的川江轮船差运秩序，初步得以确立。这一差运办法，对于全面抗战爆发后川江抢运中的轮船运输，仍有重要的影响。

民生公司与南京国民政府之间多维的政治经济关系的强化，为其赢得即将到来的与美商捷江轮船公司的竞争，营造了一个良好的政治氛围和经济环境。

―――――――――

① 《蒋介石致曹浩森电》(1935 年 5 月 1 日)，台北："国史馆"藏，蒋中正"总统"档案，002/080200/222/011(光碟号 08B‐03418)。

二、与美商捷江轮船公司的竞争

为了生存和发展,民生公司非常注意向在华运营的外商轮船企业学习管理和经营经验。1933 年 8 月 5 日,卢作孚在从南京前往九江的行程中特意乘坐了英商太古公司的吴淞轮,[①]以体验该公司的服务质量。后来卢作孚深有感触地记述了乘坐太古公司吴淞轮的印象:"他们真是办得好呵!记得那天,起初一个西人率领几个中国人,到船上各处查看,就是柜子的缝缝,窗子边边,门扇背后,都要用手摸一摸,检查干不干净。过了一刻,一个中国人(是个"头脑")引几个茶房来,指点着教他们哪些地方该怎样擦洗,怎样安置。再过一刻,几个茶房很有秩序地分头把房间整理得规规矩矩的。你们看,人家办事,是怎样的有方法有秩序呵!像这些事,难道一定要高鼻子才做得到吗!"[②]

民生公司还积极争取与外商在华公司的合作。1934 年 2 月初,民生公司与美国捷江公司、英国太古公司等达成宜渝间航线水脚共摊之约。[③] 这项宜渝航业同业共同维持轮船运费的水脚共摊之约到 3 月底就到期作废,重庆下游航业竞争骤然异常激烈。就连一向主张维持运费的太古、怡和等公司,从 3 月底开始也争先放低运费,致使 1 件棉纱从上海运到重庆仅收 2 元运费,1 担海带仅收 0.25 元运费。如此低廉的运费还不够船上的燃料及转口费用。因此有人认定这一年川江上必倒两家公司:一家为美国的捷江公司,另一家为民生公司。4 月初,川江上轮船公司之间的竞争迅速

---

① 《民生实业公司简讯》第 26 号,1933 年 8 月 5 日,缺页码。
② 卢作孚:《告茶房》,《新世界》第 29 期,1933 年 9 月 1 日,第 55—56 页。
③ 《二十三年本公司之营业概述》,《新世界》第 65 期,1935 年 3 月 1 日,第 4 页。

白热化。"废约之后,水脚骤落,向以维持水脚号召之公司,至此亦争放水脚,竞争加剧。甚至棉纱一件,由申运渝放到二元五角。直至枯水时期之水脚,尚不如往年洪水时期。与二十二年比较,公司轮船有加,货运有加,而水脚收入反锐减,直为有轮船公司以来最坏之一年,亦为川江有轮船以来最坏之一年。"①5月15日,民生公司又与太古等公司达成协议,利益均沾,维持运价,为期6个月。②

民生公司当然清楚,向外商学习、与外商合作并不能消除残酷的商业竞争,而要与实力雄厚的外商轮船公司竞争,又必须增强自身的实力不可。发行公司债是扩大经营,增强实力的有效方法,因此民生公司开始筹划发行公司债。而民生公司之所以有此筹划,又起始于著名金融家张嘉璈(公权)的建议。

原来,1934年4月底到6月上旬,中国银行总经理张嘉璈携该行总管理处分区稽核徐维明,经济研究室代理主任格雷、副主任张肖梅,上海分行副经理史久鳌,③到四川实地考察内地实业,并视察该行四川分行业务状况。张嘉璈一行先到重庆,然后到内江、自流井、成都、嘉定、叙府、泸州等地考察,最后返回重庆,到北碚考察游览,前后共45天。回到南京后,张嘉璈捐款2 000元给中国西部科学院。张嘉璈对此次四川之行以及他对卢作孚及其事业的观感和态度也有比较详细的记述,谓:"此行所得:(1)与四川境内分行及各支行经理交换意见;决定鼓励上海资金移入四川,从事开发之业务方针。(2)参观卢作孚之北碚事业,及所经营之民生轮船公司;认为颇有辅助之价值(查民生公司拥有近五百万元之财产,而短期

---

① 《二十三年本公司之营业概述》,《新世界》第65期,1935年3月1日,第4页。

② 王世均、黄绍洲:《民生公司与外商的竞争》,《文史资料选辑》编辑部编:《文史资料选辑》第136辑(合订本第46卷),第34页。

③ 姚崧龄编著:《张公权先生年谱初稿》,台北:传记文学出版社1982年版,第134页。

负债甚多,利息则在二分以上。因为筹划发行一笔公司债,清还短期债务。返沪后,即与各银行商洽。决定发行公司债一百万元,于翌年七月一日发行。民生得此协助,逐步发展。抗战时期,对于公运、民运,贡献甚大。造因殆始于此)。"①关于张嘉璈到民生公司和北碚参观后所得关于卢作孚工作和事业的直观、全面的认识,杜重远后来也记述说:"有一次,公权先生来重庆,看到作孚先生的实地工作之后,才彻底钦佩,他说:在中国平日看一般人的劣习,以为中国人无希望,但看当日欢迎的民众,男男女女没有一个有恶习的,竟感动得至于流泪。这是他接触作孚先生之后,才有此钦佩。"②

　　张嘉璈在金融上给予正处于激烈竞争中的民生公司实际的建议和支持,获得卢作孚的积极响应。1934 年 6 月 9 日,卢作孚携朱树屏、徐世铨、秦鸿勋三人,乘永年轮从重庆前往南京、上海,并计划到华北进行考察。这次考察的真正目的即在于与中国银行、金城银行等接洽民生公司第一次公司债的发行。公司债的发行对民生公司而言是第一次,接洽过程和相关事宜纷繁复杂,很费周章。8 月 4 日,卢作孚一行在南京办完相关事宜,才于当晚 11 时 15 分乘火车离开南京,开始了华北之行。这次华北之行的目的一是与总行设在天津的金城银行商洽发行公司债;二是到天津请周孝怀南下帮助料理民生公司上海分公司的事务;三是参观包括范旭东企业在内的相关企事业。③ 8 月 13 日下午 2 时回到上海,卢作孚等人结束了华北之行。④

① 姚崧龄编著:《张公权先生年谱初稿》,第 134 页。
② 杜重远:《由小问题讲到大问题》,《新世界》第 12 卷第 4 期,1938 年 4 月 30 日,第 7 页。
③ 朱树屏:《华北回忆录》,《新世界》第 59 期,1934 年 12 月 1 日,第 62 页。
④ 朱树屏:《华北回忆录(续)》,《新世界》第 61 期,1935 年 1 月 1 日,第 38 页。

接洽的结果超出预期，令人满意。9 月 25 日，民生公司召开临时股东会，决定将原计划发行的 50 万元公司债增加到 100 万元。[1] 11 月 11 日，卢作孚为民生公司募集公司债事电函周作民，谓："敝公司募集公司债办法，承慨允由贵行主募，至感！兹将敝公司所欲提商之事项列单附呈，其有未完备处，敬乞指示。又附呈公司资产负债表一份，所有其他各表正由谢霖甫会计师准备中，完成当更寄请查阅。倘于资产负债或损益情形有垂询处，请与谢霖甫先生接洽，并闻。"[2]

但民生公司第一次公司债的认购和发行还是出现了意想不到的周折。1935 年 3 月 29 日，提议发行公司债的张嘉璈在南京国民政府的巨大压力下向中国银行辞去总经理职务，其请求在 4 月 1 日获得中国银行批准。张嘉璈从中国银行辞职，对民生公司公司债的发行产生重大的影响。公司债的主要募集方原定为中国银行。民生公司需要找到有实力的大银行作为主要的募集方。

进入 4 月，捷江轮船公司在与以民生公司为主的华轮公司的竞争中败下阵来。然而，与民生公司有合作关系的招商局也极欲收购捷江的轮船及岸上事业以便参与到川船江轮船航运业之中。如果捷江轮船大部分为招商局所收购，那么川江航业的格局将即刻从中外竞争转变为国营和民营的竞争，民生公司为此迅速与南京国民政府交通部展开交涉。4 月 29 日，民生公司代表杨成质致函卢作孚报告与交通部次长张道藩的交涉经过：

---

[1] 民生实业公司十一周年纪念刊编辑委员会编：《民生实业公司十一周年纪念刊》，第 209 页。

[2] 《卢作孚致范旭东函》(1935 年 6 月 1 日)，上海市档案馆藏，诚孚企业股份有限公司档案，Q198/1/1468。

廿四、廿六日两示敬悉。附来致张道落次长函,已于今晨持往面交,并向其陈明如次:

"公司得悉招商拟买捷江消息,非常惊恐。盖因过去川江航业外商竞争虽甚剧烈,然以上有政府之扶持保护,下有招商之合作提挈,公司自信勉可立于不败地位,故去岁为川江民生、捷江两大公司争最后生存之斗争时期,竞争之烈,为有史以来所仅见。结果捷江失败,公司牺牲亦甚大,只冀今后对川江航业担当一番整理责任,为国家收回内河航权作一初步贡献。今若归招商收买,则事实上不啻化相互间已往之协作精神为竞争,殊非本国航业之所宜。倘未陷入大量之资金,自可静让招商进行;且以双方之故有力量及环境而言,亦以让公司担当经营川江责任为易收速效。"

张次长答复如次:

"公司何以未早日通知交部,声明要买捷江,要求招商勿作进行购买计划。若早有文备案,则招商文到请核时,即可斟酌情形,不予照准。今交部业已许可,理事会亦已通过,实绝对碍难令饬招商局停止进行。且捷江乃系自动与招商以优先购买权,美公使及领事与交部亦有洽商,表示愿让与招商局。在交部方面并非图买彼之船,不过欲借此造一收回航权之伏案。盖双方政府当局须有一谅解,美国自捷江出卖后,永不作内河航业之经营。今民生所谓替国家收回航权,不过是一句空话,事实上何能制止其他美国人或捷江数年后之另行经营?

"卢先生信上所提各点,实有难说的地方。假如川江无民生公司,未必招商局或其他公司就眼见放弃不来整理了。至于招商局收买捷江后,亦不必来与民生竞争。政府此时统制之计划未成,倘一但要实行统制,所有航业公司亦须全收归国有,岂仅止于竞争而已哉。且川江势亦不容民生公司长期霸据。至于美外交当局之愿与我签订放弃内河航行权者,实由鉴于中日复交声浪甚高,故特示好感耳。"

兹将双方询答再择要志于次:

问:"我之进行亦系捷江就商,并未闻及招商亦在谈判。公司欲收买捷江之意,早曾向刘鸿生先生表示过,成质一星期前并曾向航政司高司长提及。"

答:(彼默而不答)

问:"交部是否以美外交当局之签订放弃内河航行权为收买捷江之先决条件?"

答:"捷江一商人不够资格与交部讨论此问题,交部若与彼讨论此问题亦失掉身份。如说因买捷江即可与美当局签订放弃约亦系欺人的话,将来或可成立一半官式的谅解。"

问:"倘由民生公司收买,政府似亦可与美外交当局作此种谈判。"

答:"民生是商办,商人与商人之交往系一种私人间物权之移转,政府不便干涉。"

问:"可否请次长函复卢先生?"

答:"事关公事,不便函复,请转致卢先生原谅。"

最后请商结果,彼云现时制止招商局购买绝不可能。不过招商此时与捷江谈判亦尚无眉目,民生亦不妨同时进行,最后谁属,捷江自有主权,一面彼亦允将此意转达朱部长。

张次长言外之意不难想见交通部对航业之政策,此事我如不顾交部之意,尽可埋头向捷江接洽,与招商竞购,否则,似应劳钧驾一行来京疏通。①

杨成质与交通部次长张道藩直接交涉无果。5 月 5 日晚,卢作孚为公司收购美商捷江轮船公司事抵达南京。6 日下午,卢作孚往访张道藩。当晚,卢作孚在致郑东琴、何北衡函电中说:"昨晚抵京,今日午后往访张道藩次长,谈甚好,招商只出现金七十万,交通部未肯增加,只盼招商、民生在合作原则下经营,认为目前民生颇有买之机会,只要出价比招商高,交部亦决不愿以国营招商之强力压倒民营事业。不过,鸿生站在招商立场,欲求自身之发展,则有之,非交部之意也。上海正议合同中,想二三日内可以处理。"②显然,卢作孚与张道藩的沟通非常有效,结果是相当好的。关于收购捷江公司,剩下的事情是与招商局接洽,卢作孚将其交给了公司同事办理。在给郑东琴、何北衡的函电中,卢作孚还交代说:"本日午前由上海发出之电,请北衡兄商真吾、鸣阶、又庸诸兄,向畅卿商请由委员长电交部。责成民生经营川江一节应暂缓进行,容此问题完全解决并再进一步改善若干经营方法之后乃提出,当更有力。"③真吾即傅真吾,鸣阶即邓汉祥,又庸即王又庸,是有关方面重要的行政主管。

卢作孚为发行公司债等事,于 5 月 6 日(星期一)当晚乘车赴天津,与丁文江等同行。根据行程的计划,5 月 12 日(星期日)到天津,13 日(星期一)从天津回上海,5 月 15 日(星期三)回到上

---

① 《杨成质复卢作孚函》(1935 年 4 月 29 日),黄立人主编:《卢作孚书信集》,第 573—575 页。《卢作孚书信集》中所注该信年份为 1937 年,误。——引者注

② 《卢作孚致郑东琴、何北衡函》(1935 年 5 月 6 日),黄立人主编:《卢作孚书信集》,第 424 页。

③ 《卢作孚致郑东琴、何北衡函》(1935 年 5 月 6 日),黄立人主编:《卢作孚书信集》,第 424—425 页。

海。① 在天津，卢作孚通过金城银行王毅灵求助于周作民。周答应帮助，并说："你能筹划多少就多少，其余缺额，可全部由金城银行承受。"②周作民作为著名银行家，显然十分清楚为民生公司募集公司债也是金城银行向内地，特别是向四川扩展业务的一个重要机会。5月15日，卢作孚如期自天津返上海。在上海，卢作孚又请徐堪出面，商请交通银行上海分行经理唐寿民承受民生公司公司债。为此，卢作孚于18日致函唐寿民说明情形并附寄1934年的有关查账报告书即决算书供唐寿民参考。③ 6月13日，唐寿民为经募民生公司债致函卢作孚，表示愿意"承办经办十万元"④。经过这最后的努力，民生公司公司债的发行，终于水到渠成。

6月17日，民生实业股份有限公司第一次公司债持券人代表委员会在上海召开成立会，金城银行认募40万，中国银行认募20万，中南银行认募10万，上海商业储蓄银行认募5万，川康、美丰、聚兴诚三行各认募5万计15万，交通银行认募10万元，共成100万元。会议取得满意结果。关于发行章程、经理契约条文，略有增删，由上海分公司经理张澍霖在各修改处盖章作证；事后并由民生公司董事长郑东琴、总经理卢作孚，会函各经理银行声明，民生公司上海分公司经理张澍霖在修改处所盖各章，"完全有效"⑤。

民生公司第一次公司债章程共计13条，其中第六条规定，债

---

① 《卢作孚致郑东琴、何北衡函》(1935年5月6日)，黄立人主编：《卢作孚书信集》，第424—425页。
② 中国人民银行上海市分行金融研究室编：《金城银行史料》，上海：上海人民出版社1983年版，第434页。
③ 《卢作孚致周作民函》(1935年6月)，上海市档案馆藏，金城银行档案，Q264/1/702。
④ 张守广、项锦熙主编：《卢作孚全集》第1卷，第514页。
⑤ 民生实业公司十一周年纪念刊编辑委员会编：《民生实业公司十一周年纪念刊》，第216页。

券还本以 8 年为期。自发行日起,一年内只付利息。自第二年起至第七年止,每届 6 个月付息之日,随还本金票面额 7％。第八年内两届付息之日,各还本金 8％,但公司亦得提前还本。第七条规定,债券利率定为年息 1 分。自发行日起,于每年 6 月 30 日及 12 月 31 日各付息一次,每届还本后,利随本减。第十条规定,公司债本息以公司现有全部船舶及其运费,并关于船舶的一切收益为担保,由公司抵押与各经理银行所组织的民生实业公司第一次公司债持券人代表委员会。关于保全债权行、使抵押权方法,及抵押品目录,均详见公司与经理银行所订的经理契约。上述特券人代表委员会为永久机关,不论债券移转与何人,"代表委员会之组织不得变更,俟本债券本息还清后撤销之"①。

《民生实业股份有限公司第一次公司债经理契约》以民生实业股份有限公司为甲方,以上海金城银行、中国银行、交通银行、上海商业储蓄银行、中南银行、重庆聚兴诚银行、川康殖业银行、四川美丰银行为乙方。声明甲方为扩充并整理业务,经股东会之决议,按照发行第一次公司债章程发行第一次公司债上海通用银币 100 万元,委托乙方募集并经理还本付息,指定担保品,设定抵押权及质权,以乙方所组织之持券人代表委员会代表全体持券人为抵押权人及质权人。经乙方同意,双方缔结经理契约并订定契约,共有条款 22 条。其中第一条规定,甲方依据第一次公司债发行章程发行公司债上海通用银币 100 万元,统归乙方经募,已由乙方各银行分别认募,计上海金城认募 40 万元,中国银行认募 20 万元,交通银行认募 10 万元,中南银行认募 10 万元,上海商业储蓄银行认募 5 万

---

① 《民生实业股份有限公司发行第一次公司债章程》(1935 年 6 月),上海市档案馆藏,金城银行档案,Q264/1/702。

元,重庆聚兴诚银行认募 5 万元,川康殖业银行认募 5 万元,四川美丰银行认募 5 万元。前项债券应由乙方于 1935 年 7 月 1 日以前招募足额,其未经募足者届期由各认募之银行分别自行承购之。第二条规定,购买此项债券,概用上海通用银币交款,届期还本付息,亦用同币在上海支付。其在他埠购券交款者,应按交款日该埠对沪电汇行市合算。第四条规定,乙方募销债券所得现金均分存乙方各银行,由甲方随时提用。第六条规定,此次发行债券,由甲方按照票面额给付乙方 5% 之经理费,于募得后由乙方扣除之,每届还本付息期甲方应给付乙方所经付本息额 25‰ 手续费。第八条规定,甲方为担保本债券本息之清偿,指定其现有全部船舶为抵押,另编抵押品目录附后,并就甲方现有全部船舶或其他代替物所生之一切收益设定质权,以持券人代表委员会为代表全体持券人之抵押权人及质权人。第九条规定,为执管供债券担保之财产并保全债权行使抵押权起见,乙方在上海设置民生实业股份有限公司第一次公司债持券人代表委员会。第十条规定,代表委员会委员由乙方各银行派其在沪之重要职员充之,设主席由经募债券额最多数银行所派委员担任。第十三条规定,代表委员会应选任总稽核一人常驻在甲方本店。①

　　这是民生公司第一次发行公司债,条件尚算公允②,在民生公司发展史上意义重大。多年以后卢作孚记述这件事时说:"因为年年扩充,不免年年增加股本,而且年年增加债务……在那时候重庆的事业,民生公司算是负债额最大的一桩事业,到将接收捷江公司

---

① 《民生实业股份有限公司第一次公司债经理契约》(1935 年 6 月),上海市档案馆藏,金城银行档案,Q264/1/702。

② 中国人民银行上海市分行金融研究室编:《金城银行史料》,第 435 页。

的轮船的时候,负债已经七十多万元。接收捷江公司的轮船又需要七十多万元,而股本才一百多万元。由于中国银行总经理张公权先生的主张,金城银行总经理周作民先生及金城天津分行经理王毅灵先生的赞助,(民生公司)向上海募集了公司债一百万元,这是四川的经济事业在上海第一次募债,而且第一次募公司债。财务是民生公司在不断的发展的途程当中一个大大的困难,总算始终得环境上的帮助,没有陷于挫败。"①此次公司债中金城银行以认购 40 万元居第一,金城银行遂派张佑贤为民生公司总稽核。金城银行最初的目的,是想通过扶植民生公司入手,以求深入西南发展业务。② 自此以后,民生公司与华北财团中财力最为雄厚的金城银行建立了长期紧密的合作关系。

1935 年 6 月 12 日,民生公司接收美商捷江公司轮船宜安、宜昌、其太、宜兴、宜江、泄滩等轮船、驳船,捷江公司大班私人拥有的其春轮也同时接收,各轮分别改名为民政、民彝、民泰、民苏、民聚、民勤、民铎。不久又拆毁其中两船,另造民运、民立。卢作孚说:"这一重难关渡过以后,因为四川内战结束,政局统一,轻重工业逐渐发达,客货运也逐渐加多了,民生应了需要,亦即增造新的轮船,在扬子江上游控制了百分之七十以上的运输力,结束了航业上惨(残)酷的竞争,停止扬子江上游航业作战,稳定运费,不使过高也不使过低。顾到航业,同时也顾到商人,本来是民生公司的口号。停止作战的方法却不是谈话,不是开会,而是以绝对优势的运输力支持其实施。后来太古、怡和等公司也都承认事实,相当尊重民生

---

① 卢作孚:《一桩惨淡经营的事业——民生实业公司》,第 12 页。
② 重庆市档案馆、重庆师范大学合编:《中华民国战时首都档案文献·战时金融》,重庆:重庆出版社 2014 年版,第 507 页。

公司的意见了。"①时任民生公司船务处经理,后又任代总经理的宋师度也曾回忆说:"曾有英帝国主义下的太古、怡和两公司当年宣称'我们要在长江区立即打倒几家轮船公司',自然初生之犊不畏虎之民生,便是他心目中第一敌人。他们要使民生毫无货运,安心大折本来威胁,申渝货运费每包海带贬至两毛钱,试问惨斗之酷烈,到了何等程度!结果,乃成了鬼打鬼,美帝国主义下之捷江公司被打倒了,民生不惟安然无恙,且更有进展。童副总经理当时还是三十内外的英年,捷江解体后,替我们收编了一大队客货船过来,真是意外收获。……当中英航商惨斗正烈时,某驾驶领导人很沉重很壮烈的语卢先生云:'总理,你放心,我们大家会替公司争口气,只要有饭吃,我们不问能够发薪多和少,高鼻子是把民生莫奈何的!'"②长期以来养成并弥漫于民生公司上下的这种爱国主义情怀和氛围,是民生公司能够战胜资金雄厚、技术先进的捷江公司所不可缺少的重要条件。

　　战胜并接收捷江公司大部分轮船之所以如此重要,是因为该公司的特殊性与重要性。捷江公司是 1922 年由美商在上海筹办,1923 年正式成立的一家公司,③其资本大过民生公司数十万元,其营业性质、所走航线,恰与民生公司针锋相对,为事实上的最大劲敌。收购美商捷江公司轮船表明,民生公司在统一川江的进程中取得了决定性的成功。卢作孚统一川江之所以能够成功,根本的原因有两条:第一条是客观原因,即民族主义的持续高涨。这使民生公司拥有了在川江上与外商竞争的极为有利的外在条件,正是

---

① 卢作孚:《一桩惨淡经营的事业——民生实业公司》,第 11 页。
②《1950 年第二次业务会议报告》,重庆市档案馆藏,美丰银行档案,0296/14/3323。
③ 张澍霖:《捷江公司始末记》,《新世界》第 106 期,1936 年 12 月 1 日,第 25—28 页。

这样的条件,使民生公司能够获得民众即公司员工和乘客的支持,并获得包括江浙财团和华北财团在内的沿海金融财团的支持。第二条是卢作孚统一川江方法得当。统一川江,卢作孚的方法主要有两个:合作和并购。具体而言,凡是华籍的轮船都采用合作的方法,即经议定合理价格后,由民生公司支付部分现款给原公司,使其清偿债务,并对急需现款的原公司股东退还股本,并鼓励其大部分相关价款入股民生公司,换取股票。同时,凡外国公司则采用收购的方式,即对于外国公司的轮船一概付与现金或分期付予现金,不能按价入股民生公司。①

因此,民生公司接收捷江公司,在收回航权与减少营业竞争上,均有极重大之意义。② 捷江公司华人经理童少生同时进入民生公司担任业务处经理,成为民生公司的重要业务骨干。为招揽童少生,民生公司甚至帮其解决了相关的个人债务。③

三、川江航业整理基本结束

1935 年 4 月民生公司收购意商永游轮,不久船沉没(后打捞后拆出的机器,装入民政轮);收购彝江轮,改名为民和轮。④ 如前所述,根据卢作孚的主张,民生公司从 5 月起暂缓整理川江航业的行动。8 月 31 日,民生公司以 3 万元收购并接收第二十一军兵船嵯

---

① 吴晋航:《民生公司概述》,《文史资料选辑》编辑部编:《文史资料选辑》第 12 辑(合订本第 3 卷),第 90—91 页。

② 《上海分公司十年来发展概况》,《新世界》第 101 期,1936 年 9 月 16 日,第 21—22 页。

③ 《杨成质复卢作孚函》(1935 年 7 月 22 日),黄立人主编:《卢作孚书信集》,第 584—585 页。《卢作孚书信集》中所注该信的年份为 1937 年,误。——引者注

④ 佚名:《民生简史》(上),《民生实业公司简讯》第 1036 期,1950 年 7 月 21 日,第 3 版;民生实业公司十一周年纪念刊编辑委员会编:《民生实业公司十一周年纪念刊》,第 88 页。

峨轮,并改名为民由轮,不久将其拆毁。① 这次收购,只能看成是一个孤立的收购事件。尽管如此,在整理川江航业中,仅仅 1935 年民生公司就合并了 11 艘轮船,并成为长江上游最大的轮船公司。资料载:"(民生公司在 1935 年)继续接收重庆上游轮船共十一艘之多,其最值记述者为美商捷江公司七艘之收买。当民生、捷江洽商之初,本议全部收购,以同业竞相争购关系,僵持不下,捷江优秀之宜丰、宜平、其平三轮竟归太古捷足先登,民生嗣亦商妥购入宜安、宜昌、其春及驳船四只、铁趸船一只。此时民生公司共有大小轮船四十只,共一万五千五百余吨,成为宜昌以上最大之轮船公司矣。"②多年以后的 1947 年,有人还评论说:"民生公司这一个川江航业的牌坊,曾有过它的黄金时代,人们一回忆当年的繁荣,谁不认为这是中国航业的奇迹呢? 廿年前,在帝国主义耀武扬威的年代里,它能插足于长江各口岸,不但不会被外轮淘汰,反而一天天有长足的进步,达到雄霸扬子江,使航行内河的外商轮船黯然失色。"③

　　川江航业基本统一后,重庆上游到四川宜宾,重庆下游到湖北宜昌的中国轮船公司几乎全部并入民生公司,包括川军将领刘湘、潘文华、范绍增、李家钰、杨森、刘文辉等经营的轮船。④ 此时,不仅长江上游几十家中国轮船公司相互恶性竞争的局面结束了,而且民生公司还在与美商捷江轮船公司的竞争中取得了胜利。川江航运业华轮公司整理基本完毕,川江航运史进入一个新的时代。

---

① 民生实业公司十一周年纪念刊编辑委员会编:《民生实业公司十一周年纪念刊》,第 88 页。

② 《民生公司在长江》,《新世界》1945 年 11 月号,1945 年 11 月 15 日,第 8 页。

③ 倩华:《民生公司与卢作孚》(上),香港《经济导报》第 9 期,1947 年 2 月,第 23 页。

④ 周永林、凌耀伦主编:《卢作孚追思录》,第 68 页。

第二节　布置后方与民生公司的进一步发展

　　川江轮船航运业的整理统一完成后,民生公司一方面开始运用募集到的公司债在上海订造新船,扩大船队的规模,提高运输能力,以配合布置后方的工作;另一方面采取一系列措施加强公司内部的组织管理和职工的训练。

一、配合布置后方的重要举措

　　民生公司尽管是西南的企业,但时刻关注中日局势的变化。民生公司的讲演会也常请到有关人士讲说中日问题。如卢蔚乾于1932年10月24日在民生公司的讲演中说:"今日中日问题,乃是世界的问题,不仅是中国的问题。我们预料的二次世界大战,在五年以外,十年以内是要爆发的。因为苏俄五年计划,四年成功,现在已能自作自用。惟美国海军,现在尚不能与日本海军抗衡。若美国的新海军计划完成了(十年以内五年以外),第二次世界大战就要爆发了。而且这战火是要在中国沿海打的。所以不说有此次日本的刺激,就是为了避免第二次世界大战的毁灭,我们也须有相当的准备。怎样准备呢?第一就是先要把自己的内部的事业做得有办法。四川界于西北西南之间,天产丰富,人物优秀,地势险要,在在可以有为,望诸位同志,在事业上切实努力!"①这个演讲对中国抗日战争爆发时间的判断大体上是准确的。张澜于1934年10月在民生公司的讲演中也说:"中国的民族性,以现在说,北方衰

---

① 卢蔚乾:《极大的事业,往往由极小数鼓动起来》(1932年10月24日),《新世界》第8、
　　9期合刊,1932年11月1日。转引自项锦熙主编:《民生公司演讲集》,第6页。

朽,长江流域脆薄,而两广却显出坚苦,强干,振作的气象。依我看来,将来黄河流域定亡,长江流域亦亡,救中国的定是西南。四川如能步其后,也可以救中国。"①

1935 年 3 月 2 日上午,蒋介石从武汉乘福特机由武汉飞抵重庆,整理川政,指挥"剿共"军事。② 3 月 4 日,蒋介石在重庆出席四川省党务特派员办事处扩大纪念周,发表题为《四川应作复兴民族之根据地》的演讲,表示:"就四川地位而言,不仅是我们革命的一个重要地方,尤其是我们中华民族立国之根据地。"③蒋介石的这个讲演,被认为是国民政府确定四川为抗战后方并开始布置后方的重要宣示。这个宣示,在当时的中国并没有引起太多的注意,但对时刻关注中日事态的民生公司而言,无疑有着特殊的重要性。前述种种迹象也表明,民生公司已经被国民政府纳入布置后方的考量之中了。

国民政府布置后方给民生公司的发展提供了新的机遇。民生公司创办后,主要通过合并来扩大公司轮船航运业的规模,但合并而来的轮船有一个最大的问题,就是设备老旧严重。这种情形难以适应公司持续发展的要求,也不能适应布置后方的需要。因此,改造、拆除旧船,制造新船势在必行。1935 年 6 月 29 日,民生公司开始在上海领用公司债款。④ 领款后,民生公司先是改造及拆除旧

---

① 张澜:《广西的建设》(1934 年 10 月),《新世界》第 57 期,1934 年 11 月 1 日。转引自项锦熙主编:《民生公司演讲集》,第 188 页。

② 朱汇森主编:《中华民国史事纪要(初稿)》(1935 年 1—6 月),台北:"国史馆"1987 年版,第 223 页。

③ 蒋介石:《四川应作复兴民族之根据地》,贺国光编:《国民政府军事委员会委员长行营参谋团大事记》,第 866、889 页。

④ 民生实业公司十一周年纪念刊编辑委员会编:《民生实业公司十一周年纪念刊》,第 216 页。

船,从秋季起更开始谋划"建造新轮以适应新的需要"①。1935 年冬,民生公司与上海江南制造所订立建造民运、民视、民听合同,开始建造新轮船。② 从此开始,到 1937 年全面抗战爆发时止,"不到两个整年,公司即向上海江南厂、合兴厂、中华厂订造大小轮船二十一只之多。其中十四艘,共计七千五百余吨,均在战事爆发前造成上驶,另七艘则随船厂陷于敌手"③。这 14 艘新船分别为民本、民元、民康、民宪、民勤、民俭、民来、民苏、民熙、民运、民德、民视、民听、民律,总计吨数7 500余吨。④ 上述新船中,民本、民元为豪华型客货船。1935 年 12 月,民生公司与上海江南造船厂、合兴造船厂、瑞瑢造船厂、老公茂船厂等开始就这 2 艘轮船的建造进行协商。1936 年 2 月 5 日,经过招标,民生公司与上海江南造船厂签定合同,开始动工建造民本、民元 2 艘轮船。⑤

民生公司新轮船设备先进,建造费高达26.5万银元(合法币 70 万元)。其中,民元轮率先建成。1936 年 5 月 23 日下午 2 时,民本轮在江南造船所船坞行下水礼,黄炎培代表民生公司致辞。⑥ 9 月 15 日,民本轮停泊于上海民生码头(即上海南市 11 号码头),全船遍悬万国旗,准备首航重庆。船上各经管理人员皆为民生公司从各方面精心挑选出来的精英:船长为周海清(38 岁,巴县籍),经理为谢萨生(45 岁,巴县籍),轮机长为徐嘉棠(58 岁,宁波籍),大领

① 卢作孚:《一桩惨淡经营的事业——民生实业公司》,第 11、17 页。
② 上海社会科学院经济研究所:《江南造船厂厂史》,南京:江苏人民出版社 1983 年版,第 396 页。
③《民生公司在长江》,《新世界》1945 年 11 月号,1945 年 11 月 15 日,第 8 页。
④ 佚名:《民生简史》(上),《民生实业公司简讯》第1036期,1950 年 7 月 21 日,第 3 版。
⑤《民本轮之鸟瞰》,《新世界》第 102 期,1936 年 10 月 1 日,第 13—14 页。
⑥ 黄炎培著,中国社会科学院近代史研究所整理:《黄炎培日记》第 5 卷,北京:华文出版社 2008 年版,第 169 页。

江兼代船长为冉崇高(38岁,云阳籍)和冉裕源(49岁)。下午1
时,卢作孚率领民生公司船舶科主任郑璧成、上海分公司经理张澍
霖及上海分公司全体职员,在民本轮上招待来宾。到船参观、祝贺
的来宾有包括杜月笙、虞洽卿、王晓籁等在内的上海工商各界著名
人物1 000余人。①

　　9月16日,民本轮由上海起航,开往重庆。② 同日刊出的《新
世界》刊载《上海分公司四年来发展发展概况》一文,该文在述及民
生公司于上海订造新船的原委时说:"公司过去十年,大部分精力,
注意于旧船之整理。去年以来,即开始作大规模新船之建造,因中
央既定四川为民族复兴之根据地,将来必须作大规模之重工业建设,
为适应此项需要起见,都必须建造优良之船只,以为运输之用。最近
造成之新船为民运、民康、民立、民来、民苏、民熙、民元、民本。民元、
民本为川江最大之船,约九月初可以开航。此外如民视、民听、民宪、
民勤、民俭,亦将于本年内先后完工。尚有新建驳子二只,不在此
内。"③显然,民生公司把建造新船与布置后方紧密联系在了一起。

　　民本轮于9月26日午后驶抵重庆。④ 9月27日晚,民元轮在
江南造船厂造好后停泊于上海民生码头。⑤ 28日午后1时起,民
生公司欢迎上海军政商学各界人士参观民元轮,来宾千余人,其中
包括宋子文、杜月笙、黄炎培、胡筠庄、魏文翰等民生公司董事暨蔡

①《民生公司昨日招待参观 民本轮今开处女航》,《申报》,1936年9月15日,第11版。
②《民本的盛况》,《新世界》第102期,1936年10月1日,第17页;《民本抵渝参观志
　盛》,《新世界》第102期,1936年10月1日,第28页;甘南引:《介绍民本巨轮之巨
　头》,《新世界》第102期,1936年10月1日,第59—61页。
③《上海分公司四年来发展发展概况》,《新世界》第101期,1936年9月16日,第20页。
④《民本轮盛况》,《新世界》第102期,1936年10月1日,第17页;甘南引:《介绍民本巨
　轮之巨头》,《新世界》第102期,1936年10月1日,第59—61页。
⑤《民生实业公司简讯》第483号,1936年10月3日,无页码。

基增、虞洽卿、袁履登等上海工商界著名人物以及各报社、各团体代表。当晚,卢作孚在船上宴请各界名流。到晚上 9 时宾主始尽欢而散。①

民本、民元轮船设计和设备的完善为民生公司此后建造渝申轮树立了高标准。② 卢作孚对此相当满意,他说:"过去一只最大的轮船装货最多不过四百余吨,而新造最大的二只姊妹轮船可装货到六百余吨。过去一只最大轮船可容一百余人。而这二只姊妹轮船可容二百余人。过去的三等舱容纳了所有三等舱的客人,而这二只姊妹轮船划分了若干间三等舱。每间容纳十六个人,夏天可使空气自然对流,冬天却又易于保温。二、三等舱一样各有男女各别的自来水冲洗的厕所及浴间。过去扬子江的轮船,尤其中国轮船,很少有起重机,而这两只轮船的起重机都到达十五吨。过去一只轮船没有很大的货舱,更没有很大的舱口,而这两只姊妹轮船最大的舱口长到四十余呎。最大的货舱长到八十余呎,舱面有放置卡车十辆以上的余地,舱底有铁道可以放置机车和车辆,船底有铁板两层,如果不幸触礁,破坏一层,还有一层。船上有一切救水险和救火险的设备,以查(察)觉并应付水火意外的问题,这两艘姊妹轮船的改善,确立了以后一切轮船改善的标准。为了适应中国旅客生活水准的需要,凡新造的船二、三等舱的设备,都一样加以改良;为了适应内地开发取给机器材料的需要,凡一四〇英尺长以上的新船都装有五吨以上的起重机。成渝铁路决定建筑了,公司新轮运货的装置便都研究适应路料运输的需要。为求航行安全,平时易于联络,变时易于援救,凡上海重庆间的轮船均装有无线电

①《民生实业公司简讯》第 483 号,1936 年 10 月 3 日,无页码。
②《民生公司在长江》,《新世界》1945 年 11 月号,1945 年 11 月 15 日,第 9 页。

台。这些设备,本来是为了提高平时航行的效率,改善平时航运的服务,而其最大之效果,在对外战争开始以后,更显露出来了。"①民本、民元两姊妹船均自重1 464吨,是民生公司当时最大的船只,2只船上的起重机,可起重15吨,舱底有铁轨可以放置火车头及其他铁路车厢,舱面有放置卡车10辆以上的空间。之所以轮船中要设置与火车头、火车车厢有关的装置,是因为当时准备在四川、贵州修建铁路。② 在建造新轮的同时,民生公司1936年还收购了1艘小轮船常平轮,并将其改为民庆轮。③

通过建造新轮、改造旧轮,到1936年年底,民生公司新旧轮船总数达到46只,马力达到41 252匹,总吨数达到20 249吨。④ 民生公司高级职员郑璧成后来说:就长江上游而论,1936年"本公司所造船舶有突破纪录之点,其大端可得而言者,川江至快之船,速力一五浬,民本则为一六、一六七浬,至长之船为二一五呎,元、本两轮则为二二○呎;他如元、本七○呎长之夹底舱,载鲜货之冷藏舱,勤、俭、宪载运钢轨之长舱等,皆前此所未有"⑤。

1937年5月2—19日,民生公司在上海合兴船厂订造的民勤、民俭2艘轮船先后驶抵重庆。它们均采用德国奔驰主机,双机功率达1 020匹马力,航速相当快,有"飞民勤,跑民俭"之说。资料载:"该轮驶抵七趸船后,欢迎者登轮参观。该船身长十四呎宽二十二

---

① 卢作孚:《一桩惨淡经营的事业——民生实业公司》,第14—15页。

② 《民生公司在长江》,《新世界》1945年11月号,1945年11月15日,第9页。

③ 民生实业公司十一周年纪念刊编辑委员会编:《民生实业公司十一周年纪念刊》,第88页。

④ 王仲涵:《二十五年轮船增减》,《新世界》第10卷第5、6期合刊,1937年4月1日,第6—7页。

⑤ 民生实业公司十一周年纪念刊编辑委员会编:《民生实业公司十一周年纪念刊》,第89页。

呎,舱身八十六呎,载重二百吨,吃水前后平均七呎,柴油引擎两部,马达一千零二十四,起重吊杆两枝,重十吨,机器系自德孔士洋行订购。该机器运动情况颇佳,船身无零动倾斜现象。闻该两轮设备及建筑费共在六十万以上,枯水行驶渝宜航线,洪水行驶渝嘉航线,较沪嘉过去大船无出其右者。"①

不过,民生公司整理重庆下游航业以及订造新船的计划,都曾遇到公司内部的强大阻力。由于股东对于大规模建造新轮心存迟疑,7艘轮船,即整个造船计划中1/3的轮船沦于敌手。卢作孚后来忆及此事时仍异常惋惜,他说:"(当时)想对下游轮船加以处理,谁意本公司同事就迟疑起来,因为要接收下游轮船,需要的钱,至少也得超过民生公司资本的五倍。更以当时要收买的船,无论如何,我总是主张不要惜钱,他要多少,我就给他多少,我的意思是在轮船收买以后的利益,至少比没有收买的为多。可是因为迟疑的关系,本来两三个月可以解决的,也拖至数年始解决下去。还有其他公司的川江船只,也曾愿意出售。后来因为看见川省各方面都在进步,他们此种拟议,遂也未能实现。否则现在川江航运,恐怕更不止如现在的情况。因为建筑成渝铁路,有十万吨材料,我也有新造船只的计划,预算把十万吨材料三年运完。大家以为太危险,仍是迟疑,致新船只未能成功。"②民生公司作为著名的总经理制企业,其总经理卢作孚仍然受到公司内部以及股东的掣肘。尽管有缺憾,但通过整理旧船,建造新船,民生公司实力大增,从而为全面抗战爆发后的大规模抢运工作的开展奠定了物质与技术基础。

---

① 《民生公司新轮民俭号吉渝》,《四川经济月刊》第8卷第1期,1937年7月,第54页。
② 卢作孚:《我总是希望大家为国家为公司努力》,《新世界》第13卷第2、3、4期合刊,
　　1938年10月31日,第12页。

　　国民政府布置后方的一个重要工作是修筑成渝铁路。从 1936 年 7 月开始,经过 20 多次讨论,到 12 月 7 日,中国建设银公司与法国中法工商银行正式签订合同,由法国中法工商银行组织银行团提供 3 450 万元(可以英镑、法郎、马克、美元中任何一种货币单位计算),并供给国外材料,用于修筑成渝铁路。① 该合同大体上得到执行。到 1938 年 7 月,法国该银行团已经先后垫付材料款及运费 2 640 多万法郎及 250 万元法币。②

　　与此同时,民生公司也以承运川黔铁路特许股份有限公司所购建筑成渝铁路应需材料,拟建造拖驳船 2 套(计每套拖头 1 只、驳子 4 只)及宜昌码头设备为由,委托中国建设银行公司代筹建造现金及外国材料,于是双方签订了《民生实业股份有限公司委托中国建设银公司借款合同》。③ 该合同有 21 条,其中第一条规定此次借款总额为法币 160 万元,其中现金 100 万元,购买外国材料款 60 万元。第二条规定每月为 1 分利息。第三条规定本息分 3 年 6 期还清,每期 6 个月。第八条对借款相关担保品及还本付息准备基金作了规定。

二、公司组织的调整与职工培训的推进

　　如前所述,1935 年是民生公司发展史上非常不寻常的一年。这一年,民生公司内外的经营环境发生了巨大的变化。首先,民生公司在这一年取得了与美商捷江公司竞争的胜利,且基本完成了

---

① 宓汝成编:《中华民国铁路史资料》,北京:社会科学文献出版社 2002 年版,第 792—793 页。

② 周开庆编著:《民国川事纪要》(1911—1936),第 694 页。

③ 《民生实业股份有限公司委托中国建设银公司借款合同》,上海市档案馆藏,金城银行档案,Q264/1/703。

统一川江的夙愿，成为川江最大的轮船航运企业。其次，民生公司成功发行 100 万元公司债，该款不仅可以用于改造旧船，而且可以用来在上海成规模地订造新船。第三，民生公司实收股本达到 124 万元，职工达到 2 836 人，并且"因人力、物力、才力之集中，加以经营之积极，此一时期为本公司成立以来最有生气、最富意义之一段"①。最后，卢作孚在被任命为四川省建设厅厅长后，于 12 月 12 日向公司请假，由总务处经理宋师度代理民生公司总经理一职。

公司规模的扩大、人员的增加、卢作孚出任四川省行政长官，都对民生公司的发展产生了深刻的影响。在这种情况下，民生公司的组织构架和治理结构从 1936 年开始有了较大的变化。首先是各种专业委员会相继设立。1936 年 4 月 13 日，民生公司设立训练委员会，7 月 15 日设立保险委员会②，8 月 17 日设立驾驶研究委员会③，8 月 19 日设立船舶机器研究委员会④。10 月 4 日，民生机器厂设立职工福利会。⑤ 10 月 23 日，民生公司设立编审委员会。⑥其次是总公司内部组织出现了一些新的调整和变化，如 10 月 3 日，

---

① 佚名:《民生简史》(上),《民生实业公司简讯》第1036期,1950 年 7 月 21 日,第 3 版。
② 民生实业公司十一周年纪念刊编辑委员会编:《民生实业公司十一周年纪念刊》,第 221 页。
③ 民生实业公司十一周年纪念刊编辑委员会编:《民生实业公司十一周年纪念刊》,第 221 页。
④ 民生实业公司十一周年纪念刊编辑委员会编:《民生实业公司十一周年纪念刊》,第 221 页。
⑤ 民生实业公司十一周年纪念刊编辑委员会编:《民生实业公司十一周年纪念刊》,第 232 页。
⑥ 民生实业公司十一周年纪念刊编辑委员会编:《民生实业公司十一周年纪念刊》,第 221 页。

总公司业务处之下新设宣传股，内分宣传、广告、摄影三组。① 其三是各地办事处的设置或调整。鉴于代理南京业务的永利制碱公司自身业务繁忙，民生公司于10月12日起在南京成立办事处，处理相关业务。② 该办事处租用津浦路下关澄平码头，以停泊公司船只。③ 12月11日，民生公司南京办事处迁入下关江滨路237号新址办公。12月20日，民生公司汉口办事处迁入江汉路87号新址办公。④ 民生公司沙市办事处也于1936年设立，并迅速成为沙市最大、业务最兴盛的轮船运输机构。⑤ 其四是民生公司新会计规程于12月21日修改完毕，定于1937年开始施行。其五是业务会议和训练上的调整。总公司朝会报告项目，在原有新闻、工作、读书三种报告基础上，自12月18日起新增经济情报项目，于每周一、周日朝会报告。⑥ 总公司还在12月24日召集到渝各轮举行第一次短航会议，此后每日开会一次。⑦ 其六是公司额定股本达到250万元，实收160万元，宋子文等人加入若干股本。⑧ 职工增加到3 844

---

① 民生实业公司十一周年纪念刊编辑委员会编：《民生实业公司十一周年纪念刊》，第219页。

② 民生实业公司十一周年纪念刊编辑委员会编：《民生实业公司十一周年纪念刊》，第219页。

③ 万迪鹤、颜鹤年、薛冶欧：《抗战以来本公司的货运与客运》，《新世界》第13卷第2、3、4期合刊，1938年10月31日，第37页。

④ 民生实业公司十一周年纪念刊编辑委员会编：《民生实业公司十一周年纪念刊》，第228页。

⑤ 蒋百衡：《民生公司沙市办事处的回顾》，《湖北文史资料》（总第20辑），湖北省政协文史资料研究委员会1987年编印，第125页。

⑥ 民生实业公司十一周年纪念刊编辑委员会编：《民生实业公司十一周年纪念刊》，第221页。

⑦ 民生实业公司十一周年纪念刊编辑委员会编：《民生实业公司十一周年纪念刊》，第221页。

⑧ 佚名：《民生简史》（上），《民生实业公司简讯》第1036期，1950年7月21日，第3版。

人,比 1935 年的2 836人净增1 008人。

在公司组织发生调整的同时,新增的 1 000 多名职工的训练问题也被摆上议事日程。根据经理会议决议,1936 年 4 月 13 日民生公司成立训练委员会,并举行第一次会议,由此开始了大规模的船员教育。民生公司资料载:

本公司之船员教育:

(1) 公司为提高船员之知识与技能起见,故创办船员教育,由总务处人事股教育组策划推动,选聘轮囤驳船经管理及会计理货人员与程度较高之船员为义务教师,负责教授。

(2) 船员教育分两步工作:第一步除文盲,第二步提高船员之知识与技能。每三个月为一学期,每月有小考一次,期终有大考一次。

(3) 船员教育自二十五年四月十三日开始推动,至五月二十五日第一学期即告结束,先后费时凡四阅月。读书船只计有民约、民法、民用、民信、民福、民生、民有、民治、民望、民立、民苏、民康等十三只轮船暨一、三、四、五、七、八、长寿、涪陵、合江等九只趸船。受教育学院共两百八十一人,其中不识一字者九十八人,仅识几字者一百八十四人,共去文具用费一百二十五元。

(4) 第二期自二十五年九月十日开始推动,读书船只除申埠拖驳及新造船只(宪、联等轮)未办理外,其余各轮囤驳船均已推动,共计六十一处。受教学员九百八十四人,其中不识一字者两百六十八人,仅识几字者两百七十八人,除在申修理各轮外,其余各轮均已先后结束,共去文具用费六百八十八元。

(5) 船员教育组最大的使命是:铲除职工文盲,提高职工知识,帮助政府推动职工教育。

　　（6）船员教育组最大的希望是：从努力工余读书，做到事业的成就；从提高个人的知识，做到提高国际的地位。①

　　船员教育由民生公司总务处人事股教育组策划推动，由各轮船、驳船经、管理以及会计、理货人员和学识较高的船员担任义务教师。船员教育分两步，第一步消除文盲，第二步提高船员知识与技能，规定以 3 个月为一学期。1936 年 4 月 13 日，民生公司开始第一期船员教育，以扫除文盲，提高知识。② 8 月 25 日，为时 4 个月的民生公司第一学期船员教育结束，参与其中的轮船有 12 只、趸船 9 只，接受教育的船员有 281 人。③ 9 月 10 日，民生公司举办第二期船员教育，参加学习者 968 人，民生公司船员教育由此达到极盛。④ 从人数上看，接近新增船员总数。在对船员进行以识字和普通知识、技能为主的训练的同时，民生公司还针对水手进行专门教育和训练。1936 年 11 月 26 日，民生公司举行第一期水手训练班学员毕业典礼，到会全体学员 70 余人。⑤ 1937 年 3 月 15 日，民生公司举办第三期船员教育活动。由于当时川江水异常减少，渝宜航线几乎不能通航，所以各轮船教育推进的时间先后相差较大，以致本期船员教育到 9 月底才告结束，历时 5 个多月。经过三期船员教育，原来

---

① 民生实业公司编：《民生实业公司概况》，第 14—15 页。

② 杨大烈：《二十六年之人事报告》，《新世界》第 12 卷第 3 期，1938 年 4 月 1 日，第 53 页；民生实业公司十一周年纪念刊编辑委员会编：《民生实业公司十一周年纪念刊》，第 229 页。

③ 杨大烈：《二十六年之人事报告》，《新世界》第 12 卷第 3 期，1938 年 4 月 1 日，第 53 页。

④ 杨大烈：《二十六年之人事报告》，《新世界》第 12 卷第 3 期，1938 年 4 月 1 日，第 53—54 页；陈觉生：《本公司大事纪略》，民生实业公司十一周年纪念刊编辑委员会编：《民生实业公司十一周年纪念刊》，第 229—230 页。

⑤ 《民生实业公司简讯》第 507 期，1936 年 11 月 28 日，第 1 版。

不识字的船员,已经能够认识普通文字,阅读简单报章,书写简单信件。加上抗战已经爆发,船员教育"遂未再办"①。

在进行职工训练的同时,民生公司宗旨的表述发生了微妙的变化。1937年4月1日,为迎接第十二届股东大会民生公司出版的《新世界》出了股东大会专号,由于右任题写刊头,该期刊载的题为"民生实业公司概况"的宣传插页中的公司宗旨为"辅助社会,便利人群,开发产业"②。这个表述与此前的表述有所不同,不同之处在于以"辅助社会"取代了"服务社会"。从现有资料中,找不到有关为什么会有如此变化的原因的现成材料,但根据当时的历史情况分析,应与国家资本的迅速兴起有关。

三、勇往迈进中的民生公司

在与捷江轮船公司的竞争中取得胜利以后,生气勃勃的气象洋溢于公司上下。广泛的社会赞誉,也开始大量涌现。1935年12月,张伯苓、任鸿隽、陈衡哲从汉口乘坐民生公司的民权轮到宜昌转重庆。12月10日晚,民生公司、川康银行、美丰银行、四川省银行、川江航务管理处、财政特派员公署等6个团体联合在民生公司举行欢迎讲演会,欢迎南开大学校长张伯苓、四川大学校长任鸿隽、著名历史学者陈衡哲(任鸿隽夫人)讲演,听众500余人,讲演会由卢作孚任主席并发表欢迎词。张伯苓在讲演时对民生公司颇多称赞,他说:"在上海我看到民生分公司的青年,工作很有精神,不但礼拜六也要办半天工,有暇还提倡高尚娱乐。若是每个事业

---

① 民生实业公司编:《民生实业股份有限公司概况》,1938年,北培图书馆藏,第15页。
② 《民生实业公司概况》,《新世界》第10卷第5、6期合刊,1937年4月1日,第7—8页之间的宣传插页。另,次一期《新世界》也有同样内容。

都像民生公司这样发出光来,这里也发光,那里也发光,那么国家也就发出光来了。换言之,中国前途便有希望了。"①任鸿隽在讲演中对民生公司的评价独具一格,他说:"民生公司是办实业的,同时也是办教育的。这从公司各方面都可看出来,就如今晚能临时聚集如此多的人来听讲,也就可以证明。"②后来陈衡哲在记述这次到四川重庆和民生公司的印象时,指出民生公司是企业和教育结合的典型事例:"我在重庆的感想,第一是许多机关真的能现代化。如民生公司,便是办事与教育的合组机关的一个好例子。公司中的办事人员,在晚上都聚集在一个大礼堂里,不是听讲,便是自修。那次六团体(美丰、川康及省立三个银行,航务处,财政特派处,及民生公司)请张伯苓先生和我们两人去讲演,便是在那大礼堂里的。那礼堂里充满了学校的空气,聚在那里的六团体的职员们也使我们感到'同行'的意味。这真可说是做到了机关学校化的地步了。"③陈衡哲还强调一行人乘坐民生公司轮船的感觉,说:"我们坐在里面,都感到一种自尊的舒适。"④

　　黄炎培是卢作孚的忘年交。1936年1月29日,黄炎培乘民生公司民贵轮离开上海赴四川考察。卢作孚特意从南京赶到上海,并率领民生公司上海分公司有关人员赶到民贵轮,以欢迎黄炎培入川。《黄炎培日记》载:"夜,上民生公司民贵船。送者家人,职教社同事,地方协会同人,充塞一大屋。黄齐生创议临别赠言,于是

①《欢迎张陈任三先生讲演记略》,《新世界》第85期,1936年1月1日,第9—12页。
②《欢迎张陈任三先生讲演记略》,《新世界》第85期,1936年1月1日,第14—15页。
③[陈]衡哲:《川行琐记:一封给朋友们的公信》,《独立评论》第190号,1936年3月1日,第15页。
④[陈]衡哲:《川行琐记:一封给朋友们的公信》,《独立评论》第190号,1936年3月1日,第15页。

庄谐杂出。罗玄君自陕晋燕旅行归，当众报告，语皆精警。未毕，而民生公司总理卢作孚偕其职员多人至，加入剧谈。末高唱《义勇军进行曲》而散。"①《义勇军进行曲》创作于 1935 年，原为上海电通影片公司出品的故事片《风云儿女》的主题歌，由田汉作词，聂耳作曲。词曲中所表达的不畏强敌、决一死战的强烈爱国主义精神和气概，对社会各阶层的人们产生巨大的精神震撼。随着上海百代公司录制唱片的流行以及电影的上演，《义勇军进行曲》迅速传播开来。② 民贵轮上唱响《义勇军进行曲》，距离全面抗战的爆发还有一年半的时间，不愿做奴隶的人们在迅速地凝聚。

当晚，民贵轮开出吴淞口，沿长江西上。黄炎培在《蜀道·蜀游百日记》中记述道：③

原来民贵轮就是民生公司四十三艘之一，到处发现有利于客人的设备或文告，我把下边若干条文写出来做个代表：

一、船上备有救急药品，客人需要时，可告知茶房取用。

二、船上沐浴及所有娱乐器具，均不取费。

三、船上备有图书报章，可按借阅手续取阅。

四、船上洗衣剪发雇有专员，所费亦廉。

五、船上一切铺位均不取费，旅客购票上船，茶房即立刻安置铺位。

六、客人如有不明了事件可询问茶房或事务人员，必尽情相告。

---

① 黄炎培著，中国社会科学院近代史研究所整理：《黄炎培日记》第 4 卷，第 113 页。
② 刘习良主编：《歌声中的 20 世纪——百年中国歌曲精选》，北京：中国国际广播出版社 2000 年版，第 64 页。
③ 黄炎培：《蜀道·蜀游百日记》，上海：开明书店 1936 年版，第 4—7 页。

七、客人信件电报,可交船上代送邮电局寄发。

八、客人汇款或收款不便时,均可托账房代办。

九、客人到码头转车转船时,如情形不熟或怕麻烦,可请船上帮助。

十、客人上下码头搬运行李,雇用车船力夫等,如有困难事,可通知账房或茶房帮助。

十一、客人到渝(重庆),如需约人到码头,请告知账房航函寄渝。船到唐家沱(近重庆处)时,公司一得电话,立即转知被约之人到码头等候。

读者诸君!如果读了一遍上边的条文,大概可以知道民生公司的待遇客人了。我常常感叹:上到管理不良的轮船,或是火车,或是旅馆,乃至进这等商店或银行交易,或是进这等医院里医病,一种冷酷的面孔,有时还给你几句声色俱厉的话语,简直当你是个"敌人",是个"罪犯"。民生公司也并没有了不得的好处,不过我所见还当客人是个"客",是个"人"罢了。①

黄炎培后来在《蜀道·蜀游百日记》中专门写下一段《卢作孚的奋斗史》,赞扬卢作孚在创办和经营民生公司及其他建设事业中的成就。②

1936年以民本、民元这两艘豪华巨轮为主的新轮船先后在长江沪渝线投入运营后,民生公司还规定航班班期,"自此长江各埠无日不有民生之轮船开行也。同年成立物产部,投资大中华船厂、水泥公司及华通公司等。是年额定股本为二百五十万元,实际收一百六十万元,职工增为三千八百四十四人。因船只进出长江下段,与

---

① 黄炎培著,中国社会科学院近代史研究所整理:《黄炎培日记》第4卷,第113页。
② 黄炎培:《蜀道·蜀游百日记》,第114—119页。

当地政治首要不能不发生关系,宋子文等均系此年加入股本"①。

民生公司第十一届常年股东大会于 1936 年 3 月 15 日在总公司召开,董事长郑东琴报告 1935 年公司赢余 40 余万元,会议讨论通过增加股额为 250 万元、增提 10 万元职工住宅建筑、改选董监等议案。选举结果,郑东琴、何北衡、连雅各、黄炎培、康心如、周孝怀、魏文翰、李佐成、耿布诚、潘昌猷、宋子文、杜重远、胡筠庄、唐棣之、杜月笙、刘航琛、张嘉璈等 17 人当选为董事,赵资生、任望南、周纯钦、王渭青、蒋祥麟、甘典夔、左德范、王毅灵等 8 人为监察。②其中康心如兄弟、潘昌猷是卢作孚在四川工商金融界的友人,赵资生是四川"五老七贤"之一,宋子文、张嘉璈、黄炎培、杜月笙都是以上海为中心的江浙各界中具有重要影响的人物。从民生公司董监事构成看,它已经从一个地方性的轮船企业,演变成一个具有相当程度全国性色彩的现代企业。

民生公司原设有民生消费社,1936 年 5 月 8 日改组为物产部,直辖于总公司。物产部的营业宗旨为"服务社会,调剂工商,开发产业"。它经营业务相当广泛,包括介绍内地物产出口,代办工商进货业务,运销文化建设用品,经理国内各厂出品,代办国内必需外货,承办押汇、报关、保险。服务特点是办事敏捷,手续简便,交货迅速,取费低廉。③ 不过,物产部的业务主要是代理厂家销售,代办公私购货及运输,货物购销等业务。④

---

① 佚名:《民生简史》(上),《民生实业公司简讯》第1036期,1950 年 7 月 21 日,第 3 版。
②《民生实业公司简讯》第 386 期,1936 年 2 月 17 日,无页码;民生实业公司十一周年纪念刊编辑委员会编:《民生实业公司十一周年纪念刊》,第 219—220 页。
③ 民生实业公司编:《民生实业公司概况》,第 9 页。
④ 民生实业公司十一周年纪念刊编辑委员会编:《民生实业公司十一周年纪念刊》,第 150—153 页。

　　由于与外资船厂竞争激烈,由杨俊生创办和经营的上海中华造船厂从 1935 年起由于资金不足而陷于困境。1936 年 6 月 8 日,民生公司与金城银行合资接办该厂,改组为中华机器造船有限公司,资本 25 万元。其中民生公司投资 12 万元,金城银行投资12.5万元,范旭东投资 5 000 元,推举周作民为董事长,卢作孚为常务董事,范旭东为董事,杨俊生仍以常务董事名义兼任总经理。①

　　作为后起的轮船公司,民生公司在上海码头中占据一席之地非常重要,但也相当困难。自航行上海起,民生公司轮船必先停留吴淞口,等到上海分公司临时通知应泊何码头后,才能入港停泊。今日向甲方租借,明日向乙方租借,辗转商洽,极为不便。后经多方努力,民生公司与上海市政府公用局,订约合建沪南仓库,并订明自仓库完成日起,即以靠近该库的沪南第 11 号、第 12 号码头(也称民生码头),作为民生公司轮船泊岸地点。1936 年 11月,与上海市政府公用局合资修建的沪南仓库完工,民生公司开始租用靠近该仓库的沪南第 11 号和第 12 号码头停泊公司轮船。自此以后,民生公司轮船到上海港才开始不用再停留吴淞口外等候临时通知。"其码头租金,即以靠轮次数多寡计算。因该地系公用局码头,尚须停泊他轮也。"②同时,沪南仓库的建成还使民生公司在上海的仓栈状况得到改善。民生公司原向上海干元公司租有第 1 号、第 2 号、第 3 号老栈用以囤存进出口货件,即所谓老栈。但民生公司轮船通航上海以后,承运客货逐年发展,进步很快。原租干元老栈栈位不大,不足囤存民生公司轮船运进的出

---

① 中国人民银行上海市分行金融研究室编:《金城银行史料》,第 441 页。
② 余千山:《二十六年之码头仓栈》,《新世界》第 12 卷第 3 期,1938 年 4 月 1 日,第30 页。

口货件。为解决此一问题,才与上海市公用局订立合约,垫款半数,在沪南第 11 号及第 12 号码头上建筑五层大仓库一所,由民生公司囤存货件。此仓库建成后,民生公司抵达上海的轮船既有了固定的停靠码头,又有了货件仓库,"在运输上之便利,迥非昔比矣"①。

在工商业方面,民生公司于 1936 年投资四川水泥公司以及华通公司。1937 年春,民生公司还与金城银行合作,拟合资在重庆北碚东阳镇上坝建设大型纺纱厂即嘉陵纺织公司(或称嘉陵纱厂)。②嘉陵纱厂计划投资 150 万元,其中金城银行 75 万元,民生公司 37.5 万元,美丰银行和兴业银行公司合计 37.5 万元。③

民生公司第十二届股东大会于 1937 年 4 月 6 日举行,董事长郑东琴报告公司资产已经超过 1 000 余万元,实收股本仅 160 余万元。大会议决公司股本增加为 350 万元(新增 190 万元),大会还选举了公司新一届监事,部分调整了董事,④并通过了新的《民生实业股份有限公司章程》。资料载:

> 民生公司股东大会,业于 4 月 6 日 12 时在该公司大礼堂举行,到会股东及家属一千余人。总经理卢作孚氏,亦于是晨由蓉飞渝赶至参加,本外埠各重要董、监事,皆亲随出席,济济一堂,极一时之盛。首由郑董事长东琴报告开会理由,略谓公司资产至去年底截止,已达九百八十余万元(本年度已超过一千万元),然收足股本,仅一百六十余万元。亟应

---

① 余千山:《二十六年之码头仓栈》,《新世界》第 12 卷第 3 期,1938 年 4 月 1 日,第 30 页。

② 《卢作孚电召谢止冰赴渝商纺纱厂事》,《嘉陵江日报》,1937 年 4 月 8 日,第 3 版。

③ 中国人民银行上海市分行金融研究室编:《金城银行史料》,第 741 页。

④ 《民生实业公司简讯》第 559 期,1937 年 4 月 6 日,第 1 版。

从速增加股本,以资适应事业之要求等语。旋由监察赵资生报告账目,经监察人察核无讹及盈余分配后,即讨论增加股本案、改变每股金额案、修改公司章程案、二十五年盈余分配案。讨论结果,为便于入股起见,每股由五百元改为一百元,并同时以股金二十五年红息及各股东之热忱投资,遂由一百六十万元股本,增为三百五十万元。该公司一日之进步,乃超过十一年来之成绩。盖过去十一年之结果,仅收足股本一百六十万元,而一日讨论,遂收足三百五十万元。该公司努力造事业不可动摇之基础,深得社会之同情及股东信赖,于兹可见,并闻该公司此次既募足股本后,短时期内决不再招募股本。末即照章改选监察。经选出李佐成、石荣廷、任望南、左德范、王谓若、蒋祥麟、周纯钦、赵资生、甘典夔、王毅灵等。董事长仍为郑东琴,董事则仍为宋子文、胡筠庄、魏文翰、周孝怀、刘航琛、张公权、杜月笙、黄任之、康心如、唐棣之、何北衡、杜重远、潘昌猷、连雅各、耿布诚等(照章本年不改选董事)。惟李佐成董事,因事辞职,改选周作民(上海金城银行总经理)继任。旋即摄影散会,午后并演民元、民本下水电影,尤博观众对事业之深刻认识。同时于来宾热烈鼓掌中,举行第三期船员毕业典礼。该公司对扫除职工文盲、提高文化水平之苦心,亦昭然若揭。此次该公司股东会结果圆满,今后发展之速,预料更十百倍于过去,而民营航业之抬头,民族资本之繁荣将以此为出发点矣。①

如果说社会各界的广泛好评表明了民生公司的服务得到了社

---

① 《民生公司开股东大会》,《四川经济月刊》第 7 卷第 5、6 期合刊,1937 年 6 月,第 112 页;《民生实业公司简讯》第 560 期,1937 年 4 月 8 日,第 1 版。

会的广泛认可,那么股东会圆满举行则说明股东满意,股东满意当然主要是分红满意。做到这一点是非常困难的,因为民生公司刚刚经历了长江上游严重干旱和川江枯水的严酷考验。

四、川江枯水与三段航行

1936 年春夏之交,川北开始出现严重旱情。秋冬以后,整个四川地区长时间干旱不雨。到 1937 年 1 月初,重庆段长江干流水位退到 1 英尺 3 英寸,宜昌退到零度,[①]川江水位低落已经创历史记录。在水位极为低落的情况下,从长江中下游上驶的中外轮船全部停泊宜昌。卢作孚曾说:“民生公司如也一样停航了,不但扬子江上游三个月以上断绝了交通,民生公司亦将三个月以上断绝了收入,这是何等可怕的问题!”[②]此时正值旧历年关,宜昌、万县、重庆 3 处旅客货物急需转运。资料载:“宜昌水位降至零上四时时,航行川江的中外轮船均先后停驶泊宜,似乎在那里开轮船展览大会。这时(民生)公司航行渝宜线上的主、康、铎三轮,亦先后驶宜。川省的冬干(旱)达数十县之多,证明川江水位绝非短期可以复原。此时正逢旧历年节将临,俗呼‘比期’,轮船停航,交通一断,川江上游诸埠,立刻可以因此演出种种的惨况。”[③]

由于正值年关,“各业货物……都同时自动加价,市场异常不安。加以川灾为虐,四川民食救济会在芜湖等处所购救济灾民的食米,亦无法运输,并且在宜昌、万县、重庆三处被阻的旅客,数目

---

① 王天循:《本公司之三段航行》,《新世界》第 11 卷第 3、4 期合刊,1937 年 9 月 1 日,第 10 页。

② 卢作孚:《一桩惨淡经营的事业——民生实业公司》,第 11—12 页。

③ 余成宗:《成功三段航行的因素》,《新世界》第 11 卷第 3、4 期合刊,1937 年 9 月 1 日,第 7 页。

亦在二千以上"①。为保证川江航运通畅和民生公司的收入不致完全断绝,民生公司于 1937 年 1 月 13 日委派业务处经理童少生乘飞机飞抵宜昌,与担负三段航行驾驶部分重责(大致相当于总船长)的周海清等研究并主持实施三段航行的详细办法。② 同时集中技术卓越、经验丰富的船长和引水人员,包括民本轮船长周海清、民贵轮船长莫家玉等,到达庙河新滩主持驾驶事宜,集中精细的理货人员在庙河、新滩办理理货事宜,集中强干的水手长、水手副长以及水手,在新滩办理绞滩事宜,并调派旅客服务员到新滩办理旅客服务事宜。③ 民生公司之所以如此认真地对待三段航行,是因为之前有 1914 年川路公司和庆余公司三段航行失败的前车之鉴。④

　　1 月 14 日,民生公司在庙河成立了办事处,这里是宜渝间三段航行的枢纽。该办事处有职员、护航兵 60 余人,由民元轮经理谢萨生主持。由此,宜渝间航线开始施行三段航行。此时重庆的水位已退到 5 英寸,宜昌则退到零下 1 英寸。后来最低水位,重庆是零下 2 英尺 4 英寸,宜昌是零下 2 英尺 7 英寸。此时的三段航行,就是把宜昌与重庆间的航线分作三段行船:第一段由宜昌到庙河或新滩,第二段由庙河或新滩到万县,第三段由万县到重庆。其一,宜昌至庙河,因须经过崆岭,只能派 120 英尺以下的船,所以调

① 王天循:《本公司之三段航行》,《新世界》第 11 卷第 3、4 期合刊,1937 年 9 月 1 日,第 10 页。
② 沈建工:《航运业专家童少生》,四川省政协文史资料委员会编:《四川文史资料集粹》第 3 卷,成都:四川人民出版社 1996 年版,第 665 页;王天循:《本公司之三段航行》,《新世界》第 11 卷第 3、4 期合刊,1937 年 9 月 1 日,第 11 页。
③ 王天循:《本公司之三段航行》,《新世界》第 11 卷第 3、4 期合刊,1937 年 9 月 1 日,第 11 页。
④ 王天循:《本公司之三段航行》,《新世界》第 11 卷第 3、4 期合刊,1937 年 9 月 1 日,第 10 页。

派民福、民治、民安、民裕、民选 5 艘轮船行驶；其二，庙河至万县一段，因须经过新滩、兴隆滩诸滩，须调派速力较大、能上下滩险的 150 英尺左右的长船，所以调派民主、民康、民铎 3 艘轮船行驶；其三，万县至重庆，因著名浅滩甚多，只能配备 135 英尺以下，并且吃水较浅的船，所以调民来、民苏、民熙、民运、民意、民享 6 艘轮船行驶，其中民来、民苏、民熙 3 艘轮船因速力较大，也偶尔抽调行驶庙河至宜昌一段。①

之所以要把宜渝之间分三段进行安排布置，是因为川江水性特殊、峡江的滩险众多。资料载：

> 川江的水性特殊，是内河航道的最危险的区域。宜渝线更是危险万状，障碍重重。宜昌到重庆有上八节、下八节之称。上八节以浅险著称，是万县到重庆一段；下八节以滩险著称，是万县到宜昌一段。上八节的浅险的地方如灶门碛、撑杆碛、折梶子、风和尚等处漕口最狭，最窄，水深仅七八呎，长一百三十呎。吃水六呎以上的船，都不易畅行。只有下八节的崆岭、冰盘碛等处，漕口同样的窄狭，暗礁伏在水中，较长较深的船都不能通过。新滩的水，虽然很深，但是水流湍急，坡度相差在八呎以上，汹猛异常，不是弱小马力的船所可上驶的。②

长江三峡中的西陵峡地处下八节，陆游所撰"身游万死一生地，路入千峰百嶂中"，描写的就是其中情形。1937 年 9 月中央大

---

① 王天循：《本公司之三段航行》，《新世界》第 11 卷第 3、4 期合刊，1937 年 9 月 1 日，第 12—13 页。

② 王天循：《本公司之三段航行》，《新世界》第 11 卷第 3、4 期合刊，1937 年 9 月 1 日，第 12 页。

学汪辟疆乘船内迁就路过此处,想到陆游上述七言诗词《晚泊》,不禁感叹:"就此以观,其曾经西陵者,书非妄叹;其未经者,即不难于此数诗中想象得之也。"①因此,分段航行的主要目的,就在于以不同的滩险作调配船只的根据,分配相应的船只航行其间,并相互衔接。不过上述计划尚未正式实施,1月16日,植丰公司的老蜀通轮在新滩沉没。该轮行驶川江历史很久,其沉没造成巨大影响。为此,海关发出布告,警告各轮船公司警惕枯水航行的危险。于是,川江航运全部停顿。民生公司三段航行计划也受到重大影响,民主、民康、民铎3艘轮船被阻滞在新滩上游,民福、民治、民选被阻滞在新滩下游,民来、民苏、民熙、民运、民享、民意等轮船停泊在万县待命。②

　　1月16日,卢作孚由成都赴上海。17日,由于飞机到汉口不能再飞,卢作孚在武汉就宜渝间三段航行相关事宜致函民生公司代总经理宋师度,就三段航行期间领江奖惩办法、成绩优异者奖励、全体参与人员奖励等作出指示。谓:

　　　　一、宜渝段领江奖惩办法,待寄到上海研究后,再谋发给双薪之妥善办法。

　　　　二、宜渝三段行驶必须给予奖励,但应于三段行驶结束时斟酌日期之长短决定。宜依原薪为比例给予奖励,不宜只给成绩优异者——如有成绩优异者,应另有奖金办法——此种例外劳苦,全般人员皆经参与,故应全般奖励。自开航以至停

---

① 汪辟疆:《峡程诗纪(上)》,《汪辟疆文集》,上海:上海古籍出版社1988年版,第1044页。
② 王天循:《本公司之三段航行》,《新世界》第11卷第3、4期合刊,1937年9月1日,第15页。

航,各轮起止时间须计算明白。

三、宜申船在宜渝三段开行以前应暂停,在三段开行以后,每周可以由申开出两只,可以贵、俗、族、泰、政、联六轮行驶。

四、汉公司伙食十三元仍感不敷,应为加足十五元。

五、文有恒车夫膳费不便开新例,但汉口应由公司置备公用包车一部,或确定营业人员每月之车费若干,以资津贴。

六、领江每日三杯茶问题,如无前例,可不准行,但汉宜领江之要挟,须谋根本救济办法,办到由公司为领江请执照或船主即可揭关,无须领江。①

在三段航行断续存亡之际,为探察新滩航道和老蜀通轮阻塞情况而组织的民生公司新滩航道考察团于1月20日从重庆抵达万县,再由万县乘船到新滩考察。考察团的工作目标为测量新滩漕口的深度和宽度,考察老蜀通轮对新滩通航的阻碍情况,研究轮船行驶新滩办法,决定新滩转货和转客办法,解决治安问题,安置绞滩机问题。② 同日,民生公司在新滩设立办事处,撤销庙河办事处。③ 21日,卢作孚在上海就三段航行事宜电函宋师度,不主张提高运费,只需要考虑由客户担负新滩、万县转口费用及货物保险费用,并强调:"公司今日政策须使船足担任货运,水脚仅有赢余,乃免为社会所责备,亦免刺激各方订船,因此,将由申向同业提议降

---

① 黄立人主编:《卢作孚书信集》,第550页。
② 王天循:《本公司之三段航行》,《新世界》第11卷第3、4期合刊,1937年9月1日,第13页。
③ 王天循:《本公司之三段航行》,《新世界》第11卷第3、4期合刊,1937年9月1日,第16页;《一月间经济大事分类日志》,《四川经济月刊》第7卷第3期,1937年3月,第3页。

低水脚。"①他并要求把这些道理和办法向公司高层童少生、李若兰等说明。保险公司也以老蜀通轮沉没关系,主张在新滩搬滩。关于搬滩,资料载:

> (搬滩)的种类分背力和抬力两种。新滩的道路坎坷、曲折,相沿的习惯,木船搬滩,都是多用背力。当地的居民,从小孩子起,就受过异常的训练,锻炼他的身体,成童时即能背七八十斤。壮年时,可背五百余斤,真使人骇异其担负之重!据闻现在滩上还有四五人能负八百余斤者,可见他们积日累月的成绩,是如何的惊人了。他们背的方法,也很简单,即背负一箢篓,手持着一根木杖,用四人的力量,将货件抬起来放在箢篓上面,完全不用绳索,即可荷负。因为新滩的路途不平,数人抬走,颇感困难,但是亦有少数的人专习抬力者。②

上述资料说明,通过背负进行的搬滩,异常艰难。更为严重的问题是,这样的搬滩,效率极低,"每日仅能转三百件上下,行轮必停滞数日,乃能受载完毕。故货件转运迟缓,商旅往来稍感不便"③。23—24 日,业务处副经理袁子修率领的新滩航道考察团抵达新滩,与民生公司业务处经理童少生、宜昌分公司经理李肇基、主持三段航行驾驶部分业务的船长周海清会合。④ 经过 1 月 25—

---

① 黄立人主编:《卢作孚书信集》,第 552 页。

② 王天循:《本公司之三段航行》,《新世界》第 11 卷第 3、4 期合刊,1937 年 9 月 1 日,第 26 页。关于新滩背力转滩情形,也可参见栋林《宜渝间三段航行概况》,《四川月报》第 10 卷第 5 期,1937 年 5 月,第 65 页。

③ 栋林:《宜渝间三段航行概况》,《四川月报》第 10 卷第 5 期,1937 年 5 月,第 61 页。

④ 邬泽浩:《三段航行回忆录》,《新世界》第 11 卷第 3、4 期合刊,1937 年 9 月 1 日,第 52 页。

26 日的讨论、试探,一致认定老蜀通轮沉没对上下新滩行轮并无障碍。周海清设计出一种滑轮绞滩办法,使效率增加数倍。加上新滩搬滩效率太低,耗资巨大,于是决定设法放轮上下新滩。这就意味着,三段航行刚恢复时,仍在庙河转货。①

　　由于水位进一步下降,2 月 3 日,搬滩地点再次由庙河转移到新滩。12 日,江水稍涨,搬滩地点又改回庙河。3 月 6 日,江水再次严重低落,搬滩地点再移新滩。搬滩地点一再迁移,备尝辛苦。显然,此次三段航行中最困难的是轮船在新滩口上下滩。3 月 6 日,周海清在新滩指挥民康轮绞滩工作时,右腿被突然折断的铁丝绳擦伤。公司让他乘飞机到上海,请上海骨伤科名医牛惠霖博士医治,他不肯去上海而采用中国古方医治。为了工作,周海清由人搀扶仍亲自主持指挥。②

　　3 月 11 日,民生公司派民勤轮船长冉崇高、民熙轮船长江世信等组织渝万河床考察团,从重庆出发,考察重庆到万县一段航道的浅漕、暗礁情况。③ 4 月 1 日,《新世界》刊载卢作孚《本公司当前亟待解决之问题》一文,谓:

　　　　公司为继续前进之事业,自成立以来,历十一年,保持此精神。从资产负债额可以证明,从轮船只数及吨数可以证明,从一切数目字皆可证明其前进也。一方所以应社会之需要,

① 栋林:《宜渝间三段航行概况》,《四川月报》第 10 卷第 5 期,1937 年 5 月,第 65 页;王天循:《本公司之三段航行》,《新世界》第 11 卷第 3、4 期合刊,1937 年 9 月 1 日,第 16 页。
② 许晚成记述:《船主奋斗史》,香港:上海龙文书店 1950 年版,第 42—44 页;邹泽浩:《三段航行回忆录》,《新世界》第 11 卷第 3、4 期合刊,1937 年 9 月 1 日,第 53 页。
③ 王天循:《本公司之三段航行》,《新世界》第 11 卷第 3、4 期合刊,1937 年 9 月 1 日,第 13 页。

一方亦为谋事业之安定,其应前进,毫无疑义,只人力与财力,必须与之相适应耳。

必须以两种方法,解决财力问题:第一,财力必须集中于主要之事业;第二,必须大量增加资本,且必须于今日见诸事实。

又必须以两种方法,解决人力问题:第一,从各方征求技术与管理之长才;第二,现在领导事业诸君子,必须训练所领导之人群,同时亦锻炼自己。要求事业前进,技术与管理之才能,亦必须与之俱进。

此种精神,公司同人,固已有之。于二十六年春,江水异常枯落时,航行无复办法,卒以三段航行解决之,足以证明。

但为期望工作人员,集中全副精神于事业,必须为工作人员及其家属生活之需要,作种种准备,使其生活安定,因此有各地住宅区之筹设。从宜昌、重庆工作人员集中之地起,逐渐及于其他各地,必须于事业稍稍有利时,拨款建筑,且完成之。①

4 月 9 日,民生公司轮船民裕轮在崆岭遇险。4 月 11 日,民生公司民主轮在崆岭触礁。4 月 25 日,由于川江水涨,民生公司三段航行结束。② 在三段航行期间,周海清船长受伤,损伤了民裕、民元 2 艘轮船,亏折 10 万余元,③但是创造了川江、峡江枯水期间航行

---

① 卢作孚:《本公司当前亟待解决之问题》,《新世界》第 10 卷第 5、6 期合刊,1937 年 4 月 1 日,第 1 页。

② 王天循:《本公司之三段航行》,《新世界》第 11 卷第 3、4 期合刊,1937 年 9 月 1 日,第 35 页。

③ 王天循:《本公司之三段航行》,《新世界》第 11 卷第 3、4 期合刊,1937 年 9 月 1 日,第 35 页。

的奇迹。后来卢作孚总结三段航行的成功时说："这一伟大的事迹，一位船长周海清的帮助是很大的，他利用了这最枯水位，领导了一群驾驶人员细细探察沿江航道和一切险滩，遂使一般航运的安全也大大的进步了。"①郑璧成认为："三段航行最大的收获，是一般同事的精神。这种精神如果长久保持下去，可以振兴事业，可以振兴国家。"②他还把这种精神归纳为四个方面：第一，重事业，轻个人，忠职守，负责任的精神。如周海清在指挥民康轮绞滩时被铁丝绳打伤昏迷，清醒后先问民康轮安全问题，并带伤履行自己的职务。第二，和谐协商的精神。新滩、庙河的工作人员，遇事就开会商量办法。开会时候见解不同，办起事来步调一致。第三，研究的精神。每有轮船到新滩或庙河，必定举办聚会，研究驾驶问题。通过研究解决许多很难办的问题。第四，共危难的精神。③ 如在新滩、兴隆滩绞滩时，大副们、水手们、领江们以及机器舱中的生火夫、打杂夫、加油工等职工在职务上，都随时有生命之虞，但他们都能不顾个人安危，各尽职守，完成任务。④

　　依靠服务社会、不怕困难、实事求是、团结协商的企业精神，民生公司"用尽了力量，征服了自然"⑤，经受住了考验，创造了川江航运史上的奇迹。整个三段航行期间，上下转货不下 5 万余件，运送

---

① 卢作孚：《一桩惨淡经营的事业——民生实业公司》，第 12 页。

② ［郑］璧成：《三段航行的真价值》，《新世界》第 11 卷第 3、4 期合刊《三段航行专号》，1937 年 9 月 1 日，第 1 页。

③ ［郑］璧成：《三段航行的真价值》，《新世界》第 11 卷第 3、4 期合刊《三段航行专号》，1937 年 9 月 1 日，第 1—2 页。

④ 余成宗：《成功三段航行的因素》，《新世界》第 11 卷第 3、4 期合刊《三段航行专号》，1937 年 9 月 1 日，第 8 页。

⑤ 得仁：《谁的三段航行》，《新世界》第 11 卷第 3、4 期合刊《三段航行专号》，1937 年 9 月 1 日，第 6 页。

旅客 1 万余人，"对航业有伟大之贡献，尤其对四川航业有莫大功绩也"①。其间，航政部门也利用川江水枯江水低落的有利时机，炸毁崆岭南漕滩口横阻江心的礁石，"此后崆岭之险，已完全由人力克服，即水枯至零度二呎以下，宜渝间亦能直航畅行，殊为伟大之贡献也"②。总之，1937 年初的三段航行是全面抗战爆发前，民生公司所遭遇到的一次来自大自然的严峻考验。民生公司经受住了考验，为迎接即将到来的大规模抗战运输，积累了宝贵的经验。

第三节　布置后方与卢作孚的政治参与

民生公司总经理卢作孚具有非凡的行政才能和协调沟通能力，在川南永宁道教育科科长，成都市市立通俗教育馆馆长，四川江北、巴县、璧山、合川四县特组峡防团务局局长，川江航务管理处处长等任上，均能在短时间内取得引人注目的不俗成绩。1935 年底，卢作孚被任命为四川省建设厅厅长，其政治参与的程度进一步加深。

一、出长四川建设行政

随着九一八事变后民族危机的加深，特别是当委员长行营参谋团入川后四川被认定为"民族复兴根据地"，布置后方的工作渐次展开，尽管在"攘外必先安内"的错误国策之下进展缓慢。正是在这种纷纭复杂的历史背景下，卢作孚开始参与到国家层面的行政事务当中。

如前所述，早在 1930 年的东北之行中，卢作孚就感受到了日

---

① 栋林：《宜渝间三段航行概况》，《四川月报》第 10 卷第 5 期，1937 年 5 月，第 67 页。
② 栋林：《宜渝间三段航行概况》，《四川月报》第 10 卷第 5 期，1937 年 5 月，第 64 页。

本正处心积虑地准备侵略中国,一面大声疾呼引起大家的注意,一面从自己所从事的事业做起,加快发展。1934 年 2 月 10 日,上海《新生周报》创刊号刊载卢作孚《比武力还厉害的占据》一文。文章说:日本已经用武力占据了中国的东北四省,但更可怕的是日本的棉纱已经占据了华北,日本的棉织物甚至已经进入四川,并开始驱逐一切中国自己的棉织物了。听说日本的商业舰队,不久又将直抵重庆,进而占据全川。当时我国每年需铁 4 万吨,只有一个六河沟厂可以供给 3 万吨。若日本的生铁来了,六河沟铁就会被驱逐于市场以外,日本的生铁将占据全国。这种占据比武力还有权威,将制中国人于死命。他说:"这是何等可怕的事情,应如何促起全国人的注意,促起全国人一致起来作积极的抵抗!"①4 月 21 日,《新生周刊》又刊载卢作孚《打擂与世界运动会》一文,文中提出,世界就像一个大运动场,以一个国家为一个运动团体,以产业运动、交通运动、文化运动、国防运动为运动节目进行比赛。他主张,把中国四万万观众,一齐送到世界运动场去参加世界运动会,使大家"急起来,赶快努力,拼命,作那许多世界的运动节目的预备了"②。实际上,这是朴素的发动民众、动员民众的设想。卢作孚用自己的影响力,说服四川军政当局邀请中国工程师学会考察四川。中国工程师学会组织这次四川考察的成果之一,是当年写出了《四川考察团报告》。该考察报告的非凡价值已如前述。

　　1935 年 12 月 12 日,四川省政府发表卢作孚为四省建设厅

---

① 卢作孚:《比武力还厉害的占据》,《新生周报》第 1 卷第 1 期,1934 年 2 月 10 日,第 8 页。

② 卢作孚:《打擂与世界运动会》,《新生周刊》第 1 卷第 11 期,1934 年 4 月 21 日,第 207 页。

厅长的任命。14 日卢作孚到厅视事①，并发表四川省建设步骤的讲话。此后卢作孚对推动四川建设，进行了不懈的努力，在此后的一年多时间里，积极筹建成渝铁路、设立农业研究机构等。12月 30 日，卢作孚为修建成渝铁路复函张嘉璈并在电函中就邀请张嘉铸、张肖梅到四川协助经济调查等事宜进行协商并通告进行情形，谓：

> 廿七日敬悉，成渝铁路得先生主持，必有完成之望。前此倡于行营，今后应由部统筹全局，视经济实力所及以定缓急先后，如为成渝路而需四川准备相当基金，请示及，当与航琛商之也。四川未来之生产计划必须根据于四川之经济调查，请商达铨先生派禹九入川，子文先生或翰章②先生派肖梅入川，需时两月即可确定计划，确定人员，开始调查。想两月往还不致遗误上海事务，结果如何，盼示及。至感。已另函达铨、子文两先生矣。③

后来张禹九、张肖梅入川，很快确定了经济调查的计划，并展开工作。调查工作最突出的成就是张肖梅主编的包括《四川经济参考资料》、《贵州经济》（中国国民经济研究所 1939 年 7 月出版）、《云南经济》（中国国民经济研究所 1942 年 6 月出版）的西南经济资料丛书。这些图书在抗战爆发后相继出版，为抗战时期的西南经济建设提供了重要的科学依据和参考资料。

---

① 佚名：《民生简史》（上），《民生实业公司简讯》第1036期，1950 年 7 月 21 日，第 3 版；《民生实业公司简讯》第 361 期，1935 年 12 月 16 日，无页码；《民生实业公司简讯》第 366 期，1935 年 12 月 27 日，无页码。
② 即著名银行家宋汉章。
③ 黄立人主编：《卢作孚书信集》，第 483 页。

二、介入全国性事务

1936 年 6 月,两广事变爆发。其间,卢作孚向国民政府最高当局提出解决内忧外患的建议——《如何应付当前之国难与敌人》。建议认为,应付日本不外乎外交与国防,至少在外交绝望之日,有实力以继其后。日本物资设备及技术训练,绝非中国今日所可与之周旋者。中国与日本作战历史上已有屡次战败,今日则两国实力相距愈远,胜败之数愈明。我们准备时,日人更在竭力准备。就物质建设已有基础,就国家实力,就政府预算等方面看,我国此后准备的速率也远远不及日人,因此去今愈远,则相差愈远,更无可以抗争的希望。与日本抗争既无希望于现在,复不可期诸将来。日本不断地提出要求,其要求的苛酷到最后一定会达到使我国无法接受的程度。因此,"纵在不能与彼抗争之形势下亦不能不为任何时间可以抗争之准备;虽困难亦只有超此困难,虽危险亦只有冒此危险也"①。卢作孚的观点实际上很明白,那就是对日终有一战。

10 月 3 日,翁文灏电蒋介石,陈述对日应付方针:应保持中央政府独立自存之地,此后整军经武及经济建设,仍有自卫御外之完全自由,不受外力干涉,并注意欧美外交及速作军事防御布置。翁文灏日记并载:"卢作孚亦电蒋,请坚持。"②对于蒋介石发动的国民经济建设运动,卢作孚也给予积极响应,并提出建议。17 日,国民经济建设运动总会以会长蒋介石名义发出训令,训令云:"案据卢作孚所拟《国民经济建设运动一般原则摘要》,对于我国目前生产、

---

① 《卢作孚致杨永泰函》(1936 年 7 月 3 日),台北:"国史馆"馆藏,蒋中正"总统"档案,002/0802002/267/006(光碟号 08B－03673)。

② 李学通、刘萍、翁心钧整理:《翁文灏日记》,北京:中华书局 2010 年版,第 80 页。

分配及交换三方面之应兴应办事宜，分条列举，殊可参考，合行抄发原件，令仰知照。"该训令附录卢作孚拟《国民经济建设之一般原则》，全文分生产、分配、交换等三部分，并分别进行条分缕析地罗列指陈。①

12月12日，张学良、杨虎城在西安扣押不断扩大内战的蒋介石，发动了震惊中外的西安事变。12月22日，宋子文在西安与周恩来、张学良、杨虎城谈判时提议组织过渡政府，以孔祥熙为行政院院长，卢作孚为实业部部长。② 这是迄今为止所知的有关卢作孚与南京国民政府直接行政关联的最早资料。1936年12月25日，在张学良陪同下，蒋介石回到南京，西安事变和平解决。

随着西安事变的和平解决，全面抗战的准备工作得以加紧进行。1937年1月28日，军政部兵工署程润泽为争取民生公司运送兵工器材遵例折价事致函上海兵工厂，谓："上海兵工厂保管处胡主任天一兄勋鉴：公秘皓电敬悉。兹探悉民生公司与成渝铁路所订运输价格，不论冬夏季，均照普通运费一律六折计算。至本处运件，大概为机器、钢铁、砖砂等类，每件重量超过一吨者极少，拟请援成渝铁路办法，向民生公司交涉为荷。"③

三、成渝、宁沪之间

1937年2月24日，受蒋介石委托，时任国民党中央执行委员、江西省主席的熊式辉就能否到南京主持国民政府经济行政一事致

---

① 《抄发国民经济建设之一般原则》，张守广：《卢作孚年谱长编》，第630—633页。
② 中共中央文献编辑委员会编：《周恩来选集》上卷，北京：人民出版社1981年版，第71页。
③ 《程润泽致上海兵工厂保管处胡天一函》(1937年1月28日)，张守广：《卢作孚年谱长编》，第660页。

函卢作孚询问,谓:

> 二月五日手书敬悉,舟车千里,贤劳可知。经济方案月初由汪先生召集翁、何、吴、张、彭学沛、曾孟明诸先生共同参照拟订,三中全会已提出其纲领通过。日昨介公询弟,此时兄能否来京主持其事,并有何人可以参加。当答以办法确定后,料应可来,至何人可以参加,宜俟兄到来再商。所提之案内容大抵不差,全文兄当得见不赘。介公健康未全恢复,一二个月内恐不宜太劳,以弟观察,目下不致有何大作为,只能做到初步准备程度。兄能早来固甚佳也。江西一省方案现亦已拟有草案,因尚未妥善,不欲即以奉闻。月内返南昌,拟约数友重加研讨,原则理论其易言也,精审具体之方法为难耳。经济原为整个,牵连太多,一省为之计划,东抵西触,在在可虑,拟且从发展生产上着意,未知高明亦以为然否? 余容续谈。①

该函中的汪即汪精卫,翁即翁文灏,何即何廉,吴即吴鼎昌,张即张嘉璈。由卢作孚任实业部部长,这是西安事变协议的相关事项,显然也与布置后方有关。2月26日,四川省政府县政人员训练所副所长王又庸为国民政府经济行政事宜致函卢作孚,谓:

> 日前致鸣阶兄一书,略陈三中全会之结果,想已阅及。顷闻熊主席言,蒋委员长极盼吾兄速即摆脱四川职务,来京主持经济建设事宜,并屡嘱熊主席以此意转达吾兄。但熊主席始终尊重吾兄前述意见,谓须由中央征求刘甫公之同意,然后可见诸命令。最后闻委座将先与傅真吾兄作初步之接洽,惟顷以电话询四川办事处,始知真吾业已回川,不知其昨行曾否与

---

① 黄立人主编:《卢作孚书信集》,第561—562页。

委座见面耳。

　　熊公已于今日回赣，并嘱弟数日后亦需往赣商量一切，赐书请寄南昌四纬路四十二号。余容续布。①

　　1937年3月，被视为"民族复兴根据地"的四川政局出现复杂的局面。卢作孚因为积极支持南京国民政府推进的川政统一措施，招致四川实力派人物刘湘的严重不满。《竺可桢日记》载：1937年3月2日，竺可桢在南京访翁文灏，翁文灏说："四川省府情形确极不佳，卢作孚承刘湘之命，向法国借款造成渝路，及卢签字后，刘不承认。谓刘只允其接洽，未允其签字，因此卢遂辞职云云。"②所谓醉翁之意不在酒，正是此种情况。社会上关于川局流言日多，为此重庆行营及四川省政府当局采取措施力图予以平息。身在成都的刘湘于3月11日才不得不派卢作孚乘飞机到重庆，晋见贺国光，转达刘湘拥护南京国民政府的态度。同时，贺国光也派人乘飞机到成都，向刘湘说明情况。18日，刘湘又派卢作孚与四川省政府秘书长邓汉祥为代表，偕同重庆行营代主任贺国光到南京。19日，一行人谒见蒋介石，邓汉祥详细报告刘湘拥护南京国民政府态度及四川军政情况，并请示促进四川"军队国家化、政治统一化"的办法。经过卢作孚、贺国光与军政部部长何应钦等商谈，并经过蒋介石同意，达成改善四川军事政治六项办法。③ 3月25日，蒋介石在南京将改善四川军事政治六项办法交邓汉祥、卢作孚转刘湘。之后卢作孚由南京乘飞机飞成都。经过重庆时，卢作孚发表书面谈

① 黄立人主编：《卢作孚书信集》，第562页。
② 竺可桢：《竺可桢全集》第6卷，上海：上海科技教育出版社2005年版，第259页。
③ 周开庆：《卢作孚传记》，第60页；周开庆编著：《民国川事纪要》(1937—1950)，台北：四川文献研究社1972年版，第4页。

话,说明此行经过详情。谓:"此次奉刘主席令,同贺参谋长及邓秘书长赴京,晋谒蒋委员长,报告四川现状,及刘主席在中央领导之下,准备努力经营四川之意见。蒋委员长甚为欣慰,殷切垂询四川旱灾情况、建设情况及刘主席健康情况甚详。谓四川在中国各省中,地位甚重要,故甚盼刘主席以全力经营四川,翊赞中央,完成国家整个力量。"①

卢作孚抵达成都后,向刘湘说明了改善四川军事政治六项办法,刘湘表示接受。刘湘并致电蒋介石(由邓汉祥转呈),表示:"湘仰隶帡幪,备荷殊遇……迩来派鸣阶、作孚入京恭谒代陈下情。迭得鸣阶电告,并由作孚回川转示钧意。钧座明并日月,体谅有加,务全备至,敬聆之下,感激涕零。"②5月23日,蒋介石手令重庆行营,对于在川南京政府方面人员严加约束,谓:"中央人员在川,气焰万丈,令人难堪;种种不法行为,殊堪痛恨!嗣后责成贺主任全权负责处理,无论为官为兵,为文为武,凡有不法者,一体先行拿办,然后具报。"③5月29日,卢作孚为稳定四川政局事又函电蒋介石,谓:"晏君阳初回川,并促成陈君筑山入川,正为助成甫澄主席在中央领导下有整个建设计划。前此晋谒钧座,曾两次陈述及之,亟欲两君得谒钧座面陈一切,苦无机会。阳初最近回川,适值川局谣起,深以谣言,诚无事实。但若形成危机,则甚易为不屑者所乘。饥荒遍地,不堪问题再起。甫澄主席复早愿钧座亲切指示办法,在钧座领导下努力。先后表示,至为诚恳。因此商促阳初、筑山携取甫澄主席依据中央所属望草拟之具体意见,飞京晋谒钧座,请示办

---

① 周开庆:《民国刘甫澄先生湘年谱》,第149页。

② 《蒋介石批阅刘湘文电》(1937年),台北:"国史馆"藏,蒋中正"总统"档案,002/060100/123/028(光碟号06-00576)。

③ 周开庆编著:《民国川事纪要》(1937—1950),第9页。

法。伏望钧座嘉纳,视甫澄主席为翊赞钧座勋业左右骨干之一,则中央所属望于川省未来者,皆可圆满实现,其影响固不止一省,感动将及于全国人,国际间亦当发生惊异也。"①

显然,在1937年3—7月处理南京国民政府和四川地方势力之间高度紧张的关系的过程中,身为民生公司总经理、四川省建设厅厅长的卢作孚在沟通、协调双方问题上,忍辱负重,发挥了至关重要的作用。

如前所述,在1937年3月,卢作孚就曾因成渝铁路事提出辞职。4月2日,国民经济建设委员会四川分会在成都举行筹备会,刘湘为会长,卢作孚担任总干事,会员140余人。会议决定该会近期任务重在宣传,以期全省民众认识国民经济建设运动"在救亡图存过程中之重要"②。6月10日,卢作孚正式请辞四川省建设厅厅长职。③ 同日,应蒋介石电召,卢作孚代表刘湘从成都乘飞机飞抵武汉,转庐山谒蒋,呈明建设新四川意见。抵武汉时,适逢武汉成立川灾救济会,卢作孚参加了成立大会并作了有关四川灾情的报告。④ 6月11日,卢作孚自武汉赴庐山谒蒋。⑤ 从卢作孚回川后给蒋介石的函电中我们也能清晰地了解到卢作孚这次谒蒋的内容。蒋介石明示卢作孚"出国考察经济建设方案,归后助同咏霓、立

①《卢作孚致蒋介石函电》(1937年5月29日),张守广:《卢作孚年谱长编》,第683—684页。
②《川经建分会日前成立》,《嘉陵江日报》,1937年4月5日,第3版。
③《川省建厅移人》,《四川经济月刊》第8卷第2期,1937年8月,第31页。
④《卢作孚飞汉转庐谒蒋》,《嘉陵江日报》,1937年6月12日,第2版;《民生实业公司简讯》第592期,1937年6月24日,第1版。
⑤《卢作孚飞汉转庐谒蒋》,《嘉陵江日报》,1937年6月12日,第2版;《民生实业公司简讯》第592期,1937年6月24日,第1版。

夫、淬廉、端六诸先生筹备经济建设机关"[1]。所谓出国考察经济建设计划,就是组织相关人员利用暑期考察苏联五年计划。12日,卢作孚在九江候轮赴南京。[2] 13日晨4时许,卢作孚从九江乘民生公司民风轮赴京沪。[3] 6月17日,卢作孚自上海乘飞机经武汉返重庆。[4] 6月18日,卢作孚、何北衡自重庆同机飞成都,下机后即谒刘湘陈述庐山、京沪之行的经过详情。[5] 同时,卢作孚为身在成都的梁漱溟带回了蒋介石邀请其参加庐山谈话会的请帖。梁漱溟说:"我在川时,卢作孚、陈筑山两先生适从庐山回川。他们给我讲,政府当局为大局问题将约集在野人士,同到庐山,彼此商讨。给我的一份请贴(帖),由作孚转来,切嘱于7月初到庐山去。"[6]

1937年6月21日,卢作孚就出国考察事致函蒋介石,建议以何北衡代理四川省建设厅厅长职务,并表示:"职拟于七月初间办理交代,十日左右出川,二十日左右出国。前此面陈拟约三数友人同行,系为准备分工合作,注意考察各种专门问题。拟约上海银行管理局长邹君秉文留意农业问题,江西瓷业管理局长杜君重远留意工业问题,中国植物油料厂总经理张君禹九(张嘉璈之弟)留意国际贸易问题,清华教授李君景汉留意调查统计问题,王君又庸留意工作人员训练问题。此数君者除邹君秉文须尚得上海银行同意外,余均可以成行。他日归国或可在经济建设机关中担任一种工

① 《卢作孚致蒋介石函电》(1937年6月21日),张守广:《卢作孚年谱长编》,第685页。

② 《民生实业公司简讯》第592期,1937年6月24日,第1版。

③ 《民生实业公司简讯》第592期,1937年6月24日,第1版。

④ 《卢作孚前飞返渝　谒蒋结果极为圆满》,《嘉陵江日报》,1937年6月19日,第2版。

⑤ 《卢作孚前飞返渝　谒蒋结果极为圆满》,《嘉陵江日报》,1937年6月19日,第2版;
　《卢作孚返蓉报告谒蒋经过》,《嘉陵江日报》,1937年6月21日,第2版。

⑥ 梁漱溟:《我生有涯愿无尽——梁漱溟自述文录》,北京:中国人民大学出版社2004年
　版,第114页。

作,共同努力。可否就中择派同行,其未尝晋谒钧座者可否约谈一度。伏维裁夺。"①函电中,卢作孚还向蒋介石推荐杨端六、晏阳初、魏文翰等。6月21日,刘湘致电蒋介石,请求保留卢作孚本兼各职,谓:"卢厅长回川传知温谕,益仰兄曲垂爱护之至意。职追随钧座今十余年,虽行能无似而于爱戴国家、敦忠领袖之诚始终一贯,尚堪自信。顾以信义未孚,谣言蜂起,烁金锁骨,欲办无从。若非钧座体察素心,何足以间执众口。兹于整军方案以筱省秘电沥陈微悃,计蒙睿鉴,俟敬之部长莅川,当竭诚商承负责办理。又据作孚称钧意拟调该厅长到中央服务。职于作孚本相须甚殷,惟念渠能供职首都则效劳范围较大,于中央地方两有裨益,但求钧座仍予保留本兼各职。而另以何北衡为省府委员,即由职令派代理建设厅长,庶作孚既供驱策,而四川建设亦无废事。北衡识裕才优,头脑清晰,对于建设素有研究,特令趋庐晋谒,崇辕伏乞赐予召见。如蒙鉴赏即请俯徇微意,赐予发表,是深感盼。专此祇请崇安,伏候训示。"②

6月22日,刘湘派代表何北衡携函赴庐山谒蒋③,何北衡同时携有卢作孚致蒋函。同日卢作孚为刘湘代表何北衡谒见事致电蒋介石,谓:"已陈由刘主席派何北衡君养日(22日)飞汉,漾日(23日)趋牯晋谒。"④23日,何北衡到达庐山谒蒋,蒋介石同意卢作孚

① 《卢作孚致蒋介石函电》(1937年6月21日),张守广:《卢作孚年谱长编》,第685—686页。
② 《刘湘致蒋介石函》(1937年6月21日),台北:"国史馆"藏,蒋中正"总统"档案,002/080101/038/009(光碟号08B-00039)。
③ 周开庆编著:《民国川事纪要》(1937—1950),第12页。
④ 《卢作孚致蒋介石电》(1937年6月22日),台北:"国史馆"藏,蒋中正"总统"档案,002/080200/484/040(光碟号08B-04708)。

辞去四川省建设厅厅长职务,仍保留四川省政府委员,同意何北衡继任建设厅厅长,不兼委员。同日,军政部部长何应钦发表谈话,表示已将川康整军方案详加修正,并由军政部于本月 22 日正式电达川康绥靖公署主任刘湘。① 26 日,蒋介石就出国经欧洲到苏联访问事宜电示卢作孚(寝电),谓:"何君来庐接手书,欣悉赴俄考察交涉,以苏俄法党关系,近日尚无答复,惟已欢迎咏霓兄前往,待霓到俄后当有确息。兄等取道,仍需由欧转俄为妥,且不必多带人,免人注目。刻定兄与杨端六、李宜之、章元善三君。兄如随带译员,则魏君同去亦可。兄不辞川委亦可。建设厅委何君接办,或何代理均可。请兄与甫澄主席洽商决定。又阳初兄办理各省乡村教育与建设运动之联络调整事,中甚赞成,请先拟订方案与办法寄阅为盼。"②

6 月 27 日,蒋介石为卢作孚等赴苏联考察致电翁文灏,谓:"谅兄已到俄,现拟派杨端六、卢作孚、李宜之、章元善、伍廷飏等约十人自下月底起程来俄,考察经济建设,其政府之意如何,盼详复。"③ 6 月 28 日,翁文灏收到蒋介石俭(27 日)电:拟派杨端六、卢作孚、李宜之、章元善、伍廷飏等 10 人自下月起程,至苏俄考察经济建设。④ 29 日,卢作孚从成都致电在庐山的蒋介石。函电内容为:"寝(26 日)电敬悉,职□□辞去建设厅长职务,已陈由主席电达。出国考察,遵与杨、李、章三君同行。译员正函商魏君。调整乡村

① 周开庆编著:《民国川事纪要》(1937—1950),第 12 页。
②《蒋介石致卢作孚函》(1937 年 6 月 26 日),台北:"国史馆"藏,蒋中正"总统"档案,002/08200/267/006(光碟号 08B-03673)。
③《蒋介石致翁文灏电》(1937 年 6 月 28 日),台北:"国史馆"藏,蒋中正"总统"档案,002/080200/279/166(光碟号 08B-03717)。
④ 李学通、刘萍、翁心钧整理:《翁文灏日记》,第 148 页。

建设办法,已分函阳初、漱溟、筑山诸君草拟,于七月中旬谈话会①
期间携呈。"②

　　几乎与此同时,1937 年 6 月 27 日,何应钦为召开整军会议
飞抵重庆,四川省政府秘书长邓汉祥于同日从成都抵达。28 日,
蒋介石致电重庆行营,发表川康军事整理委员会人选。③ 29 日,
从成都赶到重庆参加整军会议的刘湘,就四川省人事问题致电蒋
介石,同意有关卢作孚、何北衡等的安排。④ 卢作孚与刘湘的建
议,不久得到蒋介石同意,并经行政院会议通过后正式公布。6
月 29 日,国民政府军事委员会颁布川康军事整理委员会组织大
纲。30 日,国民政府命令发表军政部部长何应钦为川康军事整
理委员会主任委员,顾祝同、刘湘为副主任委员,贺国光以下 21
人为委员。⑤ 7 月 1 日,四川各军将领欢迎何应钦、顾祝同入川,主
持整军事宜。川康绥靖主任刘湘专门发表拥护中央所订川康整军
方案之意见。⑥

　　也是从这时候起,民生公司已经开始秘密运输政府公物了。
1937 年 6 月至 10 月,民生公司从南京运输 2 000 吨公物到汉。⑦

　　1937 年 7 月 2 日,蒋介石为卢作孚组团经欧洲到苏联考察
事致翁文灏冬(2 日)电:派杨端六、卢作孚、伍廷飏、李宜之、章元

---

① 即庐山谈话会。
② 《卢作孚致蒋介石电》(1937 年 6 月 30 日),张守广:《卢作孚年谱长编》,第 688 页。
③ 周开庆编著:《民国川事纪要》(1937—1950),第 12 页。
④ 《刘湘致蒋介石电》(1937 年 6 月 29 日),张守广:《卢作孚年谱长编》,第 688 页。
⑤ 朱汇森主编:《中华民国史事纪要(初稿)》(1937 年 7—12 月),台北:"国史馆"1987 年
　　版,第 2 页。
⑥ 朱汇森主编:《中华民国史事纪要(初稿)》(1937 年 7—12 月),第 2 页。
⑦ 王献章:《抗战以来本公司运输公物概况》,《新世界》第 12 卷第 3 期(第十三届股东大
　　会专号),1938 年 4 月 1 日,第 86—87 页。

善、支秉渊、沈德彝、王承黼等 10 人来苏,月底起身。① 同一天,卢作孚视察北碚各事业机关并召开临时主干会议,各主干人报告了各机关 3 个月来的工作情况,讨论约 3 个小时,当日卢作孚返回重庆。② 3 日卢作孚自重庆发一电给庐山蒋介石侍从室,表示何北衡已经回到重庆,并商定交代手续,自己将到庐山面见蒋。同一日卢作孚从重庆乘飞机抵武汉③,并召集民生公司在武汉有关人员开会。4 日晚,卢作孚由汉口抵达庐山。④ 5 日,卢作孚到庐山于午间面见蒋介石,陈述辞四川省建设厅厅长一职原因并推荐何北衡继任。⑤ 同日,蒋介石召集的庐山谈话会举行第一次谈话会,蒋未到会,由汪精卫主持,卢作孚为正式代表应邀出席谈话会。《萧铮回忆录》中有《庐山谈话会关于经济谈话参加人员名单》,计有彭学沛(交通部)、何廉(行政院)、王世颖(中政会经济专门委员会)、伍廷飏(湖北建设厅)、吴尚鹰(立法院)、周诒春(实业部)、徐恩曾(中央执行委员会)、秦汾(全国经济委员会)、马寅初(立法院)、陈长蘅(立法院)、曾仲鸣(中政会)、杨端六(军事委员会)、钱昌照(资源委员会)、卢作孚(四川建设厅)、骆美奂(中政会经济专门委员会)、卫挺生(立法院)、谭熙鸿(实业部林垦署)、萧纯锦(江西省政府)、萧铮(中政会土地专门委员会)、龚学遂(江西省政

---

① 李学通、刘萍、翁心钧整理:《翁文灏日记》,第 149 页。

② 《建设厅长卢作孚昨来峡当日返渝定今飞汉》,《嘉陵江日报》,1937 年 7 月 2 日,第 3 版。

③ 《建设厅长卢作孚昨来峡当日返渝定今飞汉》,《嘉陵江日报》,1937 年 7 月 2 日,第 3 版。

④ 《卢谒蒋面辞建设厅长职保举何北衡继任》,《嘉陵江日报》,1937 年 7 月 8 日,第 1 版。

⑤ 《卢谒蒋面辞建设厅长职保举何北衡继任》,《嘉陵江日报》,1937 年 7 月 8 日,第 1 版;《川省建厅移人》,《四川经济月刊》第 8 卷第 2 期,1937 年 8 月,第 31 页。

府)。① 7 月 6 日,国民政府行政院第 320 次会议在庐山举行,通过何北衡代理四川省建设厅厅长等决议。

　　与此同时,川康整军事务也在紧锣密鼓地进行。1937 年 7 月 3 日何应钦在南京发表谈话说明川康整军方案原则:第一,川康军队以军(或独立师旅)为单位,直隶于中央,由军事委员会委员长直接指挥。第二,川康整军数量、编制等原则要领。第三,经费、军服等由中央发给。第四,人事由军事委员会掌管。第五,军事训练由军事委员会训练总监部掌管。第六,政训由委员长行营政训处掌管。第七,航空防空由中央统筹办理。第八,军需工业和兵器制造由中央统一办理。第九,卫生由军医署统一办理。第十,缩编保安武装。第十一,重新核定川康绥靖公署及所属机关经费等。② 之后,何应钦到庐山,5 日下山。其间两度谒蒋,请示川康整军事宜,蒋介石"指示颇详"③。7 月 5 日,何应钦携顾祝同抵达重庆,整理川康军事。当晚在重庆接见四川省政府主席刘湘及各整军委员,商讨整军方案实施办法和步骤。会后就军队编制、经费、人事、教育等整军具体问题发表谈话,说明要旨。④ 6 日,川康军事整理委员会在军事委员会委员长重庆行营大礼堂开始举行川康整军会议,会议由军政部部长何应钦主持,他报告川康整军接洽经过以及卢作孚代表刘湘到南京洽办使整军工作获得圆满达成的经过情形。⑤刘湘在整军会议上发言,重申接受整军原则后,提出两点意见:一

---

① 萧铮:《萧铮回忆录:土地改革五十年》,台北:"中国地政研究所"1980 年版,第182 页。
② 朱汇森主编:《中华民国史事纪要(初稿)》(1937 年 7—12 月),第 10 页。
③ 朱汇森主编:《中华民国史事纪要(初稿)》(1937 年 7—12 月),第 25 页。
④ 朱汇森主编:《中华民国史事纪要(初稿)》(1937 年 7—12 月),第 25 页。
⑤ 朱汇森主编:《中华民国史事纪要(初稿)》(1937 年 7—12 月),第 28—29 页。

是整军需要有一个适当的切实办法，二是今后编余官兵的安插问题。①

　　1944年民生公司在回顾抗战前的工作对抗战时期的贡献关系时，特别列出4点与抗战关系密切：第一，1936年枯水季节抢运水泥厂全部机器材料，才有抗战期间的水泥厂；第二，1937年抢运重庆电力厂机器材料，才有抗战期间的动力供给；第三，1936—1937年为成渝铁路运输铁路器材建造特殊装备的轮船，解决了抗战期间兵工厂铁驳及重要工厂的器材运输。② 这个回顾简要而具体，不仅强调了全面抗战爆发前民生公司力量积累的重要性，而且说明了民生公司为布置后方所进行的若干重要的具体工作。此时，民生公司拥有46艘轮船，总吨位共计2万余吨。③

　　7月7日夜，卢沟桥的枪声响起。全面抗战的时刻到来了。民生公司作为长江上特别是川江上的现代水上运输力量，其重要性进一步增加。卢作孚深深地参与到全国事务之中，对于民生公司有效发挥作用，具有十分积极的意义。

---

① 朱汇森主编：《中华民国史事纪要（初稿）》（1937年7—12月），第30页。

② 《抗战时期民生公司现在之危机及未来使命》（1944年6月），重庆市档案馆藏，金城银行重庆分行档案，0304/1/395。

③ 魏文瀚：《民生实业公司与川江航运》（1943年），《交通建设》1943年第12期，第18页。

第四章　全面抗战爆发后的战时运输

工业在现代战争中具有举足轻重的重要作用,欧洲各国战争总动员中"万事以工业动员为中心"①。由于工业基础的严重不足,中国全面抗战只能是持久战。又由于内地缺乏基本的工业设施,要坚持持久战,就需要在内迁政府机关、文化单位的同时,内迁厂矿企业以及技术工人和熟练工人,这是艰难的决定和困难的行动。民生公司作为长江上,特别是川江上主要的现代交通运输企业,在这一场举足轻重的大迁移中,在兵员及弹药等物资输送中,充分体现了一个民族资本企业的历史担当。

第一节　长江下游撤退抢运中的民生公司

全面抗战爆发后,从卢作孚准备赴苏联考察到担任军事委员会第二部副部长,这是卢作孚从四川省政府官员到国民政府中央官员的一个过渡时期。这个时期的民生公司在长江下游的撤退抢运中,与轮船招商局、三北轮埠公司等一道,积极从事抢运工作。

---

① 谭徐峰主编:《蒋百里全集》第 1 卷,北京:北京工业大学出版社 2015 年版,第 393 页。

尽管民生公司在下游抢运中不占主导地位，但也积极主动地发挥了自己的作用。

一、全面抗战初期的卢作孚与民生公司

川康军事整理委员会于 1937 年 7 月 8 日，在重庆召开第二次大会，会议由何应钦主持。同日蒋介石接到冀察政务委员会委员长兼第二十九军军长宋哲元有关卢沟桥事变情形的报告。蒋介石一面电令宋固守待援，一面命令在重庆主持川康整军会议的军政部部长何应钦"即刻返京，准备应变"①。在川康整军委员会第二次大会散会前，何应钦在大会上宣布了日军在卢沟桥挑衅的经过，并判断中日大战已不可避免。何应钦讲话毕，"全体参加人员愤慨异常，四十一军军长孙震当场请缨，愿率所部出川，参加对日抗战"②。9 日，川康军事整理委员会提前闭会。在四天会期中，通过了整军四大方案，即各军及独立师整编案、军费支配案、人事处理案、川康整军实施步骤及日期案。③ 由于此次整军的成功，大批川军得以在抗战爆发后迅速出征，国民政府也能够顺利西迁重庆，这使四川成为全面抗战时期举足轻重的后方基地。在这之中，卢作孚直接或间接起到了重要的作用。整军会议闭会当天下午，何应钦从重庆飞返南京。川康整军实施步骤交副主任委员顾祝同、刘湘会同各整军委员负责办理。

七七事变爆发时，身兼四川省建设厅厅长的民生公司总经理卢作孚身在重庆，正在准备经欧洲赴苏联考察事宜。7 月 9 日，卢

---

① 朱汇森主编：《中华民国史事纪要(初稿)》(1937 年 7—12 月)，第 67 页。

② 朱汇森主编：《中华民国史事纪要(初稿)》(1937 年 7—12 月)，第 75 页。

③ 朱汇森主编：《中华民国史事纪要(初稿)》(1937 年 7—12 月)，第 79 页。

作孚就四川整军问题与乡村建设问题，以及赴苏俄准备事宜自重庆致函蒋介石，报告各事，谓：“归来已谒甫澄主席，为陈钧座于此次整军及未来四川妥善经营瞩望之殷。甫澄主席万分感激，决遵钧旨彻底实行，谓与敬之部长、默三主任已商得具体办法矣，此差可告慰于钧座者。过汉时得遇晏君阳初同行飞渝，与陈君筑山共同商谈一度，乡村运动联系办法已由筑山草就，只因全国乡村建设学会理事会七月底开会于南京，阳初、筑山所约参与庐山谈话会期间复系自八月四日起。故拟俟南京开会，列席人员共将草拟办法斟酌一度之后，再于八月四日携赴庐山请示钧座。职因川中事务亟待结束，拟七月十五日飞京约同杨端六、章元善诸君，共趋牯岭。”①函电中言及的杨端六、章元善为准备作为随员一同前往的人员。10 日，蒋介石密电卢作孚，欧洲考察“杜重远可同行，经费当由政府发给，不必另筹”②。鉴于此次出国考察至少需要 5 个月时间，因此卢作孚在接电后，首先考虑对民生公司及北碚的相关事务进行适当安排。11 日，卢作孚率领民生公司总公司各部门管理人员及各轮经理共 60 余人到北碚的温泉公园开会，并在三峡乡村建设实验区署召集座谈会。③ 当晚又到温泉公园对民生公司管理人员进行谈话。此次谈话经整理后，以《由整理膳务谈到今天的工商业管理方法》为题刊于《新世界》。④ 14 日，卢作孚又特意出席民生公司总公司朝会并就管理工作、做事方法、公司组织等提出三点意见和要求：（一）每人应弄清自己职务。如管理船员的人虽然坐在办

---

① 《卢作孚致蒋介石电》（1937 年 7 月 9 日），张守广：《卢作孚年谱长编》，第 693 页。
② 黄立人主编：《卢作孚书信集》，第 580 页。
③ 《卢作孚昨日来峡对各事业指导甚详》，《嘉陵江日报》，1937 年 7 月 12 日，第 3 版。
④ 卢作孚：《由整理膳务谈到今天的工商业管理方法》，《新世界》第 11 卷第 1 期，1937 年
　 7 月 16 日，第 11—15 页。

公室,但是各轮船员状况,也须设法掌握清楚。民元轮的水手 10 点钟时候在做什么? 民本轮的舵工 11 点钟的时候应由何人当班等,都是需要掌握的情况。我们对这些具体情况,都要了如指掌,然后才能管理和控制住我们的工作。一桩事业,在规模小的时候,一切都容易管理完善,但是当规模扩大之后,往往就会弄得一塌糊涂。其中一个重要的原因就是我们没有掌握好管理的方法。(二)每人要寻找做事的方法。做事方法的取得,是要参考已有的办法,不要凭借我们的聪明另外发明一些并不适用的新办法。如果各人有各人的办法,结果必然等于没有办法,这肯定不是办法。例如要开辟湖南航线,我们必须先派人到湖南调查,然后才能根据调查得到的事实,确定我们的办法。不合事实的办法,我们没有必要去考虑。(三)健全公司组织。为健全公司组织,在总经理之下,增设秘书、设计、稽核三室。秘书室管理全公司一切对内对外的文书,如果将一切文书全经秘书看过,就不会再有甲处与乙处对于一件事情而有两样不同的办法;设计室管理全公司应兴应改事项之设计,今后凡做一事,必须要有计划,无计划不准行动;稽核室稽核各部事前事后账项,并督查一切,今后凡开支,必须要有预算,无预算不准开支。不过三室的设立,重在联系四处的工作,并不是由四处变成七处,那就失去三室的作用了。①

13 日,邓汉祥就七七事变后四川省主席刘湘的态度及四川省政府与南京国民政府的关系复电卢作孚,请卢作孚代为转达刘湘的态度。函电中刘湘表示:此次日人对我借故侵犯,处心积虑已非一日,目光似非局部,和平果已绝望,除全民抗战外,别无自存之

---

① 《卢总经理在总公司朝会席上训示三点》,《新世界》第 11 卷第 1 期,1937 年 7 月 16 日,第 52—53 页。

道。川省虽僻处西陲,民族大义深浃人心,在此国家生命争最后呼吸之际,无不同仇敌忾。"湘虽行能无似,爱国之心尚不后人,国家急难相需,岂容稍有诿避? 苟蒙驱遣,捐糜奚辞。至若整军方案,原为充实国力,为抗敌御侮之计,步骤办法既经决定,尤应积极进行,早竟全功,请释垂念为幸。"①

根据原定计划,卢作孚于7月15日自重庆乘飞机前往南京、上海,准备出国到苏联考察。16日,蒋介石邀集全国学者为主的知名人士在庐山举行谈话会,讨论中日局势,到会157人。② 卢作孚出席了谈话会。17日,蒋介石在庐山第二次共同谈话会上提出《对卢沟桥事件之严正表示》的声明,说明中国政府对解决卢沟桥事件的不屈立场,并宣布解决卢案四项立场。7月18日,庐山训练团第一期训练结束。③ 鉴于日本政府决定扩大战争,并增兵华北,蒋介石于19日公开发表《对卢沟桥事件之严正表示》声明。20日,庐山谈话会在举行教育组谈话后结束,蒋介石于谈话会后返南京。何北衡正式代理四川省建设厅厅长职。④

卢作孚出国赴苏联考察的出发日期于7月22日最终确定在8月10日。南京行政院政务处处长、资源委员会代秘书长何廉于该日致电远在苏联的翁文灏:卢作孚等8月10日乘意大利轮船动身赴欧洲,9月12日至意大利热那亚(Genoa),即转德赴苏俄。⑤ 同一天,国民政府在南京成立了由军政部部长何应钦主持的

---

① 黄立人主编:《卢作孚书信集》,第581页。

② 朱汇森主编:《中华民国史事纪要(初稿)》(1937年7—12月),第124页。

③ 秦孝仪主编:《中华民国重要史料初编——对日抗战时期》第一编,"绪编"(3),台北:中国国民党"中央委员会党史委员会"1981年版,第151页。

④《川省建厅移人》,《四川经济月刊》第8卷第2期,1937年8月,第31页。

⑤ 李学通、刘萍、翁心钧整理:《翁文灏日记》,第156页。

国家总动员设计委员会,主要工作为统制粮食、统制资源、统制交通、组织与训练民众、统制各地卫生机关及人员材料、筹划金融财政。① 7 月 24 日,卢作孚因事到上海。25 日晚,卢作孚在上海得悉母亲于下午病逝的消息。② 26 日,卢作孚由上海乘飞机返川治丧,当晚 10 时返抵北碚。此时,华北风云紧急,卢作孚决定暂不出国,③并函电南京国民政府行政院政务处处长、资源委员会代秘书长何廉,请求转陈行政院院长蒋介石特准缓行。④ 卢老夫人李氏逝世后,黄炎培、陈光甫、周作民、宋子文、邓汉祥、吴蕴斋、刘湘、杨森、甘绩镛等金融、实业、教育、军政界人士纷纷致电吊唁。⑤ 7 月 27 日,卢作孚兄弟安葬卢老夫人李氏于距北碚 10 里的雨台山。⑥ 29 日晚,卢作孚兄弟在北碚西山路卢府为卢老夫人李氏举行家祭。⑦ 30 日,卢作孚兄弟还在北碚兼善大礼堂举行了卢老夫人李氏展祭仪式。

在处理完丧事后,卢作孚迅速投身到正迅速展开的全面抗战之中。8 月 7 日,卢作孚与四川省主席刘湘、省政府秘书长邓汉祥、财政厅厅长刘航琛、省政府委员甘绩镛等乘飞机由成都经重庆抵达南京,参加南京国民政府召集的国防会议。⑧ 卢作孚到南京后,借住在南京莫干路 11 号范旭东的住宅。该住宅是

---

① 中国第二历史档案馆编:《中华民国史档案资料汇编》第 5 辑第 2 编,"财政经济"(6),南京:江苏古籍出版社 1997 年版,第 385 页。

②《峡区要闻闻汇志》,《北碚月刊》第 2 卷第 1—6 期合刊,1938 年 3 月 15 日,第 143 页。

③《卢作孚氏暂止放洋昨乘机返川治丧》,《嘉陵江日报》,1937 年 7 月 27 日,第 3 版。

④ 黄立人主编:《卢作孚书信集》,第 589 页。

⑤《卢太夫人逝世后国内名人纷电吊唁》,《嘉陵江日报》,1937 年 7 月 29 日,第 3 版。

⑥《峡区要闻闻汇志》,《北碚月刊》第 2 卷第 1—6 期合刊,1938 年 3 月 15 日,第 144 页。

⑦《峡区要闻闻汇志》,《北碚月刊》第 2 卷第 1—6 期合刊,1938 年 3 月 15 日,第 144 页。

⑧ 周开庆:《民国刘甫澄先生湘年谱》,第 159 页。

一座花园小洋房,一楼一底,楼下是客厅、书房和厨房,楼上是几间卧室。卢作孚白天出去公干,晚上回莫干路听取汇报,处理民生公司总公司沿江分支机构发来的函电。后来,"川军出川抗战,刘湘到南京,卢先生在莫干路设宴招待,文化界的名人郭沫若、刚出狱的田汉和孙师毅、王平秋等,都受到卢先生的热情接待。除同国民党的军政要员互有往来外,与青年党李璜、民社党张君劢也常有来往"①。

　　国民党中央政治委员会于 8 月 11 日开会,决定设立大元帅大本营,由大元帅代表国民政府主席行使统帅陆海空军之权。同时设置国防最高会议,以中央常委、五院正副院长、行政院各部部长、中央党部各部部长、中央政治委员会及行政院秘书长、训练总监部总监、军事参议院院长、全国经济委员会常委为委员,以军事委员会委员长为主席,中央政治委员会主席为副主席。国防最高会议之下,设置国防参议会以容纳非国民党籍的"党外分子"②。大本营各部部长人选也在此日大体确定,副部长及以下人员则尚待遴选。《周佛海日记》载陈公博为大本营第二部部长,陈嘱周为副部长。

　　战争的硝烟日益逼近,卢作孚身处南京,密切关注着时局的变化。8 月 11 日,蒋介石决心封锁上海吴淞口。③ 12 日 11 时,回到南京的蒋介石发现吴淞口尚未封锁,当即采取措施予以封锁。④ 同日(12 日),民生公司二号、六号、八号、九号共 4 条钢质铁驳被上海市

---

① 周永林、凌耀伦主编:《卢作孚追思录》,第 91 页。

② 王世杰:《王世杰日记》第 1 册,台北:"中研院"近代史研究所 1990 年版,第 86 页。

③ 吕芳上主编:《蒋中正先生年谱长编》第 5 册,台北:"国史馆"2014 年版,第 375 页。

④ 台湾政治大学人文中心主编:《民国二十六年之蒋介石先生》,台北:台湾政治大学人文中心 2016 年版,第 535 页。

警察局水巡总队征用,用于沉塞上海十六铺黄浦江航道。① 此前,一艘装有重庆古青记商号出口猪鬃的民生公司轮船航抵上海。原定该船卸货后装运棉纱回重庆,但卢作孚敏锐地觉察到大战在即,命令该船不等卸货原船返航。②

8月12日,国民党中央常务委员会第52次会议在南京灵谷寺无梁殿召开,会议认为在没有对日宣战的情况下,不宜设置大本营。③ 会议还决定自该日起全国进入战时状态,设国防最高委员会与党政联席会议,决定抗战大计,并决定以军事委员会为抗战最高统帅部,并依国民政府主席林森提议,推定蒋介石为海陆空军大元帅(总司令),④程潜为参谋总长,白崇禧为副参谋总长,军事委员会下设秘书厅,张群为秘书长,陈布雷为副秘书长,设立军令、军政、财政、经济、宣传、组训六部。⑤ 中国战时机构的建立为行将爆发的全国性抗战作了初步的组织和战略准备,使中国在日本的大规模进攻面前能够比较从容地组织抗战力量,实施抗战方略。⑥

同一日(8月12日),上海工厂联合迁移委员会成立,以颜耀秋、胡厥文、支秉渊为正副主任,作为一个厂商组织,该机构在上海工厂迁移监督委员会指导和监督下组织迁厂工作。这时候,民生公司已拥有大小轮船46只(另租借3只),载重24 000多吨(租用船只未计),铁驳、木筏、码头、趸船若干,以及机器厂、物产部等。这

---

① 中国第二历史档案馆编:《中华民国史档案资料汇编》第5辑第2编,"财政经济"(10),第500—501页。

② 王慧章:《"猪鬃大王"古耕虞》,北京:中国文史出版社1991年版,第39页。

③ 张宪文主编:《中国抗日战争史》,南京:南京大学出版社2001年版,第263页。

④ 王世杰:《王世杰日记》第1册,第87页;熊式辉著,洪朝辉编校:《海桑集:熊式辉回忆录》,香港:明镜出版社2008年版,第205页。

⑤ 王世杰:《王世杰日记》第1册,第87页;张宪文主编:《中国抗日战争史》,第263页。

⑥ 张宪文主编:《中国抗日战争史》,第263页。

些轮船中,甲级轮船航行于上海、宜昌间者经常有 5 只;乙级轮船航行于上海、重庆间者经常有 7 只,航行于宜昌、重庆间者有 4—8只。小轮航行于重庆上游者经常在 10 只以上,航行于渝合、渝涪短航者经常为 4 只。其余多半在轮换修理。为便利各埠客货上下起卸,当时民生公司在重庆共有码头 9 处,万县 1 处,宜昌 3 处,沙市 1 处,汉口 1 处,上海 2 处,各码头上下设有趸船、驳船、仓库等设备,轮船修理有机器厂,物产代办有物产部,"一切规模皆已粗具"①。

　　8 月 13 日,上海爆发八一三事变,全面抗战开始。民生公司甲级船舶立即全体动员,用 2 个星期,下水运送 4 个师、2 个旅由四川至宜昌;上水以镇江为接运起始点,与各轮船公司一道撤退上海、苏州、无锡、常州等地的工厂,在南京接运撤退的政府人员、公物、学校师生、图书、仪器,在芜湖接运撤退的金陵兵工厂人员、器材,在汉口接运撤退的政府人员、学校师生、航委会全部器材、兵工厂钢铁厂全部器材、民间工厂部分器材。在宜昌主办以上各地内运人员、器材。在宜昌以下,其他公司大小轮船较多,民生公司发挥辅助作用。宜昌以上,则民生公司为内迁抢运的主力。② 由此,民生公司进入战时运输的第一阶段。③ 八一三事变之初,民生公司的甲级轮船主要集中在芜湖和镇江两个地方。卢作孚说,公司集中在芜湖的轮船主要用于抢运兵工器材,集中在镇江的轮船主要抢

---

①《民生公司在长江》,《新世界》1945 年 11 月号,1945 年 11 月 15 日,第 9 页。

②《民生公司在长江》,《新世界》1945 年 11 月号,1945 年 11 月 15 日,第 9 页。

③ 刘明超:《八一三后本公司之运输》,《新世界》第 13 卷第 2、3、4 期合刊,1938 年 10 月
　 31 日,第 36 页。

运来自上海的迁厂器材、机料。① 他还说："对日作战以后,江阴封锁了,上海割断了,公司的业务即十九被割断。一部分杞忧的人们认为国家对外的战争开始了,民生公司的生命就完结了。我的感觉,却恰相反,认定:'国家对外的战争开始了,民生公司的任务也就开始了。'那时自己正在南京帮助中央研究总动员计划草案的时候,告诉民生公司的人员:'民生公司应该首先动员起来参加战争。'这个期望,公司实践了。四川需要赶运四个师、两个独立旅到前方,公司集中了所有的轮船,替他两个星期由重庆、万县赶运到宜昌。上海、苏州、无锡、常州的工厂撤退,民生公司的轮船即以镇江为接运的起点,协助撤退。接着又从南京起,撤退政府的人员和公物,学校的师生、仪器和图书。从芜湖起撤退金陵兵工厂。"②金陵兵工厂器材共2 000吨,经民生公司抢运到了重庆,这也是民生公司抢运兵工厂器材的开端。

8月16日,蒋介石受命担任海陆空军大元帅,并组织海陆空军大本营。陆海空军大本营组织上为六部,熊式辉以江西省政府主席兼第五部部长,主管全国总动员事务,留京服务,卢作孚为副部长。③ 作为大本营第二部和第五部副部长,卢作孚参与了国民政府抗战总动员计划草案的制定。8月中旬,卢作孚、张澍霖、刘航琛在上海曾多次与负责厂矿内迁的林继庸商洽内迁厂矿入川设厂事宜。④ 8月20日,大本营颁布第一号训令,正式开始运作。大本营大元帅统率三军,设参谋总长、副总长各一人。参谋总长指挥大本

---

① 卢作孚:《我总是希望大家继续为国家为公司努力》,《新世界》第13卷第2、3、4期合刊,1938年10月31日,第12页。

② 卢作孚:《一桩惨淡经营的事业——民生实业公司》,第18—21页。

③ 熊式辉著,洪朝辉编校:《海桑集:熊式辉回忆录》,第206页。

④ 林继庸:《民营厂矿内迁纪略》,第24页。

营各部,其中第一部部长黄绍竑、第二部部长张群、第三部部长孔祥熙、第四部部长吴鼎昌、第五部部长陈公博、第六部部长陈立夫,①张群为秘书长。实际上,大本营第一号训令所开列的各部部长人事,与实际情形相差甚远。而且,不久大本营本身被裁撤,相关各部仍隶属军事委员会。②

　　为提高运输效率,国民政府交通部于 8 月 24 日责成轮船招商局、三北轮埠公司、民生实业公司三家轮船公司在南京成立长江航业联合办事处,负责办理军运民运事宜,“凡是京中公用物品,抗战部队,军需用品,兵工厂的器材都交给这个联合办事处装运”③。长江航业联合办事处实际上是战时航业统制机构,在内迁运输中,“长江航业联合办事处实力最大,收效尤宏”④。长江航业联合办事处成立后,卢作孚即派民生公司上海分公司撤离人员许培泽在联合办事处办理搭客、货运以及登记等事项⑤,另一位从上海分公司撤退下来的人员萧本仁留在卢作孚身边做秘书工作。在抢运最繁忙的时候,该联办处所属的澄平码头“遂成为首都要埠”⑥。

① 中国第二历史档案馆编:《抗日战争正面战场》,南京:凤凰出版社 2005 年版,第 34、39 页。

② 中国人民抗日战争纪念馆、重庆市档案馆编:《迁都重庆的国民政府》,北京:北京出版社 1994 年版,第 25 页。

③ 万迪鹤、颜鹤年、薛冶欧:《抗战以来本公司的货运与客运》,《新世界》第 13 卷第 2、3、4期合刊,1938 年 10 月 31 日,第 37 页。

④ 王洸:《战时航政与航政建设》,《经济建设季刊》第 1 卷第 2 期,1942 年 10 月,第52 页。

⑤ 许培泽:《记镇江办事处》,《新世界》第 11 卷第 8 期,1938 年 1 月 1 日,第 16 页。

⑥ 余千山:《二十六年之码头仓栈》,《新世界》第 12 卷第 3 期,1938 年 4 月 1 日,第33 页。

二、长江下游抢运中的民生公司

尽管布置后方的工作早就悄然开始,但直到八一三淞沪抗战爆发前后,大规模内迁抢运的帷幕才真正拉开。卢作孚认为,"国家对外的战争开始了,民生公司的任务也就开始了"。他指示民生公司:"民生公司应该首先动员起来参加战争。"①在抗战全面爆发最危险的时候,民生公司为什么能这样从容?"这就是平时准备有素。"②由此,民生公司开始更加紧密地与国家、民族的命运联系在一起。

八一三淞沪抗战爆发后,江阴封锁,长江下游水道被阻断。8月27日,上海内河航业联合办事处提供内河运输用轮驳。4家内迁工厂即顺昌机器厂、上海机器厂、新民机器厂、合众五金厂,把机件分装21只木船。各厂重要职员偕技工160余人,冒险用人力把机件从上海苏州河日晖港运出。该项轮驳抵达苏州后,改由招商局派恒吉轮拖到镇江,再把机件卸装到航行长江的轮船运往汉口。由此,取道江南运河的试探性内迁航行取得成功。③此后,民生公司与招商局、三北公司、大达公司、大通公司等轮船公司通力合作,在敌机狂炸下,奋力抢运上海各内迁工厂的器材物资。这条古老的江南运河,成为上海厂矿内迁的主要通道。

考虑到江阴封锁后,镇江已经成为苏州河、江南运河、京镇线到长江水上运输转运之间的枢纽,民生公司许培泽、萧本仁受卢

---

① 卢作孚:《一桩惨淡经营的事业——民生实业公司》,第18—21页。

② 谭徐峰主编:《蒋百里全集》第1卷,第390页。

③ 林继庸:《民营厂矿内迁纪略》,《中华文史资料文库》第12卷,北京:中国文史出版社1996年版,第946页;王洸:《战时航政与航政建设》,《经济建设季刊》第1卷第2期,1942年10月,第52页。

作孚委派,于 9 月 1 日晚间前往镇江开办民生公司临时办事处。萧本仁当晚即前往常州、无锡接洽货运事宜,许培泽则只身前往镇江从事临时办事处的筹设工作。由于此前民生公司轮船从未停泊过镇江码头,镇江民生公司临时办事处成立后,只能借用招商局码头栈房为轮船停泊和货物存储设施。[①] 民生公司先后动员民泰、民宪、民族、民勤等大型轮船航行镇江与汉口间。9 月 2 日,民生公司民泰轮首航镇江,镇江成为民生公司长江航线下游的起点和终点。[②] 接运迁厂器材是镇江办事处主要业务[③],民生公司镇江临时办事处成为由南京政府、内迁工厂以及民生公司三方面联合组成的迁厂运输委员会会同商办配货、装载、转运等运输事项的重要办事机构。当时的镇江,货物云集,以机器为最多。

9 月 4 日,民生公司又增派上海分公司王德润、张宝麟到镇江办事处。王德润任办事处主任兼理接洽货运、签发提单、计算吨位等事务,张宝麟办理报关结关、打舱单等事务,许培泽则任临时会计,兼理卖票、写信等事务。9 月 10 日,民生公司增派张连珍到镇江办事处工作。由于上海、无锡、苏州、常州等处各工厂机器货物以及政府急需用品的内迁抢运,皆依赖苏州河、江南运河一线交通,民生公司在镇江开设办事处,其意义之重大已经十分明显。[④]

萧本仁到常州后,拜会了此处的著名棉纺工业家、大成染织厂厂长刘国钧,初步就该厂与北碚三峡织布厂合作交换了意见,并得

---

① 余千山:《二十六年之码头仓栈》,《新世界》第 12 卷第 3 期,1938 年 4 月 1 日,第 32 页。

② 韩商敏:《二十六年之轮船航行》,《新世界》第 12 卷第 3 期,1938 年 4 月 1 日,第 22 页。

③《欢迎股东》,《新世界》第 12 卷第 3 期,1938 年 4 月 1 日,卷首页。

④ 许培泽:《记镇江办事处》,《新世界》第 11 卷第 8 期,1938 年 1 月 1 日,第 16—17 页。

到卢作孚的支持。① 虽然后来由于各种原因刘国钧常州各厂没有能够实现内迁,但是这次接触成为刘国钧与民生公司相关企业合作的一个序幕。自1937年9月2日民泰轮初次驶抵镇江,到11月20日民聚轮迫于时势最后一次离开镇江止,时间是2个月另19天。民生公司参加航行的轮船,除民泰、民聚外,还有民族、民宪、民权。②

由于全面抗战的爆发,9月1日,川军抗日将士开始陆续出川。14个师分东西两路分别出发,开赴前线参加抗战。川军东路军4个师和2个独立旅奉令于重庆和万县集结,东出夔门,其运送工作由民生公司承担并迅速完成。③ 后来这一批川军参加了壮烈的南京保卫战,其中川军第二十三集团军第二十一军第一四五师师长饶国华率部在安徽东南广德阻击由浙江金山卫登陆向南京包抄的日军,经激战不支自杀,为国捐躯。第二十三集团军在此后与日军的多次战斗中,仍英勇作战,多次给予日军重创。

9月1日,民生公司还特别在湖南长沙成立办事处,办理湘江货物运输。④ 这是因为当时长江下游水上运输完全断绝,内地和大后方所有进出口货物的出入惟有依赖粤汉、广九两条铁路。于是招商局与粤汉铁路局接洽,利用长沙、衡阳回空车辆,办理水陆联运。自汉口到长沙、渌口(株洲)、衡阳用水运,湘粤间由铁路

---

① 周永林、凌耀伦主编:《卢作孚追思录》,第92页。
② 韩商敏:《二十六年之轮船航行》,《新世界》第12卷第3期,1938年4月1日,第22页。
③ 周开庆:《卢作孚传记》,第61页。
④ 全国政协西南地区文史资料协作会议编:《抗战时期的西南交通》,昆明:云南人民出版社1992年版,第279页。

运输,后来适应形势变化演变为著名的三段联运。① 正是在这种情况下,民生公司开辟了以湘江为主干的湖南航线。这条航线,由宜昌或汉口经洞庭湖,沿湘水到达湖南省会长沙。② 到1937年11月22日由于湘江水枯才停航。1938年5月20日,民生公司与招商局再次联合举办货物分段联运。双方约定民生公司负责川江运输,所有两湖地区各埠通过水路运往四川各地的货物在起运地由招商局运到宜昌后,交民生公司转运到川江各地;招商局负责长江中下游和湘江的运输,所有川江各地运往长江中下游和湘江各地的货物到宜昌后,交由招商局转运到各自的目的地。③

9月5日,翁文灏从苏联回国,经九龙乘船,于当日上午11时抵达南京。下午翁文灏被任命为军委会第三部部长。蒋介石面告翁文灏:第一,对日抗战必久战方能唤醒世界各国,共起相争,而得胜利;第二,长期抗战必须坚守西部(平汉粤汉路之西),以备及时反攻,因此必须准备振作西部基地的生产力量。蒋介石命令翁文灏实管资源委员会及军事委员会大本营第三部,专心致力于工矿生产,不分公私均应充分提高。④ 9月8日,国民政府军事委员会呈请国民政府准予备案,并经转陈中央政治委员会核准,在军事委员会之下,设立第一部(作战)、第二部(政略)、第三部(国防工业)、

---

① 《战时后方水上运输是怎样维持的》,《新世界》1944年5月号,1944年5月15日,第10—11页。

② 韩商敏:《二十六年之轮船航行》,《新世界》第12卷第3期,1938年4月1日,第21页。

③ 民生公司档案业务第149卷,转引自凌耀伦主编:《民生公司史》,北京:人民交通出版社1990年版,第196页。

④ 李学通、刘萍、翁心钧整理:《翁文灏日记》,第168页。

第四部(国防经济)、第五部(国际宣传)、第六部(民众训练),以及国家总动员设计委员会、后方勤务部(后改为后方勤务总司令部)、卫生勤务部等。① 其中,第一部部长黄绍竑,副部长张定璠;第二部部长陈公博,副部长卢作孚、周佛海;第三部部长翁文灏;第四部部长吴鼎昌;第五部部长熊式辉,副部长卢作孚、谷正刚、董显光;第六部部长陈立夫,副部长刘建群、张厉生。② 参考各种资料综合判断,当时卢作孚同时兼任第二部、第五部副部长。这种情况一方面说明卢作孚做事练达,另一方面也与卢作孚掌握着川江上最具实力的现代运输力量有密切关系。9 月 15 日上午,卢作孚与周佛海、罗隆基、王造时、王又庸、梅思平等人在负责政略的第二部商讨工作进行方案。③ 从此时起,卢作孚包括第五部部长熊式辉均参与了军事委员会第二部的相关工作。

　　9 月,民生公司的民泰、民宪、民族、民勤等轮从镇江抢运公物、机器等 1 692.77 吨到汉口。④ 10 月 19 日,交通部密令航政司设立长江航业联合办事处沪镇联运处,其办事人员以及轮船由招商局、三北公司、民生公司三家公摊。⑤ 10 月 23 日,长江航业联合办事处沪镇联运处举行第一次会议。会议由沈仲毅主持,议定联运处船只数量、吨位公摊办法,并在江苏的丹阳、无锡、苏州、南通分设

---

① 钱端升等:《民国政制史》,上海:上海人民出版社 2008 年版,第 292 页。

② 刘寿林等编:《民国职官年表》,北京:中华书局 1995 年版,第 440 页。按:引用时内容有所订正、补充和完善。

③ 周佛海著,蔡德金编注:《周佛海日记全编》,北京:中国文联出版社 2003 年版,第 71 页。

④ 王献章:《抗战以来本公司运输公物概况》,《新世界》第 12 卷第 3 期,1938 年 4 月 1 日,第 86 页。

⑤《交通部密令》(1937 年 10 月 20 日),重庆市档案馆藏,交通部长江区航政局档案,0324/2/1。

接洽处。为沿途照料、促进抢运,会议推定三北公司经理忻礼庠、国营招商局镇江分局经理翁奇斌、民生公司镇江办事处主任王德润为镇江联运处委员。国营招商局业务课正副主任委员曾广顷、江毅甫,大达公司经理杨管北,民生公司上海分公司经理张澍霖、三北公司经理李志一,宁绍公司经理卢于旸为上海联运处委员。镇江联运处以忻礼庠,上海联运处以江毅甫为召集人,民生公司王德润、张澍霖参加联运处镇江股、上海股的负责工作。沪镇联运处的筹备工作由此步入正轨。会议还议定:联运处内河航路分南北两线,北线从上海经南通到镇江(后来此线未能发挥作用);南线从上海到镇江,内迁工作主要依靠此线。① 长江航业联合办事处于11月8日在上海航运俱乐部举行第二次会议,讨论并议决沪镇联运处正式成立,即日开始办公,以李志一为主任委员;北线航路须于一周内组织成立。② 上海南市11月10日沦陷,民生公司上海分公司南市新栈守栈职工忍痛撤离货栈。到撤离时,货栈内存货已经出清98%。③ 到11月,民生公司轮船从镇江抢运到汉口的公物、机器等共计达1 393吨。④

　　这时候,民生公司在总公司设计长赖彦于主持下,召开了有各处室负责人参加的转运西上客人服务工作及宣传办法会议,要求全体船员动员起来,表现服务精神,并制定了具体办法。大约自此

---

① 《长江航业联合办事处沪镇联运处第一次会议》(1937年10月23日),重庆市档案馆藏,交通部长江区航政局档案,0324/2/4。

② 《长江航业联合办事处沪镇联运处第二次会议纪录》(1937年11月8日),重庆市档案馆藏,交通部长江区航政局档案,0324/2/4。

③ 余千山:《二十六年之码头仓栈》,《新世界》第12卷第3期,1938年4月1日,第31页。

④ 王献章:《抗战以来本公司运输公物概况》,《新世界》第12卷第3期,1938年4月1日,第86页。

时起,"承运政府公物"成为民生公司南京办事处乃至整个公司的最重要的业务。① 10月,民生公司派轮船自镇江转运公物、机器等2 063吨到汉口。自6月开始到11月,自南京抢运公物约2 000吨。②

11月12日,中国军队撤出上海,淞沪抢运工作告一段落。③后来日军占领当局宣布上海南市开市后,民生公司先后派申栈主任陈少亭、理货员程克峻、巡丁头目冯静山等,绕道前往上海新栈探视,并派陈永法等驻守该栈以保管残余货物。1938年2月28日程克峻报告该栈存货及散失情形如下:"原存九二八件(货物),失陷后初往探视,尚存猪鬃二一二箱(其余四三箱已被劫去)交仁记洋行提去。此外只存药材廿余件,青菇数十件,其他食粮、榨菜等件,均已被劫一空。"④

上海沦陷后,国民政府一面集中军队力量保卫南京,一面决定将政府迁移渝汉。民生公司的战时运输进入第二阶段,其轮船航行于重庆南京间,加紧疏散人口和抢运物资。民生公司特别指定民元、民本、民权、民风等轮船直航南京重庆间,民族、民泰等轮专行南京宜昌间,抢运南京国民政府公物。⑤

1937年11月6日,国民党中央常务委员会召开第59次会议。此次会议通过了《非常时期党政军机构调整及人员疏散办法》,其

---

① 《欢迎股东》,《新世界》第12卷第3期,1938年4月1日,卷首页。

② 王献章:《抗战以来本公司运输公物概况》,《新世界》第12卷第3期,1938年4月1日,第86页。

③ 《战时后方水上运输是怎样维持的》,《新世界》1944年5月号,1944年5月15日,第10页。

④ 余千山:《二十六年之码头仓栈》,《新世界》第12卷第3期,1938年4月1日,第32页。

⑤ 刘明超:《八一三后本公司之运输》,《新世界》第13卷第2、3、4期合刊,1938年10月31日,第36页。

中 5 项内容与军事委员会者有关:第一,中央党部的组织、宣传、训练三部暂归军事委员会指挥;第二,取消军事委员会大本营第二部,其职掌与总动员有关者并入国家总动员设计委员办理;第三,取消第五部,其职掌并入中央宣传部办理;第四,第六部以中央组织、训练两部并入;第五,军事委员会其他单位的机构调整办法由参谋总长拟定。[1] 大约在此次调整中,军事委员会农产、工矿、贸易3 个调整委员会之下设水陆运输联合办事处,[2]并以卢作孚为办事处主任。11 月 10 日,卢作孚曾专门拜访负责内迁事宜的翁文灏,商谈水陆运输联合办事处组织情形。[3]

　　1937 年 12 月初,日军逼近南京。长江航业联合办事处南京办事处于 12 月 6 日奉令结束业务后撤。在长江航业联合办事处南京办事处存在期间,民生公司各轮船所运南京政府公务人员、官佐、各界旅客达数万人,公物、商货由各轮转运至安全地带者,为数甚多。[4] 南京办事处的撤退,也表明民生公司在长江下游的抢运工作结束。抗战爆发后,民生公司调民风、民康、民族、民宪、民泰等轮从长江下游装运货物上运。至 1937 年 10 月运到汉口的公物用品计 2 957 吨,11 月份运到汉口的公物军用品 2 877 吨,搭载商货 657 吨,合计共运出各货 6 491 吨。[5] 在整个长江下游物资抢运中,民生

---

[1] 钱端升等:《民国政制史》,第 292 页。

[2] 钱端升等:《民国政制史》,第 292 页。

[3] 李学通、刘萍、翁心钧整理:《翁文灏日记》,第 183 页。

[4] 刘明超:《八一三后本公司之运输》,《新世界》第 13 卷第 2、3、4 期合刊,1938 年 10 月 31 日,第 36 页。

[5] 万迪鹤、颜鹤年、薛冶欧:《抗战以来本公司的货运与客运》,《新世界》第 13 卷第 2、3、4 期合刊,1938 年 10 月 31 日,第 37—38 页。

公司从镇江、南京一带抢运出了"万吨以上的重工业器材"①。

　　不过,全面抗战初期,相比民生公司在长江中下游的内迁抢运中发挥的巨大作用,其在运送川军出川抗战中发挥的作用更加重要。民生公司秘书室负责兵差的秘书李邦篪说,八一三抗战爆发后,他在工作中感觉到公司对国家的贡献很伟大。如子弹、汽油、兵工署机械等军用物资和兵工机械的运输,十之八九由民生公司的轮船承担。1937年度,民生公司轮船运送川军出川就达16万人。②

　　这个时期民生公司的抢运中,值得一提的还有抢运中央大学的图书设备。《南京大学百年史》载:

　　　　(中央大学)已经运到下关码头的图书仪器,因长江货运船只极为紧缺,虽经多方交涉,仍无结果,正在进退无计的时候,意外地获得民生公司总经理、爱国实业家卢作孚的鼎力相助,得到圆满解决。当时的民生公司正负责运送开赴淞沪战场的军队,抵达南京后,即西上返回四川,这一批客运船只便免费提供给中央大学。为了装运航空工程系三架拆卸式飞机、医学院泡制供解剖用的二十四具尸体和农学院部分实验良种动物……还破例通融,临时打通舱位,给予放置。民生公司这一举动,为保全中央大学作出重大的贡献,在中国高等教育发展史上留下重重一笔。③

---

①《抗战中的民生公司:民生实业股份有限公司在抗战建国运动中担当的任务》,1939年7月,北碚图书馆藏,第4页。

②《十三届股东大会欢迎会纪录》,《新世界》第12卷第4期,1938年4月30日,第30页。

③ 王德滋主编:《南京大学百年史》,南京:南京大学出版社2002年版,第193—194页。

　　当时任中央大学校长的罗家伦曾把民生公司运送有中央大学图书器材、医学院泡制供解剖的尸体、农学院部分实验用良种动物的 7 吨多重的轮船,喻为"诺亚方舟"。①

　　南京于 12 月 13 日失陷。此后,日军在南京制造了骇人听闻的南京大屠杀,30 万人惨遭杀戮。资料载:"敌占南京后,纵兵放火劫掠屠杀奸淫,将我无辜民众及失去抵抗之徒手士兵,用绳索捆绑,每百人或数百人连结一团,用机关枪扫射,或用汽油焚烧,其军官率领士兵,到处放火,并借搜索为名,挨户侵入民家及机关内,将所有贵重物品及中国艺术品捆载而去,至于被强奸之妇女,更难计其数,并于强奸之后用刀割去妇女乳头,任其裸卧地上,婉转呼号,而兽兵则相顾以为乐,在一日之内,竟有将一个女人轮奸至三十七次者,被轮奸妇女之年龄有仅为十二岁者。"②

　　对于日军的暴行,中国人民将以更加坚韧顽强的持续抗战来回答。民生公司上下员工在各自岗位上更加努力,坚持抗战。

三、深谋远虑准备可持续的战时运输

　　全面抗战爆发后,除积极主动参加抢运外,民生公司还立即开始大规模购储五金器材及燃油,有计划地从各地招募技术工人和工程技术人员进入公司,并修建大型船坞,为长期战争条件下从事运输做准备,这也是当时民生公司着手的一件大事。许晚成采访了民生公司著名船长周海清,记述道:民生公司当局有远大

---

① 罗久芳、罗久蓉编辑校注:《罗家伦先生文存补遗》,台北:"中研院"近代史研究所 2009 年版,第 146—150 页,转引自卢晓蓉:《逆水行舟:卢作孚长孙女回忆录》,第 161—162 页。

② 何应钦:《八年抗战之经过》,沈云龙主编:《近代中国史料丛刊》(787),第 20 页。

眼光，自1937年八一三战事起，"即开始收买五金器材、铁板、角铁、柴油、钢丝、钢丝绳、机器油，一切修造船只的器材，无不大量收购，运输储藏，准备五年之用。公司当局预料此次长期抗战，将来这种五金器材，来源缺乏。公司当局，这种远大计划，抢运器材，为民生公司抗战初期的大工作"①。卢作孚在1943年夏也回顾说，民生公司在全面抗战时期最艰巨的工作不是运输，而是如何准备战时运输。在全面抗战开始时，民生公司的46只轮船中，有32只以柴油为燃料。江阴封锁后，柴油来源断绝。因此，公司第一件大事就是搜求柴油。民生公司当时从香港、广州以及长江沿岸各处尽量搜购，总共购储了4000多吨，但是汉口、宜昌撤退一役就用去了2000多吨。同时，民生公司的46只轮船，战前有半数以上要到上海修理，五金材料也大部分依靠在上海购买，一小部分外国制造的机器及其配件主要依靠向国外购买。抗战开始后，油料、五金完全断绝了来源，而修理的重担又需要民生机器厂全部担负。因此寻求五金材料和扩充民生机器厂，就是第二大事。民生公司从上海、香港、汉口等地购储了2000多吨五金器材，但是在汉口撤退的第二年，因为必须改造和建造若干轮船，其中就用掉了1000多吨。到1940年年底，储存的五金材料尚有1800余吨。② 民生公司使用柴油的轮船，如果全部动员，每月需300多吨，宜昌撤退后剩余2000吨柴油，只够使用半年。半年后，只好宣布大部分柴油动力的轮船停航。好在民生公司可以改造轮船，于是尽量在宜昌及宜昌附近，接收长江中下游逃难而无所依归的轮船60余只，把其中的大部分加以拆解，订造以煤为燃料

---

① 许晚成记述：《船主奋斗史》，第50页。

② 王洸：《战时航政与航政建设》，《经济建设季刊》第1卷第2期，第60页。

的新船 15 只及以柴油为燃料的浅水船 2 只,以满足后方水上运输的需要。这些新造的轮船中有 12 只机器在重庆制造,锅炉由民生机器厂自己制造。有了这些准备,尽管随着抗战的持续民生公司也发生种种困难,但其终究想尽办法在一定程度上缓解了材料和人工的困难。例如锅炉钢板,曾在香港购买了一批,很早就运到了海防,但是无法运进来。在上海又买了一批运到仰光,还是无法运进来。迫不得已,在昆明又买了一批。订购轮船已超过两年,购买的钢板才运到了重庆,又过一年才完成轮船的建造。再如从上海招募冷作工人,从湖南招募木工工人,这些专业性很强的工人的招募实际上与购储材料一样困难。卢作孚后来感叹道:"现在一半的航线,主要就靠这些新轮服务了,因为有这一些新船和购买而加整理的旧船,填补了扬子江上游各长短航线的需要,原来烧油的轮船,就可以停了大半,而只使用了吃水最浅的烧油的船,还节省了大半的油和必需自国外所取给的配件。至在汉口宜昌撤退以后,剩下来的油和五金材料和配件,不但支持了这几年的使用,一直到今天;而且还支持了这几年的亏折,一直到今天。假若没有当年的若干油、五金材料和配件的准备,而完全靠今天的大量的高价的收购,来供给全部的使用,或且无法收购,则其亏折及其航行的困难,将更不堪言。"①

如果对比一下 1938 年与 1944 年五金、燃油等材料的价格,我们会对五金材料和燃料准备的意义有更加深刻的认识。参见下表:

---

① 张守广、项锦熙主编:《卢作孚全集》第 3 卷,第1141—1142 页。

表4-1　抗战时期船用主要物料及其他物品价格上涨倍数表(1944年6月)

种类	单位	1938年价格(元)	1944年价格(元)	增加倍数	备注
机油	加仑	1.20	2 000.00	1 665.67	
柴油	吨	142.80	151 200.00	1 057.80	1944年4月代柴油价格
角铁	吨	80.00	150 000.00	1 874.00	1944年4月迁建会炼钢厂价格
钢板	吨	140.00	320 000.00	2 284.71	
生铁	吨	70.00	46 500.00	663.29	
元条	吨	80.00	160 000.00	1 999.00	1944年4月中国兴业公司价格

　　资料来源:民生公司董事会:《抗战时期民生公司现在之危机及未来使命》,第8页,重庆市档案馆藏,金城银行档案,0304/1/395。

　　实际上,到1938年时,五金、油料的价格已经上涨。但即便如此,1938年与1944年上半年的价格也相差悬殊,少则几百倍,多者超过2 000倍,更有甚者,还有市场上缺货的情况。

　　民生公司总公司同人后来也说,战事初期,在卢作孚的直接督促下,民生公司以"自己的财力和信用,准备了长期抗战需要的材料和燃料;增加了船只;扩充了修理厂"①。在抗战全面爆发的非常时期,数千吨燃料和五金材料的购买、运输、储存,民生机器厂的扩充,都非易事。卢作孚后来在回顾这一段历史的时候也说:"一般觉得有这许多轮船维持各航线的运输,绝不会觉得有无限的准备工作,在运输的背后准备了燃料,准备了材料,准备了轮船,而且准

---

① 《民生实业公司简讯》第838期,1946年3月4日,第2版。

备了船厂,才会不断航行起来。"①凡事预则立,不预则废,事在人为,这个道理在民生公司的抗战运输准备中得到充分的体现。在抗战全面爆发之初购储五金材料、油料,并积极招募技术工人和工厂技术人员加强民生机器厂(详见第五章),这是民生公司能够在全面抗战时期持续发挥巨大作用的一大关键。

第二节　武汉撤退运输中的民生公司

全面抗战时期撤退抢运的第二个阶段是以武汉为中心的时期。民生公司总经理卢作孚在 1938 年初被任命为交通部常务次长,实际负责战时水上交通运输行政事务。国民政府对于卢作孚的这一任命,当然是基于民生公司是川江最重要的现代水上运输力量这一现实因素。在此前后,卢作孚还被任命兼任其他与长江水上运输行政相关的职务。这些行政职务的安排,对于此后民生公司在长江中上游撤退抢运中排除干扰,更好地发挥积极性、创造性具有重要的作用。

一、以武汉为中心的撤退运输

从以上海为主迁出的工厂陆续到达武汉地区以后,上海工厂联合迁移委员会委派该会副主任委员支秉渊与其他两位委员赶到汉口成立了办事处,由该办事处负责与当地官商等各方面联络与协调,以解决征地、设厂、临时复工等事宜。1937 年 9 月,以上海工厂联合迁移委员会委员为主,内迁武汉的厂矿代表,在汉口江汉路宁波里 18 号成立了以颜耀秋、支秉渊为正副主任委员的迁鄂工厂

---

① 张守广、项锦熙主编:《卢作孚全集》第 3 卷,第1143 页。

联合会,共同探讨、交流各工厂在武汉购地复工中遇到的问题和解决办法。当地政府和有关方面对于来自沿海、沿江的内迁工厂在武汉复工疑虑重重,地方人士甚至极力反对。林继庸和支秉渊等人认为武昌城郊的洪山是建设工业区的合适地点,并决定由工矿调整委员会出资以适当价格先购买该地,再分配给各内迁厂家在这里复工建厂,建设新工业区。但是,意想不到的事情发生了。在工矿调整委员会与土地所有者交涉的过程中,每谈一次地价就大幅度上涨,甚至上涨一倍,以致无法购地。工矿调整委员会代表与当地各级政府交涉,也无法解决问题。无法在洪山购地的重要原因之一,是该地出产的红菜苔是一种历史悠久的著名特产。政府中竟然也有人以洪山出产红菜苔为由,声称在该地办工厂"是助长工业打倒农业"。就这样,购地交涉"变成为工业与农业何者为重要"的滑稽争论。① 为此,一部分内迁厂家只好放弃在此地设厂复工的计划,有些厂家干脆继续内迁,逆流而上,迁往川渝。

　　到 1937 年 11 月,随着大部分上海内迁工厂的机器设备等物资先后运到武汉,厂矿内迁的重心也从上海转移到了武汉。11 月下旬,代表官方的工矿调整委员会在汉口成立了办事处,林继庸、李景潞被任命为正副主任委员。该办事处的主要职责,在于负责协助内迁厂矿复工,通过迁鄂工厂联合会向各内迁厂分发军工产品订货任务,同时筹划、组织、协调民营厂矿向西、南、北继续迁移的相关事宜。这时,国民政府军政当局开始注意到内迁棉纺织工厂的必要性。12 月 29 日,工矿调整委员会在武汉召集各纱厂代表,商筹兼顾棉纺织业的生产与棉纺厂向后方迁移事宜。同月,工矿调整委员会还特别派人到江西、安徽以及河南等省办理拆迁纱厂

---

① 林继庸:《民营厂矿内迁纪略》,第 23 页。

的相关工作。①

到 1938 年年初,中福煤矿、豫丰纱厂等重要厂矿也相继拆迁并运抵武汉。部分内迁的机器、电器、纺织工厂,利用寻勘厂址的时间,在武汉临时复工,一方面以此供应前方的急需,一方面也以此维持自身的生存。最终在武汉开工的厂家有 60 多家。随着战局的进一步恶化,聚集在武汉的厂家不得不考虑再次迁移。由于各种因素,川渝地区成为这一阶段内迁厂矿的主要目的地,而武汉则实际上成为这一阶段大规模内迁的主要出发地点。

在内迁厂矿负责人和组织厂矿内迁的官方负责人中,不少人实际上早已通过 1934 年中国工程师学会四川实业考察团的考察报告,对川渝地区的实业状况有所了解。川渝地区无论官方还是民间,对于内迁厂矿都持欢迎的积极态度。林继庸在发动上海厂矿内迁时,就与川渝地区横跨政商两界的代表人物卢作孚、刘航琛等人多次商洽入川设厂事宜。担任第七战区司令长官的四川省主席刘湘因病于 1937 年 11 月底抵武汉治疗,曾专门致电四川籍工业专家胡光麃,嘱到汉口向工矿调整委员会武汉办事处的林继庸、李景潞等接洽迁厂到川渝的有关事宜。刘湘向胡光麃明确表示,工厂迁川对四川是一个极好的机会,需要四川省政府怎么帮忙都可以。在 1937 年 7—8 月,胡光麃通过刘航琛等人认识了林继庸。他在 12 月中旬到武汉后,向林继庸力陈沿海沿江工厂迁到四川设厂的基础条件和各种有利因素,表示川渝兴办工厂所需的电力、水泥、钢铁、煤炭、工人以及产销等方面,已经有了一定的基础和规模,完全可以适应非常时期设厂的需要,甚至设厂必须的资金,也

① 中国第二历史档案馆编:《中华民国史档案资料汇编》第 5 辑第 2 编,"财政经济"(6),
    第 413 页。

可以协助介绍川渝各银行帮忙,唯一的困难是运输和购用土地的问题。[①] 为解决迁川工厂购地这个困难问题,刘湘在病床上委托胡光麃给四川省政府秘书长邓汉祥发电报,嘱其尽量协助解决。四川省政府方面的态度十分积极,12月28日建设厅厅长何北衡亲自到汉口,对厂家到四川设厂表示热烈欢迎。29日,何北衡还特别与武汉的20余位厂家代表详细讨论了运输、厂地、电力、工人、原料、市场、政策、金融、捐税等与迁川设厂密切相关的具体问题,并向各厂家表示四川特别需要纺织、炼铁、机器、玻璃、制革、造纸、酸碱及化工等类工厂企业,与会厂家代表对川渝地区工商业的情况和当局的态度有了进一步的了解。此后,四川省政府还派重庆炼钢厂厂长杨芳毓到武汉,向各厂家说明情况,并欢迎厂家迁川。[②] 其间,1937年12月29日和1938年1月2日,工矿调整委员会也特别在武汉两次召集各纱厂负责人开会,讨论纱厂迁川事宜。经过讨论决定,裕华纱厂及震寰纱厂需迁3万纱锭到四川,申新纱厂需迁2万纱锭到四川。这一时期的迁厂工作尽管仍有一些困难,但是与发动上海厂矿内迁时的情况相比,已经迥乎不同。迁移工厂的气氛,这时已经弥漫于武汉三镇。

到1938年1月中旬,聚集在武汉准备迁往川渝地区的民营工业厂家,计有大鑫、顺昌等41家。内迁川渝的水上运输,以及在川渝地区选购厂址用地,成为摆在负责内迁的行政当局以及厂家面前的严峻问题。为解决这些问题,翁文灏派林继庸到川渝地区查看情况。林继庸邀约颜耀秋一道前往,并在1938年1月22日抵达

① 胡光麃:《波逐六十年》,沈云龙主编:《近代中国史料丛刊续编》(616),第312—313页。

② 林继庸:《民营厂矿内迁纪略》,第24页。

重庆。此时,先期抵达川渝地区的工业家已经有吴蕴初等16人,分别代表14个内迁民营厂家。25日,林继庸在重庆召集各厂商代表开会,沟通和讨论了相关问题,并决定筹组迁川工厂联合会,以便于工业家之间的沟通和联络。1月31日,林继庸到重庆附近的青木关、歇马场、高坑岩、北碚、北温泉等处查看水利和工业环境。2月5日,林继庸和颜耀秋一同到四川的内江、自流井、邓井关、成都、彭山、夹江、乐山、五通桥一带考察工业资源,同时勘察适宜建厂的地点。经过实地考察,林继庸和颜耀秋感到欢欣鼓舞,认为四川物产丰富,如内江的糖、自流井的盐、彭山的芒硝、彭县的铜、都江堰的水利、五通桥的盐及煤,均可以用来服务民生。特别是乐山的五通桥一带,资源丰富,交通便利,可以建成化学工业区。加上川渝地区民众人数多而且十分勤劳,"人力物力均可使四川成为后方工业中心"①。到这个时候,内迁到武汉的大多数厂家也逐渐认识到,尽管把厂矿企业内迁到川渝地区路途遥远,运输不易,但是正由于有崇山峻岭作屏障,才使日军难以侵入而获得一劳永逸之效,从而坚定了内迁川渝的决心。鉴于轮船不敷使用,林继庸遂与川江航务处处长何北衡商洽发动川江各地的木船帮参加抢运。3月3日,林继庸在重庆召开了有渝各处木船帮参加的会议,到会的有成都、嘉阳、綦江、合川、保河、渠河、合渝、叙渝等大河帮和小河帮船帮帮长、主席。经过发动和完善相关木船抢运办法,越来越多的木船参加到抢运之中。连同各内迁厂家自行订雇的木船(也称白木船)在内,共有850多艘木船参加了民营厂矿内迁的川江抢运,共计上运各种物资25 000多吨。兵工运输同样雇佣了大量木船,抢运较为普通的相关货件。当时宜昌到重庆1 300里的航线上,

---

① 林继庸:《民营厂矿内迁纪略》,第31—32页。

木船 4—7 艘编为一组,下行需时 10—15 天。上行需由纤夫在岸上
用人力拉动前行,需时 30—40 天。川江号子,汽笛声声,拍案惊
涛,在川江的空谷中汇成民族抗争的强音。为解决工厂用地问题,
1938 年 3 月 5 日四川省政府成立了由重庆市市长、江北县县长、巴
县县长、重庆市公安局局长、重庆市商会会长、四川建设厅驻渝代
表、建筑专家关颂声、工业专家胡光麃、工矿调整委员会代表林继
庸 9 人担任委员的迁川工厂用地评价委员会。该会成立后,给厂
家购地设厂提供了很多方便和优待条件。① 如准予免收迁川工厂
厂地印契附加税 3 成,之后再减收 5 成。该会委员胡光麃亲自过问
第一批迁川工厂如龙章造纸厂(后改称中央造纸厂)和天原、天盛
等化工厂在江北猫儿石购地建厂的事宜,使问题得到妥善处理。②
甚至该会还决定,对于迁川工厂运输“途中所保的运输兵险、平安
保险等费用,因雇用木船而增付的保险费用的差额,完全由四川省
政府担负,以表示优待和欢迎工厂迁川之意”③。

　　1938 年 1 月,国民政府中央组织机构重组,相关经济建设行政
机构合并为经济部,翁文灏为部长。同年 3 月,工矿调整委员会及
其所属厂矿迁移监督委员会改组为工矿调整处,隶属经济部,由翁
文灏兼任处长,张兹闿任副处长兼财务组组长,林继庸任业务组组
长。工矿调整处根据蒋介石有关布置后方生产的电令核定迁厂地
址,“以川、黔、湘西为主”④。截至 1938 年 2 月 28 日,从工矿调整
处及其前身协助迁移工厂内迁的实际情况看,其迁移方向主要是

---

① 林继庸:《民营厂矿内迁纪略》,第 27 页。
② 胡光麃:《波逐六十年》,沈云龙主编:《近代中国史料丛刊续编》(616),第 314 页。
③ 胡光麃:《波逐六十年》,沈云龙主编:《近代中国史料丛刊续编》(616),第 313 页。
④ 中国第二历史档案馆整理:《抗战初期民营工矿辅助军需生产的一件史料》,《民国档
　案》1986 年第 3 期,第 62 页。

四川、湖南。① 当时林继庸尚拟具了迁移大成纱厂、申新第四纱厂、美恒纱厂、新民机器厂、工商谊记橡胶厂、新亚制药厂、家庭工业社等大中型工厂,发展云南工业的计划,②可惜该计划大部分未能实现。在此期间,林继庸等人在重庆筹划川渝工业区的有关事宜,其他在汉诸人则进行陕西、湘西、湘南、广西4处工业区的相关部署工作,③并在3月21日召集武汉3镇机器厂家30多人讨论迁移问题。而这一时期工厂迁移已经遍及各处。山东、河南、广东等地也有一部分厂家加入迁厂的行列,但是大多迁到了武汉。6月中旬,长江要塞马当军情紧急,武汉局势变得危急。工矿调整处发动武汉的工厂大规模内迁,并规定了内迁的相关标准。纺织染厂类:第一,中国人自营的纱厂全部拆迁;第二,纱厂所有布机一律随厂拆迁;第三,协助小型织布厂拆迁;第四,染厂的拆迁与重建地点分配要与纺织厂相配合。机器五金工厂类:第一,资产在5 000元以上的工厂单独拆迁;第二,设备简陋的厂家可以部分拆迁,自行组合拆迁到一处共同工作;第三,尽量拆迁原动设备;第四,不拟迁移的机器工厂,协助其优良技术工人迁往后方;第五,各厂所有生铁废料,尽量迁往后方。各类其他工厂:第一,资产在5 000元以上者;第二,设备比较新的;第三,后方需要的;第四,能与其他工业配合的;第五,技术工人是后方缺乏的。④ 对于经审查准许迁移的厂矿给予迁

---

① 中国第二历史档案馆编:《中华民国史档案资料汇编》第5辑第2编,"财政经济"(6),第420—421页。

② 中国第二历史档案馆编:《中华民国史档案资料汇编》第5辑第2编,"财政经济"(6),第417页。

③ 林继庸:《民营厂矿内迁纪略》,第33页。

④ 褚葆一:《中国战时工业建设的梗概》,《新工商》第1卷第5、6期合刊,1943年12月1日,第18页。

建借款。大冶各矿、启新水泥厂等厂矿于是先后拆迁。有些原来心存观望的厂家,这时也行动起来,准备再次迁移。少数工厂负责人由汉返沪,个别厂家如铸亚铁工厂,把全部机器设备出售给工矿调整处。[1] 鉴于工厂器材运川不易,经济部与军政部军需署商定,可以趁平汉、陇海铁路畅通之时,把部分机件尽量设法运往陕西宝鸡等处,并呈请蒋介石批准实施。[2] 于是,内迁西北的厂矿设备利用平汉、陇海铁路特开专车,运送部分武汉内迁厂矿到陕西的咸阳、宝鸡。

　　如果说上海的内迁厂矿主要是中小厂矿且在当地厂矿总数中占比甚微的话,那么武汉的内迁厂矿就有些截然不同了。不仅武汉的大型厂矿实行了内迁,而且内迁的厂矿所占比例甚高,几乎把武汉搬成一座空城。其中,汉口的申新纱厂和福新面粉厂在内迁中曾经起到了重要的带头作用。有资料赞誉道:"申新的内迁,使汉口的内迁蔚为风气,故后方的厂矿十九来自武汉,这股潜流,是申新无意中发动了的"[3]。约在1938年7月底8月初,宋美龄到汉口申新纱厂察看并表示:"工合的手工锭子,一千锭,未必抵得了一个机纱锭子!"申新纱厂厂长章剑慧当场表示,申新纱厂现在不是搬不搬的问题,而是如何搬的问题,并明确提出具体困难有三个:一是搬到何处,二是运输问题,三是经费。对于搬往何处,宋美龄也不免困惑。章剑慧表示可能的地点有重庆、宝庆(湖南)、宝鸡。宋美龄说:搬重庆是不可能的,宜昌还滞留了10万吨物资,还是搬

[1] 中国社会科学院经济研究所主编:《上海民族机器工业》下册,北京:中华书局1979年版,第670页。

[2] 中国第二历史档案馆编:《中华民国史档案资料汇编》第5辑第2编《财政经济》(6),第415页。

[3] 平亦:《民族工业家章剑慧》,香港《经济导报》第47期,1947年11月20日,第20页。

宝鸡吧！对于内迁十分积极的章剑慧又申述了机器与军火同样重要的道理,宋美龄听后颇有同感,尝言:"一个纱厂可以养一师兵,不容不搬。"返回后,宋美龄立即召集武汉市市长吴国桢以及正在武汉从事工合筹备工作的新西兰人艾黎和刘广沛等人动员协助纱厂内迁。蒋介石知道后,向经济部部长翁文灏询问为什么不赶快内迁。于是,在1938年8月5日,经济部和武汉市政府联合在武汉召集大型厂矿负责人开会,会议主席吴国桢表示:"今日召集各位代表谈话,系奉委员长谕令,以现值抗战时期,武汉各工厂应迅予迁移至后方安全地带,加紧生产,增加抗战力量,倘犹豫不迁,万一有失,如上海、河北之例,恐厂主既不能保全其产业,则必资为敌用,政府不得已时,惟有予以毁坏,总以速迁为宜。"①经济部工矿调整处副主任委员张兹闿在会上强调:"今天不谈搬不搬,只谈如何搬!"会后,章剑慧到运输司令部,争取到20多节车皮。章剑慧利用这20多节火车皮,装载1万多吨物资,经平汉、陇海铁路西运到宝鸡。其中包括2万纱锭、4千袋面粉、部分织机、4千千瓦的发电机设备。另有1万纱锭租用轮船和木船运到重庆。到1938年10月22日,章剑慧见各种物资或北上或西运,才乘飞机飞离武汉。②

　　到1938年10月25日武汉失陷为止,由工矿调整处协助及登记,经过武汉或由武汉起运的内迁民营厂矿计有304家,机器设备等物资51 182.5多吨,技术员工1万多人。这304家厂矿分别迁到了四川、湖南、贵州、云南、广西、陕西等省,其中川渝地区为主要的迁移目的地。就业别而言,这304家内迁企业中,有122家属于

---

① 中国第二历史档案馆编:《中华民国史档案资料汇编》第5辑第2编《财政经济》(6),
　　第436—437页。
② 平亦:《民族工业家章剑慧》,香港《经济导报》第47期,1947年11月20日,第20页。

机器五金业,71家属于纺织染工业,31家属于化学工业,22家属于印刷文具工业,17家属于电器无线电业,15家属于食品罐头工业,10家属于陶瓷玻璃工业,7家属于煤矿业,9家属于其他工业。[1]这一时期的内迁,除拆迁有关军需各厂外,民生有关的厂矿内迁也得到重视,迁往区域"由侧重四川而扩至湘西、陕、桂"[2]。除民用器材外,"所有战区附近兵工厂重要器材,约有八万吨,亟待运出。兵工器材,类皆笨重。迁建工作,尤感困难。先有长江航业联合办事处联合其他轮船公司,共同承运。并利用仅存之十六艘海轮,装载笨重器材。自二十七年五月下旬起,陆续运输,直至武汉我军撤退时,方行运毕"[3]。

二、卢作孚负责水上交通行政

随着上海、南京的相继沦陷,战时运输迅速集中于长江中上游航线。1937年11月10日,国民政府军事委员会在南京下关江边成立了负责水上军事运输的船舶运输司令部;12月19日,汉口招商局恢复办公,仍以庄达为司令。[4] 船舶运输司令部赖以发挥作用的运力基础为轮船招商局,而招商局的大型海船适合宜昌以下长江航运,不适合宜昌以上的川江航运。川江水上运输的现代运输力量只能依靠民生公司,而其最重要和最艰巨的任务是把聚集在

① 林继庸:《民营厂矿内迁纪略》,第50—51页。

② 中国第二历史档案馆编:《中华民国史档案资料汇编》第5辑第2编《财政经济》(6),第105—106页。

③ 王洸:《战时航政与航政建设》,《经济建设季刊》第1卷第2期,1942年10月,第52页。

④ 全国政协文史资料研究委员会《武汉会战》编审组编:《武汉会战》,北京:中国文史出版社1989年版,第53—54页。

武汉地区的兵工器材抢运到川渝地区。

1937年年底,武汉也不时受敌机威胁扰害,中国国民党和国民政府党政军机关公物、工厂器材、学校及文化机关的图书仪器,都要赶运入川。其中兵工厂器材1万多吨,急需装运入川。此时正是水枯的冬季,国营轮船招商局的大型长江轮船,由于吃水关系,不能畅行汉宜。民生公司的民元、民本、民权、民风、民族、民泰也不能满载行驶汉宜间。加上大部分轮船应差,于是轮船供不应求,运输困难。而兵工厂的器材,必须迅速运到后方。1937年12月8日,民生公司与兵工署订立从汉口装运万吨机材到重庆的包运合同。合同约定每吨机件的运价为52元,并约定不加起重费,遭遇危险不照惯例双倍收费,大件货物不照惯例量尺计费。按当时机器运价的一般行情,计重量的机件每吨运价为208元,按体积收费的机件每吨运费为72.9元,普通货品每吨运费为104元。如果用这一运价标准作参照,民生公司轮船的运价"仅仅达到普通货品运费的一半"[1]。仅万吨兵工器材运输这一个合同,民生公司就少收运费50多万元。12月15日,民生公司开始从汉口启运上述万吨兵工器材,当月即运出4 646.64吨。[2]

1938年1月,民生公司自汉口运出万吨兵工器材中的4 779.57吨,运出水道运输管理处公物、器材1 570吨及5 337件。[3]同时,随着徐州会战的展开,民生公司再次从四川输送大量兵员到

---

[1] 万迪鹤、颜鹤年、薛冶欧:《抗战以来本公司的货运与客运》,《新世界》第13卷第2、3、4期合刊,1938年10月31日,第38页。

[2] 王德润:《抗战以来本公司汉埠运输公物概况》,《新世界》第12卷第3期,1938年4月1日,第89页。

[3] 王德润:《抗战以来本公司汉埠运输公物概况》,《新世界》第12卷第3期,1938年4月1日,第89页。

前方。当时民生公司的轮船尽力输送械弹、兵员,由四川到宜昌、汉口,转运到前方;疏散由沦陷区域的上海、苏州、南京等地拆卸下来的机器、材料;运送由沦陷区域逃出来的难民、难童,前方运来的受伤将士以及政府机关的公务人员眷属,由汉口、宜昌到四川。那时,汉口、宜昌有很多商货需要轮船装运,想找民生公司运输,承诺运费无论要多少都照给。可是前方的械弹需要接济,前方的兵员需要补充,沦陷区拆下来的生产机械、材料及由前方运回来的伤兵、难民、公务人员,都迫切需要疏散。军事运输的责任,民生公司"毅然决然地负起来了,顾不了商货运输"①。

鉴于军事运输的繁忙,而各方面亟待由汉入渝者人数已达5 000人、货物堆积也已达31 000吨等情况,翁文灏于12月26日,召集江汉工程局、军委会秘书厅会谈,决定组织水道运输管理处,以卢作孚为主任。② 这项任命当然不单是翁文灏与卢作孚个人关系的结果,而是要更有效地发挥民生公司在川江运输中的潜力和作用。因为在川江运输中,能够依靠的现代运输力量,主要是民生公司。民生公司资料载:南京失守后,公物及迁厂器材积汉待转者极多,国民政府为了增进运输速率,适当分配载量起见,于12月上旬在汉、宜、万三埠设立水道运输管理处,统筹运输支配事宜。当时民生公司与兵工署签定装运万吨器材合同,工作进行,"实赖其助"③。显然,水道运输管理处的成立与兵工署内迁器材运输及输送兵员、枪械弹药到前线有直接关系。

---

① 李若兰:《二十七年的业务》,《新世界》第14卷第4、5期合刊,1939年3月20日,第9页。

② 李学通、刘萍、翁心钧整理:《翁文灏日记》,第198页。

③ 王献章:《抗战以来本公司运输公物概况》,《新世界》第12卷第3期,1938年4月1日,第86—87页。

　　除船舶运输司令部、水道运输管理处外,1938 年 1 月 1 日,宜昌警备司令部设立川江客运联合办事处以统制川江客运分配与管理。不过,当时航行川江的船只,因军事差务上调配过多,普通乘客搭船不易,而一般公务人员及团体,又以登记、分配候船十分不便,酿出扣船而走的情势。同时,如太古、怡和的轮船,又以国籍为借口,不理睬川江客运联合办事处规定的登记分配办法。因此,只有大约半个月,川江客运联合办事处就自行瓦解。① 宜昌警备司令部所设川江客运联合办事处成立半个月就以无法履行职责而夭折的事实说明,尽管处在战争时期,单纯依靠政治力量、地方势力或军事手段来处理川江航运,哪怕只是处理客运事务也是难以奏效的。

　　与此同时,国民政府中央机构的改组也在紧锣密鼓地进行。1937 年 12 月 31 日,蒋介石约张嘉璈晤谈,嘱张任交通部部长。张嘉璈"当即表示必须有国库补助,方能措手;并提拟以彭学沛任政务次长,卢作孚任常务次长"②。当日,卢作孚访翁文灏,③应有所商议。1938 年 1 月 1 日,蒋介石辞行政院院长职,副院长孔祥熙继任行政院院长。1 月 4 日,军事委员会开始实际筹备在汉口成立水道运输管理处,负责政府机关、人员及公物运输,由卢作孚兼任主任,军事委员会后勤部副部长黄振兴、江防司令郭忏兼任副主任。由于在分段联运中招商局积欠民生公司运费久拖不还,民生公司汉口分公司致函宜昌分公司,打算对联运一事"借故婉

①《抗战以来本公司宜昌疏散旅客概况》,《新世界》第 12 卷第 4 期,1938 年 4 月 30 日,第 39 页。
② 姚崧龄编著:《张公权先生年谱初稿》,第 192 页。
③ 李学通、刘萍、翁心钧整理:《翁文灏日记》,第 199 页。

拒"①。1月5日,卢作孚迅速将军事委员会水道运输管理处组建完成,之后相继在宜昌、万县、重庆设立分处。1月6日,卢作孚被正式任命为交通部常务次长。1月10日,军事委员会水道运输管理处在汉口正式成立,卢作孚以交通部常务次长身份兼任该处主任。由此,卢作孚成为战时水道交通统制事务最高行政主管,组织部署和指挥汉渝间内迁抢运事宜,负责统制、组织和指挥战时汉宜、汉渝间的水运,举凡党政机关公物及迁厂器材等,均由该处统筹支配。水道运输管理处成立之后,即下令把宜昌以上分为两段航行和抢运。管理处在重庆设立该会办事处,由民生公司业务处经理童少生主持。② 从童少生主持该管理处重庆办事处一事看,民生公司毫无疑问是军事委员会水道运输管理处倚重的主要运输力量。于是纷乱的情形,开始逐渐转变为有秩序的运输。民生公司史料载:"奉军事委员会水道运输管理处命令,将宜昌至万县,由万县至重庆,分两段航行,故万县转口,顿行忙碌。军委会水道运输管理处则亦在万设立转口办事处,专办理万渝间转运事宜。"③

　　民生公司总经理卢作孚被任命为交通部常务次长,并兼任军事委员会水道运输管理处主任委员。这种三位一体的安排,对于统筹和指挥长江上游的水上抢运,避免混乱,提高效率,以及有效

---

① 《民生公司汉口分公司致宜昌分公司》(1938年1月4日),张后铨主编:《招商局史·近代部分》,第435页。

② 王德润:《抗战以来本公司汉埠运输公物概况》,《新世界》第12卷第3期,1938年4月1日,第89页;《水道运输会主任卢作孚兼任》,《嘉陵江日报》,1938年1月10日,第2版。

③ 许培泽:《抗战以来本公司万埠疏散旅客概况》,《新世界》第12卷第3期,1938年4月1日,第96页。

发挥民生公司的作用,是及时的和强有力的体制性组织保障。1938 年 1 月 14 日,在重庆出席民生公司总公司朝会,卢作孚就军事委员会运输公物办法变更及民生公司责任问题特别指出:"一月以前运输颇呈混乱现象,故军委会认为须有整个办法。经过几度会议,改为运输全由商营,废止扣船办法,于是对运输上发生了极大之效率。运输公物之轮船,本公司占百分之七十,所载吨数占百分之八十,故在运输上担负了最大责任,因之政府对民生公司之希望也很大。"①水上运输放弃"扣船"即征用的办法而采用商营办法,不仅大大提高了效率,而且有利于充分发挥民生公司的作用。国民政府军事委员会水道运输管理处具有军事行政机关性质,掌握很大的战时水上运输权。1 月 15 日,军事委员会水道运输管理处宜昌转口办事处成立。该处成立后,迅速与民生公司商定疏散宜昌货物和旅客的办法:货物如果不重要而且不急待短期运输,以木船代运;降低票价,实行座票,②以增加运力。在此前后,为提高处理民生公司事务的效率,卢作孚还在汉口设立民生公司总经理室,总经理室的主要工作之一是指挥在香港购买柴油、钢材,以备战时之用。当时在香港担负采购的是韦焕章,在广州办理转运工作的是王世均,在汉口办理接转工作的是冷善昌,购买这批柴油、钢材的资金是向中中交农四行借贷而来的。③ 这批物资的采购、内运和储存,对于保证民生公司此后的运输和正常运转,起到了至关重要

---

① 《卢作孚总经理在总公司朝会谈话》,《新世界》第 12 卷第 1 期,1938 年 2 月 1 日,第 33 页。

② 《抗战以来本公司宜昌疏散旅客概况》,《新世界》第 12 卷第 4 期,1938 年 4 月 30 日,第 39 页。

③ 周仁贵:《光辉业绩永留人间——为卢作孚先生诞辰一百周年而作》,《风范长存》,政协北碚区委员会 1993 年编印,第 64—65 页。

的作用。

国营轮船招商局、民营三北轮船公司、军事委员会船舶运输司令部等公私军民机关,是利益攸关方,也密切关注着水上运输行政的变动。4月7日,长江航业合作讨论会第一次筹备会议在汉口三北公司举行,民生公司代表杨成质为临时主席,会议决定该组织暂设总处于汉口,在必要时于各埠设立分处。① 4月11日,长江航业联合办事处在汉口三北公司举行会议,讨论镇江联运处、上海联运处等结束事项。② 5月4日,在沈仲毅主持下,长江航业联合办事处在汉口三北公司举行第二次会议。③ 7月1日,军事委员会船舶运输司令部于汉口改组,由后方勤务部部长俞飞鹏兼司令,统制军民水运,④庄达和吴禺为副司令。⑤ 但就运输能力而言,民生公司在川江航运中的地位,没有任何机构可以与之比拟。

三、民生公司在武汉撤退运输中的作用

武汉撤退抢运在抗战时期的内迁抢运中不仅承前启后,而且具有规模大,运输样式、方向不一等显著的特征,但是毫无疑义的一点是,川渝地区是内迁抢运的主要目的地。南京沦陷后,民生公司就进入战时运输的第三阶段。民生公司1938年年底的资料载:南京失陷以后,华东及华中方面人力、物力渐次转移至西南。

① 《长江航业合作讨论第一次筹备会议事录》(1938年4月7日),重庆市档案馆藏,交通部长江区航政局档案,0324/2/4。
② 《长江航业联合办事处会议结束事项纪录》(1938年4月11日),重庆市档案馆藏,交通部长江区航政局档案,0324/2/4。
③ 《长江航业联合办事处第二次会议纪录》(1938年5月4日),重庆市档案馆藏,交通部长江区航政局档案,0324/2/4。
④ 姚崧龄编著:《张公权先生年谱初稿》,第204页。
⑤ 全国政协文史资料研究委员会《武汉会战》编审组编:《武汉会战》,第56页。

各省人士，各厂器材，渐次集中于湘汉。民生公司船只协助政府，负责运输，一方面由各省运货至汉再转后方，发展生产事业，一方面运兵出川，转赴前方抗战。国民政府以前方战事日益紧迫，武汉在地势上非死守之地为由，自迁都重庆以后，即集中力量，积极建设西南，并决定全国各大工厂及生产事业机关，一律于短期内迁川办理。于是由汉口至宜，由宜至万至渝水上交通，倍加紧张。运输工具极感缺乏。汉宜一段，尚有若干外籍轮船航行，而宜渝航线以川江水险，川轮过少，不敷分配。民生公司把下游船只，几乎悉数调行宜渝，上游船只要能勉强行驶下游者，也尽量调行此线，借以增加运输力量。自抗战以来，民生公司各轮装运出川官兵及壮丁为数 20 万以上，政府公务人员及旅客运川者不下 10万。各地难童返川者二三千人，政府公物及各厂家器材先后由民生公司轮船运川者约 10 万吨，“此为本公司轮船加紧后方运输之第三时期”①。

在旅客运输上，民生公司除对于政府西迁人员给予特别便利外，对于兵工署员工运输、教育文化团体运输、难民运输等都给予特别关注。如在优待兵署员工方面，兵署所属各厂迁川，数千员工均须早日前往制造抗战工具，不能不给予特别便利。自 1937 年 12月起，民生公司上行各轮所有统舱先留半数，货舱有余位则尽量搭乘。票费尤其优惠，其最低者仅数元伙食费而已。在帮助教育、文化团体内迁方面，“凡教职员、学生及其他文化团体购票，均有优待办法，并尽量设法安置。如中央大学、金陵大学、齐鲁大学、山东大学、江西助产校及武汉大学等，使其早日到达安全地段，静心读书，

① 刘明超：《八一三后本公司之运输》，《新世界》第 13 卷第 2、3、4 期合刊，1938 年 10 月31 日，第 36 页。

加紧训练，以建筑复兴民族基地"①。

同时，以武汉为中心的水运，在南京沦陷后已经进入枯水期。为此，1938年2月1日，卢作孚从武汉乘飞机抵重庆，在民生公司稍事休息后，即召集有关方面商讨提高枯水情况下运输效率事宜。卢作孚告诉记者，此来别无任务，因长江水枯，多数航轮不能上驶，运输更感困难，正积极设法提高运输效率，特别是宜汉段问题最多。至于由汉迁川各厂约30余家，多系小工业工厂，也设法在短期内迁移到川。②

自1937年12月15日起，民生公司动员民风、民元、民族、民权、民本、民俗、民贵共计7只轮船，并租来鸿元、同茂16号，天祥123号，兴记8号，招商4号，同茂12号等驳船，津通拖头、楚义拖头、美成拖头，以及民生公司7号、57号、3号、10号、11号驳船与民聚拖头，计轮船7只，驳船17只，拖头4只，在宜汉间搬运36次，汉万间搬运1次，总计装运器材10 231.24吨。到1938年2月22日，承运兵工署的万吨兵工器材余数全部运出武汉，大部分运到了宜昌。③

2月，民生公司自汉口运完万吨兵工器材余数1 551.5吨后，开始抢运其他公物，其中运出水道运输管理处公物1 574吨另加214件。④ 这时，从长江中下游聚集到汉口的轮船达200艘。汉口形势危急时，汉口航政局便会同船舶运输司令部组织巡查队，督饬撤

---

① 罗竞孝：《抗战以来本公司汉埠疏散旅客概况》，《新世界》第12卷第3期，1938年4月1日，第94页。

② 《卢作孚抵渝设法改进运输》，《嘉陵江日报》，1938年2月3日，第2版。

③ 万迪鹤、颜鹤年、薛冶欧：《抗战以来本公司的货运与客运》，《新世界》第13卷第2、3、4期合刊，1938年10月31日，第39页。

④ 王德润：《抗战以来本公司汉埠运输公物概况》，《新世界》第12卷第3期，1938年4月1日，第89页；王献章：《抗战以来本公司运输公物概况》，《新世界》第12卷第3期，1938年4月1日，第87页。

退。结果有 208 艘驶抵宜昌，66 艘抵长沙，16 艘达常德。以后由宜昌驶进川江的在 150 艘以上。①

兵工器材抢运中，兵工署所属汉口 14 000 吨器材的运输任务也相当艰巨。卢作孚说：南京兵工署迁动有器材2 000吨，我们以为很特别，汉口又有14 000吨。② 开始运14 000吨时，民生公司的轮船集中于汉口，这批兵工器材先运到宜昌。1937 年 12 月 25 日，民生公司开始自宜昌起运14 000吨兵工器材，到 1938 年 3 月 9 日运完。为完成此项器材的抢运任务，民生公司组织民苏、民政、民康、民熙、民福、民勤、民主、民治、民听、民俭、民安、民宪、民裕、民运、民贵、民风 16 艘轮船，自宜昌到重庆运送 44 次，装载器材4 453.21吨。又组织民主、民康、民苏、民熙、民治、民安、民福、民来、民政、民宪 10 艘轮船，从宜昌到重庆运送 59 次，装载5 854.89吨器材到万县。③ 这一批器材的抢运，使民生公司与兵工署的合作关系进一步加强。此后，民生公司又与国营招商局、民营三北公司合作，承运数量更大的迁建委员会内迁器材。

1938 年 3 月 1 日，兵工署与资源委员会在汉口合组钢铁厂迁建委员会，由兵工署制造司司长杨继曾任主任委员，上海钢铁厂厂长张连科、资源委员会矿业处处长杨公兆、资源委员会电业处处长恽震、资源委员会专门委员会程义法为委员，借汉阳上海钢铁厂为办公处所。成立钢铁厂迁建委员会的目的是拆迁汉阳钢铁厂和大

---

① 《战时后方水上运输是怎样维持的》，《新世界》1944 年 5 月号，1944 年 5 月 15 日，第 11 页。

② 卢作孚：《我总是希望大家为国家为公司努力》，《新世界》第 13 卷第 2、3、4 期合刊，1938 年 10 月 31 日，第 11—12 页。

③ 万迪鹤、颜鹤年、薛冶欧：《抗战以来本公司的货运与客运》，《新世界》第 13 卷第 2、3、4 期合刊，1938 年 10 月 31 日，第 39—40 页。

冶铁厂的炼铁炉、炼钢炉、轧钢设备、动力机器,六河沟公司谌家矶的 100 吨炼铁炉,以及已经内迁汉口上海炼钢厂的设备,并将其运到后方设厂。同时,由该会负责开采川南桐梓一带的煤矿,綦江的铁矿,以保障钢铁冶炼所需原料的供给。4 月初,钢铁厂迁建委员会派工程师入川考察厂址,并设立南桐煤矿、綦江铁矿筹备处。5 月,钢铁厂迁建委员会决定以重庆大渡口为厂址创办大渡口钢铁厂,同时开始拆卸相关厂矿设备并派人到宜昌筹备运输事宜。6 月开始搬运相关设备入川。

　　汉阳钢铁厂到拆迁时为止,已经停工 10 多年,机器设备大多数已经陈腐,特别是零件缺损严重,同时该厂创办时,机件全系购自外国,并由外国工程师安装。因此拆迁重建,实非易事。钢铁厂迁建委员会从 1938 年 3 月成立到 1938 年 10 月武汉沦陷前,拆卸的设备器材主要包括汉阳厂的 250 吨和 100 吨炼铁炉部分机件炉座及 1 座 100 吨炼铁炉,2 座 30 吨马丁炼钢炉,2 部 35 吨和 50 吨高架起重机,轧钢相关的钢轨机、钢板机、钢条机及附属设备,汉阳、大冶两厂的动力设备以及所有机器修理、翻砂、打铁、锅炉等机械设备和工具。在水上运输上,采用分段运输办法。到 1939 年年底,先后动用包括 11 艘海轮、27 艘江轮、2 艘炮艇、4 艘铁驳、17 艘拖轮、280 只木驳船、大量白木船,抢运器材 56 800 多吨。其中属于钢铁厂迁建委员会的器材有 37 200 吨,其余 2 万多吨为代运兵工署其他单位的器材。[①]

　　钢铁厂迁建委员会的拆迁、运输、筹建得到国民政府最高当局的重视。民生公司和轮船招商局则是承运钢铁厂迁建委员会器材

[①] 杨继增:《钢铁厂迁建委员会概略》(1941 年 11 月),重庆市档案馆藏,第二十八兵工厂档案,0182/1/1。

的轮船企业。1938年4月初,民生公司向招商局提议汉渝间运输由两公司采用分段运输方式实施,即民生公司的船只主要负责宜渝段运输,而招商局各轮主要负责宜汉线运输的办法。① 4月15日,卢作孚把《迁建委员会器材运输办法》呈蒋介石。该办法主要内容为:第一,运输总量最低6万吨,最高8万吨。第二,用商运办法、实装吨数计数,收取低廉运费,以提高运输效能。第三,全部华轮参加运输。第四,分汉宜、宜渝两段运输。由于川江船只载重量小,因此必须集中行驶宜渝线,而汉宜线则由大型的长江轮船及海轮为主运输。第五,宜渝军品运输,用现有的同心、同德、民苏、民享4艘差轮负责专运。当军品减少时,该4艘差轮可加入帮助运输。如军品增多,也可加派其他轮船赶运。但在军品运完后,应立即恢复原来的运力安排。第六,宜渝间其他公物迁厂器材及商品的运输,以宜渝轮船载量30%为限。第七,宜渝间运输价格特作如下规定:(1)汉宜段商品运价普通情形下为每吨25元,枯水期间(11月1日起至4月30日止)运价为每吨15元(合商品运价60%)。洪水时期(自5月1日至31日止)运价每吨12.5元(合商品运价50%)。(2)宜渝段商品运价普通情形下为每吨160元,枯水时期(同前)每吨37元(合商品运价23%)。洪水时期(同前)每吨30元(合商品运价19%)。第八,预计全部运费,若以6万吨计则汉宜段(合在洪水期间运出者)每吨12.5元,计75万元。宜渝段51400吨(洪水期间运出者)每吨30元,计154.2万元。8000吨(枯水期间运出者)每吨37元,计29.6万元,宜渝段运费合计为183.8万元。汉宜、宜渝两段运费合计为258.8万元。预计全部运费若如以8万吨计,则汉宜段8万吨(合在洪水期间运出者),每吨12.5元,

---

① 张后铨主编:《招商局史·近代部分》,第435页。

计 100 万元。宜渝段 51 400 吨（洪水期内运出者），每吨 30 元则为154.2 万元。28 600 吨（枯水期间运出者）每吨 37 元，计 105.82 万元。汉宜、宜渝共计运费 360.02 万元。第九，宜渝段运轮自 5 月 1 日开始装运，在 7 个月内约可运 6 万吨，在 12 个月内才能运完 8 万吨。具体办法为：(1)3 只轮船每月来回行驶 3 次，其中民元 450 吨、民本 450 吨、民风 400 吨，每月可运 3 900 吨。(2)8 只轮船每月来回行驶 4 次，其中民权 400 吨、民贵 300 吨、民俗 300 吨、民勤 150 吨、民俭 150 吨、民政 190 吨、协度 160 吨、富华 220 吨。(3)3 只轮船每月来回行驶 5 次，其中民主 190 吨、民康 180 吨、民来 160 吨，每月可运 2 660 吨。合并计算每月可运 13 990 吨，7 个月可运 97 930 吨，减去轮船修理耽误的运量，实际可运 88 137 吨，再减去 3 成装其他公物、迁厂器材及商品的载量，实际可运 61 695 吨。剩余的 2 万吨，从 12 月 1 日起开始装运，由于此时峡江已经处于枯水和极枯水期内，按照每月运输约 4 000 吨推算，需 5 个月才能运完。该办法还有说明事项，对于承运中可能发生的特殊情形，有三项特别情形提请注意：第一，如军运繁忙，偶然有船调供差运，则运量当减少。如军运比以上预算更紧缩，则运量尚可加多。第二，如遇海损事件轮船损失则运量当减少。第三，在平水及枯水时，尚有少数小轮船可供使用，但载量甚微，即以帮助公物迁厂器材及商货的运输，所以未计算在内。① 对此计划中的第六项，侍从室建议宜渝段轮船运输中商品等项载运量提高到 40%。

　　5 月 1 日，武汉情势日益紧张，国民政府与长江航业联合办事处相关的民生公司、招商局、三北公司等三家公司签定抢运汉

---

① 《卢作孚呈蒋介石迁建委员会器材运输办法》(1938 年 4 月 15 日)，台北："国史馆"藏，蒋中正"总统"档案，02/080200/496/097(光碟号 08B-04761)。

口 8 万吨重要兵工器材的特约。重要的兵工器材中,属于迁建委员会的有 5 万吨,属于兵工署的有 3 万吨。由汉口运抵宜昌后,再运重庆,其中有一小部分运到万县为止。运费方面,宜昌到重庆洪水期每吨 30 元,枯水期每吨 37 元,汉口到宜昌洪水期每吨 12.5 元,枯水期每吨 15 元。宜昌至万县照宜昌至重庆运费 9 折。与原来从汉口到重庆不分枯水、洪水 52 元 1 吨的运费相比,又减少了若干运费。这样,运输成本吃亏很大,但包括民生公司在内的 3 家公司都深明大义,毅然承担运输任务,并于 5 月 3 日由汉口开始装运。在装运这种器材中,稍有多余的力量,就竭力设法装运政府公物、工厂机器、学校图书仪器。如各部院的文卷,航空委员会的器材,中央、清华各大学书籍,大成、大鑫、中华、豫丰等工厂的机器。[1]

在运输 8 万吨器材的具体办法上,民生公司与招商局经过协商进行了分工。民生公司于 1938 年 4 月提出汉渝间分段联运运输分配比例,即在汉渝线货运中汉宜段民生公司占 30％,宜渝段民生公司占 70％;在汉万段货运中,汉宜段民生公司占 40％,宜万段民生公司占 60％。对于这个方案,招商局大体上接受。[2] 5 月 19 日,军政部兵工署签发了关于兵工器材迁运办法并签发运输合同的训令,合同中明确规定 8 万吨器材到宜昌后,由民生公司领衔承运,招商局和三北公司参加协助。该合同对于运价也有明文规定。[3]

---

[1] 万迪鹤、颜鹤年、薛冶欧:《抗战以来本公司的货运与客运》,《新世界》第 13 卷第 2、3、4 期合刊,1938 年 10 月 31 日,第 38—39 页。

[2] 《招商局致民生公司函》(1939 年 5 月 3 日),张后铨主编:《招商局史:近代部分》,第 435 页。

[3] 中国第二历史档案馆编:《国民政府抗战时期厂企内迁档案选辑》(上),重庆:重庆出版社 2016 年版,第 465—468 页。

20 日,民生公司与招商局达成长江中上游以汉渝段为重点的货物联运办法。该办法规定:凡从汉口、九江、沙市、长沙、常德各埠运往万县或重庆、泸州、叙府、嘉定的货物,在起运地交由招商局轮船装运至宜昌后,即转由民生公司轮船运往目的地。如货物由万县或重庆运至沙市、汉口、九江、长沙、常德等埠,则交民生公司轮船承运至宜昌后,即转由招商局轮船运至目的地。① 之后,再经双方协商,民生公司与招商局于 25 日达成汉渝间货物分段运输分配比例办法。其中,渝宜段民生公司占 80%,宜沙段民生公司占 20%;万宜段民生公司占 75%,宜沙段民生公司占 25%。结算地点先后安排在汉口、宜昌等埠。民生公司与招商局达成分段联运办法并付诸实施,对于提高全面抗战时期长江中上游特别是川江航线的运输效率和运输能力,抢运大量人员和各类战略物资及时入川,具有重要作用。民生公司与招商局的分段联运办法,在武汉、宜昌相继失守后结束。② 实际上,由于民生公司轮船适宜航行宜昌以上的川江航线,因此 8 万吨器材的运输中,宜昌以下"民生公司仅助一臂之力,宜昌以上则以民生为主力"③。民生公司轮船在宜汉间航行 23 次,仅装运 1 396.56 吨器材到宜昌。由于民生公司在宜汉间承运货物数量有限,加上当时公物、商货运价相差较大,一度引起社会舆论的不少非议,卢作孚说:"(运八万吨时,民生公司的轮船集中宜昌)我们的大部轮船行驶宜渝,不行宜汉,有人曾提出弹劾,同时中国最有力的《大公报》也批评民生公司的不当。但是,无暇顾及,我们仍然走宜昌。到了明年的今天,大家就可以看出伟大的

---

① 《国营招商局民生实业公司办理货物联运启事》(招商局长江业务管理处 1938 年 5 月 20 日拟),张后铨主编:《招商局史·近代部分》,第 435 页。
② 张后铨主编:《招商局史·近代部分》,第 435 页。
③ 《民生公司在长江》,《新世界》1945 年 11 月号,1945 年 11 月 15 日,第 10 页。

成绩来了。到那时,大家可以在后方各地看见以前装运的破铜烂铁,都在机器间里动作起来,那才是唯一安慰我们的成绩。大家要把它认清楚。"①

　　南京沦陷后,武汉实际上成为当时国民政府中央机关的聚集地和临时办公地。随着战局的恶化,这些中央机关的人员和物资进一步内迁势在必行。1937 年 12 月 20 日,在武汉的国民政府中央各部会及民生公司、国营招商局举行会议,商讨中央政府机关迁渝运输计划,参会人员有军事委员会秘书长张群、后方勤务部部长俞飞鹏、行政院秘书长魏道明以及卢作孚等。会议决定由卢作孚负责组织民生公司的船队,在 10 天内运出 600 名中央机关人员、1 500 箱辎重。由于当时国民政府各机关在武汉的待运人员及辎重数量很多,分批搭乘轮船有诸多不便,民生公司遂特别派出专船接送,并联络沿途各埠悉心照料,各轮各埠增派职工加强服务。如民权轮第 45 次、第 46 次上行专门用于搭载财政部人员,民权轮第 47 次上行专门用于搭载行政院人员。航空委员会及其他各机关公务人员,也由民生公司尽量设法搭载。② 从全面抗战爆发到 1938 年 3 月,民生公司疏散入川旅客约 4 万人,其中公务员约占 40％,技术人员约占 30％,普通旅客约占 20％,学生员生等约占 10％。③ 一方面抢运人员、物资到川渝地区,一方面运送部队、军用物资到前线。武汉会战期间,更是如此。

---

① 卢作孚:《我总是希望大家为国家为公司努力》,《新世界》第 13 卷第 2、3、4 期合刊,1938 年 10 月 31 日,第 12 页。

② 罗竞孝:《抗战以来本公司汉埠疏散旅客概况》,《新世界》第 12 卷第 3 期,1938 年 4 月 1 日,第 93—94 页。

③ 谢思洁:《抗战以来本公司下游疏散旅客概况》,《新世界》第 12 卷第 3 期,1938 年 4 月 1 日,第 92 页。

1938年5月30日,民生公司开始运送出川参加武汉会战的川军二十九、三十集团军官兵,第一批运送任务到6月8日完成。[1] 6月8日,民生公司开始运送川军二十九、三十集团军第二批出川参加武汉会战的官兵,到6月16日完成。[2] 随着武汉会战形势的恶化,1938年7月22日,国民政府军事委员会中央党政机关迁运办事处在汉口成立。该办事处成立后,经研究确定了中央党政机关迁运12条办法:

一、关于在汉中央党政机关人员迁渝运输办法,分汉宜及宜渝两段输送。

二、汉口、宜昌间运输由中央党部、行政院、交通部代表及汉口招商局、民生公司经理各一人,合组由中央党政机关迁运办事处,负责办理,并指定交通部代表王洸为主任。办事处假汉口四明大楼交通部汉口航政局。

三、宜昌至重庆间运输由宜昌长江航业联合办事处李主任肇基(宜昌河边三北公司楼上)负责办理。

四、所有在汉中央党政机关应迁渝人员、工役、行李、公物之数量总数,应于七月二十二日前由军事委员会总办公厅核交中央党政机关迁运办事处,登记后不得临时增加。

五、中央党政机关迁运办事处就各机关登记之迁渝员工、行李、公物数量之多寡,配备运输船舶及船期后,通知各机关自行派遣代表备函,务于各该轮开航前两日,向轮船公司接洽,整批购票。一经购定,不得再行退还。

六、各机关于接得迁运办事处通知后,应备公函两份,填

---

[1] 全国政协西南地区文史资料协作会议编:《抗战时期的西南交通》,第294页。
[2] 全国政协西南地区文史资料协作会议编:《抗战时期的西南交通》,第294页。

列迁渝员工人名、各级舱位数额及公物数量，以一份送经中央党政机关迁运办事处签证后，迳向汉宜段轮船公司备款购买船票。另一份送由办事处转寄宜昌长江联合办事处会通宜渝段轮船公司，事先支配接运船舶及舱位。

七、宜昌长江航业联合办事处于接得迁运办事处公函后，应随即向宜渝段轮船公司接洽配备舱位，并将该处现已登记之川江船票展期至此次迁运完毕后，再赓续运输。

八、各机关乘轮票价，汉宜段国营照半价计算，民营照七折计算，宜渝段一律照七折计算。

九、各机关公物在汉起运时，应自行编号标记，于各轮船开行前一日迳送各该轮船公司码头，由各该轮船公司派员按件接收，照每吨优待价十二点五元计费，所有行李由各人随身携带并不另计运费，但每人所带行李不得超过两件。

十、各机关之家具一概不得随带运输。

十一、在宜昌关于人员、公物、行李之转船接运手续，由宜昌长江航业联合办事处预为配备，以船过船。在船手续未毕事以前，所有汉宜段原轮，暂泊宜地候轮接运。但原轮停泊至多以两天为限。

十二、船抵宜昌后，各机关应派代表一人迳向宜昌长江航运联合办事处接洽船票及公物之转运事宜。①

7月25日，李肇基主持长江航业联合办事处宜昌分处临时会议，卢作孚、童少生、李肇基、谢萨生等参加。卢作孚应邀讲话，分析了长江航业联合办事处工作迟缓的原因在于办事人员多为兼

---

① 《中央党政机关迁运办事处公函（运字第7号）》，重庆市档案馆藏，交通部长江区航政局档案，0324/2/1。

职、办事处与公司职责划分不清等，为此提出 8 点改进办法，谓：

> 长联处情形，昨天曾向主干人员问询，工作推进迟缓原因，并归纳其原因有二：（一）各股负责人员均系兼职，本身事务已极纷繁，自无余暇抽调时间兼顾兼职，则兼职职务，即成荒废，故碍工作之推进。此其一。（二）各公司与航联处职权未能划分清楚，办事未免混杂，致影响进行，亦为原因之一。现在为顺利推进今后工作起见，必须注意下列各项：
>
> 一、调派专人负各股责任，并将公司与长联处之职权确定。
>
> 二、港务股需扩大组织，应分南北两岸，设立趸船栈房驳船及雇佣力夫各项，需派专人负全责办理。
>
> 三、提装工作，在此地有分公司之各轮，由各该公司负责人办理。至于公司之各轮，该轮应委托其他公司代理。否则，责无专归。
>
> 四、水脚一项，应由交运人员先行付给，或交付一部分交付主管机关，则一切提卸费用，方不致发生无从垫付之困难。而宜处之代开支费用所垫付者，需取据寄总处，以便向该轮水脚项下扣还。
>
> 五、关于起卸之设备，应由长联处负全责办理，现宜已有工程师多人，需大家联络起来，共同确定一具体方式。
>
> 六、增加工作效率，最好设立一机关专负督促责任，此项组织，应以迁建会为重心，方足统筹统办，而增效率。
>
> 七、长联处应派专人在处与各机关及各处来洽商之人员接头，免致来人不知所措。
>
> 八、宜埠小火轮至为缺乏，个人返汉后当向有关方面洽租拖宜应用。

　　如上各项如能切实做到，则长联处之困难可不攻自破矣。①

　　会议还修改了长江航业联合办事处组织章程和组织简章。经过努力，该计划得到圆满实施。

　　武汉新华日报社和八路军办事处除留下一部分人跟着周恩来继续坚持工作外，其余大部分人员于 1938 年 10 月 22 日晚在李克农、潘梓年的带领下乘坐新升隆轮离开汉口，向重庆进发。开船前，又免费搭载难民妇孺 50 余人。② 据曾经担任卢作孚秘书的中共地下党工作人员萧林回忆："（在武汉沦陷前夕）党组织找人向我讲，武汉《新华日报》先拿出一部分印刷机器，运到重庆，以备将来武汉不能出报时，重庆可以继续出版。这事我向卢先生作了汇报，他同意由水陆运输管理委员会派一条专船装运机器。这个任务由新隆阶③小火轮承担，除运机器外，还有 10 多名工作人员随船入川。"④该轮开行前，还搭乘了不少普通民众。10 月 23 日午前，新升隆轮船驶抵距离汉口 200 百多里的嘉鱼县燕子窝，决定分 3 组上岸疏散，躲避空袭，晚上开船。由于燕子窝村子很小，喝水困难，下午 3 点钟左右，部分人员络绎返回船上喝水。恰在这时，新升隆轮船遭到敌机机枪扫射并被敌机炸弹击中沉没。事后点检人员伤亡情况，有 25 人中弹或溺水而死，⑤其中 9 人为八路军办事处人员。

---

① 《长江航业联合办事处宜昌分处临时会议》，重庆市档案馆藏，交通部长江区航政局档案，0324/2/1。

② 郝启文：《沉痛的回忆》，《新华日报》，1939 年 10 月 23 日，第 4 版。

③ 应为新升隆。

④ 周永林、凌耀伦主编：《卢作孚追思录》，第 93 页。

⑤ 徐迈进：《依靠群众，克服困难》，《新华日报的回忆》，成都：四川人民出版社 1979 年版，第 145 页。

李克农、潘梓年等人因轮船被炸时尚在岸上，得以幸免于难。许涤新后来也回忆说：在武汉最后撤退前的一周，以潘梓年为首的党报工作人员，与李克农、王炳南等八路军驻武汉办事处的同志，租了一只内河轮船新升隆。该轮于10月22日晚间驶离武汉，向重庆方向航行。23日，新升隆轮船在湖北省嘉鱼县燕子窝遭到日机俯冲扫射和轰炸，在火焰中逐渐沉没！① 后来，重庆《新华日报》曾经刊文，纪念新升隆轮船事件中牺牲的烈士。

　　民生公司汉口分公司的疏散由杨成质、陈国光、李肇基事先制定周密计划，并得到卢作孚、袁子修的指导。职工从1938年3月开始疏散，每月都有职员离汉，有些调往各轮船，有些调往宜昌、万县、重庆各处。到10月初，滞汉职员还有27人，茶房10人，货栈人员10多人。汉口分公司本身器物的疏散从7月开始，分2批进行。10月上旬，卢作孚决定，汉口分公司分派一部分人员到长沙工作。准备把从香港购买的油料在长沙提卸后，再交轮船直运宜昌。13日，刘运鹤等率先离汉赴长沙。到17日，汉口分公司仅留职员10人，茶房4人，货栈人员6人。20日汉口分公司停止办公，卢作孚和袁子修乘汽车经长沙去宜昌，另外19人分乘招商局江新轮、四行的包船大豫轮于22日离汉。2批人分别于28日、29日抵达宜昌分公司。其间，人心惶恐，谣言纷传。25日宜昌、万县、重庆的公司同人间纷传江新轮在城陵矶附近被炸，死伤千余人，后被证明是误传。②

---

① 参见许涤新《风狂霜峭录》，北京：生活·读书·新知三联书店1989年版，第183页。
② 周克振：《汉口分公司撤退记》，《新世界》第13卷第5期，1938年11月30日，第16—18页。

第三节　宜昌撤退中的民生公司

全面抗战时期的宜昌撤退，是整个撤退抢运中的关键一环，很大程度上甚至关系到撤退的成败，因为武汉失守后，宜昌也岌岌可危。当时"囤积宜昌之军品器材，数载十二万吨以上，而江水已枯。可能行驶川江者，皆为较小轮船，全部运量，每月只有五千吨左右。欲其急切迁运完成，自非事实所许可。于是乃筹补救办法"①。值得庆幸的是，宜昌大撤退取得了令人满意的成绩。宜昌大撤退的成功，一定程度上为民族工业保存了元气，成为彪炳民族复兴史册的壮丽凯歌。在宜昌大撤退中，民生公司作为抢运中的现代航运力量，发挥了不可替代的作用。卢作孚作为宜昌撤退的组织者，身兼政府行政当局和民生公司总经理双重身份，发挥了长才。

一、宜昌与川江运输

到武汉保卫战时期，负责工业内迁的主管机构的意图已经十分明确，就是要在四川以及陕西、湘西、湘南、广西5处建设工业区。② 这一规划，当然会影响到聚集在武汉的各地工厂再次内迁的方向，③而内迁工厂大部分选择了以四川特别是重庆为目的地。这样，多数内迁工厂的再次内迁就需要通过以宜昌为起点的川江上运至川渝地区，而长江中下游轮船到宜昌后多数不能上驶，必须在此改装小轮，运输量由此大受影响。

---

① 王洸：《战时航政与航政建设》，《经济建设季刊》第1卷第2期，1942年10月，第52页。

② 林继庸：《民营厂矿内迁纪略》，《中华文史资料文库》第12卷，第33页。

③ 林继庸：《民营厂矿内迁纪略》，《中华文史资料文库》第12卷，第950页。

军政部制呢厂张乃恒在1938年1月25日《军政部制呢厂关于机件运渝经过给军需署的呈稿》中,详细地记述了宜昌到重庆间的水上抢运情形。该呈稿报告说:

本厂及纺织厂所有机件器材除由怡和、太古聚等洋行由汉口直运重庆约一千零八十余吨外,其余均系由汉口运抵宜昌转船来渝,只以宜渝段交通工具过少,各机关公物过多,加上华商轮船的运输有一定的限制,以致宜渝段运输万分困难。……

(1)由外商轮船运渝者。华商轮船受政府制限,为抢运滞宜机件,不得不利用外轮。计由太古洋行万县轮运渝者,计座车两部,每部运费九百五十元正。由聚福洋行福源、福同两轮运渝者,计机器材料约计一千二百余吨(因此两轮均无钓杆所装机箱,均系在宜拆改者),系按英镑计算,均经呈报有案。

(2)由华商轮船运渝者。计民生公司运渝者四百余吨,遵照交通部长江航业联合办事处之运费规定,在本年十一月以前,凡属公物在一吨以内之机件,每吨运费为三十六元,在一吨以上之机件,每吨运费为四十八元;自十一月一日起,因系枯水时期运费规定一吨以内之机件,每吨运费为四十八元,一吨以上之机件则为六十元,均以量尺吨为标准,材料每吨则按"迁厂类"计算,每吨运费为五十余元。

(3)由差轮运往庙河、巴东、万县转渝者。计由本部差轮管理所宜昌分所民勤差轮运至万县者共计四十吨,到万县后改装木船来渝,由同德差轮运至巴东者计二十余吨,已装民生公司意康铁驳,由该公司派轮拖带至万,由江汉、鸿利两轮运至庙河者共计一百余公吨(庙河距宜昌一百八十里),此两轮正在试验上游,约在最枯水时或可驶至万县,入至本年年底仍停泊庙河无法上驶时则再雇木船由庙河装载来渝。

（4）由木船运渝者。本厂鉴于轮运之困难，时局迫切，空袭可虞，遂自本年八月起即利用木船输送，经万县帮会首罗直甫在宜昌雇妥木船四十只，自宜至渝，每吨运费为六十元，以实际装载重量为计算标准，后以时局严重，驻宜各机关均感轮运困难，纷纷抢雇木船以致供不应求，船价陡涨。本厂为抢运滞宜机件遂电驻万县人员在万封雇木船，放空来渝（由万雇来木船七十六只），每木船酌给放空津贴，以争取时间之迅速。迭经后方勤务部船舶运输司令部召集各有关机关会议决定，宜渝段木船每吨运费为六十六元（运费为五十五元，到渝加付两成奖金，合六十六元），不得任意封扣木船。本厂续由万县雇妥放空来宜之木船，即按照船舶司令部之规定付给之，每只木船装载器材之重量为其载重量之对成，以减少运输途中之危险。运费在宜先付八成，到渝提卸后再付两成。途中若有不幸事件发生时，则打捞费用归本厂负担。如木船损坏则由船主自修，明定修好后再行接运。沉没者由本厂另雇木船接运。本厂前后共装出木船一百一十六只，载重约达三千吨之谱，木船实为本厂宜渝运输段之主力。

（5）由民生公司民固轮拖带本厂铁驳至渝者。本厂及纺织厂重件机器，如锅炉、发电机、高热器、凝结器、变压器等重件机件重量既重，体积又大，除能装民元、民本两轮外（此两轮钓杆能钓十五吨，舱口均宽大），其余所有宜渝段轮船、木船均不能装载。民元、民本两轮久为兵工署独占，遂迭次交涉，前后只拨给六十吨。装出吨位有限，其余者尤为开工所必需，势在必运，遂与本部船舶管理所宜昌分所索拨铁驳两只，一为鸿安十号，一为汉冶萍十九号。经宜昌美敦测量公证所洋员验明,认为均可拖带,其中鸿安可载一百二十吨,汉冶萍可载一百五十吨,遂将所有重件经租用民生公司的民乐钓杆吊装完竣。经民生公司民固拖船(民固即巴渝兵舰所改者)拖轮至秭归再换轮拖至重庆,总计铁驳运费鸿安十号日租为三十五元,自十一月二十二日起归本厂起租。汉冶萍十九号日租为四十一元,自十一月二十八日起归本厂起租,验驳费每驳五十元,宜昌民乐起重费为六百余元,民固拖渝费,每只为八千元,共一万六千元整。

(6)由民生公司意康铁驳运渝者。民生公司意康铁驳拨给本厂六十吨,计在宜昌装三十五吨,在巴东装二十五吨,到重庆运费均自宜昌起算,系按照该公司拖带章程以实装重量摊算托运费。

(7)怡和包运之滞宜机件处置办法。纺织厂在汉口经中国旅行社由怡和、太古直运重庆机件达八百余吨。除太古所运者已完全到渝外,怡和尚有一百五十一件机箱滞宜未运。该公司宜渝段原有轮船两只,一为嘉和船甚大,一为新昌和船只甚小。嘉和不幸搁浅,致此次件久未运出。本厂为赶速运输计,便从搁浅的嘉和轮上提出五十二件,转装民生轮船,其余九十二件该公司允自一百三十八次新昌和起运陆续运完,提出之机件应退之运费正责成由中国旅行社负责办理交涉。

综上所述,宜渝段运输最艰难,情形又亚特殊,多为原预算时所不能想象者,而且有时因运输时机之关系而不及陈报备案者势所难免,现在两厂滞宜机件、器材、人员已完全离宜,理合将经过实情呈请鉴核。①

————————

① 中国第二历史档案馆编:《国民政府抗战时期厂企内迁档案选辑》(上),第437—441页。

　　张乃恒的呈稿再现了当时宜渝间水上运输的艰难情形。在该呈稿的附表中,张乃恒还开列了当时宜渝段 18 艘(16 艘为民生公司轮船)轮船及运营情形(见下表 4 - 2),是非常重要的资料。

表 4 - 2　宜渝段华商轮船调查表(1938 年初)

局别	船名	估计载重量	支配机关	备考
招商	协庆	150 吨	兵工署独占	无钓竿
三北	富华	220 吨	航委会独占	无钓竿
民生	民元	500 吨	兵工署独占	有大钓竿
民生	民本	500 吨	兵工署独占	有大钓竿
民生	民权	300 吨	兵工署独占	有钓竿
民生	民风	300 吨	兵工署独占	有钓竿
民生	民俗	200 吨	兵工署独占	有钓竿
民生	民熙	150 吨	兵工署独占	有钓竿
民生	民享	100 吨	兵工署独占	有钓竿
民生	民治	100 吨	兵工署独占	无钓竿
民生	民口	120 吨	航委会独占	无钓竿
民生	民康	120 吨	航委会独占	无钓竿
民生	民政	180 吨	航委会独占	无钓竿
民生	民安	80 吨	航委会独占	无钓竿
民生	民福	80 吨	航委会独占	无钓竿
民生	民贵	200 吨	兵工署、航委会、民生公司各占三分之一	无钓竿

续表

局别	船名	估计载重量	支配机关	备考
民生	民俭	120 吨	民生公司支配	有小钓竿,其他各机关商号只有此船可搭载
民生	民意	60 吨	民生公司支配	至巴东无钓竿

资料来源:张乃恒:《军政部制呢厂关于机件运渝经过给军需署的呈稿》(1938年1月25日),中国第二历史档案馆编:《国民政府抗战时期厂企内迁档案选辑》(上),第441页。

表4-2表明,有无起重机设备,是很重要的观察指标。民生公司不仅以16艘轮船居于绝对优势地位,并且半数轮船拥有起重设备。

卢作孚当然了解宜昌的运输情形。1938年2月1日,卢作孚在重庆就内迁运输中公私货物承运、起卸设备购置、临时堆栈设置、职员分工负责等事宜致函负责民生公司宜昌、汉口分公司的李肇基,明示处理业务的办法和注意事项:"第一,各轮于装公物外,得搭包装商货三成。公司以主康勤苏熙治安意行驶宜万,每次有九百二十吨以上载量,应搭包装商货二百七十六吨以上。现因负责独重,不应比照他公司有同样希望,故决以主康勤苏熙福治七轮,共约载量七百八十吨,载兵厂运费最低的公物;而以意安两轮,仅约载量一百四十吨,载普通商货,此应有甚充足的理由。但因大成、中华、大鑫、中央各工厂,清华、中华各学校器材积宜太多,意安两轮应大量装载此项工厂、学校器材,仅能少量搭装其他普通商货。此种吃亏独大的办法,应请商童少生召集各轮船公司说明,以免不明内容者有所误解。第二,为笨重机器起岸而拟增加的起卸设备,须速弄明所需木料数量、尺寸及其完成时间,同时电汉问明,今后尚有若干笨重机器运来,据以决定是否立刻购料赶工。设备如完成需要的时间太长,或笨重机器今后运宜者绝少,则似可无须设备,否则,立刻购料赶工完成。第三,临时堆栈可囤货二千余件者几日可以完成?盼查示。如旬日内即可完成,盼立刻动工,限日完成,将必须加以保护的货件移入栈内。第四,请排除一切困难,自即日起办到各轮当日到次晨拂晓开。空船不装煤,如舱底有货,则煤只装舱面,最多以三十吨为限。第五,请务必把职员工作分定,有一问题即有专人负责解决。你自己应照料联系全局,不应自当问题之冲。每晨必开工作会议,把重要各员工作加以安排,把问题限时解决,才不致延搁工作。第六,各方函电务须依其要求立刻正确裁答,万不可阅后置之。裁复函电应有专人,其尚待办理事宜,也先行答以交办情形,直到办完,再通知结果。"①

1938 年 3 月 9 日,民生公司包运的万吨兵工器材运输完毕。其中民苏等 16 只轮船,航行宜渝间航线 44 次,共计运到重庆4 453.21 吨;民主等 10 只轮船航行宜万间 59 次,计运抵万县5 854.89 吨。② 卢作孚说:"从武汉起,撤退所有兵工厂及钢铁厂,第一期运一万二千吨,两个月完成了。"③

3 月中旬,林继庸收到筹备中的迁川工厂联合会从重庆寄来的迁川工厂须知,并从中选出 2 份呈送资源委员会以备参考。在 3 月19 日林继庸拟送的迁川厂矿须知函中附有 12 条《迁川工厂须知》。12 条中,迁川工厂联合会提醒武汉的厂家在迁川过程中,要注意在宜昌进行登记和办理相关手续,到重庆后也要到相关机构报到和

① 黄立人主编:《卢作孚书信集》,第 629—630 页。
② 万迪鹤、颜鹤年、薛冶欧:《抗战以来本公司的货运与客运》,《新世界》第 13 卷第 2、3、4
　 期合刊,1938 年 10 月 31 日,第 39 页。
③ 卢作孚:《一桩惨淡经营的事业——民生实业公司》,第 19 页。

办理手续,关于津贴报销、木船运输载重及合同、木船运输保险、报关、到重庆后购地、五金材料等,都有涉及。[1]

到3月底,民生公司从宜昌搬运到重庆的公物,除万余吨兵工器材外,还有5 449件器材、6 409件另80吨机件、17 909件原料、2 860件另60吨五金、16 150件火砖、1 643件图书仪器、1 124件文卷、838件棉布、650件被服、531件电料、101件纸头、139件棉子、930桶机油、550件镍币、270件文具、230件药品、886件其他公物等。[2]这些物品总数有5 000吨。[3]

全面抗战爆发后,民生公司在水上抢运中取得了不俗的成绩,但因运输公物、器材,蒙受损失也不少。这些损失包括:第一,公物水脚均未照商货价格计算,如1937年9月武汉运价为每吨24.36元,公物仅收每吨11.55元。汉宜转渝市价为机器每吨208元,普通货件104元,公物仅收每吨60元,航行成本,时有不敷。第二,公物机材中多有条件过苛者,如重件不加起重费、大件不按体积以吨计、危险品不照惯例加倍计费、提装过档费由公司负担等。第三,因运输公物,几乎把负责包运的商货全部滞存宜昌,客号不断前来责难,致使民生公司此前所获的信誉,大受影响。第四,改分段转运后,内港船几乎全部改为运输公物,渝叙、渝涪航线商货拥挤,无法装运,受到客号责难,运费收入也受影响。总之,民生公司在全面抗战爆发后承运了数量巨大的公物,但在利益营收方面,实无足

---

[1]《林继庸拟送迁川厂矿须知函》(1938年3月),中国第二历史档案馆编:《国民政府抗战时期厂企内迁档案选辑》(上),第86—88页。

[2]《抗战以来本公司宜昌运输公物概况》,《新世界》第12卷第4期,1938年4月30日,第38页。

[3] 王献章:《抗战以来本公司运输公物概况》,《新世界》第12卷第3期,1938年4月1日,第87页。

述，"唯得藉是稍稍效力国家，略尽应有之天职，差堪自慰耳"①！

　　汉宜段由大轮运输的货物器材，到宜昌后均需分转，由川江小轮装运入川。两段行驶的轮船，载重量完全不同，所以滞留宜昌等的转运物件，数量巨大。为求转运迅速，宜昌到重庆的航线和轮船，分为宜万、万渝两段运输，特殊情况下轮船才在宜渝间直驶，装载各货则受水运处管理。在 1 万吨军品运完后，兵工署设法从武汉运到宜昌的约 4 000 吨器材，也急需抢运入川。经过协商，这一批器材仍照 1 万吨运输方法交民生公司运输。民生公司接受该业务后，从 4 月 9 日开始装运，5 月 7 日完成此项业务的运输任务。②

　　从全面抗战爆发到 1938 年 4 月止的 9 个月中，经民生公司宜昌办事处先后抢运入川的机关（一些军政机关在工厂名义下）、团体、学校、工厂人员及难民等，有 64 000 多人。其中包括学校：复旦大夏联合大学、四川临时大学、大公职业学校、金陵大学、贵州医学院、中央工职校、武汉大学、航空器械学校、中央陆军学校、国立戏剧学校、中央警官学校计 11 所；工厂和政府、军事机关：金陵兵工厂、巩县（兵）工厂、白水桥工厂、武昌被服厂、武昌制呢厂、上海机器厂、南昌飞机厂、大鑫厂、京华印刷厂、川一厂、宜昌电报局、中国无线电业公司、永利公司、全国度量衡局、七战区司令部、航会无线电厂、扬州航空站、卫生署、国营金水农场、国防最高会议、宜昌航空站、广播事业管理局、船舶管理所、差轮管理所、中央棉业改进所、导淮委员会、扬子江水利会、成渝铁路局计 28 个；剧团：上海影人剧社、抗战剧团、业余剧团计 3 个；医院：一五后方医院、一二〇

① 王献章：《抗战以来本公司运输公物概况》，《新世界》第 12 卷第 3 期，1938 年 4 月 1 日，第 87 页。

② 万迪鹤、颜鹤年、薛冶欧：《抗战以来本公司的货运与客运》，《新世界》第 13 卷第 2、3、4 期合刊，1938 年 10 月 31 日，第 39 页。

后方医院、一三三后方医院、八五后方医院、重伤医院计5个。①

1938年5月13日,民生公司派民俭轮从汉口把在山东滕县壮烈殉国的川军二十二集团军一二五师师长王铭章烈士的灵柩西运回川。② 23日,民生公司载有王铭章灵柩的民俭轮抵达重庆。24日晨,国民政府各院部会及各界代表到朝天门码头,由重庆行营主任贺国光至民俭轮举行启灵礼。③

5月20日,长江航业联合办事处宜昌分处在宜昌大公路三北公司内正式成立,民生公司宜昌分公司经理李肇基任主任委员。④ 5月下旬,李肇基向长江航业联合办事处主任委员沈仲毅报告宜昌办事处组织情形。呈文称长江航业联合办事处宜昌分处各股人员,分别由各公司调用,计民生14员、招商4员、三北8员及雇员李道平1员,共27员。所调人员均属义务职,办事处仅照章供给食宿,惟雇员1人给薪俸洋共40元。⑤

抗战爆发后,民生公司除了运送人员、抢运物资到后方,运送将士出川抗战,还运送从抗日前线撤退下来的伤病员到后方。1938年6月21日,军政部部长何应钦为运送伤兵到后方事致函民生公司,谓:"现战事逐渐展开,在汉宜公路沿线及长江沿岸作战部队逾十万人,此两线之伤兵,必以宜昌为唯一后送区域。预计伤兵在短时内,有五千至一万人到达宜昌,设非在宜每日控制一千人的

① 《抗战以来本公司宜昌疏散旅客概况》,《新世界》第12卷第4期,1938年4月30日,第39—40页。
② 全国政协西南地区文史资料协作会议编:《抗战时期的西南交通》,第294页。
③ 全国政协西南地区文史资料协作会议编:《抗战时期的西南交通》,第294页。
④ 《长江航运联合办事处宜昌分处主任委员李肇基报告》(1938年5月20日),重庆市档案馆藏,交通部长江区航政局档案,0324/2/1。
⑤ 《为呈报职处职员名册备查并请鉴核该员等是否尚须由钧处加委伏乞指令祗遵由》(1938年),重庆市档案馆藏,交通部长江区航政局档案,0324/2/3。

运力抢运,必难完成任务。"①民生公司立即进行了相关部署,及时把武汉会战期间在抗日前线忘我血战的伤员运送到后方。在运送过程中,伤兵中常有一些人情绪不稳定,借故甚至无故在船上寻衅闹事。民生公司为此特别发出通函,要求各轮船遇到此类情形要容忍退让,员工要用和蔼的态度对待这些对国家、民族有特殊贡献的人员。

二、宜昌货物、人员大量积压情形的出现

值得注意的是,1938 年 3—5 月,船舶运输司令部负责的汉渝水上客运,竟然突然间出现从重庆、宜昌倒流武汉的奇怪现象。本来全面抗战爆发后长江、湘江、汉江的水上运输,人流、物流的方向总是朝向上游,下行船只除数量不多的粮秣、工事器材、燃料外,空船下驶也不奇怪。但在 1938 年 3—5 月,下行的船只竟搭载许多市民、公务人员家属甚至难民重返武汉。其原因,与这个时期的战事有密切关系:一是苏联志愿空军在武汉上空曾一次击落日机 27 架,使日机整整 1 个月不敢空袭武汉。二是平型关、台儿庄捷报传来,大家以为敌人就要失败,中国就要胜利,以至于各机关进行扩建,准备迎接复员。受"速胜论"影响,大家争先恐后返回武汉,出现一种奇怪现象。② 水上运输中这种情况的出现,增加了此后宜昌疏运的压力。

1938 年 5 月 4 日,民生公司开始从汉口装运 8 万吨器材。自 5 月 11 日起到 9 月 14 日止,民生公司动员民元、民本、民族等轮船,共装运 8 万吨器材,航行汉宜 23 次,共计装运器材至宜昌1 396.56

---

① 凌耀伦主编:《民生公司史》,第 330—333 页。
② 全国政协文史资料研究委员会《武汉会战》编审组编:《武汉会战》,第 55—56 页。

万吨。① 因为由宜汉段大型轮船上运的货物器材运到宜昌后,均需
分转川江小轮装运入川,所以当时滞留宜昌的待运货物积压现象
已经十分严重。为有效组织运力抢运由宜昌装运的 8 万吨器材入
川,卢作孚派童少生以重庆总公司业务经理兼宜昌分公司经理名
义驻宜昌指挥,分宜万、万渝两段进行运输,减少宜渝直驶,并想方
设法增辟码头、增添起重设备、增加趸船和工人、增设转运站以增
加运力。资料载:民生公司从 5 月 11 日从宜昌起运 8 万吨器材。
为加强运输和装卸能力,民生公司特别订造 10 多只大型木驳,租
用 1 只陶馥记趸船,商借军政部 24 号驳船,在重庆南岸新辟五龙码
头,添租川江、招商、义华等 5 个货栈,增设临时堆栈,增雇 30 多个
从上海内迁的起重机工人,还在重庆增雇 200 余小工,从沙市增雇
100 多个小工。②

　　从宜昌起运 8 万吨器材的工作刚刚开始不久,6 月初又新增加
3 万吨物资的抢运任务。6 月 11 日,卢作孚就内迁运输问题致函
重庆行营秘书长贺国光,谓:"近因运输加紧,除兵署原定运川之八
万吨外,又增三万吨运往四川。昨经开会议决,运量虽增多,运期
必缩短,前此允许各轮百分之四十搭运迁厂器材与普通公物及商
货均将停运,仍苦力有未逮。军政部召集会议,决定不惜以最高运
费给予外轮,请其助运。此间已向怡和、太古两公司接洽,得其允
装运非军用品之器材。查重庆聚福轮船公司所经营之福源、福同
两轮,全为华资挂法旗之船,以中国人之财力而不能助中国抗战时
之运输,该公司主持者应亦扪心不安。惟函请我公就渝召该公司

① 万迪鹤、颜鹤年、薛冶欧:《抗战以来本公司的货运与客运》,《新世界》第 13 卷第 2、3、4
　期合刊,1938 年 10 月 31 日,第 39 页。
② 万迪鹤、颜鹤年、薛冶欧:《抗战以来本公司的货运与客运》,《新世界》第 13 卷第 2、3、4
　期合刊,1938 年 10 月 31 日,第 39—40 页。

经理李泽敷一谈,晓以大义,使以全力助国家运输。为保外旗关系,仍限于非军品之器材,但运费宜较普通稍减。"①聚福轮船公司名义上为中法合资公司,实际上重庆行营对该公司也无可奈何。

　　恰在此时,民生公司还必须准备能够保证公司持续运营的五金材料和燃料。6月,民生公司在香港设立驻港办事处,收购燃料、五金材料。② 曾任民生公司代总经理的魏文翰后来说:"本公司必需之五金材料及油料,八一三以后,沪渝交通梗阻,曾由香港、广州运入长江,及在长江搜购七千吨以上,并存沪材料,设法运至香港,转海防内运。海防将资敌前,又设法抢运回香港,再转仰光内运。为加强抢运,并自备卡车数十辆,行驶滇缅路,费若干人力、财力,幸能将材料抢进。"③在抢运急如星火的情况下,准备这些物料,真是难上加难。

　　1938年6月16日,民生公司开始运送川军二十九、三十集团军第三批出川参加武汉会战的官兵,到6月22日完成。此次从5月30日开始的运送任务,前后3批计运送官兵79 674名。为完成此次军运任务,民生公司曾发电报通告相关船舶,到宜昌后即赶速卸装,务必做到按时开出。经过万县勿停留,尽量利用航时,做到定时到达宜、渝。因轮船运力不足,当时还征用木船500艘。部分正规军由渝、涪运万后,再由民生公司的民贵、民俗、民主、民康、民勤、民俭、民苏、民熙8艘轮船接运出川。其中新兵壮丁,从重庆出

---

① 黄立人主编:《卢作孚书信集》,第689—690页。

② 陈滋生:《二十七年公司大事纪述》,《新世界》第14卷第4、5期合刊,1939年3月20日,第45页。

③ 魏文翰:《民生实业公司在川江》,《中国航业》第2卷第2期,1942年2月,第17—18页。

发,由民元、民权、民本、民风 4 艘轮船直接运宜昌转赴前线。[1] 二十九、三十集团军出川后,先参加了武汉会战,后又参加了第一、二、三、四次长沙会战及常德会战、长衡会战等著名会战。[2]

一方面运送内迁的各类人员、各类机件物资入川,另一方面又运送川军出川。从抗战爆发到 1938 年 7 月,民生公司除作为差运运送的入川人员不计外,共运送各类入川人员 16 余万人,其中公务员占 50%,学生占 5%,难民在内的普通乘客占 45%。另外自 1938 年 1—7 月,民生公司运送重庆行营出川将士就有 116 706 人。[3] 这样的运输成绩固然不错,但货物、人员不断在宜昌积压也是事实。从 1938 年 7 月起,聚集在宜昌候轮赴川的人员已经超过万人,兵工署和民营厂积压在宜昌江边的货物堆积如山,这也说明长江航业联合办事处的工作有需要改进和加强之处。7 月 25 日,李肇基主持长江航业联合办事处宜昌分处临时会议,卢作孚、童少生、李肇基、谢萨生等参加。卢作孚分析长江航业联合办事处工作迟缓的主要原因在于办事人员多为兼职、办事处与轮船公司职责没有划分清楚等。为此,卢作孚提出 8 点改进办法:第一,调派专人负责各股工作,并明确划分民生公司与长联处职权。第二,扩大港务股组织,分南北两岸,设立趸船、栈房、驳船及雇佣力夫各项,并派专人负责办理。第三,提装工作要做到责有专归。在宜昌有分公司的轮船,其提装工作由该轮所属公司负责人办理;在宜昌没有分公司的轮船,其提装工作应委托其他公司代理。第四,水脚费

---

[1] 全国政协西南地区文史资料协作会议编:《抗战时期的西南交通》,第 294 页。

[2] 四川省档案馆编:《川魂——四川抗战档案史料选编》,成都:西南交通大学出版社 2005 年版,第 200—206 页。

[3] 万迪鹤、颜鹤年、薛冶欧:《抗战以来本公司的货运与客运》,《新世界》第 13 卷第 2、3、4 期合刊,1938 年 10 月 31 日,第 42—43 页。

用应由交运人员事先交付全部或交付一部分给主管机关,保证提
卸费用不发生无从垫付的困难。宜昌处代为开支费用所垫付者需
获取票据寄总处,以便从该轮水脚项下扣还。第五,起卸设备应由
长联处负完全责任,应联络宜昌现有工程师确定具体有效的办法。
第六,增加工作效率需要有一个专门机关负责督促,该机关在组织
上应以迁建会为重心,才能收统筹统办增加效率的效果。第七,长
联处应在办事处设置专人与各机关、各方面前来洽商的人员接头,
以免来人不知所措。第八,宜昌码头缺乏小火轮,卢作孚表示自己
返回武汉后向有关方面商租拖带到宜昌使用。卢作孚认为,如能
切实做到上述 8 项办法,则长联处的困难大体上可以解决。① 此次
会议还修改了长江航业联合办事处组织章程。

　　7 月 30 日,陈诚用呈文向蒋介石报告宜渝段水上运输情形,请
蒋介石手谕卢作孚指派 2 艘专轮专航宜昌巴东线,以保持水路与已
成公路的联运。陈诚在呈文中说:鄂西为通川孔道,其交通亟应维
持。但现在宜昌到巴东段公路,由于山岭丛叠,施工困难,需费甚巨,
短期内难以修筑完成。因此,此段交通完全依靠长江航运,但普通轮
船又不能行驶宜昌以上航线。现在民生公司所派 13 艘浅水轮行驶
宜昌、重庆间,但这些轮船载重吨位大部分被指定供给军运,致使宜
昌码头旅客、难民麇集数万,各机关重要文卷、器物,也堆存甚多,无
法转运。由于交通拥塞,各方面损失很大,令人担忧。万不得已,"惟
有仰钧座迅赐手谕卢次长作孚,即行指派专轮两艘,专航行于宜昌至
巴东之线,藉与已成公路线保持联运,俾利交通,可否请示"②。不知

①《长江航业联合办事处宜昌分处临时会议》,重庆市档案馆藏,交通部长江区航政局档
　案,0324/2/1。
②《陈诚呈蒋介石文电》(1938 年 7 月 30 日),张守广:《卢作孚年谱长编》,第 780 页。

道什么原因,直到 8 月 20 日,蒋介石才亲自过问此事。

8 月 21 日,卢作孚复蒋介石询问宜昌抢运状况号电(20 日电),并拟具《宜渝加速运输新计划》电呈蒋介石请予核准。卢作孚在电文(即个电)中说:自 5 月中旬到现在约 3 个月,兵工器材已运出约 2 万吨,其他器材已运出 1 万多吨,合计共运出 3 万余吨。7月江水大涨,各轮船停航超过 1 周,加上有 5 艘轮需要修理,所以运量较少。现在积存宜昌的待运物资约 4 万吨,陆续到宜昌的物资应还有 2 万多吨,合计尚有待运物资7.3 万吨。因此,必须集中所有轮船、木船,才能在 11 月底把滞留宜昌的物资运清。轮船有 4 项集中办法:第一,已商别动队总队长康泽把禁烟缉私用的安华巡舰改驶川江,借给船舶管理所用于管理军运,康泽已同意。第二,已请军政部部长何应钦派员商洽海军部,拨 1 只小炮艇借给禁烟缉私队负责缉私。同时,已电安徽财政厅商借安徽省政府 1 只小巡舰担任缉私,尚未得答复。第三,已请军政部部长何应钦商令船舶管理所解租民生公司差轮民苏、民俭,至少先解租民苏,使其加入运输计划。同时,卢作孚自己也直接商请船舶管理所先解租民苏轮。第四,已商中中交农 4 家银行把所租民生公司民主轮解租加入运输,现民主轮已开行。至于木船集中问题,宜渝 2 地都已责成航政局人员进行登记,并在各机关中宣传、介绍,准备 1 个月内集中 300—400 只木船自宜昌起运。计划在 9—11 月 3 个月内,由轮船赶运重件 46 000 吨到渝万 2 地,民船赶运轻件 27 000 吨到巫巴2 地。之后,再由万巫巴等处转运到渝。卢作孚还表示:职前周飞宜昌视察状况,并与各交运机关驻宜人员交换意见后,拟有 1 份加速运输计划,正拟晋谒面陈,理合将计划书录呈报,恳予核准,并分令各有关机关配合。此外,宜昌待转运的器材和人员,比平时多若干倍,但当地驳船、小工不敷使用。最近陆续从沪汉沙渝等地调集

800名小工,并从各处增租增调增造50只驳船,拟恳查明并令宜昌警备司令部、宜昌专员及各军运机关驻宜人员予以保护,使其能够尽量发挥作用。该电文并附呈宜渝加速运输新计划1份。[1] 此处所说的新计划,实际就是7月25日卢作孚在宜昌商定的8点改进办法。对于卢作孚上述计划,侍从室林蔚拟具2项意见呈蒋介石:第一,准照所拟计划,通饬各有关机关遵照施行,惟各项器材于11月底运清,似嫌过迟。应再设法增加木船数目。第二,小工、驳船,令饬宜昌警备司令、专员保护。对此意见,蒋介石批示:"如拟。"

对于在1938年11月底以前完成宜昌疏运任务,卢作孚很有信心。8月24日,卢作孚从汉口返回重庆后,出席了民生公司总公司朝会并讲话。他说:民生公司应以最大努力,再增加运输量1/3,以完成所负抢运使命。今后要办到每艘轮船到宜昌或重庆时平均只停2天或1天,以便较大幅度提高抢运效率,4万余吨足可如期运完而尚有余力。当前运输问题,是民生公司与其他轮船公司共同的责任。民生公司在抗战期中,"要想尽办法,用尽力量。在工作进行中,所发生的困难,要求出症结所在。设法解决,同各方面互谋帮助,能解除别人的麻烦,则自己麻烦,亦因而减少"[2]。

为解决宜昌货物积压问题和运输效率问题,1938年8月25日下午,军事委员会委员长行营召集各方负责人在重庆召集运输会议,出席人员有贺耀组(行营副主任)、卢作孚(交通部次长)、俞国成(交部航政处)、敬鹿笙(兵工署)、黄钟声(迁建会)、何庆澜(陕厂迁渝筹备处)、史心如(船舶管理所)、刘番浦(三北公司)、范众渠

<hr>

① 《卢作孚致蒋介石函电》(1938年8月21日),台北:"国史馆"藏,蒋中正"总统"档案,002/080200/501/191(光碟号08B-04790)。

② 《卢作孚在总公司讲演》,《新世界》第13卷第2、3、4期合刊,1938年10月31日,第66页。

(协大公司)、宋室庆(炼钢厂)、汪积慈(船舶总队部)、吴大道(炮技处)、张兴培(航兵器技术处)、李恩庆(炮技处)、李邦簧(民生公司)、杨成质(民生公司)、徐德宽(第三工厂)、王集斋(第二十工厂)、李承干(第二十一工厂)、邹序亭(第三十一工厂)、黄啸峰(第二十三工厂)、龚积成(第二十五工厂)、宋绍文(第二十五工厂)、江杓(第五十工厂)、胡玉川(交通处)、胡敬(军械处)、陈凤韶(一厂三组)、袁业会(一厂三组),会议由贺耀组主持。贺耀组在报告中说:本次会议的宗旨是为解决宜昌方面积压的公物太多,他们要集思广益来商讨一种妥当的办法实施赶运。在宜昌积存的和在汉宜段途中的,在短期内可以起运的兵工、航空、交通以及一般器材、各种油料共有7.3万余吨之巨,且只会增加、不会减少,而急待运川者甚多。他们知道现有的运输力量极为薄弱,时间和水位方面限制又极多,如不及早加强运输力量,尽量利用经济时间,节省消耗,到冬季水枯大轮停航的时候,许多重要的东西就无法运川了。他们不能坐视国家损失,"要群策群力,来想法子挽救"①。

对于积压在宜昌的公物应如何不失时机运川的问题,贺耀组提出了征集木船协运的办法,他说:如今在汉宜途中及积压在宜昌的公物尚有7.3万吨,其他物资有1.5万吨。这样巨量的公物如果专靠轮船来输送,万不可能。所以他们要确定一个原则,决不能全恃轮船运输,要以木船来协运。木船运输虽然比较危险或者困难一些,但只要能够及时送到安全地区,终比长久积压在常有空袭危险的宜昌强多了。如运钢条和搬运轻便而无时间性的材料等,即使水道危险,也不至影响其他要以轮船来装运笨重机器

---

① 中国第二历史档案馆编:《国民政府抗战时期厂企内迁档案选辑》(上),第468—469页。

和其他有时间性的军运。至于木船在运输过程中的监护等问题，可以由各关系机关经过商讨详加规定。关于运输力量的分配，贺耀组说，现在宜渝段抢运各项物资的轮船有民元、民本、民权、民风、民俗、民贵、民主、民康、民政、民俭、民苏、民熙、富华、协庆等14艘，另有民勤担任差运。此外，尚有34只木船。在轮船运输方面，民生公司的民元、民本、民权、民风4只轮船从宜昌直航重庆；民生公司的民俭轮有起重机，因此在万县起重设备尚未完成以前，该轮仍从宜昌航行重庆；民生公司民俗、民贵、民主、民康、民政、民苏、民熙以及富华、协庆共9艘轮船均由宜昌航行万县。其中，民元、民本、民权、民风、民俗、民贵、民康、民俭（或民政）合计8艘轮船专运兵工器材，以民熙、民苏专运交通司器材库和航空委员会的汽油，民生公司其余3艘轮船分运航空器材及一般器材。富华、协庆以60％载量运输兵工材料，40％载量运输航空器材及一般材料。[1] 在木船运输方面，重庆方面有300—400只木船，不久可以加入宜渝段运输，其主要任务在于把积压在宜昌码头的轻便而无时间性的公物先运到安全地区，再徐图设法或间以小轮分段接运入川。[2] 3个半月以内即11月底以前，轮船应运4.6万吨，民船应运2.7万吨。[3] 贺耀组还要求减少差轮，各方面加强联系合作。他说：各方面应谅解者即差轮应愈少愈好，现在上水差轮有同德、同心2艘炮舰，及民勤、民俭2艘轮船。待安华到川后或可减少1艘差轮。至于下水则因情况需要不一定能够减少，但部队械弹军品运送过程中各有关机关须注意下列4项原则：第一，要集中

[1] 中国第二历史档案馆编：《国民政府抗战时期厂企内迁档案选辑》(上)，第469页。
[2] 中国第二历史档案馆编：《国民政府抗战时期厂企内迁档案选辑》(上)，第469页。
[3] 中国第二历史档案馆编：《国民政府抗战时期厂企内迁档案选辑》(上)，第469页。

装载，尽量利用运输力量，不要零星分批搭载。第二，应缩短装载时间，宁可让人员、公物等船，也不要让轮船等人。过去装卸时间多，很经济，最近2个月下水轮船常常有在重庆停泊2天以上者，甚至有为了等待发饷或其他纠纷延误行期。第三，码头设备应力求完善，方便装卸，以节省时间。第四，事前要有密切联系，彼此事先妥商互相合作，一定能使工作效能提高。如每次轮船到重庆需要多少时间、驳船都要预先准备妥当，以便轮船到埠可随到随卸随装随开，以免虚耗停留时间，影响整个运输计划。否则指挥不能统一，往往发生纠纷，延误时间。贺耀组希望大家对此切实注意，以免无谓摩擦，另交通处尤应设法改善。①

卢作孚作为交通部次长在会上说：本人以前在汉口曾与各方面接洽，总计已运到宜昌的，已由汉口向宜昌输送在途中的，和积存汉口短期内可以上运的兵工、航空、交通及一般器材，约有7.3万吨。其中兵工器材4.8万吨（粗笨重要的机器约占3.3万吨，此项器材搬运起卸是极其困难的，其余轻便容易起卸的约1.5万吨），航空器材1万吨，交通及一般器材1.5万吨。4.6万吨比较重要的器材用轮船输送，2.7万吨轻便容易装卸的材料分配民船协运。此后适宜水上运输的安全时间最迟到11月底以前，因为12月以后水位渐落，大轮不能行驶，乙级轮虽继续航行，但载量差不多要减2/3。从8月半至11月底计尚有3个半月，在此时期空袭的危险也比较小，所以望各方面能极力设法赶运，以减少国家的损失。在该年5月起至8月止，轮运进口约3万吨。此后从8月半起至12月底止3个半月，如果想赶运4.6万吨，便不得不加强运输力量并提高效率。蒋介石手谕限7月底以前要把积压在宜

---

① 中国第二历史档案馆编：《国民政府抗战时期厂企内迁档案选辑》（上），第470页。

昌的公物清运,最低限度先运到巴东、巫山等比较安全的地区。但重庆方面的驳船和小工已感不敷,万县方面更觉困难。在此江水涨落无定的时候,河干不能囤积公物,必须设置相当库房。由于兵工、航空、交通及一般器材都很重要,所以不得不动员民船协运一部分轻便的东西到巴东、巫山,否则在 3 个半月期内想把积宜公物运完不易办到,只有缩短航程,增加输力或许可以运完,再陆续设法转运入川。此后,川江各轮要以 2 种运输办法分配运输。①

　　从卢作孚和贺国光的讲话内容中,我们可以看到:双方在分段运输的问题上意见一致。卢作孚对于分段运输,提出:第一,宜渝航线分段分期航行。将川江各轮分为宜万、宜渝两段运输。此种分配办法计分 3 期。第一期在万县起重设备未完成水未枯以前,民元、民本、民权、民风、民俭计划 5 艘有起重设备的轮船直航重庆,其余各轮航宜万;第二期万县起重设备完成以后,民权、民风、民俭 3 艘轮船也参加宜万航线,只有民元、民本 2 艘轮船直航重庆;第三期川江水位渐枯时民元、民本难以畅行宜渝,改航宜万段。第二,待运物品分配装运。以民元、民本、民权、民风、民俗、民康、民政(或民俭)专门运输兵工署器材,以民苏、民熙专运航委会油、弹,航行宜万间。考虑到兵工运输特别是油、弹的危险性,绝对不能搭客。民贵、民主、民政(或民俭)3 艘轮船装运其他公物及器材。此外,富华、协庆 2 艘轮船每轮每次规定装运兵工署器材 60％,装运普通器材 40％。② 卢作孚强调:为加强运输效能起见,希望各有关

---

① 中国第二历史档案馆编:《国民政府抗战时期厂企内迁档案选辑》(上),第 470—471 页。

② 中国第二历史档案馆编:《国民政府抗战时期厂企内迁档案选辑》(上),第 471 页。

机关遵守贺耀组主任所说的 4 项原则,其中事前密切联络 1 项要特别予以注意。最近轮船到达宜昌后平均要停泊 1 天以上,到达重庆有停泊 2 天以上者,如果每轮航行 1 次要停泊三四天,则停泊码头的时间与多航行 1 次的时间已经很接近。如果能把此项停泊日数尽量缩短,不啻增加了运输力量。假定此项增加的运输力量作 1/3 计标,那么现有 14 艘轮船便可以当作 21 艘使用。所以希望各有关机关事前密切联系,使宜渝或宜万两端的装卸时间尽量缩短。各轮船公司也应彻底合作,不分彼此,相互讨论以提高效率。今后各乙级轮航行宜万段当然要比行驶宜渝吃亏很多,我们当设法将重庆的下货食盐、蔗糖等尽量用民船运到万县再转轮东下,以资救济万县方面的力夫。虽然现在正设法增加驳船,但仍须节省使用,应随装随驳随卸,不能把驳船当作临时栈房。此外,交运机关在可能范围内应当设法增加码头力夫费,因外商水脚均已增高。此后,征雇力夫恐更加困难,因为公家所发的力夫费实在太低,致力方极感不满,随时随地取巧规避。至于差轮方面,上水尚盼继续减少,除安华轮已交船舶所试用外,拟将民治更换为民苏下水,以贯彻集中使用原则。①

　　自全面抗战爆发到 1938 年 9 月中旬,民生公司从长江中下游各埠运抵重庆的货物器材,计有 38 214.92 吨兵工署器材,6 870 吨另 13 000 件公物,7 900 吨迁川工厂器材,3 700 吨另 4 700 余件商品,1 800 吨另 1 800 余件图书仪器,总计 58 484.92 吨另 19 500 余件。其中民生公司从宜昌上运的公物、器材等则数量巨大,有 4 570 吨另 12 000 件公物,7 900 余吨迁川工厂器材机器,1 700 余吨另 3 000 件商品,1 600 吨另 1 000 件学校书籍仪器等,合计 56 881.46吨另 16 000 余

---

① 中国第二历史档案馆编:《国民政府抗战时期厂企内迁档案选辑》(上),第 471—472 页。

件各类货品。① 从这些数据中不难看出,民生公司从宜昌以下各埠直接运到重庆的货物器材只有1 603.46吨另3 500件。

9 月 24 日,后勤部船舶运输司令部宜昌办事处召集边区主任公署、警备部、县政府、警察局、县党部、专员公署、船舶管理所、兵工署、迁建会、航空站、军政部被服厂、招商、三北、民生、长联处、军医署计 16 个在宜昌的单位开会,讨论如何加强宜渝运输量,会议由船舶运输司令部副司令吴嵋主持。吴嵋主张设立督运机关以确定待运器材的重要性及装运的先后顺序。他根据卢作孚上报蒋介石的计划,说明运量没有达到规定数字的原因在于没有专门的督运机关。兵工署代表则认为运量没有达到原定目标的主要原因在于小火轮、驳船、小工等数量不足,轮船需要修理以及降雨较多也是重要的原因。兵工署代表对民生公司所作的抢运努力表示满意,指出凡是被指定为专运兵工署货物的轮船都没有放松。他还强调:如果这些轮船须加装他货,都须先征得兵工署同意。但吴嵋仍以原拟计划未能实现为辞,坚持设立督运机关的主张,并付诸表决。表决时,举手赞同者为当地各机关及被服厂、航空站,不赞同者为长联处、兵工署、迁建会、军医署、各轮公司,结果以多数赞同通过设立督运机关的提议。民生公司代表童少生担心吴嵋对各轮船公司不表赞同设立督运机关的态度发生误会,声明轮船公司为商业机关,都愿遵从政府机构的监督,无所谓赞成或不赞成。实际上,童少生明白,即使设立督运机关,兵工署及航空站必定不肯让出已经支配的轮船,督运机关对此也无可奈何。会议还讨论了增加小工、补充驳船与小火轮等问题。除决

① 万迪鹤、颜鹤年、薛冶欧:《抗战以来本公司的货运与客运》,《新世界》第 13 卷第 2、3、4 期合刊,1938 年 10 月 31 日,第 39—41 页。

定增加小工问题由县府、警察局及专员公署共同商拟办法,限当月底解决外,其余事项无具体决定。对于此次会议,童少生在27日向卢作孚报告说:成立督运机关,"弟认为不致影响现行办法,只民贵、民俭两轮多装本公司油类及港料一层必有妨碍,故奉上一电,计已得达"①。

由于处在抗战特别是抢运的紧张时期,1938年的民生公司纪念日庆典改为10月10日举行。在民生公司宜昌分公司庆祝公司成立13周年纪念会上,卢作孚作了《我总是希望大家继续为国家为公司努力》的讲话,谈到黄花岗七十二烈士、辛亥革命、三民主义、民生公司的历史等,并提出对公司同人的希望。他说:"就本公司来说:去年南京兵工署迁动,有器材二千吨,我们以为是很特别;谁知去年终汉口又有一万四千吨,今年五月又有八万吨。因为各方都在进步,致进步的速度,竟为梦想所不及。现在前方战士,看起来虽是退却,其实仍是在进步。再看后方的各项事业,又哪一样不是在进步呢?"②10月21日,汉口船政局在宜昌成立绞滩委员会,但数天后武汉即告失守。当时长江中下游轮船200余艘,聚泊宜昌。马力小的轮船需要绞滩才能驶入川江,抢运宜昌兵工器材的木船1200余艘,也必须绞滩才能完成任务。时势紧迫,真是无以复加。汉口航政局在这种局势下迅速展开行动,于3个月内先后建成7个绞滩站,开始实施上绞船舶。这对武汉失守后木船参与抢运宜昌兵工器材,宜昌的小马力轮船入川,起到了极为重要的作用。③

---

① 黄立人主编:《卢作孚书信集》,第711页。

② 卢作孚:《我总是希望大家为国家为公司努力》,《新世界》第13卷第2、3、4期合刊,1938年10月31日,第12页。

③《战时后方水上运输是怎样维持的》,《新世界》1944年5月号,1944年5月15日,第12页。

　　抗战以来到 1938 年 10 月,民生公司累计装运出川官兵和壮丁
20 万人以上,入川公务人员和旅客不下 10 万人,各地返川难童
2 000—3 000 人,政府公物及各厂家器材约 10 万吨。[1]

　　1938 年 10 月 25 日,武汉失陷,历时数月的武汉抢运结束。
在民生公司参与武汉抢运的过程中,杨成质发挥了重要的作
用,卢作孚说:"在汉口撤退最紧张的时候,杨成质君实当
其冲。"[2]

三、武汉失守后的宜昌撤退抢运

　　武汉撤退以后,沙市、宜昌情形更加危殆。当时运存宜昌的
兵工器材、各厂矿的机器原料,不仅堆满了下铁路坝、五龙溪,就
连新辟的谭家河也堆满了。到底堆挤的货物有多少,待入川的人
员有多少? 资料记载的差异很大。数据之一是堆积的货物有 7
万—8 万吨。此时已经是 10 月下旬,长江上游已经接近枯水期,
外国轮船不愿承运,轮船运力严重不足! 待运货物之多与运力不
足综合考虑,不到 1939 年 9 月甚至 10 月,积压在宜昌的货物难
以运完。[3] 数据之二是"当时积存宜昌的兵工器材,差不多有十
三万吨,必须赶速抢运。当时川江水位已经开始枯落,宜昌重庆
间轮船的总运量,每月不过六千吨"[4]。数据之三是"二十七年十

---

① 刘明超:《八一三后本公司之运输》,《新世界》第 13 卷第 2、3、4 期合刊,1938 年 10 月
　　31 日,第 36 页。

② 卢作孚:《一桩惨淡经营的事业——民生实业公司》,第 33 页。

③ 李若兰:《二十七年的业务》,《新世界》第 14 卷第 4、5 期合刊,1939 年 3 月 20 日,第
　　9 页。

④ 《战时后方水上运输是怎样维持的》,《新世界》1944 年 5 月号,1944 年 5 月 15 日,第
　　1 页。

月汉口沦陷时,宜昌尚有待运人员三万余人,待运器材九万余吨,各机关皆争先恐后,头绪纷纭,使轮船公司无从着手。当时扬子江上游,尚有四十天左右中水位,可航行较大轮船"①。上述三种有关积压宜昌货物的数据都出自民生公司主办的期刊《新世界》,只是刊出的时间、作者不同而已,我们姑且取其中9万余吨这个中间数值。至于待入川人员,只有3万余人一个说法。考虑到宜渝间主要的现代航运力量民生公司每月只有6 000吨运力②,而宜昌有9万多吨货物、3万多名积压乘客,要在枯水期到来前的40天内完成抢运,按普通的办法确实是一个不可能完成的艰难任务。

　　川江轮船实际运力和巨额待运量之间的巨大矛盾,日军疯狂进攻和狂轰滥炸造成的心理恐慌,加上武汉撤退后川江大部分轮船被兵工、军需两署统包,木船为避免各机关恃强抢用,多逗留宜昌附近的黄陵庙附近不肯东行,民营厂矿的器材运输更加困难,这些都加剧了宜昌运输秩序的混乱。混乱又进一步延误运输的顺利进行,时任民生公司代总经理的宋师度后来回忆说:当时"宜昌沿河两岸,堆积如山之公私物资,数十厂之兵工器材无法上运,又值水枯船少,官民军商,惶恐万状,日向宜公司争攘叫嚣不已"③。张嘉璈以交通部部长身份命令民生实业公司调派轮船于宜昌、重庆间,分三段抢运入川人员和军品商货。④ 卢作孚作为战时水上运输行政负责人及民生公司的总经理,"同公司主干朋友,立即赴宜坐

---

① 《民生公司在长江》,《新世界》1945年11月号,1945年11月15日,第9页。
② 《战时后方水上运输是怎样维持的》,《新世界》1944年5月号,1944年5月15日,第11页。
③ 《1950年第二次业务会议报告》,重庆市档案馆藏,美丰银行档案,0296/14/3323。
④ 姚崧龄编著:《张公权先生年谱初稿》,第209页。

镇,宣告停止争讼,只请提出要求"①。卢作孚乘飞机抵达宜昌,对于当地的运输状况深感焦虑。他后来记述说:"(当时的宜昌)遍街皆是人员,遍地皆是器材,人心非常恐慌。因为争着抢运关系,情形尤其紊乱。我恰飞到宜昌,看着各轮船公司从大门起,直到每一个办公室止,都塞满了交涉的人们。所有各公司办理运输的职员,都用全力办理交涉,没有时间去办运输了。管理运输的机关,责骂轮船公司,争运器材的人员互相责骂。"②

卢作孚以交通部常务次长的身份到宜昌主持抢运,并迅速与各方制订出40天紧急运输办法。该办法包括全面开辟短航,调集木船协运,各机关按照分配的轮船吨位率先送运成套重要器材,木船运输次要的器材与零件,若干器材或须等40天以后另行设法内运等。至于什么机关的器材由哪一艘轮船装运,完全由交通部代表支配。③ 同时,民生公司把所有能够行驶宜渝间的22艘轮船,全部集中于宜昌,并决定把重要器材运出宜昌危险区域以后再说。斟酌轮船的马力与船壳的构造,划分宜昌到小青滩、小青滩到巴东、宜昌到巫山、宜昌到奉节、宜昌到万县各段。④ 就是说,从宜昌运出的物资,不直接运往重庆,而是运入三峡沿线的秭归、巴东、巫山,或是奉节各地起卸,最远到万县为止。这一办法可在较短时间内,运出较大数量的器材。同时,汉口船政局也会同四川省船舶总队部,派员到四川各县,征集木船1 200余艘,共同

---

① 《1950年第二次业务会议报告》,重庆市档案馆藏,美丰银行档案,0296/14/3323。

② 卢作孚:《一桩惨淡经营的事业——民生实业公司》,第19—20页。

③ 《民生公司在长江》,《新世界》1945年11月号,1945年11月15日,第9页。

④ 李若兰:《二十七年的业务》,《新世界》第14卷第4、5期合刊,1939年3月20日,第9页。

抢运。①

　　分段办法确定后,卢作孚在宜昌召集急待抢运相关物资的机关和单位的负责人员开会,宣布枯水期到来前的 40 天抢运计划和办法。该办法宣布后,运输秩序迅速改善,一切都按照计划进行。民生公司几百职员,几千工友,集中宜昌,以全副精力对付这万难的抢运工作。敌机连日轰炸,公司员工白天仍照常工作,只是敌机来了的时候躲一躲。晚上则是他们加倍努力的时候。② 卢作孚在宜昌亲自督导抢运,每晚都要到江边码头视察计划执行情况③,甚至就住在船上④。

　　卢作孚后来记述说:

　　　　(当时所定的办法是由各厂矿)各自选择主要器材,配合成套,先行起运,其余交由木船运输,或待四十天后,另订计划运输,如来不及,或竟准备抛弃。至于何轮装运何机关器材,由我帮助分配。各机关完全表示同意。于是开始执行,效能提高,不止加倍,四十天内,人员早已运完,器材运出三分之二。原来南北两岸各码头遍地堆满的器材,两个月后不知道到那(哪)里去了,两岸萧条,仅有若干零星废铁抛在地面了。……由于扬子江上游的滩险太多,只能白昼航行,于是尽

---

① 《战时后方水上运输是怎样维持的》,《新世界》1944 年 5 月号,1944 年 5 月 15 日,第 11 页;王洸:《战时航政与航政建设》,《经济建设季刊》第 1 卷第 2 期,1942 年 10 月,第 52 页。

② 李若兰:《二十七年的业务》,《新世界》第 14 卷第 4、5 期合刊,1939 年 3 月 20 日,第 9 页。

③ 周仁贵:《光辉业绩永留人间——为卢作孚先生诞辰一百周年而作》,《风范长存》,第 65—67 页。

④ 许晚成记述:《船主奋斗史》,第 50 页。

量利用夜晚装卸,因为宜昌、重庆间上水至少需要四日,下水至少需要两日,于是尽量缩短航程,最不易装卸的,才运到重庆来,其次缩短一半运到万县,再其次缩短一半运到奉节巫山,甚至于巴东。一部分力量较大的轮船,除本身装运外还得拖带一只驳船尽量利用所有的力量和所有的时间,没有停顿一个日子,或枉费一个钟点。每晨宜昌总得开出五只、六只、七只轮船,下午总得有几只轮船回来,当着轮船刚要抵达码头的时候舱口盖子早已揭开,窗门早已拉开,起重机的长臂,早已举起,两岸的器材,早已装在驳船上,拖头已靠近驳船。轮船刚抛了锚,驳船即已被拖到轮船边,开始紧张地装货了。两岸照耀着下货的灯光,船上照耀着装货的灯光,彻夜映在江上。岸上每数人或数十人一队,抬着沉重的机器,不断地歌唱,拖头往来的汽笛,不断地鸣叫,轮船上起重机的"牙齿"不断地呼号,配合成了一支极其悲壮的交响曲,写出了中国人动员起来反抗敌人的力量。①

40 天抢运期间的 11 月 6 日,战时儿童保育会宜昌运接站为难童事致函卢作孚请求在运输上给予帮助。信中说:"兹因时局益紧,空袭频仍,本站滞留宜昌儿童尚有千余之多,早经蒋夫人向各方呼吁,请予协助。风闻军事当局以时局紧张,拟将船只加以统制之说,果属确实,则千余难童均将无从运送。素仰次长热心公益,拯救难黎极具热忱,用特函请次长查明,准予商饬航政当局,在每次船只上驶时,酌予加运难童若干名,俾千余难童得达安全区域,皆次长之赐也。"②在民生公司的帮助下,难童运送问题很快得到解决。

---

① 卢作孚:《一桩惨淡经营的事业——民生实业公司》,第 19—21 页。
② 黄立人主编:《卢作孚书信集》,第 720—721 页。

也是在抢运期间的 11 月 13 日,由于当局误判而发生长沙大火,随后宜昌等处谣传长沙已经失守。11 月 13 日,卢作孚在重庆的国民政府交通部主持征集木船运输会议。在此次会议上,交通部提出加强四川省船舶总队部统制力量案。会议经讨论决议:第一,所有川省船舶无论盐船煤船以及各项船只,均归总队部统一征调。凡各军事机关需船由行营核定后,通知船舶总队部拨交。但盐船得于急需时率先拨用。嗣后任何机关不得自行封扣。第二,前项办法由船舶总队部呈请委员长行营通令各机关遵照执行。[①] 会后,卢作孚返回宜昌。后来卢作孚追述说:"宜昌至重庆虽通轮船,但装载量不大,而堆积宜昌亟待运输之重要器材数量甚巨,于是始想到利用木船装运,以补轮运所不及。在武汉撤退时,运湘器材,约有四五万吨,运川货物约十万吨,除轮船装运外,发动了大批木船,单以宜渝一段,所雇用之木船,计先后数约二千只,更得了木船很大的帮助。"[②]抢运宜昌器材征调大批木船,致使木船运价骤然由平常的每吨运费 30 元飙升为 190 元,担负长江航政的汉口船政局为平定运价,于 11 月制定了宜渝木船上行下行运输规则以及各城市间运价,并公布实施,这也成为重庆国民政府航政部门"统制运价之先声"[③]。

11 月 14 日,军事委员会后方勤务部部长兼船舶运输司令部司令俞飞鹏致电卢作孚等,催促抓紧抢运,谓:"滞宜军品为数尚多,

① 《四川省船舶总队部船总第 244 号公函》,重庆市档案馆藏,兵工署第二十四兵工厂档案,0178/1/136。

② 卢作孚:《改良木船的四大意义》,《抗战与交通》第 27、28 期合刊,1939 年 10 月 16 日,第 485 页。

③ 王洸:《战时航政与航政建设》,《经济建设季刊》第 1 卷第 2 期,1942 年 10 月,第 67 页。

现在局势紧张,非准备多数船只星速赶运难期清理。运川商货固关系民生,惟其重要性究远逊于各种军品,拟请经扶、作孚二兄大力主持,设法督饬疏运。凡属可以缓运商品,似宜令其暂行缓运,俾军品及早运出。是为至祷。仍请电复。"①未等卢作孚复电,11月17日,宜昌五龙坝、民生堆栈一带以及下铁道坝招商局栈房等处,遭到日机疯狂轰炸。②11月20日,宜昌铁道坝招商局栈房等处,也遭到日机疯狂轰炸,损失惨重。时人皆以为宜昌必不能保。③正是在这种极度艰难、惶恐不安的情形下,11月18日,由于无法买到宜昌直航重庆的客票,著名作家胡风在宜昌事先购买了民生公司开往万县的客轮民本轮官舱船票,并于当日登船。胡风记述道:"一个穿白制服的年青服务员领我们到舱里。一看,里面床上铺着雪白的床单和枕头,小桌上放了茶壶茶杯,井井有条,非常整洁,的确和别处的官舱不同。……在这里只要不出房门,不走下去,就仍和太平年月的出门旅行差不多。"④20日轮船抵达万县,胡风又记述说:"进来了一个很年青的小服务员帮我捆行李。这时我正拿它没办法呢,因为我在铺盖里还得放上换洗衣服等杂物,很难捆好。而在他手里,用棉被将它们一包,用绳一捆,一个四四方方、有棱有角的铺盖卷就打好了。他们是经过训练的,学了一些本领。他很有礼貌地送我们下到划子上,还不肯收小费。我亲身体验到了民生轮船公司良好的服务态度和经营方针,如果不是战争,他一定能

---

① 黄立人主编:《卢作孚书信集》,第725页。
② 张朋园、林泉等整理:《林继庸先生访问纪录》,台北:"中研院"近代史研究所1984年版,第113页。
③ 张朋园、林泉等整理:《林继庸先生访问纪录》,第114页。
④ 胡风:《回忆录》,《胡风全集》第7卷,武汉:湖北人民出版社1999年版,第409页。

够击败外商的轮船公司。"①之后,胡风又购买了活动统舱乘船前往重庆,12月2日抵达。从胡风的记述中可以感受到,在抗战运输最为紧张的时期,民生公司的服务依然十分周到、体贴。

11月30日,卢作孚为商量回答俞飞鹏的复电,致函驻节宜昌、时任鄂湘川黔边区绥靖公署主任的刘峙(字经扶),告以船舶司令部转来俞飞鹏部长电。卢作孚在信中说:以弟所知,轮船早已停运一般商品,在木船未统制以前,尚有由宜雇木船运出者。现经船舶司令部联络各机关统制所有可以入川的木船,也绝不再有商品运川办法。准备从11月1日起到12月10日止,"全力赶运军品及与兵工、交通有关器材,轮船原预算可运一万四千吨者,因缩短航线,彻夜装卸,并利用一切轮船剩余时间,或竟可达二万四千吨。木船正在调查中,亦或可达万吨"②。实际上,这时卢作孚已经实施了1个月的抢运计划。

12月1日,卢作孚召集会议,调整奉节以下航线运输。12月10日,被称为"宜昌大撤退"的40天抢运计划到期,经过40天抢运,"将三万余人全部运完,九万余吨器材亦运出三分之二以上。两个月内宜昌器材全部运竣。参加此役之中国轮船二十四只,其中二十二只为民生所有"③。后来卢作孚回忆起这次紧张但是组织得井然有序的抢运时说:"我们会议时的预算是,从一九三八年十一月一日到十二月十日那四十天中,我们可能有运输能力一万四千吨,但是因为一切都上轨道,都有规律,都依照计划,就是中间最困难的几项都能够执行,就办到了那四十天中实际运的是二万六

---

① 胡风:《回忆录》,《胡风全集》第7卷,第413页。

② 黄立人主编:《卢作孚书信集》,第729页。

③《民生公司在长江》,《新世界》1945年11月号,1945年11月15日,第10页。

千吨。"①民生公司代总经理宋师度也说:"赖指挥之有力,与全体职工之努力,不数十日而遍布上下两岸无法运走之无量大件重件,均已不翼而飞。外人几疑何人有何魔术,不知全由公司同人,肯用脑力,从万无办法中也要想出办法,不惜劳力,担负不了也要担负终了。"②这次宜昌撤退抢运在中国抗日战争史上有相当重要的意义,被普遍认为是中国抗战史上的奇迹。在参与抢运的 24 艘中国轮船当中,只有 2 艘不是民生公司的轮船,可见民生公司在抢运中发挥的作用。在抢运中,民生公司有 116 人献出生命,有 61 人伤残,轮船被炸沉、炸伤者 16 艘(其中 11 艘无法打捞及修复)。③ 林语堂后来说:应该有人能写下一个中国的敦刻尔克(Chinese Dunkirk)的故事。他甚至还说:"有着这样服务成绩的人物,在美国的群众也许在下届总统选举中喊出:'举卢作孚做总统!'在中国,让我们喊'卢作孚做行政院长'!"④

值得注意的是,武汉沦陷后,招商局撤退到宜昌的大型轮船有江心轮、江华轮、江安轮、江顺轮、江汉轮等。民生公司的周海清船长和民本轮大领江朱玉庭等,向招商局宜昌分公司经理欧阳百达、江顺轮船主黄友士等提议应该研究这些大轮入川技术问题,这一提议受到重视。随后,招商局宜昌分公司经理欧阳百达、民生公司总经理卢作孚,以及交通部、航政局、海关、后方勤务部等部门联合召集会议,研究办法。会议根据周海清的建议,议决先用江华轮从宜昌试航到宜昌上游 30 里的平善坝。江华轮试航中,船上有民生

① 《1950 年第二次业务会议报告》,重庆市档案馆藏,美丰银行档案,0296/14/3323。
② 《1950 年第二次业务会议报告》,重庆市档案馆藏,美丰银行档案,0296/14/3323。
③ 周永林、凌耀伦主编:《卢作孚追思录》,第 200 页。
④ 林语堂著,钟以庄译:《航业界巨子卢作孚先生》,《福昌银号复业纪念特刊》,1947 年 1 月 6 日,第 61 页。

公司民本轮大领江朱玉庭,招商局江顺轮船主黄友士,宜昌分公司经理欧阳百达,海关巡江司蒙白、荷兰生以及舵工杨大福等。试航取得圆满结果,用时2个小时,来回60里,从而确认招商局的大型轮船有把握驶入四川。① 1周后,即1938年11月13日,招商局江顺轮率先从宜昌起航,4个小时后在上午11时之前顺利到达庙河。随后,招商局的江安、江新、江华3艘轮船分3天分别继续上驶。这4艘轮船陆续到达庙河后,江汉轮也安全抵达庙河。其他轮船公司如三北公司、大达公司各轮也跟踪上驶。招商局另有海祥、海瑞2艘轮船且装有满船公物,也安全上驶抵达平善坝。鉴于一批大型轮船停泊庙河易于成为日机的袭击目标,同时锚位也成为困难问题,于是,招商局又与民生公司商借有经验的船长、领江协助设法继续上移。得到民生公司的同意后,招商局的江新、江华、江汉3艘轮船于1939年1月间驶抵巴东。江顺、江安2艘轮船则因民生公司人员认为水尺不宜,只得暂为作罢。招商局又自雇领江谈光福安排各轮继续试上,江新轮于1939年2月5日晨离开巴东上驶,下午安抵夔府。次日招商局又令江汉轮上驶,隔天并将江华轮移泊巫山。此后,江靖轮驶泊青滩,尚有江国、江大、快利3艘轮船于1939年4月从宜昌先后上驶到达青滩。江顺、江安2艘轮船驶上最危险的泄滩。江新轮于6月29日驶抵重庆,江汉轮于8月4日,江顺轮于10月12日相继到达。这3艘轮船之中,江顺船以船身最长不便冒险营运租与重庆商船学校作为校舍外,江新轮、江汉轮等均曾利用航运川江,装运军公物资,"开大轮航行川江未有之先例"。招商局各大轮吨位均在三四千吨,竟能到达重庆,且能往返宜昌、重庆从事营运,被"一致认为航行技术

---

① 许晚成记述:《船主奋斗史》,第48—49页。

上之奇迹"①。一些回忆资料也称:在宜昌撤退过程中,招商局轮船曾向民生公司借调了一批领江,自己又雇佣了一批,使得撤退到宜昌的 10 多艘招商局大型轮船得以上驶到重庆。同时,还将三北、大达等轮船公司以及海军、海关等滞留在宜昌的较大船舶和舰艇引航驶入川江,数达百艘以上。②

宜昌抢运期间,该地还聚集着一批长江中下游避难而来的轮船,由于马力小、吃水深、体积大无法驶入川江。鉴于一旦宜昌沦陷,后果会很严重,卢作孚遂召集有关船东和相关负责人,协商把这些轮船按照船价半数付现、半数入股方式售与民生公司,愿意随船进入民生公司的员工安排适当工作,不愿意者发给遣散费。③ 用这种办法,民生公司在宜昌及附近先后收购了 60 多艘轮船。对于这些船只,民生公司原计划对锅炉、机器、船壳进行改造,使其在川江行驶。后来实际上做不到,民生公司于是改变计划,利用拆卸旧船的五金材料,新造用煤为燃料的 15 艘新船和用油为燃料的 2 艘浅水船。其中,有 4 艘新轮是铁壳船,12 艘轮船的机器在重庆制造,锅炉由民生机器厂制造。这些船只的成功建造和改造,有力地保证了战时民生公司的正常运营。④

1938 年是全面抗战中由战略撤退向战略相持转变的一年。在这个战略转变中,民生公司以自己光辉的业绩和牺牲履行了一个

---

① 中国第二历史档案馆编:《中华民国史档案资料汇编》第 5 辑第 2 编《财政经济》(10),第 554—555 页。

② 参见王世均《孔宋官僚资本是怎样阴谋吞并民生公司的》,《文史资料选辑》编辑部编:《文史资料选辑》第 49 辑(合订本),第 162 页。

③ 周仁贵:《光辉业绩永留人间——为卢作孚先生诞辰一百周年而作》,《风范长存》,第 67—68 页。

④ 卢作孚:《一桩惨淡经营的事业——民生实业公司》,第 19—24 页。

民族航运企业的责任和担当。同时，民生公司也为自身坚持持续抗战，准备了一定的物质技术基础。民生公司总公司秘书室负责兵差的李邦簌在《二十七年兵差》一文中说：

> 兵差，是秘书室工作的一部分。秘书是拿笔杆的，武装同志是拿枪杆的，拿笔杆的遇见拿枪杆的，比较上要格外的亲切些。因为手上全有杆的关系。所以在二十七年，一年来的兵差，办的比较顺利。一方面固然是公司以内的朋友全体努力帮助，一方面也是各机关部队处处体贴原谅，才能有下列几个数目字，可以向读者诸君报告：
>
> （一）由重庆运出去
>
> 1. 部队人数三十万零九千一百十四人　2. 弹药四千六百十六吨　3. 差煤一千零四十一吨　4. 榨菜五百三十吨　5. 辎重一百七十五吨
>
> （二）由宜昌运进来
>
> 1. 部队人数一万零七百零八人　2. 弹药一千一百十三吨　3. 汽油一千八百四十七吨又一千九百八十八箱又七百三十七大桶　4. 器材一千二百二十四吨又五十件　5. 辎重四百八十七吨又三千四百三十件
>
> 以上两个表所记载的人数及器材的吨数，均系专指应差兵轮所在载的数量。从以上两个表，可以看出下水送出去的部队占了很大的数目——三十万，而上水送进来的是弹药、汽油、器材，占一个很大的数目——约四千吨。
>
> 我们再看看轮船打差向政府所领的差费。因为民勤是长期差船，我们即以民勤为例。民勤一天的成本是六百七十一元一角八分，燃料在外。政府所发的差费每天是三百二十五元五角，燃料费另算。这样比较下来，打一天差，在成本上要赔三百一十

五元五角。总计二十七年一年应差的轮船是二十三只,应差的次数是四百零四次,宜渝段每次上水是四天,下水两天。假定这四百零四次完全是下水差,则为四百零四天。大小船平均假定依照民勤轮的例来说,民生公司在这八百零八天的兵差当中,就要赔二十五万五千(元)有零。这样大的一个数目,足可又添五只小轮,或者再组织一个小航业公司。有很多的同志,偶然的不谅解,还要责备民生公司是"唯利是图"。商业机关,谋利本来是原则,不谋利无以对股东。但是这篇账算完之后,仅从兵差一端,吾们就可以看到民生公司对于抗战的贡献。同时也就想到,民生公司如果没有十年巩固的基础,就这二十几万的赔垫,也足以影响民生公司的生存!谈到此处,应有一个特别的声明,兵差虽是秘书室的工作,兵差的成绩,确是公司上下职工全体努力的结果。笔者曾记得在二十七年的夏季正是酷暑的天气,从五月至十一月,这个半年当中,凡是从重庆下水的轮船,差不多全部应差,同时为顾虑船的开期,甲级大船顶多停两天,其余乙级以下的船,一定要今天到明天开出,多赶一天就可以从宜昌多抢进来一部分公物器材,下水也就可以提前多装一部分部队。当时轮船同岸上各部职工好像各人全知道他的工作之重要,昼夜从公,毫无怨怼。也是因为他们亲眼看见一批一批的出征战士,星夜开到前线去牺牲生命,要到前线去捍卫国家,那种壮烈耐苦的精神,让人崇敬,让人感动,所以民生公司的职工,纵或有时候挨几句骂,多跑几步路,多费一点口舌,少睡几夜觉,那简直觉得不算一回事了。①

---

① 李邦篪:《二十七年兵差》,《新世界》第 14 卷第 4、5 期合刊,1939 年 3 月 20 日,第 11 页。

资料表明,1938 年民生公司从宜昌运到四川的各种器材有9.1 万余吨,占从宜昌上运物资的 90％以上。同时,民生公司运送31 万川军部队到前线,1 万多伤兵和15.5 万政府职员、难民等到四川。[①] 无论是运量,还是个别货物的重量(有个别单个货件就重达30 吨),都创造了川江交通史上的新纪录。正如民生公司职员说的那样:"这一年(1938 年),我们没有在后方做生意,实实在在正如前线的将士一样,在同敌人拼命。"[②]当然民生公司的拼命,不是蛮干。这种拼命,既有全面抗战前 10 年积累的物质力量奠定的坚实基础,又有为持续抗战作进一步准备的深谋远虑。

四、继续内迁到完成

1939 年 1 月 1 日,国民政府颁布政府主席令,表彰在抗战期间办理军运贡献突出的人员,卢作孚等获授三等采玉勋章。[③] 卢作孚的贡献,就是民生公司的贡献。同一天,卢作孚和财政部次长徐堪应张嘉璈约请,商拟《水陆运输联合委员会章程》。[④] 该章程于 1 月10 日由行政会议通过。

7 月 4 日,军政部兵工署俞大维就民生公司、三北公司、招商局等承运兵工器材运费请求调整事向第二十四兵工厂发出训令,自1939 年 3 月 1 日起,上述三公司自宜昌承运的兵工器材无论直运重庆或经过巴东、奉节、巫山、万县等地转口者,一律增加运费

---

① 《抗战中的民生公司:民生实业股份有限公司在抗战建国运动中担当的任务》,1939年 7 月,北碚图书馆藏,第 11 页。

② 李若兰:《二十七年的业务》,《新世界》第 14 卷第 4、5 期合刊,1939 年 3 月 20 日,第9 页。

③ 《元旦授勋》,《新华日报》,1939 年 1 月 1 日,第 2 版。

④ 姚崧龄编著:《张公权先生年谱初稿》,第 214 页。

75％,即宜渝段运费洪水期间每吨52.5元,枯水期间每吨64.75元。①

9月,日军进犯长沙,湘、桂两地兵工厂第一厂、第二厂以及第四十一厂共计3万多吨兵工器材、机件,转运到宜昌,民生公司及时组织运输,将其抢运到后方。民生公司运送川军三十六军、四十三军,壮丁十二、二十五大队以及13个补充团出川。民生公司担任运输的船舶为民俗、民贵、民主、民康、民勤、民俭、民苏、民熙、民治、民权、民风、民元、民本等14艘船只。②

到年底,钢铁厂迁建委员会器材运输完毕。钢铁厂迁建委员会各厂拆卸工作开始于1938年3月,到武汉沦陷前大致拆卸完毕。该会机件多大件笨重器材,而长江上游轮船缺乏相关装卸设备。另外,该会迁运之初,又值战局紧急,敌机狂炸,因此,船只调用困难极多。之后确定了分段抢运的办法,相当有效。武汉沦陷、鄂西危急时,尚有许多重要器材被阻拦在藕池封锁线以下,所幸该会许多得力员工,详加探查,冒死上行,最后通过封锁线,把机件运到宜昌。在宜昌以上又分段转运,最终将物资运到目的地。从1938年6月初开始迁运,于1939年年底内迁完成,时间长达一年半。运输吨位方面,由汉阳、汉口、谌家矶、大冶、岳州、监利、长沙、香港等处分途迁运的器材,合计56 800多吨。其中专属该会及煤铁两矿者占37 200多吨(含沿途2 000多吨)。其余属于兵工署各厂、处、库及有关厂所委托代运者,合计20 000吨。运输工具方面,汉、岳、宜、渝等处由该会先后征雇并自行指挥利用的运输工具有11艘海轮、27艘江轮、2艘炮舰、4艘铁驳船、17艘拖轮、218只木驳船、7 000只柏

---

① 《军政部兵工署长训令》(1939年7月4日),张守广:《卢作孚年谱长编》,第824页。
② 全国政协西南地区文史资料协作会议编:《抗战时期的西南交通》,第294—295页。

木船，并有陆续交由汉宜、宜渝两段的商轮，主要是民生公司来负责运输。转运地点方面，各项器材从武汉西运，抵达宜昌后，即卸存转载，由民生公司负责运川。因当时局势紧张，航运困难，沿途分囤三斗坪、庙河、巴东、巫山、奉节、万县、涪陵、九龙坡等处，经次第转运，始达大渡口厂地。①

　　民生公司不仅完成了钢铁厂迁建委员机件的运输，其自抗战初期开始的战时抢运到 1939 年年底也已经完成了大部分。其间除普通商运外，最多者为迁建委员会器材及兵工器材。这些器材运费虽低，但数量很大。除差运不计外，1937 年下半年起至 1939 年年中，每轮上水均装载此类器材，其中有单件即重 10—30 吨者。民生公司经多方设法，设置装备有起重机的趸船，使其能起重到 30 吨以上。由于时间紧迫，急需抢运入川，民生公司规划并实施分段运输，按段、站起卸货物。1939 年初枯水季节到来时，滞留宜昌的器材已所剩无几。1939 年继续逐段上运，终于在年底枯水季节前，运输完毕。总计所有器材约有 16 万吨，其中除其他航运公司承运 5 700 余吨之外，绝大部分由民生公司运入川渝。其中运送兵工器材 96 000 余吨，航委会器材 15 000 余吨，公物 27 000 余吨，迁厂器材 16 000 余吨，械弹 6 870 余吨，服装辎重 3 780 余吨。此外，1938 年运送军人 30 万人以上，1939 年运送 8.8 万多人。② 资料载：

　　　　其实最伟大的最完整的工业内迁，还不是沿海的民间工业，而是散布在南京、武汉、山西、河南及广东各地的兵工工业。兵工厂的单位不算很多，每一个兵工厂的器材却是很多。

---

① 杨继增：《钢铁厂迁建委员会概略》(1941 年 11 月)，重庆市档案馆藏，第二十八兵工厂档案，0182/1/1。

② 中国第二历史档案馆编：《国民政府抗战时期厂企内迁档案选辑》(上)，第 407 页。

兵工署让每一个兵工厂自己拆自己的厂,自己搬自己的厂,连职员工人和他们的家人整个都搬,所以那些职员和工人都把自己的厂当作自己的家了,拼着命拆卸机器、搬运材料,从厂里到站上,从站上到码头上,再从码头上到船上,无不用尽了他们的全力。从早到晚,甚至于从晚到早,从事抢运。真是抢运,不但兵工厂同其他工厂抢,甚至于兵工厂与兵工厂抢,甚至于抢到动起武来了。他们不但搬完了他们的机器,也搬完了他们的材料,甚至于废料,也搬完了他们的房屋,甚至于一门一窗一砖一瓦。凡是内地所买不出来的,都是他们所不肯放弃的,所以他们的运输量最大。兵工厂的运输量超过了其他一切国营、民营工厂联合起来的运输总量。

其次是航空委员会的飞机工厂。抢运机器,抢运材料抢运未完成或待修理的飞机、机身、机翼,无一肯稍放弃。许多东西占的重量甚小,占的地位却甚大,仅仅几十吨重的器材,就占领了几百吨重的轮船。故此除开兵工厂外,就算飞机工厂的搬家成绩最好了。兵工厂及飞机工厂,不仅抢运比较迅速,复厂尤其比较迅速,他们到达后方不久,便先后复工修理或制造产品,而且再送到前方作战了。[1]

民生公司在 1940 年的抢运中仍有几项值得注意。

其一是运送张自忠的灵柩。张自忠为国民革命军第五战区右翼集团军第三十三集团军总司令,1940 年 5 月 16 日在枣宜会战中阵亡。其遗体由黄维纲师长率部寻得,运回总部装殓。[2] 5 月 25

---

[1] 佚名:《战时后方工业是如何建立的》,《新世界》1944 年复刊号,1944 年 3 月 15 日,第 12 页。

[2] 中国第二历史档案馆编:《抗日战争正面战场》,第 1004 页。

日,张自忠灵柩由民生公司民丰轮运载,轮船于 27 日晚到重庆,停泊在储奇门码头。28 日早上 9 点,国民党、国民政府中枢当局,包括林森、蒋介石及各院长、部长、高级将领,均亲临致祭张自忠。① 后张自忠被安葬在重庆远郊北碚的梅花山。

其二是宜昌沦陷前抢运器材。1940 年 6 月 3 日,翁文灏呈文蒋介石,请命令运输统制局及交通部令民生公司速将约 5 000 吨工业器材自宜昌抢运入川。7 日,民生公司派出民熙、民苏、民宪、民治、民安、民享等 6 艘货轮自宜昌抢运机件。同时翁文灏又电请陈诚予以协助,并电令宜昌电厂再拆运 500 吨发电设备。② 1940 年 6 月 12 日,宜昌失守。民生公司在宜昌参与抢运的木质客船新顺发、大亨来不及撤退,被日军掠占。③

其三是宜昌沦陷后抢运器材、物资。宜昌沦陷后,民生公司开辟重庆至巴东、三斗坪的航运专线,组织力量把处于危险地带的兵工器材近 25 000 吨从三斗坪等地抢运到后方安全地带,还抢运了大批其他物资,运送了大批伤员和普通乘客。8 月 22 日,民生公司总公司发布通函,宣布宜巴段转运工作告竣,已将宜昌分公司暂时撤销,原宜昌分公司驻巴办事处改为巴东办事处,并调升宜昌分公司驻沙办事处曾小藩为主任,暂改隶万县区,受万县区分公司监督管理。④

---

① 瞿韶华主编,刘筱龄、王彦婷、程玉凰编纂:《中华民国史事纪要(初稿)》(1940 年 1—6 月),台北:"国史馆",1993 年,第 641 页。
② 李学通:《翁文灏年谱》,济南:山东教育出版社 2005 年版,第 216 页;李学通、刘萍、翁心钧整理:《翁文灏日记》,第 473 页。
③ 中国第二历史档案馆编:《中华民国史档案资料汇编》第 5 辑第 2 编《财政经济》(10),第 516—517 页。说明:原文两船被占时间有误。
④《民生实业公司通函人字 45 号》,北碚图书馆藏。

　　关于全面抗战爆发后水上抢运的整体情况,王洸曾经总结说:
历次抢运的数量,因为当时未加统计,无从知其详细数字。其中,
招商局从 1937 年 8 月 14 日起到 1939 年年底,抢运的公物有8.8万
吨,商货有 19 万吨。民生公司自 1937 年 8 月起到 1940 年年底,抢
运兵工器材及公物为 20 余万吨。[1]

---

① 王洸:《战时航政与航政建设》,《经济建设季刊》第 1 卷第 2 期,1942 年 10 月,第
　52 页。

第五章　民生公司在后方的发展与困难

　　全面抗战爆发后,随着沿海沿江厂矿的内迁以及国民政府行政机关、教育科研文化机构的内迁,重庆成为大后方的政治、经济、文化中心。就民生公司而言,因利乘便,在工矿电等现代经济部门进行广泛投资和参与,发展演变成一个具有典型意义的实业公司;同时,由于战争破坏、航线缩短、经济统制、自身缺陷等,民生公司主营的轮船航运业却陷入日益严重的亏损状态。民生公司的经营困境,是全面抗战时期大后方经济出现结构性剧烈变迁的一个缩影。

第一节　民生公司的发展与轮船航运

　　全面抗战时期,民生公司积极充实川江航线运输力量,并配合战时需要,开辟新的航线,举办水陆联运,为坚持持久抗战作出积极贡献。同时,武汉撤退以后,由于敌机轰炸、航线压缩,加上重庆国民政府的限价政策等,民生公司的轮船航运事业开始变得举步维艰。

一、轮船航运业发展到战时高峰

早在上海八一三事变爆发前,国民政府交通当局鉴于局势严重,曾密电各航商将所有海轮尽速驶入长江,或采取其他规避措施以免落入敌手。大部分航商积极响应,当时从长江下游后撤麕集在汉口的轮船数量甚多,约有 200 艘。加上汉口当地的 450 艘轮船(吨位 42 682 吨),1938 年 2 月前后麕集汉口的轮船达到 645 艘,吨位达 143 790 吨。后来汉口形势危急,汉口船政局会同军事运输机关督饬继续撤退,其中有 208 艘撤退到宜昌,66 艘撤退到长沙,16艘撤退到常德,而撤退到宜昌的 208 艘轮船中,有 150 艘后来驶进川江。[①]

上述情形为民生公司进一步充实提供了客观条件,战时抢运也为民生公司收购行为提供了需要。1938 年 1 月 4 日,民生公司合并广安轮船公司的广安、广吉 2 艘轮船,分别改名为民仁轮、民爱轮。[②] 4 月 3 日,民生公司合并扬子轮船公司的振益、恒新 2 艘轮船,分别改名为民昌轮、民光轮。[③] 基于民生公司在长江上游运输中不可替代的作用,国民政府在经济上也给予民生公司金融上的支持。4 月 17 日,翁文灏日记载:"起床见客。接见黄任之、钱新之、民生公司杨惟[成]质、郑璧成等五人(谈运钢铁厂器材七个月

[①] 王洸:《战时航政与航政建设》,《经济建设季刊》第 1 卷第 2 期,1942 年 10 月,第50 页。

[②] 陈滋生:《二十七年公司大事纪述》,《新世界》第 14 卷第 4、5 期合刊,1939 年 3 月 20日,第 6 页。

[③] 陈滋生:《二十七年公司大事纪述》,《新世界》第 14 卷第 4、5 期合刊,1939 年 3 月 20日,第 46 页。

可运六万吨,勿拘为差轮,又请借百五十万元)。"①4 月 1 日,民生公司主办的《新世界》出刊《第十三届股东大会专号》,介绍民生公司各方面情况,如公司轮船达到 49 只(其中自有 46 只,租赁 3 只),总吨位达到18 039.88吨,资本额达到 350 万元,资产达到 1 210 万元。② 4 月 19 日 16 点,民生公司在总公司召开第十三届股东大会欢迎会。③ 20 日上午 10 点,民生公司在总公司举行第十三届股东大会,照章改选了董事、监事。董事长郑东琴报告公司概况:1937年收入 9 973 874 元,比 1936 年多 150 万元,决算盈余 30 万余元。④ 同时,公司股本已经收足 350 万元,各项准备及公积金也已经达到 450 多万元。⑤ 显见此时的民生公司,资金相当充裕。7 月 3 日,民生公司合并合川轮船公司的合川轮,改名为民惠轮,行驶渝合线。⑥ 7 月 13 日,民生公司合并新华公司的元通、南通、昭通、蜀通等 4 艘轮船,除蜀通轮外,分别改名为民朴轮、民胞轮、民范轮。⑦新华公司船东实际上是刘文彩,以刘文辉名义入股民生公司。⑧ 民

---

① 李学通、刘萍、翁心钧整理:《翁文灏日记》,第 232 页。

② 《本公司历年股本之递增》《二十六年轮船之增减》《本公司历年资产之递增》,《新世界》第 12 卷第 3 期,1938 年 4 月 1 日。

③ 《十三届股东大会欢迎会纪录》,《新世界》第 12 卷第 4 期,1938 年 4 月 30 日,第 85—86 页。

④ 《民生实业股份有限公司第十三届股东大会纪录》,张守广:《卢作孚年谱长编》,第756 页。

⑤ 民生实业公司编:《民生实业股份有限公司概况》,第 2 页。

⑥ 陈滋生:《二十七年公司大事纪述》,《新世界》第 14 卷第 4、5 期合刊,1939 年 3 月 20日,第 46 页。

⑦ 陈滋生:《二十七年公司大事纪述》,《新世界》第 14 卷第 4、5 期合刊,1939 年 3 月 20日,第 46 页。

⑧ 吴晋航:《民生公司概述》,《文史资料选辑》编辑部编:《文史资料选辑》第 12 辑(合订本第 3 卷),第 91 页。

生公司在统一川江时,还对拥有军阀背景的轮船公司及轮船进行合并,这比合并普通华商轮船要困难得多。但这些轮船公司及轮船最终均被民生公司合并,这确能凸显民生公司的独到之处。7月26日,民生公司在汉口合并1只拖头,改名为民力轮。9月27日,在宜昌合并华胜轮,改名为民胜轮。29日,合并重庆植丰公司的益丰、豫丰2艘轮船,分别改名为民训轮、民模轮。10月4日,合并丽丰等4艘轮船,丽丰改名为民楷轮。10月5日,合并植丰轮,改名为民教轮;合并重庆永昌实业公司的永昌轮,改名为民礼轮。11月5日,收购四川省政府长江兵舰,改名为民强轮。11月14日,在宜昌并入汉口商人王方舟的协昌轮,改名为民协轮。11月18日,收购四川省政府巴渝兵舰,改名为民固轮。11月22日,合并重庆商业银行永亨轮,改名为民良轮。11月29日,在宜昌合并益大轮船局的源丰轮,改名为民伟轮;合并南京义泰拖轮局的义泰轮,改名为民济轮。12月10日,在宜昌合并镜安轮船公司的镜安轮,改名为民镜轮。12月13日,在宜昌合并源顺轮。12月21日,在宜昌合并永兴轮船公司的万昌轮,改名为民仰轮。12月25日,在宜昌收购镇江永和轮船总局润泰轮,改名为民润轮。12月29日,民生公司在宜昌收购华明轮船局的华明轮,改名为民瞻轮;在宜昌收购祥顺轮。① 综上所述以及各种资料,民生公司1938年总计合并大小轮船29只,新造轮船4只,除拆毁者外,到年底,共新增船舶31只②,资产达到1 820万元③。对民生公司而言,这是一个非常快速

---

① 陈滋生:《二十七年公司大事纪述》,《新世界》第14卷第4、5期合刊,1939年3月20日,第46页。
② 陈滋生:《二十七年公司大事纪述》,《新世界》第14卷第4、5期合刊,1939年3月20日,第49页。
③ 民生实业公司编:《民生实业股份有限公司28年概况》,1940年刊,第2页。

的巨大进展。

不过,1939 年民生公司船只和资产的增速要比 1938 年更快。到 1939 年 4 月 15 日,民生公司的轮船已经达到 114 只,尚有趸船、驳船、木船等,职工则迅速增加到 5 202 人。资料载:

> 截止四月半止,全公司共计五千二百零二人,其分布状况,分为船上的与岸上的两类。目前本公司有轮船一百一十四只,趸船十三只,铁驳十五只,木驳一百四十只,四种船上,共配备职工四千零三十五人。轮船分为四种:第一,一千吨以上的,最多为民元有一百一十六人,最少的如民风有九十九人。第二,五百吨以上未满一千吨的,最多的如民贵有九十七人,最少的如民熙有六十七人。第三,两百吨以上未满五百吨的,最多的如民运六十一人,最少的如民安五十一人。第四,未满二百吨的,此种轮船在公司占最多数,其人位分布,最多的如民选、民勤四十四人,最少的如民宁三十一人。除各轮外,各囤驳之分布则较少,最多的十余人,少的不足十人。至于岸上人位之分布,共计一千一百六十七人。总公司占最多数,有职员四百八十一人,茶房连长工一百六十一人,共为六百二十四人。宜昌分公司九十一人,万县分公司六十一人,叙府十八人,上海十九人。此外香港、昆明、海防、北碚、涪陵、长寿、江津、泸县、奉节、巫山、巴东十一办事处,共计职工三百二十九人。①

大约 2 个月后,民生公司的轮船又增加到 125 艘。资料载:在抗战中心根据地的四川,“我们找不到一条铁路,到处只见山岭

---

① 《海事新闻·本公司职工分布情形》,《新世界》第 14 卷第 9 期,1939 年 4 月 30 日,第 15 页。

重叠,人力贩运的羊肠小道盘旋在危崖深谷之间,几条可宝贵的公路,也是费了极大的人力来构筑的,但也因车辆不足和道途崎岖的关系,担当不了战时运输的重任。因而这战时中国的心脏部的主要交通,便只能依存于那横贯四川省的川江了。川江是四川省及其周围地区的大动脉,除了宜昌到叙府这一主航线之外,还联络一些起着微血管作用的支流。在这大动脉中像红血球一样周转着的民生公司的轮船,现在是增加到一百二十五艘了,差不多占了川江上游全部汽船的百分之七十五有余"。"出川的军队,入川的器材,各种工业原料和农产品,都等待着这一百二十五艘船来运载。"民生公司当时在四川有6 000多名职工,在沿江16个站口设有码头和仓站,并有数十个次要站口,其运输力是每天可以搬运1万吨左右物资。即使每天只有一半的船在航行,其行程总长也可达7 500海里,即1万公里以上。实际上,其运输能力,"已经相当于一条设备很完善的大铁道了"①。民生公司在交通上的重要性,由此可见一斑。1939年全年,民生公司新造轮船17艘,购进海关船4艘,购进从长江下游上驶到宜昌却无力继续上驶川江的各类轮船60多艘。这样民生公司的轮船总数达到137艘,吨位达到3.6万吨。其中20多艘由于不适合川江行驶被拆毁,所以实际轮船有116艘,3万多吨位。因此,1939年,民生公司资产增加到2 805万元。② 据统计,1940年6月重庆区轮船有228艘,轮船吨位64 033吨③,民生公司可占其中半数。王洸在述及

---

① 《抗战中的民生公司:民生实业股份有限公司在抗战建国运动中担当的任务》,1939年7月,北碚图书馆藏,第1—2页。
② 民生实业公司编:《民生实业股份有限公司28年概况》,1940年刊,第2页。
③ 王洸:《战时航政与航政建设》,《经济建设季刊》第1卷第2期,1942年10月,第51页。

抗战时期的民生公司时说:

    民生公司是航业后起之秀,成立历史,虽不过七八年,但突飞猛进,凌驾其他各轮船公司而上。尤其在抗战军兴以后,发展更快,其原因约有数端:一、民生公司主要的业务本来在川江,国府西迁,川江运输繁要,倍蓰远昔。民生公司以现有多数之内河轮船,适应急切环境的需要,业务进展,自为其他公司所望尘莫及。二、民生公司轮船,在抗战初期,未被征用。而在沪轮船,亦在江阴封锁以前,驶回长江,产业完全,毫无损失。三、长江中下游轮船,自京沪武汉撤退,均感流亡之苦。民生公司得以廉价收买,增加其运输能力。四、陪都人才荟萃,民生公司大事罗致,内外管理,亦多改善。以上各项,时势人谋兼而有之,故民生公司股本,业已增至七百万元。现有轮船八十七艘,合二万一千余吨,比较战前,增加不少。经营之航线,以重庆为起点,长航有渝巴东、渝万县、渝泸县、渝宜宾、渝乐山等线,短航有渝涪陵、渝长寿、渝唐家沱、渝寸滩、渝江津、渝白沙、江津白沙、泸县宜宾、渝童家溪、渝合川、宜宾屏山等线。就营业流域讲,遍达川江、长江、岷江、嘉陵江、金沙江,范围广范,开川省航业界之新纪元。①

1941 年 2 月,民生公司因为正在建造的浅水轮工程浩大,船用五金、油料等价格飞涨,需款 800 万元。② 经过研究,决定通过公司债解决。按照规定,公司债不能超过股本,最后发行 700 万

---

① 王洸:《战时航政与航政建设》,《经济建设季刊》第 1 卷第 2 期,1942 年 10 月,第55 页。
② 王洸:《战时航政与航政建设》,《经济建设季刊》第 1 卷第 2 期,1942 年 10 月,第58 页。

元公司债,缓解了资金压力。1942 年,民生公司山字号 9 艘浅水轮船建成,船名和吨位分别为乐山(178 总吨)、屏山(178 总吨)、秀山(178 总吨)、彭山(220 总吨)、巫山(178 总吨)、壁山(178 总吨)、梁山(183 总吨)、营山(232 总吨),眉山(229 总吨)。这些船先后参加营运,民生公司"运输力量更大,业务愈益扩展,始终执川江航业的牛耳"①。总计到 1942 年年底,民生公司有大小轮船84 只,拖船 7 只,合计船舶 91 只,其中 1 000 吨以上的甲级船有民众等 5 艘。500 吨—1 000吨的乙级船有民彝等 12 艘。200吨—500 吨的丙级船有民熙等 16 艘。200 吨以下的丁级船有民恒等 51 只。另有生存等 7 只拖轮,21 只铁驳,119 只木驳。主要航线有渝坪线(重庆—三斗坪)、渝嘉线(重庆—嘉定)、渝合线(重庆—合川、牛角沱)、渝涪线(重庆—涪陵)、渝沙线(重庆—白沙)、渝童线(重庆—童家溪、牛角沱)、渝唐线(重庆—唐家沱)、万云线(万县—云阳)、叙屏线(宜宾—屏山)等。②

　　相对于招商局、三北公司而言,抗战时期民生公司的损失稍轻一些。1943 年 1 月 8 日重庆实业界星五聚餐会上,民生公司代总经理魏文瀚说:"目前轮船,招商损失十分之八,三北损失十分之六,民生主要船只损失十分之五。"③这是非常严重的损失,如果算上岸上事业,则损失更加严重。1943 年 4 月 26 日,招商局总局在重庆重组并正式恢复办公。重组后的招商局,当年亏损 623 万余

① 王洸:《中华水运史》,台北:商务印书馆 1982 年版,第 276 页。
② 中国第二历史档案馆编:《中华民国史档案资料汇编》第 5 辑第 2 编《财政经济》(10),第 563—565 页。
③《限价问题讨论会》(星五聚餐会第 56 次),《西南实业通讯》第 7 卷第 2 期,1943 年 2月 28 日,第 28 页。

元,1944年亏损3 829万余元。① 招商局把业务不佳的一个重要原因归咎于民生公司的"垄断",称:"年来因受战事及物价影响,川江货源日趋萎缩,乃呈船只过剩现象。其原在川江航行之轮船公司,因缘时会,及在抗战期间,获得畸形发展,转而挟之以作竞争垄断之工具,殊为现时航业平衡发展之阻碍。"②显然,国营、民营的矛盾在航业领域也越来越突出了。

　　到1944年4月底,民生公司全公司职工达到7 108人,其中航业部职工5 133人、民生厂职工1 851人、物产部职工73人、电水厂职工44人、木工厂职工7人,轮船95艘(其中内燃机引擎船65艘、柴油引擎船30艘),吨位26 322.02吨。③

　　到1944年6月,民生公司职工5 375人,船舶88只,2.5万余吨,其中可正常运营者56只,1.6万余吨;因航线收缩停航者18只,4 500余吨;正在修理者16只,4 300余吨;在各码头内工作的拖轮5只,270余吨。上述正常运营的56只轮船中,应差者14只,5 600余吨,其他42只为营业船。各航线船只分配情形,计上游7只,1 800余吨;下游4只,3 500余吨;以重庆为起点的短航各线31只,5 100余吨,余船作为加班填班的后备。航线方面,限于川江,下游可到三斗坪,上游可至嘉定(乐山)。1944年由于湖北战局关系,以及敌机骚扰下游航线,航行极为困难,船只不能进行定期航行。上游各航线航行情形虽较佳,但因水位关系,船只吨位严重受限。民生公

---

① 中国第二历史档案馆编:《中华民国史档案资料汇编》第5辑第2编《财政经济》(10),第557页。

② 中国第二历史档案馆编:《中华民国史档案资料汇编》第5辑第2编《财政经济》(10),第535—536页。

③ 《抗战时期民生公司之危机及未来使命》,重庆市档案馆藏,金城银行重庆分行档案,0304/1/395。

司为补救上述种种困难,开辟短航,总计长短航线 19 线,计长江下游长航线有渝坪、渝万、渝涪 3 线,短航线有万云、渝长、渝唐、渝寸 4 线;长江上游长航线有渝叙、叙嘉、渝泸 3 线,短航线有渝白、津江、江泸、泸安、泸叙、叙屏 5 线。嘉陵江有渝合、合南、渝碚、渝童线。此外,长江上游尚有渝津线,但因为民惠轮失吉,被航政局判处停航 2 年,该航线已由合众公司经营。①

二、举办和参与水陆空联运

为了保障最低限度的物资流通和军需供应,全面抗战时期后方地区利用各种交通工具,并通过水陆空联运来编织交通运输网络。民生公司作为后方地区主要的水上现代运输力量,发挥了重要的作用。

渝蓉联运是轮船、木船联运,由民生公司与华懋公司、空军兵站总监部于 1939 年 1 月订约举办。空军兵站自重庆运往成都的物品分两段运输,重庆到叙府段,交民生公司轮船承运;叙府到成都段,由华懋公司用木船或竹筏接运。从重庆到叙府用轮船运输只需 4 天,但木船自叙府运成都约需 26 天。虽然运输用时较长,但在抗战时期汽车运输困难的情况下,此种联运仍不失为有效的办法。特别是许多单位的重件物品,汽车无法承运时多交民生公司办理轮木联运,自重庆运往成都。1944 年 11 月 20 日,军政部兵工署第五十厂曾将一批军用器材交民生公司自渝运叙转蓉。民联轮由渝运叙该器材,一次即达44.78吨。1944 年 9 月,民武轮由渝运叙转蓉油桶及马丁铁 40 吨,由渝经叙、嘉转蓉材料56.682吨。兵工署

---

① 中国第二历史档案馆编:《中华民国史档案资料汇编》第 5 辑第 2 编《财政经济》(10),第 579 页。

第五十厂成都分厂曾有一批酒精由泸州运成都,也交民生公司办理轮木联运。民生公司与相关机构签约举办的重庆—叙府—嘉定—成都间轮船、木船联营联运业务,扩大了公司的营运范围,增加了公司的营业收入,是民生公司支持抗战后方建设的一种有效方式。①

宜渝联运是水空联运,由国民政府军政部驻川南办事处与民生公司于 1939 年 10 月 1 日订约开辟。合约以国民政府军政部驻川南办事处为甲方,以民生公司为乙方。双方约定:第一,甲方有大批材料须由宜宾运至泸县及泸县运至重庆,统归乙方派船装运,随到随运,不得停滞。第二,运费以每吨净价计算,由宜宾下水运至泸县每吨定为 10 元,由泸县下水运至重庆每吨定为 14 元,但由宜宾直达重庆者,仍照 5 月 1 日双方签定的合同办理。关于运费,按每月 10 日及 25 日由甲方结付现款。第三,甲方器材如有由重庆上水运至泸县及泸县上水运至宜宾者,其运费照下水规定数目加倍结付,但由重庆上水直运宜宾者仍照 5 月 1 日双方签定合同之运价数目,加倍结付。第四,甲方材料在宜宾、泸县交运,与到渝接收,均船边收交。在宜宾、泸县如甲方需乙方代雇力夫、木驳,或代垫一切提卸搬驳等费用时,乙方得尽量协助,所垫各费每次由乙方按实充数目填单(单式照本处规定)交由甲方查实证明盖章后陆续结付归垫。第五,甲方材料在宜宾、泸县交与乙方承运时,应由甲乙两方在起运地点会同过磅填列清单,交予乙方,凭以出装。单交甲方,办理报关手续。装船后由各方会填运货单,即根据此项单据提货付费。如遇货件短少遗失,统归乙方负责赔偿。第六,其余条款未经载明本约者,概照 5 月 1 日双方签定之叙渝运输合同办

---

① 全国政协西南地区文史资料协作会议编:《抗战时期的西南交通》,第 287 页。

理。① 该合约在 11 月得到军政部兵工署署长俞大维签署通令执行,明文通令要求:"泸县既建库房,材料之囤转必多,故应规定由叙至泸,由泸至渝两段运价,而分段消耗,比之直接运达,所费为多,故较五月一日叙渝运价所订增多四元。其由重庆上水运至泸县或宜宾者,因航程费时更多,消耗更增,故照下水规定数目加倍付给。"②

　　1939 年 12 月 19 日,民生公司又与国民政府交通部川滇公路管理处订立渝泸水陆联运合约,以泸县为转运点。川滇公路处把货物从昆明运到泸县,民生公司则派轮船把货物接转到重庆或宜宾。同时,民生公司从重庆或宜宾将出口货物运泸县交川滇公路汽车运到昆明,再由通运公司转运到海防。利用渝泸联运,民生公司还在 1940 年 1 月与兵工署订立军用品运输合约。双方约定:军用品从泸县或叙府运到重庆或从重庆运往叙府,全部由民生公司承运。从 5 月起,军政部船管所需要运出 4 000 吨械弹、400 吨航委会器材、200 吨工矿处器材,合计4 600吨。其中 2 600 吨交木船运输,2 000 吨交轮船公司运输。民生公司的民模、民教、民德、民康等轮承担了此项运输业务。③

　　川滇渝联运是水路联运,1940 年 3 月民生公司与西南运输处订立水陆联运合约。合约约定:西南运输处有 2 大队汽车行驶川滇路,每队汽车为 170 辆,双方专运兵工署、航空委员会及贸易委员会的货物,进口为枪弹、炸药等,出口为外贸物资。④

----

① 《军政部驻川南办事处与民生公司运货合约》(1939 年 10 月 1 日),张守广:《卢作孚年谱长编》,第 831 页。

② 《军政部兵工署通令》(1939 年 11 月),张守广:《卢作孚年谱长编》,第 832 页。

③ 全国政协西南地区文史资料协作会议编:《抗战时期的西南交通》,第 288—289 页。

④ 全国政协西南地区文史资料协作会议编:《抗战时期的西南交通》,第 289 页。

1940年8月1日,民生公司与招商局遵交通部令成立川陕水陆联运处,举办川陕水陆联运,并造浅水拖轮以装载货物。川陕水陆联运自重庆以达陕西宝鸡,其中重庆到广元为水运,广元到宝鸡既可利用川陕公路车运,也可再分广元到阳平关的水运和阳平关到宝鸡的公路运输。该联运线长800多公里。民生公司在该联运线中的任务主要是负责重庆到合川的水上运输。洪水期间,民生公司的轮船可以在合川到南充间航行。该联运线上运输的物资,上水主要运输出口的钨沙、猪鬃、羊皮、茶叶、铁路机材、糖、盐及其他公商货物;下水主要运输棉花、桐油、羊皮、煤、米。加上军品运输,该联运线每年平均运量有3万—10万吨。为了便利嘉陵江航行,民生公司还派船长薛志道,负责渝合线淘滩工作。薛志道组织力量对黑羊石、红沙碛、香盘石、菜家滩等,进行疏浚,单黑羊石疏浚碛漕即做1 400余工,所用竹子在万斤以上。经过淘滩,民生公司所负担的渝合航线畅通了,使其更好地完成了川陕联运之任务。战时民生公司与招商局合办川陕水陆联运,对沟通川鄂陕甘及西北的国际运输通道,作出了重要贡献。[1] 8月4日,沙市、宜昌先后沦陷,为冲破难关,交通部办理川湘、川陕水陆联运,由民生公司和招商局各出2万元在重庆设立川陕、川湘水陆联运总管理处,由招商局沈仲毅任理事长[2],民生公司代总经理魏文翰任副理事长,郑璧成、童少生为理事。[3] 川湘水陆联运线的两端为重庆和湖南常德,其间有2条路线,一是重庆到龚滩(其间用水运)、龚滩到龙潭(其间用驮运)、龙潭到常德(其间用水运);一是重庆到彭水(用水

① 王洸:《战时航政与航政建设》,《经济建设季刊》第1卷第2期,1942年10月,第54页;全国政协西南地区文史资料协作会议编:《抗战时期的西南交通》,第286页。
② 瞿韶华主编,程玉凰编纂:《中华民国史事纪要(初稿)》(1940年7—12月),第155页。
③《实业大事记》,《西南实业通讯》第2卷第3期,1940年9月1日,第65页。

运）、彭水到龙潭或沅陵（用车运）、龙潭或沅陵到常德（用水运），全程 900 多公里。川陕、川湘联运线长 2 185 公里，与战前京（南京）沪、津浦、平汉 3 条铁路总长大致相当。① 为加强川湘、川陕水陆，交通部于 1940 年 12 月 13 日专门召开会议，并决定把民生公司和招商局合办的川湘、川陕水陆联运总管理处改组，成立交通部特许官商合办川湘、川陕水陆联运公司（也称总办事处）。资本额 100 万元，其中由交通部驿运总管理处认股 50 万元，招商局、民生公司各认股 25 万元。② 1941 年 1 月，交通部川湘、川陕水陆联运总办事处又改组为交通部特许川陕、川湘水陆联运处理事会，下设经理处，继续办理联运事宜。③ 从开办到 1942 年 5 月底，川陕、川湘水陆联运处承运货物总量约数千吨，积存待运货物约 2 000 吨。川湘、川陕联运办理得法，川湘联运尤其成效显著④，迅速成为“沟通西南西北之水陆路线……对于后方军民运输，贡献殊多”⑤。1942 年 6 月 1 日，由薛光前负责的川湘、川陕水陆联运总管理处正式成立。该处成立后，接收改组原川湘联运处和嘉陵江运输处，退还民生公司和招商局的股本，全部改为国营。⑥ 之后，联运线承运的货

---

① 中国第二历史档案馆编：《中华民国史档案资料汇编》第 5 辑第 2 编《财政经济》(10)，第 152 页。

② 全国政协西南地区文史资料协作会议编：《抗战时期的西南交通》，第 284—285 页。

③ 薛光前：《我办理运输的实际体验》，《西南实业通讯》第 8 卷第 4 期，1943 年 10 月 31 日，第 13 页。

④ 薛光前：《我办理运输的实际体验》，《西南实业通讯》第 8 卷第 4 期，1943 年 10 月 31 日，第 13—14 页；《战时后方水上运输是怎样维持的》，《新世界》1944 年 5 月号，1944 年 5 月 15 日，第 11 页；张后铨主编：《招商局史：近代部分》，第 435—436 页。

⑤ 中国第二历史档案馆编：《中华民国史档案资料汇编》第 5 辑第 2 编《财政经济》(10)，第 152 页。

⑥ 薛光前：《我办理运输的实际体验》，《西南实业通讯》第 8 卷第 4 期，1943 年 10 月 31 日，第 13—14 页。

物，"大半均系军公物资，商货则为数甚微，其上运物资，经签定合
约，长期交运者，计有资委会之矿品机料等，宝天铁路及西北公路
局之交通器材，川北盐务管理局之济陕官盐。下运者为花纱布管
制局及豫丰纱厂之机棉，资委会、液委会等机关之油料，廿一军、卅
一兵工厂之木枪托等项，余者仅为少数公商杂项货物"①。到薛光
前1943年5月因病辞职为止，该联运线共承运物资43 500吨，其
中运达目的地的有37 100吨，仍在途中的有6 400吨。其间，除短距
离运输数量不计外，每月重庆衡阳间直达运输货物上行下行共900
吨，重庆广元间上行下行物资共计1 000吨。

　　汀渝联运是跨国水空联运。1941年1月太平洋战争爆发，日
本对东南亚各国沿海实施封锁。从1942年5月滇缅公路中断到
1945年8月日本投降，中印空运成为沟通中外最重要的国际运输
线。该运输线以印度汀江为起运点，以昆明、重庆等地机场为终
点。1942年4月中旬，中国航空公司在中印空运航线试航成功。
同年6月起，中国航空公司接受美国和国民政府委托承运进口物
资。该航线航行的飞机，初期仅有美国拨予的6架旧式飞机，在汀
江道昆明线之间每月运输量有100多吨。之后，随着飞机逐渐增
多，每月运输量增加到2 400吨。因昆明到重庆的空中运输多有不
便，又在宜宾、泸县等地增辟机场。从印度运进货物到宜宾、泸县
后，再交民生公司等通过水路转运到重庆。通过中印空运线进口
的货物多为兵工、通讯和工业器材，回程出口的货物多为钨砂、桐
油、猪鬃等物资。随着中印空运线运输重要性的提高，在该线承担
大规模运输的航空力量，主要还是美国空运大队，其中美军人员就

---

① 中国第二历史档案馆编：《中华民国史档案资料汇编》第5辑第2编《财政经济》(10)，
　第404页。

有 3 万多人，每月运量有 4 万多吨。运输的物资，大部分供应驻华美军需用，小部分是美国援华军用物资。民生公司派轮船到泸县和宜宾承担空运物资的接转任务，达成水空联运。①

民生公司是川江最重要的现代航运力量。宜昌沦陷后，民生公司把三斗坪作为峡江运输的重要码头，继续勉力从事军需民用的运输。1941 年 6 月，军政部兵工署署长俞大维为军品运费问题以代电复函民生公司：

鉴查本署与民生公司新订坪渝段运价，业经于本年 3 月以渝造（卅）甲字第 3336 号有代电饬知在案，兹复准该公司函开"迳启者，遵照航业协会议决案，因物价高涨，轮船成本激增，一般商货，坪②渝段运价照原价增加 25%，自本年度 6 月 1 日起实行。敝公司对于贵署各厂处运价，原系按照一般商货运价对折收费，自应仍照新价对折计算，即：一、坪渝每公吨 500 元净，二、坪万或万渝每公吨照坪渝 6 折即 300 元净，三、每转口一次，每吨加外缴 30 元。为优待贵署起见，特延至 6 月 15 日起（即 6 月 15 日起运之器材）实行，仍由贵属各厂处直接与敝公司洽装，于交运时付清运费，即烦查照，并请转知贵属各厂为荷"等由，并附航业公会所订立之商货运率表一份前来。查该公司所称各节，核与以往办法尚属实情，与以往照商货运价 5 折计算，亦尚符合，除函复坪渝段全程运价每吨 500 元应予照准，坪万及万渝应仍照以往办法，每吨各为 250 元，并自 6 月 16 日起增加计算，暨呈部备案外，合行电仰知照。③

---

① 全国政协西南地区文史资料协作会议编：《抗战时期的西南交通》，第 289—290 页。
② 即宜昌西的三斗坪。
③ 《军政部代电》(1941 年 6 月)，张守广：《卢作孚年谱长编》，第 922 页。

在物料来源日益困难且不断涨价的情况下，特别是从 1939 年开始，民生公司航业部分已经处于经常亏损的状态，民生公司承运兵工署器材货物仍依照商货运价给予"对折"的优待，可见其经营的困难和不易。

三、重庆市轮渡航线的开辟

重庆是一个山城，也是长江和嘉陵江两江汇合的大码头。随着城市现代化进程的加速，特别是作为后方中心城市，水上交通的便捷化势在必行。1937 年 12 月 15 日，四川省建设厅厅长何北衡在重庆召开重庆市轮渡公司筹备会议，议决租借 2 艘民生公司小轮，首先办理储奇门至海棠溪段轮渡，1938 年 1 月 1 日开渡。① 1938 年 9 月，重庆轮渡公司筹备处举行董事会第一次会议，议决增加商股 10 万元，同时逐渐退还官股，使公司变为纯粹民营事业。② 10 月 1 日，重庆市轮渡公司正式成立，资本 20 万元，其中官股 5 万元，商股 15 万元，汪代玺任经理。③ 在此前后，重庆轮渡公司开辟了朝弹线（1938 年 7 月）、望龙线（1938 年 8 月）、朝野线（1939 年 1 月）、南黄线（1939 年 5 月）、南灌线（1939 年 12 月）等 5 条轮渡航线，初步奠定了业务基础。④ 重庆市轮渡公司的成立和轮渡航线的开航，对于重庆城市的发展，特别是大轰炸威胁下市民的疏散等都

---

① 《筹备组织重庆市轮渡公司会议决议录》（1937 年 12 月 15 日），重庆市档案馆藏，重庆轮渡公司档案，0327/1/1。

② 杨及玄：《重庆轮渡公司的展望》，《西南实业通讯》第 14 卷第 1、2 期合刊，1946 年 8 月 30 日，第 11 页。

③ 《重庆轮渡股份有限公司成立周年之经过》，重庆市档案馆藏，重庆轮渡公司档案，0327/1/7。

④ 杨及玄：《重庆轮渡公司的展望》，《西南实业通讯》第 14 卷第 1、2 期合刊，1946 年 8 月 30 日，第 11 页。

不可或缺。

1943年2月，经重庆轮渡公司议决，该公司与民生公司彻底合作。重庆轮渡公司原有股票1元作4元售于民生公司，其中官股5万元也由四川省政府核准，作价20万元售于民生公司。经此作价转让之后，该公司原有资本40万元，实际上已经变为160万元。4月，由于通货膨胀和限价的影响，重庆轮渡公司亏损达90万元，重庆市政府给予津贴50万元。① 10月，经临时股东大会议决，该公司资本额增值为320万元，另招新股180万元，合计为500万元。②

由于限价造成的亏折过巨，经呈奉行政院核准，从1944年7月起，每月由重庆国民政府补贴重庆轮渡公司100万元。10月，行政院又将补贴增为每月400万元，该项补贴发到1945年3月为止。③

第二节　民生公司的工矿业事业

随着全面抗战爆发后沿海沿江厂矿企业的内迁，川渝地区特别是重庆成为大后方的政治、经济中心乃至金融中心，这就为民生公司投资事业的发展提供了广阔的社会经济舞台。1937年民生公司就先后投资兴华保险公司6.5万元、聚兴诚银行2.5万元、四川水泥公司4万元、江西光大瓷业公司2千元、重庆兴业银行5万元、嘉

---

① 杨及玄:《重庆轮渡公司的展望》,《西南实业通讯》第14卷第1、2期合刊,1946年8月30日,第12页。

② 杨及玄:《重庆轮渡公司的展望》,《西南实业通讯》第14卷第1、2期合刊,1946年8月30日,第12页。

③ 杨及玄:《重庆轮渡公司的展望》,《西南实业通讯》第14卷第1、2期合刊,1946年8月30日,第12页。

陵纱厂 25 万元。① 到 1938 年 3 月,民生公司投资事业已经有 12
家,投资金额已经达到 898 000 元,其中嘉陵纱厂 250 000 元、北川
铁路公司 188 000 元、中华造船厂 120 000 元、天府煤矿公司
100 000元、兴华保险公司 65 000 元、中国兴业银行公司 50 000 元、
华通公司 50 000 元、四川水泥公司 40 000 元、聚兴诚银行 25 000
元、重庆公共汽车公司 5 200 元、石燕煤矿公司 2 800 元、光大瓷业
公司 2 000 元。② 到 1939 年,民生公司投资事业达到 25 个单位,金
额增加到 202 万余元,较 1938 年年底 170 多万元增加 30 多万元,
其中钢铁机械业 76 万余元、造船业 12 万余元、煤矿业 41 万余元、
铁道汽车业 19 万余元、棉织业 22 万余元、银行保险业 9 万余元、其
他各业 20 余万元。③ 民生公司实际上已经发展成为一个名副其实
的实业公司即控股公司。到 1944 年 4 月,民生公司的投资事业进
一步增加到 31 家,以煤矿业、钢铁机器厂、保险公司为数较多,因
为"与航业关系尤为密切"④。1945 年 4 月,民生公司的投资事业
收缩到 22 家,投资金额 1 600 万元。⑤

一、机械、钢铁工业

全面抗战时期,在独资的民生机器厂得到迅速发展之外,民生
公司又通过合资的方式,与上海大鑫钢铁厂合作创办渝鑫钢铁厂,

---

① 陈滋生:《本公司二十六年大事纪略》,《新世界》第 12 卷第 3 期,1938 年 4 月 1 日,第
　82 页。
②《本公司之投资事业》,《新世界》第 12 卷第 3 期,1938 年 4 月 1 日,第 95 页。
③ 民生实业公司编:《民生实业股份有限公司 28 年概况》,1940 年刊,第 10 页。
④《抗战时期民生公司之危机及未来使命》,重庆市档案馆藏,金城银行重庆分行档案,
　0304/1/395。
⑤《民生实业公司简讯》第 792 期,1945 年 4 月 16 日,第 2—3 版。

与武汉周恒顺机器厂合资创办恒顺机器厂。而且民生机器厂,恒顺机器厂、渝鑫钢铁厂,都是后方民营企业的佼佼者。

首先看民生机器厂的发展与壮大。

如前所述,从抗战全面爆发江阴封锁开始,撤退到长江内河以及汉宜一带的公私轮船无处修理,"坐待损坏"[1]。民生公司有鉴于此,在收购五金材料、油料的同时,还迅速行动,通过充实和扩大民生机器厂为抗战运输的持久进行准备造船厂。此项准备主要有 3个方面:第一是罗致造船领域的技术专家和工人。许多有名的造船工程师、机械工程师,在全面抗战爆发前不愿到内地的川渝地区工作,以修理为主的民生机器厂当然无法吸引国内造船和工程机械方面的人才。但是全面抗战的战事一起,江南造船厂、马尾造船厂、大沽造船厂、青岛海军工厂等著名船厂的所在地相继沦陷,部分有爱国心的造船界技师和技工,辗转来到内地,而业务扩大了的民生机器厂自然成为他们献身抗战事业、施展才干的舞台。民生公司想方设法,先后聘请到如叶在馥、王超等在内的为数众多的造船专家,当时民生机器厂工程人才之多可以说是极一时之盛,既有机械工程师,也有电机工程师,尤以造船工程师和轮机工程师之多为民生机器厂的特色。民生机器厂的厂长周茂柏,就是有名的机械工程师。[2] 1938 年 7 月 14 日上午,卢作孚为调用周茂柏找翁文灏相商。[3] 随后,周茂柏被聘任为民生机器厂厂长。副厂长陈仿陶是电气工程师,民生机器厂总工程师叶在馥是原江南造船所造船主任、造船专家。在叶总工程师领导之下的民生公司技术室有郭

---

[1] 《民生公司投巨资建造新式大船坞》,《嘉陵江日报》,1938 年 4 月 7 日,第 2 版。

[2] 《后方最大的机器造船厂——民生机器厂》,《新世界》1944 年 5 月号,1944 年 5 月 15 日,第 48 页。

[3] 李学通、刘萍、翁心钧整理:《翁文灏日记》,第 253 页。

子桢、吴贻经、杨樾3位著名工程师。技术室里面的船舶设计课和
轮机设计课，又有技术人员一二十人之多。民生机器厂工务处由
兼处长陈仿陶和兼造修总监王超（轮机专家）主持，又有工程师刘
学曾、陈鹤同、陈新民、吴匡、麦乃登、张孟炎、朱福等，分别主持7
个工场的实际工务，每个工场又有技术人员3—5人不等。民生机
器厂整个技术阵容相当雄厚。① 第二是投资扩大船厂规模。民生
公司在1938年年初就投资数十万元，在民生机器厂修建大型船
坞，又聘请前江南造船厂造船主任叶在馥负责此项工程，每日动员
土木石工及机械工人上千人，需时2年的工程，计划4个月内即赶
筑落成。该船坞修建完成后，是长江上游唯一的大型船坞，川江最
大轮船如民元、民本均可入厂修理。② 当时，民生机器厂业务能力
迅速扩大，能够胜任民生公司全部轮船的修理、旧船的整理和新船
的建造，成为"后方最大的一个民间机械工厂，而且是唯一优良的
锅炉制造工厂"③。第三是争取到国民政府工矿调整的资金支持。
1939年11月21日，民生机器厂厂务会议议决，用该厂全部财产作
抵押，呈请经济部工矿调整处转商四行借款200万元。④

　　经过充实和扩充后的民生机器厂，受到国民政府的高度重视。
1939年12月27日，卢作孚陪同翁文灏、钱新之、张兹闿、何北衡等
到青草坝，视察民生机器厂。《翁文灏日记》载："该厂资本一百二
十万元，现有资产值五百万元以上，自造载重小轮船（一百吨者）十
二艘。民生公司现有轮船一百二十余条，共载重力为二万数千吨。

---

①《后方最大的机器造船厂——民生机器厂》，《新世界》1944年5月号，1944年5月15
　　日，第48页。
②《民生公司投巨资建造新式大船坞》，《嘉陵江日报》，1938年4月7日，第2版。
③ 卢作孚：《一桩惨淡经营的事业——民生实业公司》，第27页。
④《民生厂厂务会议记录》，重庆市档案馆藏，民生机器厂档案，0207/6/13。

戴自牧、李祖芬亦来参观。"①翁文灏一行对于该厂技术人才,资本情况,修造船能力颇为肯定。1940 年 7 月,民生机器厂遭日机轰炸损失甚重,决定疏建分场。后来建成第一(唐家沱)、第二(潮阳河)、第三(大沙溪)3 个分场,以及长达 1 英里的巨大防空洞工场。② 该厂主要设备有船舶修造工厂(3 个分厂及 2 座工作船)、机械工厂(3 座,设在 2 486 立方米的巨大防空洞内)、翻砂木样工厂(2座)、冷作红炉工厂(3 座),全部机器有各式车床大小 70 多部,机器200 多部,动力方面有柴油机、煤气机、蒸汽机、发电机等 80 多部,"重型及特殊者甚多"③。关于民生机器厂的防空洞工厂,曾经在此地生活过的卢晓蓉说:"船厂靠山的好处,到抗战时期方显现出来。那时的民生机器厂是在石头山内凿开了一个可容纳千余人的大山洞,绵延 1 英里,既能躲避空袭,又能坚持生产,保障了长江这条黄金水道的畅通。"④1940 年 10 月,民生机器厂建造的第 1 号新船建成出厂,这也是大后方船厂建造的第 1 艘轮船,同时民生机器厂也已经是"后方最大造船厂"⑤。到 1940 年年底,民生机器厂工场"计有五处,迤逦三十余里,如红炉厂、冷作厂、翻砂厂、木作厂,皆已建设完成"⑥。1941 年初该厂之工已经增加到 1 388 人,资产超过1 000 万元。资料载:1938 年后,"(民生机器)厂内各部均积极扩

---

① 李学通、刘萍、翁心钧整理:《翁文灏日记》,第 406 页。
② 周茂柏:《抗战第六年之民生机器厂》,1942 年 8 月,北碚图书馆藏,第 1 页;佚名:《民生机器厂概述》,民生公司 1941 年 3 月 10 日印,第 4 页。
③ 《参观重庆附近各工厂报告》,《经济情报丛刊》第 14 辑,1943 年 5 月 16 日,重庆市图书馆藏,第 22 页。
④ 卢晓蓉:《逆水行舟:卢作孚长孙女回忆录》,第 62 页。
⑤ 《民生实业公司民生机器厂》,四联总处秘书处编:《工商调查通讯》第 14 号,1942 年 1月 9 日。
⑥ 王洸:《战时航政与航政建设》,《经济建设季刊》第 1 卷第 2 期,第 63 页。

充,迄今不过三年,但生产能力之加强,较诸抗战以前,固不止二十倍也"。1941年7月,该厂正式登记。9月,民生机器厂建造的第4号新船建成出厂,这是民生公司10艘新船建造计划中建成的第2艘轮船。1942年2月,民生公司新轮第2号(民捷)、第3号(民悦)建成下水加入航行,皆由民生机器厂制造。[①] 此后到1943年春为止,其余8艘轮船也次第建成。1942年4月10日,卢作孚主持召开民生公司民生机器厂修造船舶会议,议决9只新船建造工程案等。9月,民生机器厂厂长周茂柏撰写《民生机器厂建造第七号至第十六号新船经过概要》载:抗战以来,民生机器厂为民生公司建造的新船,共计16艘,在初设计建造时,无确定名称,统以号数相称,即所谓第1号至第16号新船。其中第1号船及第4号船为同型姊妹船,于1940年10月及1941年9月先后出厂,即行驶渝叙、渝万等航线的民文、民武2艘轮船。第2号及第3号船亦为同型姊妹船,于1941年冬及1942年春先后出厂,即行驶渝合、渝津等航线的民捷轮与民悦轮。第5号船于1941年5月出厂,即行驶渝合等航线的民同轮。第6号船为民生机器厂工作船,并可作拖船使用。以上均为完全成功之船。此外,第7号至第16号新船共10艘,全为同型姊妹船,开始设计于1939年冬,正式兴工于1940年春,历时2年有余。其中最先完工的为第10号新船,定名为乐山,已正式加入航线行驶。其次为第8号新船,定名为屏山,亦已全部完工。其余预计每月完成1艘,至1943年春季,全部当可告竣。第7号至第16号新船当初设计时,颇费苦心。(一)在船壳方面,因后方钢铁材料日趋缺

①《民生实业股份有限公司三十一年度概况》,《民国档案》1993年第3期,1993年8月,第32页。

乏,故改用木壳,因此新船使用的为四川本地木料;(二)在机器锅炉方面,过去多向国外购置,如第 1 号民文、第 4 号民武,前者利用了鸿江轮的机器,锅炉则向英国固敏厂订购;后者则利用了民强原有机器锅炉,经机器厂加以修改添配改装而成。至建造第 2 号民捷、第 3 号民悦时,则不变旧观,机器委托恒顺厂制造,锅炉则由民生机器厂自造。高压水管锅炉,过去国内尚未能自制,但此类锅炉水压试验,每平方英寸须达 425 磅,工作技术稍差,即不易达到。当 1938 年底决定建造时,公司由沪招募特殊锅炉工人 9 名至渝,仅旅费已达 5 000 元。以当时物价而论,所费颇属不赀,足见民生机器厂对此项工程的重视。故自第 2、3 号船机器锅炉制造成功后,民生机器厂遂决定继续将第 7 号至第 16 号 10 艘新船的机器,仍委托恒顺机器厂代制,锅炉仍由民生机器厂自建。恒顺机器厂经营 40 余年,为当时国内有名的机器制造厂,其出品的准确精良,已驰誉遐迩。民生机器厂自制的锅炉,以有招募特殊技工于先,复经监督工作人员的多方研究,故制造均能达到工程规格。从第 10 号乐山轮及第 8 号屏山轮完成试航获得圆满结果看,即可知此项机器、锅炉的制造,是相当成功的。第 7 号至 16 号新船先后设计监造的负责人分别是总工程师周茂柏、陈仿陶,副总工程师叶在馥,工程师麦乃登、郭子桢、吴贻经、陈鹤桐,副工程师李利耀、贾承平、刘幼煊、梁益智。[①] 由此可见民生机器厂在全面抗战时期的生机与活力。1942 年上半年,资产已经达到 4 000 万元。[②] 1943 年,资产进一步增加到 6 013 万余元,员工增加

---

① 周茂柏:《民生机器厂建造第七号至第十六号新船经过概要》(1942 年 9 月),重庆市档案馆藏,民生机器厂档案,0207/6/8。

② 周茂柏:《抗战第六年之民生机器厂》,1942 年 8 月,北碚图书馆藏,第 1 页。

到 1 982 人,"能制造各种重型机器及担任大型电焊工程,而对于锅炉之制造更有极大效能,为其他各厂所罕见"①。

其次看恒顺机器厂。

1939 年 4 月 4 日,重庆恒顺机器厂股份有限公司正式成立,卢作孚任董事长,总经理为周仲宣次子周茂柏。董事有周仲宣、周荟柏、周苍柏、郑璧成等 8 人。6 月 20 日,重庆恒顺机器厂股份有限公司在重庆南岸李家沱建造的新厂正式复工,注册资本 100 万元,资产约 400 万元。② 该厂职员 32 人、技工 120 人、小工 60 人,主要设备有安装在石洞中的自装煤气发电机 2 座,以及重车床、钻床、老虎钳、普通车出床、手拉 5 吨大吊床、大龙门钻床、万能铣床等。③由于总经理周茂柏兼任民生机器厂厂长,因此恒顺机械厂的日常事务由周仲宣三子周英柏以董事兼总稽核的名义负责。复工后,恒顺机器厂侧重轮船机器的制造与修理,业务发达。④ 抗日战争时期,该厂为民生公司制造了行驶川江的主力山字号 10 艘新轮和水字号 4艘新轮的蒸汽主机。⑤ 恒顺、民生、顺昌 3 家机器厂是战时后方三大民营机器厂。⑥ 在大后方机器制造业中,恒顺机器厂仅次于民生机器厂,"主要制造蒸汽引擎,吸水机,打风机,其数量各以十部

---

① 《抗战时期的民生机器厂概况》(1943 年 4 月),郑洪泉、常云平总主编,唐润明主编:《中国战时首都档案文献·战时经济》,重庆:西南师范大学出版社 2017 年版,第595 页。

② 《恒顺机器厂股份有限公司概况》(1941 年 10 月 20 日),重庆市档案馆藏,民生机器厂档案,0207/6/8。

③ 《参观重庆附近各工厂报告》,《经济情报丛刊》第 14 辑,1943 年 5 月 16 日,重庆市图书馆藏,第 4 页。

④ 《计划与动向》,《西南实业通讯》第 1 卷第 5 期,1940 年 5 月,第 28 页。

⑤ 周英柏、周兹柏:《周仲宣与周恒顺机器厂》,《中华文史资料文库》第 12 卷,第 121—124 页。

⑥ 《周恒顺五十年》,《新世界》1945 年 4 月号,1945 年 4 月 15 日,第 17 页。

计……主持恒顺厂的周茂柏君也兼主持民生机器厂,他的头脑相当精明,对内对外都多办法,因此形成了后方机器业中的一个权威"①。

其三,渝鑫钢铁厂。

渝鑫钢铁厂的前身是大鑫钢铁厂。大鑫钢铁厂是浙江镇海人、美国加利福尼亚大学冶金硕士余名钰,在上海创办的一家著名钢铁厂。该厂于1934年9月开工,是战前全国规模最大的民营钢铁厂。② 抗战爆发后,上海大鑫钢铁厂创办人余名钰即于8月5日呈文资源委员会,提出内迁要求,呈文说:

> 呈为密呈事:窃以用兵有赖运输,我国工业落后,无相当之炼钢厂。一旦大战开始,后方对于运输机件之修理补充,定有大感缺乏之虞。查商厂成立不过四年,对于车上所需要之钢铁材料已经全国各铁路采用,坦克车配件亦经交辎重学校试用合宜,即改制其他,亦能应军用上之需要。如飞机炸弹钢壳,亦曾代兵工署上海炼钢厂制造二千余枚。在此最后关头,深愿全厂已经训练之职工与齐全之设备为国家效力,担任运输机械方面钢材料之供给。但商厂因就交通之便利设于沪东之虹口区域中,早已为日所注目,前曾以利相诱,今则据传已列入被毁之列,即不然而被武力管束,非被利用,亦必禁止生产或截留成品,不准运送,则亦无从奋斗尽职矣。倘海运被阻,一切材料往昔尚可向各国订购者,届时则全赖自给。仅就过去一年间危局未曾临头之时,商厂已供给各铁路之铸钢车辆材料,在国币百万元左右,一旦无法运送,铁路材料既有缺乏供给之虞,其影响运输实可深虑。为此惟有呈请钧会指定

---

① 卢作孚:《一桩惨淡经营的事业——民生实业公司》,第29页。
② 《余名钰的渝鑫钢铁厂》,《新世界》1944年9月号,1944年9月15日,第22页。

办法,将商厂在最短时间中移设内地,庶能尽供给铁钢材之职。此其一也。再查商厂因承办铁道部自制新车一千辆之铸钢材料,虽交货日期订定来年三月,但因各国备战,铁钢材料多已禁止外运。商厂事前及此,已将锰、锡、镍、铬等各种配剂,存储齐全,足敷一年之用。一旦被人攫取,金钱上损失尚属其次,其为各国运物品不易购办,为可虑耳。是以不得不呈请钧会指示办法,将商厂所备之特种原料,火速运送内地,则炼制钢铁即可无配剂困难之虑矣。此其二也。更有进者,商厂深虑国内之废钢旧铁北运转口,故于数日以来,即着手搜集存储在二千吨以上,除一部分业经熔炼外,至本日止,尚存一千五百余吨。因限于财力不能继续尽量吸储,以致市上堆而未售者,尚有数千吨之多。不设法收买,定必转手资敌,不然即存积沪上,亦决难接济于万一也。在大规模炼钢厂未曾设立之先,废钢旧铁实为炼钢之唯一原料。若不设法预为存储,则即保有炼炉,亦犹巧妇无米之炊。惟有呈请钧会妥筹办法,将沪上所有废钢旧铁尽量收集,以特许办法,免除请领护照等手续,迅速运存内地以资本制炼。此其三也。寇深时危,敬请钧会迅赐示导,使民间实力得以保全,长期抵抗得以达到最后胜利之的。实属迫切待命之至,谨呈资源委员会蒋。①

　　这是迄今为止所发现的最先要求内迁的民营厂矿的资料,而此时上海厂矿内迁的动员工作尚未开始。8月9日,资源委员会向行政院院务会议提交了《补助上海各工厂迁移内地,专供充实军备,以增厚长期抵抗外侮之力量》的提案。同日,国家总动员设计

---

① 中国第二历史档案馆:《抗战时期内迁史料选辑(一)》(1937年8月5日),《民国档案》
　　1987年第2期,第40—41页。

委员会小组会议通过上述建议，并把上海厂矿内迁事宜交资源委员会全权负责。8月10日，南京国民政府行政院第324次会议通过资源委员会拆迁上海工厂的提案，会议还决议以资源委员会为首，会同财政部、军政部、实业部3个机关组织上海工厂迁移监督委员会。为与上海工厂迁移监督委员会相衔接，8月12日，厂商方面组织成立了上海工厂联合迁移委员会，余名钰为11位委员之一。①

　　8月20日，大鑫钢铁厂领到铁道部10万元迁厂运输搬迁津贴及20万元购地、重建贷款。此时，余名钰正患阑尾炎，其仍带病安排内迁。由于江阴封锁，8月28日，大鑫钢铁厂与其他5家机器厂的机件和工人，冒险从上海的苏州河运出。到苏州后雇佣小火轮拖到镇江，再由镇江换装轮船到汉口。9月，大鑫厂300多职工抵达汉口，于是在武昌簸箕山圈地建厂。10月初，大鑫厂机件运达汉口。搬运机件的过程中，该厂又奉令移炉大冶，限期产钢。11月，该厂又奉令迁重庆，于是中止移炉大冶，解散簸箕山建厂工程，重整全厂机件物资，办理西上运输手续。② 12月1日，民生公司派船务处经理郑璧成与上海大鑫钢铁厂代表余名钰在汉口签定合作协议，组织大鑫钢铁厂渝厂，股本定为50万元，双方各投资25万元。③ 合营后，该厂运抵武汉的机件由民生公司分5批于12月初运往重庆，并在民生公司江北堆栈成立临时工厂。为早日开工，余名钰奔波20多天，选定龙隐镇土湾为厂址，呈请当局出示收购，并

---

① 张守广：《筚路蓝缕：抗战时期厂矿企业大迁移》，北京：商务印书馆2015年版，第102—104页。

② 四联总处：《上海大鑫钢铁厂略历》，重庆市档案馆、四川省冶金厅《冶金志》编委会合编：《抗战后方冶金工业史料》，重庆：重庆出版社1988年版，第390页。

③ 陈滋生：《本公司二十六年大事纪略》，《新世界》第12卷第3期，1938年4月1日，第82页。

与王、许两姓族众公议地价。其间,又遇到军政部纺织厂出面阻挠、豫丰纱厂要求分让,结果原购面积大为削减。到 1938 年 3 月 20 日才完成购地。① 4 月,渝鑫钢铁厂开始在龙隐镇土湾兴建厂屋,为总厂。9 月,大鑫厂渝厂奉令改名为渝鑫钢铁股份有限公司。同月,渝鑫钢铁厂总厂正式复工,职员 60 多人,工人 800 多人。该厂设备有 1 吨电热炼钢炉 2 座,贝氏炼钢炉 2 座,50 寸炼铁炉 3 座,其他镕铁炉 3 座,500 千瓦电热炼钢炉 1 座,500 千瓦电热合金炼炉 1 座,3 吨起重机 1 部,1 吨气锤 1 部,半吨气锤 2 部,17—80 千瓦发电机 4 组,各式锅炉 9 座②,后在江北江家沱、长寿詹家沱等地建有分厂,还投资并实际上使清平炼铁厂成为其分厂。③ 在大后方工业中,渝鑫钢铁厂以设备全、出品种类多、能自己制造机器著称。④ 1939 年 1 月 2 日,民生公司与自上海内迁的大鑫钢铁厂在合作过程中磕磕碰碰,工矿调整处副处长张兹闿向翁文灏报告,“化铁炉,民生于十二万元中出八万元,愿任董事长,大鑫不赞成”⑤。尽管如此,卢作孚对于渝鑫厂仍给予很高的评价,称赞该厂“是迁川工厂开工最早的一个,主持的余铭玉(应为名钰)君是一位工业上的大胆者,他不但炼钢,他也冶炼与钢铁有关的原料如硅铁和锰钢,也制造和炼钢有关的材料,如火砖和碳精。他作人不肯作的

---

① 重庆市档案馆、四川省冶金厅《冶金志》编委会合编:《抗战后方冶金工业史料》,第397 页。

② 《参观重庆附近各工厂报告》,《经济情报丛刊》第 14 辑,1943 年 5 月 16 日,重庆市图书馆藏,第 12 页。

③ 重庆市档案馆、四川省冶金厅《冶金志》编委会合编:《抗战后方冶金工业史料》,第417 页。

④ 《余名钰的渝鑫钢铁厂》,《新世界》1944 年 9 月号,1944 年 9 月 15 日,第 21—22 页。

⑤ 李学通、刘萍、翁心钧整理:《翁文灏日记》,第 298 页。

事,为自己造轧钢机,同时也为其他钢铁厂造轧钢机"[①]。

二、能源工业

全面抗战时期,民生公司在能源方面的投资,主要是通过天府煤矿、北川铁路与中福煤矿进行合作,这大大提高了天府煤矿的机械化水平从而使煤炭产量大为提高。其次是筹办富源水电公司。

先来考察天府煤矿、北川铁路与中福煤矿的合作。

民生公司从一开始就很注意投资与轮船航运相关的产业,因此在天府煤矿的投资由来已久,已如前述。武汉撤退期间,鉴于大批厂矿企业内迁,重庆人口激增,燃料供应将成为严重问题,卢作孚感到天府煤矿若要扩大生产,增加产量,必须更新设备,采用机械化生产。为此,卢作孚在武汉商请经济部部长翁文灏觅一接近前线的大型煤矿公司撤退到四川与天府煤矿公司进行彻底合作。翁文灏先是商请中兴公司入川考察,结果因该公司认为天府煤矿无合作的价值而罢,卢作孚仍坚请翁文灏帮忙寻找合作对象。在此情形下,翁文灏于 1938 年 3 月 3 日在汉口寓所请贝安澜、孙越崎、卢作孚等人晚餐,并谈天府煤矿事。[②] 翁文灏是中福煤矿董事长,孙越崎是中福煤矿总经理,贝安澜是中福煤矿英方代表。孙越崎后来回忆,他和卢作孚见面时,卢作孚说到上海的工厂和兵工厂等迁移到重庆建厂,缺乏煤炭是个大问题。他便向卢作孚提出,中福煤矿的机器材料、技术管理人员和技工都在汉口,如果与天府煤矿合作,这个问题可以解决。卢作孚"闻之大喜,立即同意合作,并

---

① 卢作孚:《一桩惨淡经营的事业——民生实业公司》,第 29 页。

② 李学通、刘萍、翁心钧整理:《翁文灏日记》,第 219 页。

允负责把中福机器设备优先运输入川"①。

为考察天府煤矿实际情形以确定合作的可能性,孙越崎和中福公司总代表贝安澜、原中福联合处李河煤矿矿长张莘夫、湘潭煤矿工程师布鲁西言克一行共 4 人,于 3 月 11 日专程从汉口到重庆考察天府煤矿。12 日,在天府煤矿公司经理黄云龙陪同下,孙越崎、张莘夫,苏俄籍、英籍的 2 位工程师及经济部地质调查所技正金开英一行考察了天府煤矿 3 个大平洞的采煤情况。孙越崎看到:由于上山煤已经采完,矿厂完全靠开采下山煤维持生产。采掘方法全用人工,矿工挖到煤后,将煤用竹篓和绳子背在肩上。两手抓住铺在底板成"其"字形的梯子,把煤一步一步地背上来。抽水也用人工,使用长约 1 丈、打通竹节的竹筒。1 丈远 1 个水池,1 个个人连续往上抽水,看后使人心酸。由于通风不良,矿坑内温度很高,矿工全是裸体。背煤工人从平洞拖煤到洞口,经风吹后易感冒,死亡率很高。考察过后,孙越崎深感改造绝非易事。13 日,孙越崎一行考察北川铁路,14 日返渝。② 通过考察,孙越崎既看到了天府煤矿的缺陷,也看到了天府煤矿的优势。孙越崎认为该矿的优势在于:第一,有一条从矿区一直抵达嘉陵江边的轻便铁路。该铁路长 17 公里,铺有 20 磅钢轨,可运载 5 吨重煤车。第二,煤藏储量丰富。矿区的煤层较厚,可采煤层为两层,一层厚 2—3 米,一层厚1.5 米。第三,运输便利。矿区所产煤炭运到嘉陵江装船后,下运重庆不到 100 公里。仔细分析后,孙越崎得出结论:"优缺点相

---

① 孙越崎:《孙越崎文选》,北京:团结出版社 1992 年版,第 28—29 页。

② 《中福煤矿公司总经理孙越崎今日来峡考察工矿业》,《嘉陵江日报》,1938 年 3 月 12 日,第 3 版;《孙越崎昨来峡定今往北川铁路考察》,《嘉陵江日报》,1938 年 3 月 13 日,第 3 版;《孙越崎今返渝》,《嘉陵江日报》,1938 年 3 月 14 日,第 3 版。

比,优点较多。"①这样,孙越崎很快决定与天府合作,并初步做了规划,将总处、电厂和机修厂设在位置适中的后峰岩。随后他们又考察了四川南川县万盛场东林煤矿。3 月下旬孙越崎回到汉口后,再次与卢作孚洽商,提出需实行路矿合一,把北川铁路与天府煤矿合并。对此,卢作孚当即表示同意。用时不到 10 分钟,双方即达成一致意见。初步商定的合作办法是:一方面将天府、北川合并起来,以矿区和铁路作价加入;另一方面中福公司以机器材料作价加入,共同组织天府矿业股份有限公司,公司总资金为 150 万元,双方投资各半。新成立的组织定名为天府矿业股份有限公司,并向国民政府有关部门申请注册登记。孙越崎即任命张莘夫为天府煤矿矿长,令他即日率部西上,筹组建矿事宜。孙越崎后来也回忆说:战时运输急如星火,武汉失陷后坐镇宜昌指挥川江运输的卢作孚克己奉公,"未便行运中福公司的器材,我为此心急如焚,两次前往宜昌,面向作孚先生催运"②。随后,"由民生实业公司电调轮船两艘到汉口,一星期内即将中福公司的机器材料八百吨完全运到重庆,一月内新公司即组织成立,接收路矿,半年内即开始发电,三年内坑内外之工程即告完成,采煤即完全应用机械"③。

4 月 24 日,《嘉陵江日报》载北川铁路公司在民生公司召开股东大会,同意该公司与天府公司合股后,再与中福公司商讨合作办法,报道谓:"北川铁路公司,前在民生公司开股东大会,对于该公司与天府公司合股后,再与河南中福煤矿公司合作办法,完全表示接受,并即席一致通过合作后,双方资本各为 80 万元,开采机器,

---

① 孙越崎:《孙越崎文选》,第 29 页。
② 周永林、凌耀伦主编:《卢作孚追思录》,第 49—50 页。
③《天府矿业公司速写》,《新世界》1944 年复刊号,1944 年 3 月 15 日,第 50—51 页。

一律由中福供给,仍照原约定名为北川路矿公司云。"①5 月 1 日,
天府煤矿公司、北川铁路公司与中福公司正式合并为天府矿业股
份有限公司(也称天府路矿公司),资本共为 220 万元,其中北川铁
路和旧天府煤矿共出资 80 万(其中民生公司投资 288 000 元),中
福公司出资 80 万,向经济部借款 60 万,以新式机器开发煤矿。②
原天府煤矿公司与北川铁路机构同时撤销,其资产全部并入新公
司。中福联合处因在其他煤矿还有投资,故仍单独存在。在新组
建的天府矿业公司中,卢作孚担任董事长,孙越崎担任总经理,原
天府煤矿公司经理黄云龙担任协理。在新公司组织章程中明文规
定:总经理秉承董事长之命,全权总理对内对外一切事宜。③

　　5 月 28 日,天府矿业股份有限公司在汉口江汉路民生公司召
开创立会,公推卢作孚为大会主席,推选出了第一届董监事,会议
确定了公司名称,用记名式投票公推卢作孚、文化成、杜扶东、李云
根、张艺耘、胡石青、秦慧伽、贝安澜、米力乾为董事,唐建章、张丽
门、赵资生为监察。第一届董监事会议又一致推举卢作孚为董事
长、孙越崎为总经理、黄云龙任协理、张莘夫任矿长、唐瑞五任工程
师。④ 1939 年秋张莘夫辞职,改由程宗阳继任矿长,谢毓忠任工
程师。⑤

①《北川铁路公司决与天府中福合作》,《嘉陵江日报》,1938 年 4 月 24 日,第 3 版。
②《北川天府中福合资经营共资本二百廿万》,《嘉陵江日报》,1938 年 5 月 1 日,第 3 版;
　天府煤矿公司编:《天府公司概况》,重庆:大东书局 1944 年版,第 1—41 页;陈滋生:
　《二十七年公司大事纪述》,《新世界》第 14 卷第 4、5 期合刊,1939 年 3 月 20 日,第
　49 页。
③ 薛毅:《工矿泰斗孙越崎》,北京:中国文史出版社 1997 年版,第 80 页。
④《天府矿业股份有限公司创立会纪录》(1938 年 5 月 28 日),重庆市档案馆藏,天府煤
　矿公司档案,0240/2/13。
⑤ 天府矿业公司编:《天府煤矿概况》,第 5—6 页。

经过机械化改造,天府煤矿的煤炭产销逐年提高,1938 年以前,月销不过 3 000 吨,1943 年年底月销 30 000 余吨,约计增销 10 倍。①1943 年全年产运销具体数字为产 353 862 吨,运 373 795 吨,销 302 009 吨,1943 年盈余 25 298 692.46 元。②在后方经济日益陷入困境的情况下,天府煤矿却连年盈利,其中 1940 年盈余 38 万元③,1941 年盈余 97 万元④,1942 年盈余 214 万元⑤,1943 年盈余 2 529 万元⑥。

天府煤矿的煤产在全面抗战之初,大部分供应民生轮船公司、北川盐厂、砖瓦石灰窑业及家庭炊爨之用,供应数量相当有限,而推销上已觉费力。除批售各厂以外,尚须在重庆小河两岸及市区以内,设栈零销,以维持营业。此后内迁各种轻重工业相继成立,燃料需用,急剧增加。恰在此时,天府煤矿运输和机械化工程取得根本性进展,煤产销数,在重庆市用煤供应量总数中初为 1/4,继增至 1/3,到 1943 年年底达 1/2。矿产销额,不啻一衡量陪都工业进展的尺度。就煤产销售方式而言,1940 年以前为自由营业时期,重庆市内及市外,均设有煤栈及营业所。1940 年国民政府经济部设立燃料管理处。天府煤矿所产煤炭,均按月报送该处分配用户,故

---

① 天府矿业公司编:《天府煤矿概况》,第 41—42 页。

② 《天府董事会报告事项》《天府矿业公司第二届第二次董事监察人联席会议纪录》(1944 年 3 月 28 日),重庆市档案馆藏,天府煤矿公司档案,0240/2/16。

③ 《天府矿业公司第一届第一次董事监察人联席会议》,重庆市档案馆藏,天府煤矿公司档案,0240/2/9。

④ 《天府矿业公司第一届第五次董事监察人联席会议》,重庆市档案馆藏,天府煤矿公司档案,0240/2/16。

⑤ 《民生实业公司简讯》第 705 期,1943 年 8 月 16 日,第 1 版;《天府矿业公司第一届第六次董事监察人联席会议》,重庆市档案馆藏,天府煤矿公司档案,024/2/16。

⑥ 《天府矿业公司第四届股东常会纪录》(1943 年 5 月 5 日),重庆市档案馆藏,天府煤矿公司档案,0240/2/9。

将重庆煤栈及营业所分别撤销,集中于白庙子1处,按照分配定量发煤,由各用户自行雇船提运。1940年冬季,用户雇船提运多感觉不便,尤以小量用户为甚,且中间有煤商从中掺杂沙土者。天府矿遂着手自备船只,代各用户运煤到厂交货,并于1941年4月在重庆组设营运处,以便处理运销煤焦、交货收款等事项。1941年夏,重庆市空袭较多,所有客户用煤,几完全由该矿自备船只、保险代为装运。运量增加,复承政府贷予专款,补充船只,总计自置、租用船只200余只。抗战后期重庆市用煤得以供应不匮,船只充足,与天府煤矿的作用关系很大。①

1944年2月14日,天府矿业公司临时股东大会决定呈请有关官署,把天府公司资本按照原来资本的8倍增为3 600万元。②

1945年6月11日,举行天府矿业股份有限公司第五届股东常会。在致辞中,卢作孚说:"(民国)三十三年度为本公司最困难之一年,因去年工业不景气,在夏季一度销煤甚疲,不得不实行减产。同时一方面因在限价政策之下,煤价限价很低,一方面一般物价高涨甚速,故在去年四月至八月之间,各煤矿普遍的遭遇极大困难。至九月以后始稍见好转。公司至年底总结算,尚有相当盈余,可称满意。"③10月14日,在重庆召开的天府矿业股份有限公司第三届第一次董监联席会议,讨论了天府公司与嘉阳煤矿、全济煤矿合并事宜。3个公司都有原中福公司的投资,各公司总经理都是孙越崎,由于3家公司联系密切,实际上早就联合在一处办公。抗战胜

---

① 天府矿业公司编:《天府煤矿概况》,第41—42页。

②《天府矿业公司临时股东大会纪录》(1944年2月14日),重庆市档案馆藏,天府煤矿公司档案,0240/2/9。

③《天府矿业股份有限公司第五届股东常会纪录》(1945年6月11日),重庆市档案馆藏,天府煤矿公司档案,0240/2/9。

利后,由于孙越崎奉命前往东北接收敌伪工矿企业,遂有合并改组之议。会议议决了3家公司合并的6条原则,规定新公司名称为天府煤矿股份有限公司,总公司设在重庆。会上卢作孚作为主席和孙越崎作为总经理分别致辞、报告。卢作孚致辞说:"今天开会主要事项为商讨本公司与嘉阳、全济二公司合并事宜,天府、嘉阳、全济过去在孙总经理一人支持之下,密切联系合作,对于各公司业务发展帮助至大,以孙总经理另有任务,行将离川,为以后三公司继续密切联系、加强组织并谋业务发展之便利起见,实有合组为一个公司之必要。此事前曾征询三公司各主持人之意见,无不赞同,现在三公司合并时机已告成熟,特此召集本公司董、监会议,正式商讨关于三公司合并计划。"①

除天府煤矿外,煤炭工业方面,民生公司在江合、嘉阳等煤矿也有投资。如1938年7月,民生公司向江合煤矿公司投资10万元。② 1938年11月23日,湘潭煤矿公司董事会会议,议决组织嘉阳煤矿公司,拟议资本100万元,其中湘潭公司占7成,民生公司、美堂公司合占3成。③ 12月,民生公司投资嘉阳煤矿公司20万元。④

1943年5月1日,富源水力发电公司发起人第二次会议在重庆机房街12号举行,与会的发起人有汤筱斋、戴自牧、何北衡、卢作孚、税西恒等人,卢作孚为会议主席。会议制定通过了公司章程

---

① 《天府矿业股份有限公司第三届第一次董事监察人联席会议纪录》(1945年10月14日),重庆市档案馆藏,天府煤矿公司档案,024/2/9。
② 陈滋生:《二十七年公司大事纪述》,《新世界》第14卷第4、5期合刊,1939年3月20日,第46页。
③ 李学通:《翁文灏年谱》,第175页。
④ 陈滋生:《二十七年公司大事纪述》,《新世界》第14卷第4、5期合刊,1939年3月20日,第49页。

草案、工程计划书以及预算,决定聘任李祖芬为公司筹备主任,5月20日举行公司创立会。① 由于各种原因,原定5月20日召开的富源水电公司成立会,延至6月2日在重庆民权路金城银行召开,到会发起人有卢作孚、孙越崎、何北衡、刘航琛、钱新之、戴自牧、邓汉祥、宋海涵、汤筱斋、陈仿陶等人。大会公推卢作孚为主席,创立会的议程主要是通过公司章程,选举公司董监事,聘请公司经理,宣布公司正式成立。最终,选举卢作孚、钱新之、张丽门、顾季高、税西恒、薛子良、邓汉祥、刘航琛、陈仿陶、戴自牧、孙越崎为董事,宋海涵、汤筱斋、李祖芬为监察人。② 公司由此正式成立,旨在开发巴县歇马场高坑岩水力发电事业。同日举行富源水力发电股份有限公司第一次董监联席会议,到会董监有宋海涵、汤筱斋、陈仿陶、戴自牧、李祖芬、卢作孚、孙越崎等人,卢作孚为会议主席。会议选举卢作孚、钱新之、张丽门、顾季高、戴自牧、邓汉祥、刘航琛7人为公司常务董事,选举交通银行董事长钱新之任公司董事长,选举何北衡为公司常驻监察。③ 8月11日,富源水力发电股份有限公司召开第二次董监联席会议,鉴于物价上涨,原有股份不敷购机建厂之需,会议决定增加股份500万元,各股东按照原有比例认股,股本合为2 000万元。12月7日,富源水力发电股份有限公司第三次董监联席会议在交通银行重庆分行举行,到会董监有钱新之、汤筱斋、陈仿陶、卢作孚、税西恒、邓汉祥等人,钱新之为会议主席。由

①《富源水力发电公司发起人第二次会议纪录》,重庆市档案馆藏,金城银行重庆分行档案,0324/1/348。
②《富源水力发电股份有限公司创立会决议录》,重庆市档案馆藏,川康兴业公司档案,0356/1/81。
③《富源水力发电股份有限公司第一次董监联席会议纪录》,重庆市档案馆藏,川康兴业公司档案,0356/1/81。

于2 000万元股份仍远远不敷各项工程、材料费支出,会议决议向四联总处借款1 000万元以资周转。①

1945年1月15日,卢作孚发起创办的高坑岩水电厂建成发电,该水电厂位于巴县歇马场龙凤溪尽头的高坑岩。

三、纺织印染工业

抗战时期,民生公司在纺织印染工业方面,主要是通过与大成纱厂合作,合资经营大明染织厂。其次是由于战争的发生,中止了嘉陵纱厂的筹办。同时,投资迁川的裕华纱厂。

1938年2月,民生公司向筹备中的大明染织公司投资11.5万元。② 6月10日,三峡染织厂与内迁的汉口大成四厂、隆昌染织公司合作的大明染织厂举行成立会暨第一次董监联席会议,推举卢作孚为董事长,聘刘国钧为总经理。1939年2月,大明染织公司正式成立,资本40万元,董事长为卢作孚,刘国钧为经理,原大成厂工程师查济民(刘国钧婿)为厂长,常务董事由原汉口大成四厂厂长刘丕基、原三峡厂经理王莱山担任。③ 新成立的大明染织公司实际上"完全交由大成纱厂的人经营,是后方最大的一个布厂"④。该厂后发展成为大后方纺织染齐全的著名工厂。

1942年3月1日,大明染织股份有限公司在北碚本厂召开股

---

① 《富源水力发电股份有限公司第三次董监联席会议纪录》,重庆市档案馆藏,金城银行重庆分行档案,0324/1/348。

② 陈滋生:《二十七年公司大事纪述》,《新世界》第14卷第4、5期合刊,1939年3月20日,第49页。

③ 《大明染织厂——现代合营企业的一个试验》,《新世界》1944年6月号,1944年6月15日,第25页。

④ 卢作孚:《一桩惨淡经营的事业——民生实业公司》,第29页。

东常会。董事会报告了近期公司业务概况,决定了此后营业方针,并决定公司资本在此前由 40 万元增加到 100 万元的基础上,再增加 400 万元,合为 500 万元。[①] 10 月 1 日,大明染织股份有限公司在北碚本厂召开股东会。董事会报告了公司新增 400 万元股款已经收足和认购股款的经过情况,会议还根据资本额变动的情况,讨论并修改了公司章程,选举了新的公司董事和监察人,卢作孚等 9 人为董事,彭瑞成等 2 人为监察人。[②]

　　1943 年 5 月 1 日,大明染织股份有限公司在北碚本厂召开股东会,卢作孚出席会议并担任会议主席。会上卢作孚报告了上一年公司业务情况,经过讨论决定了本年业务方针。会议还决定新增资本 500 万元,合原有的 500 万元共为 1 000 万元。[③] 5 月 6 日,《嘉陵江日报》载北碚大明染织厂消息,称该厂每月出布,为乌纱布、乌纱斜纹布及白布等,月计 10 000 匹以上。现有 200 部以上电机织布,工人 1 000 余人。[④] 6 月 15 日,大明染织股份有限公司在北碚本厂召开股东会。董事会报告上次会议决定新增资本 500 万元已经由各股东认缴足额,并说明了经过情形。由于资本增加,会议还据此修订了公司章程。[⑤]

　　1945 年 7 月 4 日,大明染织股份有限公司在重庆中华路该公

---

① 《大明染织股份有限公司股东常会决议录》(1942 年 3 月 1 日),重庆市档案馆藏,立信会计师重庆事务所档案,0090/1/165。

② 《大明染织股份有限公司股东会决议录》(1942 年 10 月 1 日),重庆市档案馆藏,立信会计师重庆事务所档案,0090/1/165。

③ 《大明染织股份有限公司股东会决议录》(1943 年 5 月 1 日),重庆市档案馆藏,立信会计师重庆事务所档案,0090/1/165。

④ 《大明厂月出布万匹》,《嘉陵江日报》,1945 年 5 月 6 日,第 4 版。

⑤ 《大明染织股份有限公司股东会决议录》(1943 年 5 月 1 日),重庆市档案馆藏,立信会计师重庆事务所档案,0090/1/165。

司办事处召开股东会。董事会报告了 1944 年公司业务情况和财务情况，会议决定新增资本 4 000 万元，合原有的资本 1 000 万元，共为 5 000 万元，于 7 月 20 日交足。① 7 月 21 日，大明染织股份有限公司在重庆中华路该公司办事处召开股东会。会议听取了该公司经理关于 1944 年公司业务情况的报告和卢作孚关于 5 000 万元新股已经足额认购的经过情况，并讨论修改了公司章程，选举了新一届公司董事和监察人。卢作孚等 11 人当选董事，彭瑞成等 2 人为监察人。②

全面抗战爆发前，民生公司原拟与金城银行合作创办嘉陵纱厂，由于战争爆发，不得不中止进行。1937 年八一三事变当天，在上海的卢作孚为嘉陵纱厂等致函周作民，谓："今晨到此，准拟趋访，迭由电话询问，未知台从适到何处，急于归到南京，至以未能晤教为憾。公司到此时期，收入停止，亟盼有救济办法，纱机垫款亟盼拨还。又心如盼以股款作抵暂借款若干，亦盼予扶助，非特别困难时期，不应有此请求，尚乞曲察为荷。"③1938 年 3 月 19 日，卢作孚为嘉陵纱厂等事再次致周作民函，谓："到港访问，知台从回沪，谨托澍霖兄归问起居并欢迎及此时间莅西南一游，商讨开拓计划。关于工厂之向西南移者，或无最后决心，至盼登高一呼，俾知归往。一切地方环境问题，弟等当从各方相助。嘉陵纱厂之纱机最短时间以内或无运川机会，已嘱澍霖趋商处置现有纱机及今后进行办法，并乞指示一切。重庆兴业银［行］公司昨有电到汉，嘱转商左

①《大明染织股份有限公司股东会决议录》(1945 年 7 月 4 日)，重庆市档案馆藏，立信会计师重庆事务所档案，0090/1/165。
②《大明染织股份有限公司股东会决议录》(1943 年 5 月 1 日)，重庆市档案馆藏，立信会计师重庆事务所档案，0090/1/165。
③《卢作孚致周作民函》(1937 年 8 月 13 日)，上海市档案馆藏，金城银行档案，Q264/1/703。

右,可否即缴股本或嘱由航琛暂时代缴,待台从到汉后再行处理,并乞便中示及。"①9月19日,金城银行戴自牧为民生公司与金城银行合办嘉陵纺织公司事致函金城银行总经理周作民:"关于嘉陵厂事,迭经函陈,谅蒙鉴及,此事已办至于今,自以积极进行为宜,况为我行与西南握手之第一事业,无论有何困难,必须使其成就。现与此方洽谈,重新推进,亦颇有眉目,故任有何艰难,终必须办理成功。前后所陈各项办法,非甚难之事,兹附呈与[卢]作孚兄商谈后,作孚兄所整理之必要事项五条,奉乞赐阅,所拟似均可行,与前此分别奉陈者,并无出入。"②9月30日,金城银行戴自牧为民生公司与金城银行合办嘉陵纺织公司事致函金城银行总经理周作民,谓:"嘉陵厂事,前经迭次函陈,计蒙赐察。[卢]作孚所拟数条办法,不知钧座意旨如何。前陈购买棉花运川之事,如武汉吃紧,则此事是否能办理如意,殊属问题,但如愈紧,则鄂、川花价相差益大,能办若干,得利可想,故在沙市棉花以自办为主,以嘉陵为副。但嘉陵之款是否应先购存美金一部,以防外汇再缩。窃察大势,倘如武汉有事,外汇必至再缩,可知为嘉陵计,先购一部美金,亦是一种办法。此层此间诸人有此意思,不知钧座以为如何? 此函到后,务乞将所陈嘉陵各件,分别电示,以便进行。"③

　　1939年8月4日,卢作孚为嘉陵纱厂事复电金城银行戴自牧,谓:"江(三日)电悉。纱厂已商(康)心如同意,嘉陵纱厂暂将十万美金及六十三万汇划,分别就申退交各投资事业自行保存,地皮及机器仍留作该厂地产,俟将来时局好转,再行开办,到不能开办时

①《卢作孚致周作民函》(1938年3月20日)上海市档案馆藏,金城银行档案,Q264/1/703。
②中国人民银行上海市分行金融研究室编:《金城银行史料》,第742页。
③中国人民银行上海市分行金融研究室编:《金城银行史料》,第742页。

再处理剩余财产，正式解散，请商（周）作民先生。"①8 月 7 日，嘉陵纺织公司由于时局关系未能办成，一切计划均告停顿。所定机器俱未能履约交货，收存资金除预付机器定洋及购置地亩物料动用一部分外，其余款项于 1938 年 10 月交由筹备委员会公推周作民先生全权处理。当时购存美金 10 万元交存于上海金城银行。对于在川在沪设厂经营计划，也经各股东详切商讨，因困难恐多，无从着手，致使资金凝滞，未免可惜。因此，关于公司结束事宜及处理余存资金与已有资产问题，由戴自牧先生多次与卢作孚往返电商并征取有关各方意见。经筹备主任委员周作民征询在沪各股东意见，一致赞同卢作孚支电所开办法，即行商决按照分别办理如次：按查公司所收股本金额为国币 150 万元，由各股东分认缴足，除其收付款项另列详单外，余存款项，计为美金 10 万元、汇划675 526.96 元，仍应按各股东缴付股款成分分别退还各股东自行保存，所有资产，如预定机器定洋及购置地亩物料，"原由民生公司经办，仍应请其暂代保管，并编制财产目录分交各股东存执备查，一俟将来或重行开办或处理解散时，续商办理"②。

　　1940 年 8 月 6 日，金城银行总经理周作民为嘉陵纱厂结束后收回原来订机定洋分还各股东事致函卢作孚。③ 至此，嘉陵纱厂事大致终结。

　　此外，民生公司还给迁川的裕华纱厂投资 10 万元。1938 年 11月下旬，著名的武汉裕华纱厂从该年 2 月开始准备内迁重庆。8 月初开始起运重要设备，由于缺乏轮船，到宜昌后只得存栈待运。11

---

① 中国人民银行上海市分行金融研究室编：《金城银行史料》，第 743 页。

② 中国人民银行上海市分行金融研究室编：《金城银行史料》，第 743 页。

③《周作民致卢作孚函》（1940 年 8 月 6 日），上海市档案馆藏，金城银行档案，Q264/1/703。

月下旬,裕华纱厂2次遭受日军飞机轰炸,存栈原棉和机器损失惨重。裕华纱厂有关负责人一度找到聚福轮船公司协商运输,该公司有福源、福同2艘轮船从事川江运输。为此,苏汰余"亲赴聚福公司,请其协助。孰知该公司不顾过去往来,完全拒绝。原因是装运机器设备,有一定运价,如运货机,则可乘危难紧急之际,信口高台运价格,大发其财"。协商毫无结果。之后,该公司与民生公司协商,双方决定采取互相投资方式合作。经卢作孚同意,裕华纱厂投资民生公司30万元,民生公司投资裕华纱厂10万元,民生公司派轮船把该厂全部货物从宜昌先运到巴东、万县,然后转运重庆。①

　　除上述主要投资外,民生公司还在许多事业中有投资。如1941年3月,民生公司投资10万余元创设民生木工厂,专门从事木质囤驳轮船的修理业务。当年修造大小轮囤驳200余只,营业额为90余万元,盈余11万余元。② 1944年4月20日,中国航运意外保险公司在重庆曹家巷12号2楼成立开业,卢作孚担任董事长,董事有魏文翰、骆远东、虞顺慰、黄谨莹、张澍霖、钟贤道、王绍尧、沈执中、钟孟甫、童少生。监察为李肇基、孙益祥、姜涿如、虞顺懋、吴民先。邓华益担任总经理,童少生为协理。公司主要办理旅客生命意外保险、人身保险、公司人身再保险等业务。③ 1945年4月16日,《民生实业公司简讯》载《本公司投资事业一览》一文,介绍公司投资事业状况。资料载民生公司投资的单位有22个,投资金额为1 600余万元,详见表5-1:

---

① 《裕大华纺织资本集团史料》编写组:《裕大华纺织资本集团史料》,武汉:湖北人民出版社1984年版,第324—326页。
② 《民生实业股份有限公司三十年度概况》,1942年,北碚图书馆藏,第8页。
③ 《中国航运意外保险股份有限公司开业》,《中央日报》,1944年4月17日,第1版。

表5-1 民生公司投资事业一览

序号	事业名	资本总额(元)	投资总额(元)
1	天府矿业公司	4 500 000	1 225 000
2	恒顺机器厂	5 000 000	2 500 000
3	川康兴业公司	70 000 000	1 638 400
4	嘉阳煤矿公司	2 000 000	333 000
5	华懋公司	4 000 000	216 000
6	大华营业公司	6 000 000	100 000
7	四川水泥公司	2 000 000	66 600
8	全济煤矿公司	2 400 000	52 800
9	中国国货公司	2 000 000	10 000
10	渝鑫钢铁厂	10 000 000	3 960 000
11	江和煤矿公司	5 500 300	1 000 000
12	东林煤矿公司	12 000 000	16 000
13	华银煤矿公司	3 076 000	200 000
14	恒益煤矿公司	600 000	50 000
15	民安保险公司	5 000 000	1 000 000
16	兴华保险公司	1 000 000	56 000
17	大明染织厂	10 000 000	4 112 500
18	裕华纺织公司	12 000 000	100 000
19	西南麻织厂	1 000 000	60 000
20	聚兴诚银行	10 000 000	75 000
21	天成面粉公司	3 000 000	5 000
22	利昌商行	517 000	20 000

资料来源:《民生实业公司简讯》第792期,1945年4月16日,第2—3版。

有资料载:

民生公司除与周恒顺合作,在重庆李家沱设立恒顺机器厂协同民生机器厂办理轮船修理外,又与武昌大成纺织公司合作,合组大明纺织厂于北碚三峡染织厂原址,与河南焦作中福公司合作,重组北碚白庙子天府煤矿公司,及于上海大鑫钢铁厂合作,合组渝鑫钢铁厂于土湾,聊尽战时地主之谊。此后又陆续参加若干其他事业,如重庆轮渡公司、民安保险公司、轮船意外保险公司、江合煤矿公司、嘉阳煤矿公司、富源水力发电公司,前后共计四十余单位,民生实业公司始成为真正实业公司,而非单纯之航运公司矣。①

值得注意的是,上述投资事业中,民安保险公司是中共南方局有关的事业。民安保险公司成立于 1943 年 11 月 11 日,公司地址在重庆,资本为1 000万元,广大华行和民生实业公司各占半数,卢作孚为董事长,杨经才任经理,卢绪章任协理②,邓华益任监事。后来卢绪章回忆说:

广大华行作为私营商业企业创建于 1933 年。后来业务逐步拓展,我们党认为这是在大后方里一个值得利用的机构,从1939 年下半年起,广大华行在周恩来同志直接领导下,通过开展贸易业务,秘密为党筹集经费,掩护地下活动。广大华行的经营范围,也从西药、医疗器械扩大到化工、钢铁、五金、纸张等行业。1943 年,我们还同原民生轮船公司总经理卢作孚先生合作,创办了民安保险公司,这进一步提高了广大华行的声誉。③

①《民生公司在长江》,《新世界》1945 年 11 月号,1945 年 11 月 15 日,第 11 页。
②《重庆市金融市况调查》(1943 年 11 月 15 日至 21 日),重庆市档案馆藏,交通银行重庆分行档案,0288/1/156。
③卢绪章:《一个继承了传统美德的国际企业家》,宁波市政协文史委员会编:《包玉刚与宁波开发开放》,北京:中国文史出版社 2008 年版,第 17 页。

　　除民安保险公司外,1944 年 11 月 17 日,广大华行与民生实业公司合作创办的民孚企业公司又在重庆广大华行总行内成立,卢作孚任董事长,卢绪章任总经理。[①]

　　抗战时期,民生公司已经成为一个横跨航运、煤矿开采、纺织染、钢铁、造船、机械、保险、面粉、贸易等行业的大规模现代企业集团。

第三节　航运业陷入持续亏损状态

　　1940 年后方物价开始飞涨,1942—1943 年后方经济陷入衰退。但从 1939 年开始,民生公司就开始出现严重的账面上的亏损。随后,这种亏损越来越严重。为解决困难,民生公司相机采取了一系列措施,但成效有限。

一、经营上亏损问题的出现

　　1939 年是民生公司船舶、人员增加最快的一年。由于船舶、人员增加幅度大,先是出现了资金周转上的困难。为解决这一问题,公司决定增加股份。于是,民生公司 1939 年 4 月召开第十四届常年股东大会,决定增加资本到 700 万元,并实收 700 万元。[②] 资金问题虽然暂时解决,但在经营上,1939 年却出现了 43 万余元的亏损。董事长郑东琴在第十五届常年股东大会上的报告中说得很清楚:1939 年公司航业部分货运收入为 9 354 301.38 元,客运为 3 882 265.62 元,特运为 1 693 893.81 元,栈租为 124 200.09 元,租

----

① 李征:《卢绪章传》,北京:中国商务出版社 2004 年版,第 114 页。
② 民生实业公司编:《民生实业股份有限公司二十八年概况》,1940 年刊,第 2 页。

金为 168 459.80 元,共计收入 15 223 120.70 元。营业成本及各种
支出费用,计航业费用为 5 784 998.81 元,维持费用 4 760 641.55
元,经常费用为 4 721 655.93 元,特别费用 217 451.52 元,以上共支
出 15 484 747.81 元。营业收支相抵实亏损 261 627.11 元。航业杂
项收支相抵,亏 523 525.31 元,连同营业亏折,航业部计亏折
785 152.42 元。航业部分之外的机器厂、物产部、电水厂、投资事业
等,得纯益 346 892.09 元。与前项航业部分亏损相抵,整个公司共
亏损 438 260.33 元。郑东琴代表公司归纳和分析亏损原因,主要在
于"运输成本过高,支出激增,航线缩短"①。从上述数字中我们不
难看出:亏损主要来自航运部门,其中营业亏损 261 627.11 元,杂项
亏损 523 525.31 元,两项合计亏损 785 152.42 元。而民生机器厂、
物产部、电水厂以及其他投资事业等盈余 346 892.09 元。可见,航
业部分的亏损不仅侵蚀了公司其他部门的盈余,而且造成 43 万余
元的纯亏损。

　　为何航业部会造成如此严重的亏损呢? 郑东琴在报告中提到
亏损的原因,有"运输成本过高,支出激增,航线缩短,收入比减"
等,均为实情。如果就主观因素和客观因素综合考虑,可以具体列
出许多条原因。首先是日军对重庆的轰炸愈演愈烈。1939 年 5 月
3 日,日军出动数十架飞机大规模轰炸重庆。4 日,日军又出动百
余架飞机大规模轰炸重庆,史称"五三""五四"大轰炸。日军的轰
炸对民生公司的经营秩序破坏尤大,后来卢作孚说:"就民生公司
这桩事业说,在'五三''五四'轰炸后,我们精神上有很大的损失。
敌机多次的轰炸,毁坏我们的物质很少,但是摧毁我们的精神却很

---

① 《民生实业股份有限公司第十五届常年股东大会决议录》,第 2 页。

大。"①为把轰炸造成的损失尽可能减小，5月17日卢作孚手令民生公司各轮所住职工家属限期迁移疏散到安全地带。②数千职工家属的疏散是需要大笔费用的。其次是1939年4月国民政府经济行政部门开始统制轮船票价③，轮船票价统制政策直接导致了民生公司经济状况的恶化。其三是民生公司的航线已经被完全压缩到川江以内，就是上文郑东琴提到的"航线缩短"。

　　但无论什么原因，盈亏是关乎公司存亡的严重问题。为此，民生公司总务处经理兼代总经理宋师度于1940年4月6日，即第十五届常年股东大会结束后的第四天，即以身体不适为由，向公司正式提出辞职。不等批准，就离开代总经理岗位。后宋师度在1950年民生公司第二次业务会议上曾谈到其辞职原因："第一正大理由，是要卢总经理归来，专心致力于公司事业。须知其归与不归，专与不专，其关系不可计量，我辞了许久而后放手，放手后，又屡次传闻要拉回逃兵。因此，卢总经理未复职以前，我不敢到公司一步，且迁居更远一点，过重庆，船过船，不敢上岸来公司，只在船上同卢先生聚谈到泸县。"④显然，宋师度并非因身体状况不佳辞职，主要是希望通过自己的辞职促使卢作孚回任，这也说明他在管理公司事务上实际上是有困难的。在宋师度坚决请辞的情况下，卢作孚在4月8日用公函通知魏文翰，经协商并经董事会备案，由魏继任代总经理。⑤ 9日，民生公司《公司消息》刊载总协理室消息：

①《十一月份国民月会卢先生演讲词》，重庆市档案馆藏，民生机器厂档案，0328/76。

②《公司消息》第10号，1939年5月18日，无页码。

③ 王洸：《战时航政与航政建设》，《经济建设季刊》第1卷第2期，1942年10月，第68页。

④《1950年第二次业务会议报告》，重庆市档案馆藏，美丰银行档案，0296/14/3323。

⑤ 黄立人主编：《卢作孚书信集》，第754页。

总务处经理兼代总经理宋师度因病请长假，以便调养。经公司允许，并函请董事会备案，所有代总经理职务，从 4 月 10 日起，请协理魏文翰代理。①

宋师度的突然离职，除经营上的严重亏损外，还与两起严重的海损事故有关。第一次海损事故发生在 1940 年 1 月 21 日上午 9 时，民生公司建兴轮在广阳坝撞沉四川合众轮船公司白木船义隆轮，这次海损事故造成 200 人以上的死难。据生还者及目击者称，当时民生公司建兴轮自重庆开往长寿，航行经过广阳坝对岸江面时，船上搭载的某校篮球队要求在广阳坝下船，而民生公司在该处没有设置趸船码头，而且从未在该处上下船客。尽管如此，建兴轮还是临时改变航线，准备用渡船在广阳坝下客。此时，正好合众公司上驶重庆的白木船义隆号行经当地，内载过量乘客 300 多人。江水流势湍急，民生建兴轮顺流直下，转眼间把义隆轮拦腰冲毁成前后两段。一时哀声四起，惨不忍闻。不到 3 分钟，义隆轮就全部沉没。民生轮船员曾设法援救，但由于相撞到沉没之间时间短促，所以效果很少。义隆轮乘客只有船顶约五六十人得救，舱内无一脱险，职员中只有 1 个茶役头目幸免，其余均葬身江心。7 分钟后，江面即发现浮尸。② 之后调查，此次撞船事故实际死亡近百人，船舶碰撞纠纷处理委员会宣判，90％责任由建兴轮担负，估价拍卖建兴轮，以其售价，充作义隆轮本身及乘客损害的赔偿，刑事部分交由法院处理。此次海损事件发生后，黄炎培于 27 日从报上得知相关情形，并在当月 30 日写下致卢作孚的长信，请民生公司代总经

---

① 《公司消息》第 272 号，1940 年 4 月 9 日，无页码。

② 《广阳坝对岸江面撞船惨剧，二百余人死难》，《大公报》，1940 年 1 月 22 日，第 3 版。

理魏文翰转交卢作孚本人，"劝辞交通次长职"①。2 月 17 日的《大公报》还就该案发表评论说：去年夏天，航行北碚重庆间的民生轮，在牛角沱以木划子下客，由于人多船小，以致挤翻木划淹毙乘客多人。此次义隆轮遇难乘客近百人，其中许多青年学子及壮健宪警等都是精英。这两件事，一是不负责式的草菅人命，一是鱼吃虾式的强凌弱。评论说，"它（民生公司）是有功于国家的。该公司无国家资助，纯以私人经营之力，逐渐拥有轮船数十只，尽力川江航运。此次抗战军兴，多少万吨物资由该公司运至后方，对抗战建国均有甚大贡献。但事业既大，组织遂弛，创业的精神难免失坠。我们不忘该公司之功，但也不愿曲掩其过；望该公司重振其创业的精神，兢兢业业的为国家社会服务"②。《大公报》的评论可谓沉痛。

一波未平，一波又起。1940 年 2 月 23 日，民生公司再次发生海损惨剧，民望轮触礁沉没。25 日，《大公报》报道了民望轮触礁沉没的惨剧，谓："民生公司之民望轮，于前晨十时，在叙府下游三十里国公山江面失慎，触礁沉没。客货损伤详情，尚未详悉。按民望轮系民生公司丙等铁壳轮，船重一百二十五点四三吨，载重四十五点二一吨，容积量棉纱二百四十件，法定载客量自一百二十至三百六十人。该轮于洪水期间航行内河及嘉陵江各段，枯水时始至长江上游。"③26 日，《新华日报》就民望轮触礁沉没发表社论，指出政府应当在组织和管理交通事业方面尽更大的力量，以改善战时后方交通中"水路沉船，陆路翻车"④的现象。

在黄炎培的忠告和前所未有的舆论重压下，卢作孚"以最近民

---

① 黄炎培著，中国社会科学院近代史研究所整理：《黄炎培日记》第 6 卷，第 238 页。
②《抗战与民命》，《大公报》，1940 年 2 月 17 日，第 2 版。
③《民望轮触礁沉没》，《大公报》，1940 年 2 月 25 日，第 3 版。
④《民望轮触礁沉没》，《新华日报》，1940 年 2 月 26 日，第 1 版。

生公司船只时有撞伤，由于本人无暇照管，且外间浮言其利用地位，偏护民生"为由，于 2 月 27 日向交通部部长张嘉璈表示拟辞去交通部常务部长职。张嘉璈没有同意，劝卢作孚先把所兼任的各种职务辞去，同时以保护整个航业为己任，浮言会自动消失。对此，卢作孚"允考虑"①。

接连发生的两起严重海损事故，说明民生公司在航运业务的管理上确实出现了严重的问题。在宋师度坚请辞职的情况下，民生公司就以其健康不佳请长假为由，改以魏文翰代理总经理职务。辞职后的宋师度举家迁到四川眉山静养。

二、管理和经营业绩持续下滑

魏文翰接任民生公司代总经理后，公司经营管理情况未见好转，反而持续恶化。突出的表现之一是一向以服务见长的民生公司，出现了服务质量劣化的严重状况。

1940 年 4 月 22 日，黄炎培再次致函卢作孚，"劝速辞交通次长"②。5 月 29 日上午 11 时半，黄炎培乘四川合众公司长虹轮，下午 5 时抵泸州。这位职业教育家兼民生公司董事，对比了长虹轮和民生公司诸轮后在其日记中写道："此长虹轮之整洁过于民生（公司）诸轮，不意民生堕落至此。"③以服务著称的民生公司，其客舱卫生一般状况皆不及合众公司，很明显是管理上的问题，而且已经相当严重。

如果说黄炎培的观察只是个别现象，那么西南联大教授、语言学家罗常培的观感则提供了又一个亲见民生公司服务质量严重下

---

① 姚崧龄编著：《张公权先生年谱初稿》，第 246 页。
② 黄炎培著，中国社会科学院近代史研究所整理：《黄炎培日记》第 5 卷，第 272 页。
③ 黄炎培著，中国社会科学院近代史研究所整理：《黄炎培日记》第 5 卷，第 288 页。

降的个案。1941 年 6 月 4 日晚 11 点钟,对民生公司声誉早有耳闻的西南联大教授罗常培和著名学者郑天挺,从重庆朝天门外磨儿石民生公司第七趸船登上民文轮。① 罗常培在 6 月 5 日的日记中记录了乘船的感受,谓:凡是在全面抗战爆发以前坐过民生轮船的人,都知道该公司设备完善,服务周到,注意卫生,伙食可口,处处为旅客着想,连寄信、发电报、码头接送等都能照顾到。可是,"我们这两天在船上所感受的却和从前大不相同。头等舱也还设备着洗澡间和冲水马桶,不过洗澡盆变成统舱客人洗衣裳的工具,冲水马桶壅塞得涓滴不通、臭气熏天。假如你有点感冒,只要到厕所方便一下,管保不吃阿司匹灵就可以蒸得发汗,至于在这米珠薪桂的时候,伙食当然推板,那更用不着说。民文算是民生公司现在顶好的一只船,它尚且这样,其余的更可想而知了。自然,在这抗战的时候,船只缺乏,旅客拥挤,不能照太平年月那样,也是势所必至的,可是假使员司得人,管理得法,在可能的范围里也未尝不可整顿一下,好维持民生公司以往的令誉。现在听说卢作孚先生要摆脱一切,仍旧整顿公司的业务,这一点很值得我们佩服"②。7 月 8 日,罗常培搭乘了民生公司的差船民教轮,日记载:"4 点半船才拢岸,上面拥挤不堪,连站脚儿的地方都没有。我们请梅先生在码头上看着行李,毅生③、作铭一件一件地往船上运,我拿着几张凉席和油布去占位子。结果,好不容易挤上船,却没有方寸地被我占到。跑到船顶,看见烟突旁边有很宽敞的一片舱面,并且放着好些竹杌,却阒无一人,于是自作聪明地把凉席和油布摊开,占了很大的

---

① 罗常培:《蜀道难》,《罗常培文集》编委会编:《罗常培文集》第 10 卷,济南:山东教育出版社 2008 年版,第 123 页。

② 罗常培:《蜀道难》,《罗常培文集》编委会编:《罗常培文集》第 10 卷,第 124—125 页。

③ 即郑天挺。

一片领土，又搬了几张竹机把它围起来，当做'防御工事'。谁想到5点25分开船后，还没过两分钟煤灰已经布满了舱面，我的头发上、脸上和刚搬来的行李上，都洒满了黑渣子。可惜我辛辛苦苦布置的'防线'，就这样轻轻易易地被突破了。幸亏曾经骑着骆驼走过撒哈拉大沙漠的田野考古家夏作铭比较机警，他和机器匠交涉，给我们匀出四张铺位来，每人得要另出35元，比票价只少10元。铺位租定，总算稍微可以喘息一下儿了，可是床窄舱矮一共挤下12个人，流品不齐，人声嘈杂，闷在里头也不大舒服。走出来，在甲板上，背着风向，眺望了许久才觉着爽快一点儿。"①日记又载："12点就下起大雨来了。这时候，卖出铺位躲在舱顶上睡觉的机器匠，都跑进舱里来，地面上的走道全铺满了行李。舱尾的一位女客因为她铺位上的舱顶漏雨，把行李淋湿，便向一个机器匠理论，想找还票价，惹得那个机器匠用轻蔑的口吻讥笑着，好像对于她的职业有相当了解似的。"②显然，罗常培这两次乘坐民生公司轮船的经历并不愉快。从这样不愉快的经历中，我们能够清晰地感受到民生公司原有的那种"服务精神"的褪色。卢作孚则在答应张嘉璈考虑辞去兼职的几个月之后，又在1940年8月1日兼任全国粮食管理局局长这一极其繁杂的职务。

经营业绩持续下滑。继1939年亏损43万余元后，1940年民生公司净亏损51.9万余元。③ 考虑到1940年大后方通货膨胀开始显现，物价开始猛涨的情形，1940年的亏损并不严重，但连年亏损则是严重的问题。1941年收支相抵后，民生公司账面亏损扩大到

---

① 《罗常培文集》编委会编：《罗常培文集》第10卷，第145页。

② 《罗常培文集》编委会编：《罗常培文集》第10卷，第146页。

③ 《民生实业股份有限公司第十六届常年股东大会决议录》，重庆市档案馆藏，聚兴诚银行档案，0295/1/2000。

125.9 万元。① 1942 年,民生公司账面亏损更加严重。上半年,民生公司航业部平均每月收入 537 万余元,比前一年同期约增 1 倍以上。② 到 6 月底,民生公司全部资产达到 137 328 720 元,比前一年同期增加 73 001 704 元。③ 8 月,经常投入航行的船舶达到 47 艘,"实开该公司抗战以来之新纪录"。同时由于客运、货运、差运各项运费经调整有所提高,航业部营业收入达到 1 200 万元。④ 1942 年 8—12 月,民生公司民生机器厂新建 106 尺木壳新船 10 艘中完成 6 艘,其中 8—11 月先后分别每月完成 1 艘,即第 10 号(乐山)、秀山、名山、屏山,12 月完成彭山、眉山,"自此浅水轮船加入航行后对客货之运输帮助殊大,尤以枯水季节,大船不能航行之时,此六轮之功用更形显著"。其余 4 艘,预计 1943 年 3 月完成 2 艘,5 月完成 1 艘,9 月完成 1 艘。⑤ 到 1942 年底,民生公司共有大小轮船 84 艘,拖轮 7 艘,共计 91 艘,此外尚有铁驳 21 艘,木驳 119 艘,以吨位计,达到 26 278 吨,职工达到 6 687 人,公司股本达到 700 万,资产增加到 18 580 万元,其中公司储存各项物料总值已达 2 700 余万元,复协助民生机器厂购储物料价值达 2 600 万元。本年公司航业部共计收入 146 594 022 元,支出 155 083 165 元,收支相抵,共计亏折

---

① 《民生实业股份有限公司第十七届常年股东大会决议录》,重庆市档案馆藏,聚兴诚银行档案,0295/1/2000。

② 《三十一年上期民生公司动态报告》,《民国档案》1991 年第 4 期,第 39 页。

③ 交通银行设计处编:《交通银行后方生产事业贷款用途考察报告》,《民国档案》1991 年第 4 期,第 44 页。

④ 交通银行设计处编:《交通银行后方生产事业贷款用途考察报告》,《民国档案》1991 年第 4 期,第 44 页。

⑤ 《民生实业股份有限公司三十一年度概况》,《民国档案》1993 年第 3 期,第 32 页。

8 489 143元。[1] 航业部是决定民生公司盈亏的主要部门,亏损已经成为常态。从民生实业公司第十八届常年股东大会报告看,由于1942年民生公司电水厂尚有亏损8.3万元。2 部分合计,亏损857.2万元。幸赖民生机器厂、物产部、木工厂 3 处有盈余 576 万元,抵补大部分损失后,尚有 281 万元的净亏损。这是自 1939 年以来,民生公司连续第 4 年亏损,而且是账面亏损数额最大的一年。无怪乎董事长郑东琴在常年股东大会的报告中忧心忡忡地分析说:"查本公司自二十八年以后,连年迭有亏损,尤以本年为甚。其原因实由于客、货、差运等费远不及一般物价指数而开支方面却以物价高涨无法控制,如修造船只之钢板,则较战前高涨千余倍。长此以往,实公司前途莫大危机,应请政府及社会人士多予帮助,庶使本公司得永久服务于国家社会也。"[2]

　　管理陷入混乱,服务精神懈怠,经营连年亏损,公司上下开始被沉郁的气氛所笼罩。后来卢作孚说:"抗战时期,本公司员工待遇较战前甚低,高级者所得不及战前百分之十,低级者不及百分之三。当时员工生活极感困难,股东未得利益,职工亦备历艰苦。"[3]1942 年 4 月 8 日,民生公司在重庆青年会召开第十七届常年股东大会,卢作孚在讲到公司艰困,为国牺牲,公司员工宁受薄薪,轻生命,为国冒险服务时,不禁痛哭。黄炎培参加大会后在日记中记载感想,谓:(1) 公司亏本对不起股东,公司为抗战而亏本对得起国

① 《民生实业股份有限公司动态报告》,《民国档案》1991 年第 4 期,第 46—47 页;《民生实业股份有限公司三十一年度概况》,《民国档案》1993 年第 3 期,第 29、32 页。

② 《民生实业股份有限公司第十九届常年股东大会决议录》,重庆市档案馆藏,聚兴诚银行档案,0295/1/2000。

③ 《民生实业股份有限公司第二十四届股东常会决议录》,1949 年,北碚图书馆藏,第 8 页。

家,就是股东对得起国家。(2)差轮津贴与战前比仅增加 12 倍,轮船损失大多属于差轮,公司对得起国家就是股东对得起国家。(3)生活费与战前比增加数十倍,客票与战前比仅增加 10 倍,公司对得起民众就是股东对得起民众。(4)生活费与战前比增加数十倍,人员开支与战前比仅增加 8 倍,员工对得起公司就是对得起股东。(5)全体员工、全体股东听了董事长郑东琴、大会主席卢作孚说的这些话,大家对过去应该感到安慰,对今后只有更加努力。(6)没有国家哪有公司,中华复兴的一日就是民生公司复兴的一天。全体员工、全体股东一定要把国家复兴起来,同时也要把公司复兴起来。① 显然,全面抗战时期大后方日趋恶劣的经营环境,对民生公司的经营状况造成了严重不利影响是客观存在的事实。尽管在经营上民生公司出现连年的亏损,大会经过讨论,还是决定从特别准备项下拨出 70 万元作为年度股息。

三、应对经营管理困境的办法

面对严峻的经营局面,民生公司采取的因应措施主要有以下几个方面:

其一,采取强有力措施,增强经济实力。

民生公司在 1939 年出现资金困难,当年即增加股本到 700 万元,以解决资金问题。1940 年 4 月 2 日,公司举行第十五届常年股东大会,又决定发行 1 000 万元公司债。② 但根据有关政策法令的规定,公司债的数额不能超过股本额,所以民生公司公司债的实际

---

① 黄炎培著,中国社会科学院近代史研究所整理:《黄炎培日记》第 7 卷,第 250—251 页。

②《实业大事记》,《西南实业通讯》第 1 卷第 5 期,1940 年 5 月 1 日,第 73 页。

发行额为 700 万元。到 1941 年 2 月底,700 万元公司债由中国、交通等 18 家银行承募足额,年息 9 厘,分 10 年还清。第一年、第二年只付利息,从第三年起至第十年止,每年还本 6.25%,利随本减,但得提前还本。①

从 1942 年起,民生公司又开始筹划发行第三次公司债。1943 年 3 月 11 日午后,民生公司在重庆举行第十七届第三次董监联席会议,对发行公司债有所商议。3 月 19 日,国民政府行政院同意民生公司发行 8 000 万元公司债,由各国家银行协助承销,作为修复轮船及清理债务之用。同时要求民生公司资本总额由 700 万元增加到 8 000 万元,并许缓征直接税。② 4 月 16 日,民生实业公司借重庆市青年会召开第十八届常年股东大会。大会报告由于物价高涨等,1942 年公司亏损 281 万元。董事长郑东琴在报告中说:民生公司 1942 年度航业部收入为 146 594 022.46 元,支出 155 083 165.82 元,品选亏损 8 489 143.36 元。加上电水厂亏损 83 037.84 元,共亏损 8 572 181.2 元。除以民生厂、物产部、木工厂 3 处盈余 5 760 703.97 元填补上述亏损外,净亏损 2 811 477.23 元。尽管该公司从 1939 年起就连年亏损,但以 1942 年的亏损最为严重。亏损的原因在于客运、货运、差运等收费的增长远远赶不上一般物价指数的上涨,但开支方面却由于物价高涨而无法控制。如修造船只的钢板与全面抗战爆发前相比上涨了 1 000 多倍,长此以

---

① 《民生实业股份有限公司第十六届常年股东大会决议录》,重庆市档案馆藏,聚兴诚银行档案,0295/1/2000。
② 中国第二历史档案馆编:《中华民国史档案资料汇编》第 5 辑第 2 编《财政经济》(10),第 574 页。

往公司前途堪忧。① 这次会议正式决定把公司的股本增加到8 000万元,并发行公司债8 000万元,修改公司章程等。由于原担任监察的赵资生病,会议还推举增补晏阳初为公司监察人。② 由于资本额增加,民生公司在会后还具文呈请经济部变更登记。至于第三次公司债的发行,从1942年筹划开始,到1943年春被国民政府及董事会批准,历时长约1年。由于物价猛涨,通货严重膨胀,8 000万元此时对民生公司已经不能发挥很大的作用,于是第三次公司债的发行在会后实际上无形终止。

其二,请求国民政府在政策上给予扶持。

1940年4月,民生公司十五届常年股东大会通过股东康心如所提的临时动议案,呈请政府提高运费并核定救济办法。康心如在该动议案中说:民生公司1939年的亏折,纯粹是由于抗战时期,公司报效国家的过程中,差费过低造成的。公司尽力为政府运输公物,运送出征将士,接运伤兵难童,担负各项差运。长久如此,殊难为继,"应请董事会根据本届股东大会意见,呈请政府维护公司命脉,提高运费并请政府核定救济办法,保息保亏,俾公司营业不替,得以长久效力国家"③。1940年8月18日,代总经理魏文翰等到交通部,向交通部部长张嘉璈报告民生公司困难情形,资料载:"自宜昌陷落后,货运大减,每月收入减少一半,只有八九十万元,而支出月须一百八十万元,长期债务计八百余万元,股本计七百万

①《民生实业股份有限公司第十八届常年股东大会决议录》,重庆市档案馆藏,聚兴诚银行档案,0295/1/2000。
②《民生实业股份有限公司第十八届常年股东大会决议录》(1943年4月16日),重庆市档案馆藏,聚兴诚银行档案,0295/1/2000。
③《民生实业股份有限公司第十五届常年股东大会决议录》,重庆市档案馆藏,聚兴诚银行档案,0295/1/2000。

元。现正建造浅水船十四艘,须付工价三百余万元。现需增加政
府运输差费,及客票票价,一面招徕客货,以期收支适合。希望部
方予以贷款,完成新船,同时发行公司债,整理旧有债务。"①

　　经过不懈努力,民生公司在争取国民政府提高运费和核定救
济办法方面取得了一定的成效。1941 年 2 月,民生公司鉴于正在
建造的浅水轮船无力完成,以及船用五金油料缺乏,价格飞涨,急
需订购并储备,共计需款 800 万元,请求重庆国民政府贷款救济,
经行政院批准向四行如数照借。② 同月,民生公司 700 万元公司债
募集完成。③ 后来卢作孚回忆说:为适应战时的需要,民生公司轮
船最多的时候为 1939 年,那一年共有轮船 116 艘,30 400 多吨。此
时,收购的旧轮达到最多,订造的新轮却尚未完成。之后,新造的
17 艘新轮陆续加入航行,又先后购进 4 艘海关轮船。全部加起来
有 137 艘轮船,36 000 多吨。其中有些原来航行于川江的旧轮船因
已经无法行驶拆毁了 15 艘,原来长江中下游的小轮由于不适应川
江航行又拆卸了 20 多艘,结果民生公司所拥有的实际轮船数目反
而有所减少。到 1943 年 8 月,实际轮船数是 98 艘,26 000 吨。④ 拆
毁旧轮和不适合航行的小轮之后,民生公司一方面建造新轮和改
造旧轮,一方面为配合重庆国民政府开发内河航运,派轮航行嘉陵
江重庆南充航线,并获得了成功。⑤

———————————

① 姚崧龄编著:《张公权先生年谱初稿》,第 263 页。
② 王洸:《战时航政与航政建设》,《经济建设季刊》第 1 卷第 2 期,1942 年 10 月,第
　　58 页。
③《民生实业股份有限公司第十六届常年股东大会决议录》,重庆市档案馆藏,聚兴诚银
　　行档案,0295/1/2000。
④ 卢作孚:《一桩惨淡经营的事业——民生实业公司》,第24 页。
⑤ 王洸:《战时航政与航政建设》,《经济建设季刊》第 1 卷第 2 期,1942 年 10 月,第
　　54 页。

在 1941 年 4 月公司第十六届股东大会上,代总经理魏文翰在报告中专门说到差费和保息问题。关于差费,魏文翰说:经呈准军政部召集有关各方会议协商后得到解决,办法是差费照原价增加 2 倍,当时公司尚觉公允,但从 9 月后由于物价狂涨,差费收入又感不敷。关于保息问题,国民政府在公司造船资金上以年息 4 厘、5 年还清办法给予 400 万元贷款。[①] 考虑到通货膨胀、物价高涨等因素,这样的贷款是非常实际的帮助。

1941 年 3 月,由于敌机大规模轰炸轮船,民生公司的轮船损失严重,民生公司再次请求政府补助修复被炸的轮船。[②] 截至 6 月底,民生公司全部资产达到 64 337 016 元。[③] 7—8 月,川江轮船被日军飞机轰炸者有 20 多艘。重庆国民政府决定,凡属差轮被炸者由军事机关拨款补助,非供差的轮船可由四行贷款作为捞修费用。民生公司获得补助金 950 万元,贷款 1 000 万元。[④] 8 月,民生公司民俗轮在运送军粮前往三斗坪返回的航程中,在巴东被日军飞机炸沉,死难船员 70 人。9 月 10 日,民生公司与中中交农四行签约,向四行借款 400 万元添购油料,借期 2 年;另借款 400 万元添建船只,借期 4 年。[⑤]

其三,改变公物运输办法。

---

① 《民生实业股份有限公司第十六届常年股东大会决议录》,重庆市档案馆藏,聚兴诚银行档案,0295/1/2000。

② 《民生实业公司简讯》第 838 期,1946 年 3 月 4 日,第 2 版。

③ 交通银行设计处编:《交通银行后方生产事业贷款用途考察报告》,《民国档案》1991 年第 4 期,第 44 页。

④ 王洸:《战时航政与航政建设》,《经济建设季刊》第 1 卷第 2 期,1942 年 10 月,第 58 页。

⑤ 交通银行设计处编:《交通银行后方生产事业贷款用途考察报告》,《民国档案》1991 年第 4 期,第 43 页。

　　民生公司承运国民政府军政部兵工署各货,照例半价收费。1941年12月17日,军政部就军品运费问题以代电复函民生公司,谓:"鉴查本署与民生公司所订坪渝段运价,业经于本年六月以渝造(卅)甲子六八一五号啸代电饬知在案,并复准该公司函开'迳启者,遵照航业协会本年十一月二十日议决案,一般商货,均照随函附奉之新表增价(详附表)。自十二月一日起实行。敝公司对于贵署各厂、处运价,原系按照一般商货(机器杂货)运价对折收费,自应照新价对折计算以表优待,即(一)坪渝每公吨七百八十元净(照坪渝机器杂货每公吨一千五百六十元对折计算),(二)坪万或万渝每公吨四百六十八元净(照坪渝六折计算),仍由贵属各厂处直接与敝公司洽装,于交运时付清运费,即烦查照,并请转知贵属各厂为荷'等由,并附航业公会所订立之商货运率表一份前来。查该公司所称各节,核与以往办法尚属符合,除函复坪渝段全程运价每吨七百八十元应予照准,坪万及万渝应仍照以往办法照坪渝全程折半计算,每吨三百九十元。并自十二月十六日起实行,暨呈部备案外,合行电仰知照。"①1942年第十七届常年股东大会重点讨论了《授权董事会向政府请求扩大股本,提高折旧标准并按物价指数增加差费及货客运价以保障公司生存案》,通过以下决议:第一,今后差轮一切开支,请由政府完全担任,不再用租费办法,以减少亏损。公司请求改善差轮运输事项,应将此条列为第一。第二,客货运价,应请主管当局按照政府公布的物价指数按月随时增减,废止每隔数月才请求增加一次的办法,以免互感烦扰。第三,本案完全授权董事会办理,但如感觉须借重某一股东帮助

---

① 《军政部代电》(1941年12月18日),张守广:《卢作孚年谱长编》,第924—925页。

之时,可分别请求股东予以有力帮助。①

1942 年 4 月 23 日,民生公司在总公司召开第十七届第一次董监联席会议,郑东琴主持会议。卢作孚出席会议并建议:"关于公司损耗情形与补救办法中有向政府请求扶助事项,请推举与政府有关系之董监率领公司主干人同赴政府,向蒋孔两院长及以下有关各长官恳切请求。"②

5 月 31 日,民生公司与中中交农四行签约,向四行借款 1 000 万元修理船只,借期 2 年。③ 6 月 25 日,民生公司在总公司召开第十七届第二次常务董事会议,钱新之等人出席了会议,卢作孚列席会议。面对公司的各种经营困难,卢作孚提出 4 项建议并得到会议采纳通过。他说:"查本公司收入甚微,支出颇巨,而新造及修复船只所需钢料狂涨不已,且修建竣工之船,复以资金周转不灵,设备未完,不能开航,致蒙重大损失。为解决上述各项困难问题计,兹拟具办法四项以谋补救:一、力求收支平衡,二、将短期债变为长期债,三、变卖破旧船只将所得价款用以建造新船,四、被炸打捞之船只,请政府给予修复费。是否可行,敬请常董诸公表决。"④会议接受了卢作孚的建议,决定先准备完善的资料,然后召集会议分派有关董事承担该项工作。

1943 年 4 月 16 日,民生实业公司假重庆市青年会召开第十八

---

① 《民生实业股份有限公司第十七届常年股东大会决议录》,重庆市档案馆藏,聚兴诚银行档案,0295/1/2000。
② 《(民生实业股份有限公司)第十七届第一次董监联席会议纪录》,重庆市档案馆藏,金城银行重庆分行档案,0304/1/401。
③ 交通银行设计处编:《交通银行后方生产事业贷款用途考察报告》,《民国档案》1991年第 4 期,第 43 页。
④ 《第十七届第二次常务董事会决议纪录》,重庆市档案馆藏,金城银行重庆分行档案,0304/1/396。

届常年股东大会,股东推举卢作孚为大会主席。大会报告由于物价高涨等原因,去年公司亏损 281 万元。① 这一天,卢作孚辞交通部次长职一事获得批准。

　　虽然连年亏折,在社会各界看来,民生公司仍取得了显著的发展。1942 年 10 月,《经济建设季刊》第 1 卷第 2 期刊载王洸《战时航政与航政建设》一文,文章说:民生公司抗战以前的发展突飞猛进,有凌驾其他轮船公司而上的趋势。抗战军兴以后,挺进更速。文章分析民生公司在战时迅速发展的原因有四个方面:一是民生公司业务的中心本在川江,轮船多数为内河轮船,与其他轮船公司相比更能适应后方环境;二是民生公司轮船在全面抗战爆发初期未被征用,在上海的轮船也于江阴封锁前开到江阴以上,损失较少;三是民生公司廉价收购从长江中下游撤退到宜昌的轮船,增加其运输能力;四是民生公司大事罗致陪都人才,内外管理也得到改善。总之,"时势人谋,兼而有之。故该公司股本,业已增至七百余万元。现有轮船八十七艘,合二万一千余吨,比较战前增加不少。经营之航线,以重庆为起点,长航有渝巴东、渝万县、渝泸县、渝宜宾、渝乐山等线,短航有渝涪陵、渝长寿、渝唐家沱、渝寸滩、渝江津、渝白沙、江津白沙、泸县宜宾、渝童家溪、渝合川、宜宾屏山等线。就营业流域言,遍达川江、长江、岷江、嘉陵江、金沙江,范围之广,开川省航业界之新纪元"②。后来王洸在《中国水运史》中说:民生公司的股本,1941 年已增至 700 万元,计有轮船 71 艘,合 21 000 总吨,与战前相比,大为增加。其航线以重庆为起点,长途航线有

---

① 《民生实业股份有限公司第十八届常年股东大会决议录》,重庆市档案馆藏,聚兴诚银行档案,0295/1/2000。

② 王洸:《战时航政与航政建设》,《经济建设季刊》第 1 卷第 2 期,1942 年 10 月,第 54—55 页。

渝巴东、渝万县、渝泸县、渝宜宾、渝乐山等线,短途航线有渝涪陵、渝长寿、渝唐家沱、渝寸滩、渝江津、渝白沙、江津白沙、泸县宜宾、渝童家溪、渝合川、宜宾屏山、合川南充等线。营业区域广泛,可以航行川江、长江、岷江、嘉陵江、金沙江,范围很广,为川省航业界开创了新纪元。1942年,又有山字号9艘浅水轮船建成,船名和吨位分别是乐山(178 总吨)、屏山(178 总吨)、秀山(178 总吨)、彭山(220 总吨)、巫山(178 总吨)、壁山(178 总吨)、梁山(183 总吨)、营山(232 总吨),眉山(229 总吨)。这些浅水轮先后参加营运,使民生公司运输力量更大,业务愈益扩展,"始终执川江航业的牛耳"①。

其四,改善企业管理。

1937年10月,民生公司总经理室增设设计、稽核、秘书三室。设计室的职责是为总经理室研究业务计划,由赖彦于任主任;稽核室的职责是审核公司开支,由陈国玱任主任;秘书室的职责是负责各个部门的协调,由李邦箎任主任秘书。

全面抗战爆发后,民生公司航线缩短,不得不开辟短途航线,一则以维持公司的业务,二则便利乘客。1940年8月1日,民生公司开始对长江上游及嘉陵江下游各事业单位,划分区域管理,实行分区管理制度,以求指挥便利,应付灵活。至于各厂及上海分公司,香港、海防、昆明、成都等办事处,仍直隶于总公司,不在分区管理之列,各轮驳也仍直隶于总公司,但受所停泊地方的区分部监督管理。分区管理办法中,对管理区域、管理权责、文报手续均作出明文规定:

(一)管理区域的划分。第一,重庆区,由总公司兼本区管理责任,其区域为长江流域自淖溉以下,忠县以上,嘉陵江流域自合川

---

① 王洸:《中华水运史》,第275—276页。

以下。该区管理的事业单位包括：(1)淞溉至重庆间各趸船(现有淞溉趸船、白洪趸船、江津趸船)。(2)重庆各趸船及煤栈。(3)洛碛至重庆各趸船(现有洛碛趸船、鱼嘴沱趸船)。(4)长寿办事处及所属趸船(长寿趸船及石家沱趸船)。(5)涪陵办事处及所隶属、监督的趸船及煤栈(兰市趸船、珍溪趸船及荔枝园煤栈俱隶于涪陵办事处。酆都趸船及汤元石煤栈直隶总公司，由涪陵办事处监督考核)。(6)合川办事处(合川电灯自来水厂直隶总公司)。(7)北碚办事处及所隶属各趸船(夏溪口趸船、温泉趸船、北碚趸船及白庙子趸船俱隶属于北碚办事处)。(8)草街子、白庙子、狮坪、土沱各轮煤采办处。(9)土沱及重庆间各趸船(现有土沱趸船、童家溪趸船、柏溪趸船、磁器口趸船、化龙桥趸船)。第二，叙府区，由民生公司叙府分公司负责本区的管理与监督、考核责任，其区域为嘉定以下，江安以上，该区监督指挥的事业单位包括：(1)嘉定办事处(嘉定办事处直隶总公司，由叙府分公司监督考核)。(2)河口轮煤采办处(河口轮煤采办处，由叙府分公司监督考核)。(3)叙府趸船及货栈、煤栈、油栈(以上各事业单位俱隶属于叙府分公司)。第三，泸县区，由公司泸县分公司负本区之管理与监督考核责任，管理区域为纳溪以下，合江以上，该区监督管理的事业单位包括：(1)纳溪煤栈(正筹建中)。(2)泸县趸船及货栈、煤栈(以上各事业单位俱隶属于泸县分公司)。(3)合江趸船及煤栈(合江趸船直隶总公司，由泸县分公司监督考核，煤栈隶属于泸县分公司)。第四，万县区，由万县分公司负本区的管理与考核责任，其区域为忠县以下，巫山以上，该区监督管理的事业单位包括：(1)万县趸船及货栈、煤栈、油栈。(2)忠县煤栈、武陵煤栈、小舟溪轮煤采办处、新津口轮煤采办处、固陵轮煤采办处、云阳煤栈、庆记煤号、奉节煤栈、巫山煤栈(以上各煤栈俱直隶总公司，由万县分公司监督考核)。第五，宜昌区,由宜昌分公司负本区之管理与监督考核责任,其区域为巫山以下,沙市以上,该区监督管理的事业单位包括:(1) 宜昌趸船及货栈、煤栈、油栈。(2) 沙市办事处(沙市办事处直隶总公司,由宜昌分公司监督考核)。

(二) 管理权责的确定。第一,各区分部对于该区域内各事业单位分别负管理及监督考核的责任,其隶属于各该区分部的各事业单位,即受该管理区分部的直辖管理。其直隶于总公司各事业单位,则受区分部的监督考核。第二,各区分部对于该区域内的各事业单位,应就向有规定及总公司临时委托事项负责执行。如有意见,随时可建议总公司采行,并对于该区内各事业单位,在必要时,可发布文件,但须同时报总公司备查。第三,各区分部若遇该区各事业单位有时间性的紧急事件发生时,得权宜处理,事后报请总公司追认,但以不违反一般规定为原则。又各事业单位的日常琐细事件,即由区分部负责处理,不宜报总公司。第四,各事业单位对于所在地的区分部,应随时采取联络,遇有重大事件,必须商承办理。

(三) 文报手续。第一,各事业单位隶属于区分部者,对总公司即不直接行文,一切事件俱由区分部转报。其受区分部监督考核的各事业单位,遇有重大及有关区分部的相关事宜,除函报总公司外,并须分函所在地的区分部。第二,各事业单位对所在地区分部应行分报的事件,规定如下:(1) 人事事件:除经常事项送报总公司外,遇有特殊情形之事件,应分报所在地之区分部。(2) 财务事件:一切账项径报总公司,收支事项除报总公司外,应分报所在地区分部。(3) 业务事件:所有关于营业各事项,除报总公司外,应分报所在地区分部。以上所列各项目,若有修改增减时,一经决定后,即另行函知。特此函达。即希查照办理。①

其五，振奋服务精神，加强人的训练。

全面抗战爆发前，民生公司之所以生机勃发，服务精神和人的训练起到过非常重要的作用。抗战全面爆发后，由于业务紧张，加上战时的非常环境，服务精神和人的训练有所松懈。1938 年 10 月 31 日，《新世界》刊载消息说，民生公司将发行《为君服务》半月刊，谓："抗战发动以来，我全国各战区机关、团体、工厂、学校，以及不愿为（日本占领者）顺民之义民、难民，均纷纷迁徙内地，尤以入川者为多。惟初临斯土，人地两生，情形隔膜，其余衣食住行诸问题，莫不随时感觉困苦。公司本一向辅助社会、便利人群之宗旨，决定发行一半月刊，定名为《为君服务》，俾有助于乘客一切实际生活问题之参考与解决，并拟发行办法八条，通函各部。"②

1939 年 1 月 15 日，卢作孚出席公司朝会，感到报告的方式、内容不足以引起听众的兴趣，同时深深感到一桩事业不是投机和侥幸能够成功的，而是由一群富有意义的人们创造的。民生公司自抗战爆发以来，船只从 48 艘增加到 88 艘，新增船只的经营管理至少需要千余人，非从训练中产生不可，因此决定从各方面开始整顿。③ 2 月 6 日，卢作孚出席民生公司总公司朝会并作《怎样出席朝会工作报告》讲话，强调朝会上的工作报告要为工作而报告，要做充分的准备，要善于发现问题并提出解决问题的方法，要实干不要发牢骚。牢骚是无办法的表示。埋怨来了，忍耐下去，成功后埋怨自然会消失。要尽量多提数目字，并要

---

① 《民生实业公司通函事字 117 号》，北碚图书馆藏。

② 《海事新闻·专为帮助旅客公司刊行〈为君服务〉》，《新世界》第 13 卷第 2、3、4 期合刊，1938 年 10 月 31 日，第 67 页。

③ 彦于：《公司的新气象》，《新世界》第 14 卷第 1 期，1939 年 2 月 10 日，第 11—12 页。

注意数目字的正确。①

　　1939 年 2 月 10 日,《新世界》刊载《谈谈总公司的朝会》一文,对民生公司朝会作了简短的回顾,谓:自 1932 年 10 月公司开始举办朝会,已经进入第 7 个年头,朝会办法也是多有变化。如会期由每天早上举行改为每周一、三、五举行,报告时间由没有限定变为有限定,报告事项由单一工作报告而增加读书报告、时事报告以及人事介绍等。1938 年 10 月,朝会改在船务处办公室举行后,由于地址狭隘,座次无定,开会精神,不免稍显松懈。公司最高主干人卢作孚最近回公司出席朝会,认为朝会对于各处室间工作相互联络与相互了解作用很大,有整顿的必要,于是从各方面加以调整。经过调整,各方面均有显著的进步。如原来经常到会人数仅 120—130 人,现在增加到将近 300 人。原来无精打采的听众,现在变得心花怒放,兴趣盎然。朝会能有如此迅速的进步,原因主要有 2 点:(一)报告人事前有充分的准备,报告时候能够有条不紊,使听众感到异常的满足。(二)到会人数有良好的稽核方法,可以杜绝人数的诓报。这说明一件无办法的事,只要有决心,就可以使其走上轨道。②

　　"五三""五四"大轰炸后,1939 年 5 月 10 日,《新世界》刊载卢作孚《安全的最高要求》,指出对付空袭最好的办法是有可靠的防御准备,他写道:自抗战开始就断定重庆会遭空袭,做好防御准备是避免危险最可靠的方法。如果我们为了逃避敌机,而竟逃避了工作,实际是失掉了生命的意义,尤其是对敌示弱,反而达到了敌

---

① 卢作孚:《怎样出席朝会工作报告》,《新世界》第 14 卷第 4、5 期合刊,1939 年 3 月 10 日,第 56 页。

② 其:《谈谈总公司的朝会》,《新世界》第 14 卷第 1 期,1939 年 2 月 10 日,第 9 页。

机狂炸的目的。敌机狂炸未必能危害我们的生命,但我们的不沉着,却会扰乱我们的工作。我们如果有了坚强的防御准备,不但我们的生命安全了,我们的工作也安全了。我们可以在敌机侵袭到我们头上的前一分钟和后一分钟照常工作,使敌人惊诧我们是这样有办法地在狂炸之下安全地工作着,不受他们扰乱的影响,则他们的狂炸无所施其技巧,无谓的行动自然会停止了。这是阻止敌机最有效的方法,逃避绝不是方法。①

1939 年 11 月 1 日上午,卢作孚在民生公司国民月会上发表题目为《怎样唤起我们的精神》的讲演,谓:精神的基础,第一是物质,第二是技术,第三是组织,第四是要有理想去支配物质、技术和组织,然后才可以经营好一桩事业,建设好一个国家。敌机多次轰炸,毁坏我们的物质很少,但是摧毁我们的精神却很大。"五三""五四"轰炸,我们精神上有很大的损失。敌机一来就跑却不是办法。鲁登道夫《总体战》一书里,绝没有说到跑是抵御敌人的方法。我们绝不应该用跑来作抵御敌机的方法。我们白天办事和夜晚睡觉的地方,都有我们的防空洞。有警报来,然后从容走到防空洞去,一切不用顾虑。因为整个防空的进步,现在在敌机到万县以前,到宜昌以前,乃至在汉口起飞时,我们就可得到情报了,已经有充裕的时间让我们走进防空洞。②

此外,1940 年著名会计学家潘序伦自上海来到重庆,被民生实业公司聘为顾问。③

---

① 卢作孚:《安全的最高要求》,《新世界》第 14 卷第 10 期,1939 年 5 月 10 日,第 1 页。
②《十一月份国民月会卢先生演讲词》,重庆市档案馆藏,民生机器厂档案,0328/76。
③ 潘序伦:《潘序伦文集》,上海:立信会计出版社 2008 年版,第 564 页。

第六章　重振民生公司的努力与战后复员

从 1939 年起,民生公司在承担战时后方水上运输重任并取得显著发展的同时,陷入连年亏损并日益严重的困境。1943 年 4 月中旬,卢作孚获准辞去重庆国民政府中央机关行政职务回任总经理后,采取一系列措施,力图重振民生公司,并着手筹划公司战后复员与战后扩张。抗战胜利后,民生公司经营战略的核心是大规模压缩投资事业,集中力量恢复和发展长江及沿海航运业务。随着航业复员进程的展开,民生公司率先恢复了长江沿线航运业务,并在拓展沿海航运业务方面取得新的进展。同时,国营轮船招商局的迅速扩张,借款造船带来的沉重债务负担,动荡的时局与不断蔓延的战火,使民生公司重振的希望越来越渺茫,整个事业日渐陷入更加艰难的境地。

第一节　重振民生公司的努力

卢作孚回任总经理后采取了一系列强有力措施,如调整公司治理结构,加强管理,总结经验,恢复了若干曾经行之有效的办法,使公司在一定程度上焕发了活力。

一、卢作孚回任总经理职务

卢作孚从全面抗战爆发后不久就担任国民政府中央政府要职,对民生公司业务、人事、训练上的指导相较于其担任四川省建设厅厅长时期进一步减少。对于总经理制已经根深蒂固的民生公司而言,这种情况的后果是灾难性的。早在1938年初,黄炎培等人就注意到了问题的所在,并专门与卢作孚谈到过这个问题。《黄炎培日记》载:1938年3月16日,黄炎培访卢作孚,当晚与卢作孚、江恒源共餐菜根香,谈民生公司,"谈将毕,得空袭警报。作孚经营民生实业公司,煞费苦心。自入官后,公司内容颇多松懈,为腐化的先兆。问渔积种种所见所闻、事实,今多为作孚倾倒言之,为公为私,不可无此一举"①。黄炎培、江恒源从许多见闻和事实出发,与卢作孚进行了深入的交流。卢作孚当时作何反应,日记中没有记述。

几个月后,黄炎培又向民生公司高层表达了自己的担忧。1938年7月19日,黄炎培应邀在民生公司餐叙,郑东琴、宋师度、周仲宣、周荟柏等均到场。② 餐叙中,黄炎培就民生公司发展中应注意的问题,谈了自己的意见,他说:"一个组织,顶困难的是被人家捧、大家赞的时候。若有一点不好,在无名的组织,人家还可原谅。在有名的组织,人家就要责难了。所谓盛名之下,其实难副。民生公司享此大名,必要有很好的事实,使名实相符。兄弟知道,自卢总经理以下,都非常努力,但不能不特别小心,因为如有一点不好的表现,升得高,跌得很,信誉就一落千丈了。卢先生及各主

① 黄炎培著,中国社会科学院近代史研究所整理:《黄炎培日记》第5卷,第274页。
② 黄炎培著,中国社会科学院近代史研究所整理:《黄炎培日记》第5卷,第325页。

干人、各同事,费许多心血,才有这样蓬蓬勃勃的民生公司,已经成了国家命脉。"①黄炎培说的话虽然婉转,但仔细品味,并联系前文所述,显然是话中有话。

不过,如果没有卢作孚负责战时水上交通行政的事实,以当时水上交通行政那种叠床架屋的状况和战时水上交通特别是川江航运的复杂情形,宜昌抢运会是一个怎样的情形,实际上很难想象。担负战时水上交通行政重责与集中精力维护民生公司的发展,对卢作孚和民生公司而言注定是一个艰难的两难抉择。后来反思任职交通部对民生公司的影响时,卢作孚说:"在做建设厅长时我和实际工作脱体,公共生活不参加,公司也不来了,有事找经副理解决就算了。""一九三八年参加伪中央交通部,和公司业务有了隔离。"②这是卢作孚临终前痛彻反省后的肺腑之言。如果我们再联系到民生公司的治理结构,问题的严重性就更加一目了然。1938年 7 月 31 日,《新世界》刊载赖彦于《民生公司的开会问题》,谓:

> (民生)公司行政的原则,是以会议的方式来参加意见,由总经理采纳来作决定的。可以说公司的行政制度是独裁与代议相兼。意见是大众的、分权的,决定是独裁的、集权的。二者的优点,兼而有之。因为公司办事要经过采纳意见的过程,所以随时就要开会。公司随时开会,就是在推进工作。
>
> ……公司的行政是采取分权制,分权的步骤,是由下而上的,由各部主干人会商决定,建议公司最高当局采纳执行。所

---

① 黄炎培:《我所希望于公司诸位者》,《新世界》第 13 卷第 1 期,1938 年 7 月 31 日,第 22 页。

② 《卢作孚的检讨》(1952 年 2 月 7 日),交通部长江航务管理局档案中心藏,民总 17/永久/第62卷。

以是由下级发轫,至上级完成。分工的步骤,是由上而下的,由高级会议或总经理决定分发各相关部分办理,所以是由上级发轫而至下级完成。但既有了分权的办法,分工的步骤,处理事件,尤应采多数的意识来作参考,以群策群力的会议来研究解决。因为凡离开多数人的意识来处置事件,鲜有不遭失败的。凡只以会议的形式而无充实的内容来解决繁杂的问题,未有不无缺陷的。十三年来公司事业得以蒸蒸日上,无日不在加速的进步当中,即是我们收获了群策群力的效果。①

民生公司决策、执行过程中这种意见(大众的、分权的)和决定(独裁的、集权的)之间科学高效的运作过程,由于总经理卢作孚将近8年特别是全面抗战后的"入官"而发生巨大的改变。显然,先后担任代总经理的宋师度、魏文翰,根本无法像卢作孚任总经理时那样发挥民生公司的制度优势,像卢作孚那样做出决断和发挥关键作用。对此,黄炎培、江问渔早就觉察到了。但卢作孚不仅没有能够辞去交通部次长职,反而在1940年8月1日被任命为全国粮食管理局局长。

1940年12月28日,全国粮食管理局提前1个月完成军粮购运任务,共筹办军粮450万市石。为此,卢作孚在成都主持召开全国囤粮监理委员会会议②,对四川省办理军粮的成绩表示满意。但是,一件让人意想不到的事情发生了。当天下午到次日,中国国货联合营业公司西南办事处主任寿景伟、经济部商业司司长兼平价购销处处长章元善、中国国货联合营业公司副总经理王性尧、平价

① 赖彦于:《民生公司的开会问题》,《新世界》第13卷第1期,1938年7月31日,第8—10页。
②《实业家消息》,《西南实业通讯》第3卷第1期,1941年1月,第63页。

购销处及农本局办理棉布粮食平价人员等 10 人先后被军统特务逮捕,史称"平价大案"。29 日,翁文灏得到该消息后,向蒋介石极言章元善等人持身廉洁,可以力保。"平价大案"严重影响经济部相关部门日常工作,29 日晚,翁文灏电话通知在成都的卢作孚速返重庆主持工作。当晚,卢作孚返回重庆。由于物价问题难以解决,卢作孚在成都时与人谈及此一问题,"声泪俱下,极为慨息"①。1941 年 1 月 2 日上午,卢作孚与何廉到翁文灏宅拜访。拜访中,卢作孚向翁文灏表示:"物价不宜骤平,必须信托主管,次第进行,中途偶有波折,不宜朝令夕改。现在求治太急,形势困难,故拟辞粮食局局长。"②这距卢作孚被任命为全国粮食管理局局长仅仅 4 个月。1940 年 12 月 30 日晚 6 时半,经济部部长翁文灏、次长秦汾面见行政院院长孔祥熙,呈请辞去经济部正、副部长职务。卢作孚、何廉也于同日决定分别辞去全国粮食管理局局长、农本局总经理职务。31 日,翁文灏、卢作孚联名上书蒋介石,请令负责查办者迅即查明实情,有罪者治罪,无罪者释放,以便正常工作。③ 1941 年 1 月 21 日,经济会议举行会议。徐堪在会上肆意批评何北衡主持的水利工作只是空言,不做实事,并声称交通部造木船领款不实等。卢作孚略为何氏说明,张嘉璈则当场表示愤怒,翁文灏亦颇为不满,认为"徐堪贪污骄横极矣"④! 1941 年 8 月 1 日,卢作孚辞去全国粮食管理局局长职务。

　　1943 年 4 月 16 日,国民政府发出准予卢作孚辞交通部次长职

---

① 史丽克整理:《翁文灏日记》,《近代史资料》总第 104 号,北京:中国社会科学出版社 2002 年版,第 109 页。

② 史丽克整理:《翁文灏日记》,《近代史资料》总第 104 号,第 108 页。

③ 李学通:《翁文灏年谱》,第 235—236 页。

④ 李学通、刘萍、翁心钧整理:《翁文灏日记》,第 596 页。

的正式批件。17 日,卢作孚正式辞去交通部常务次长职,遗缺由潘宜之接任。4 月 26 日,招商局总局在重庆恢复办公,徐学禹被任命为总经理。① 这是全面抗战爆发前,民生公司不愿意见到的局面。全面抗战后期,国家资本的全面扩张是社会结构巨变中的重要一环。5 月 31 日,卢作孚正式复任民生公司总经理。当天上午 9 时,民生公司总公司全体人员及公司在重庆各部分员工代表,齐集民生公司仓库大办公室。在魏文翰协理主持下,卢作孚致辞复职。

在 5 月 31 日回任总经理持续约 50 分钟的致辞中,卢作孚于简短的寒暄后就直奔主题,首先就民生公司的经营状况作了开诚布公的说明。他指出:公司债务到该月为止已达 1 亿元。不足开支款项的解决,月前的办法是变卖公司资产,本月的办法为挪用新增股款,挪用的数额已达 1 000 万元,这是很严重的问题。对此严重局面,"若不紧急救治,这一生命必有落气的一天"。卢作孚在致辞中勉励公司同仁:遇事要以身作则,实事求是,忍苦,耐劳,改革风气,恢复民生以往的令誉。为求权责分明,效率增加,卢作孚宣布了总公司组织机构变更办法:将对总公司内部组织有所变更,设秘书、稽查 2 室,及总务、业务、船务、运务、供应、财务 6 处。部门虽加多,而人数则力求缩减。各处经理之外,另设处务经理及副经理,以帮助总协理并联络涉及 2 处以上的相关事务。至于各处室负责人选,除已定者外,将次第发表。卢作孚勉励大家须在事上磨炼,不宜对工作感到厌烦。大家要养成只要工作,不问地位的精神。卢作孚还宣布了此后总公司整顿工作的 6 项办法:如按日送工作报告;各部负责人保持密切联络;会议准时,议决即实行;注意工作检讨,遇事须亲身动作;盼望每人的兴趣都发生在工作的效果上;

---

① 张后铨主编:《招商局史·近代部分》,第 442—443 页。

严格奖惩制度,奖惩须求得当。最后,卢作孚引用诸葛亮出师表"受命于危难之际"及"鞠躬尽瘁死而后已"等语,谓"决心牺牲在这事业上,直到鞠躬尽瘁,死而后已"①。可见,卢作孚非常清楚,其回任总经理后所面临的是怎样一个迥异于 1935 年年底情况的艰难局面。

二、重振公司的各项举措

正如在回任总经理致辞中说的那样,卢作孚要用"鞠躬尽瘁,死而后已"的精神,解决公司的"紧急救治"问题。紧急救治办法中有两个重点,一是在落实前述机构变更和工作办法整顿的基础上加强管理,二是重振民生公司上下的精神。

8 月 5 日,民生公司召开第十八届董事会第三次常务会议,修正公司组织规程,决定总公司成立 3 室(总工程师、稽核室、秘书室)6 处(财务处、业务处、运务处、船务处、供应处、总务处)23 科(票据、出纳、会计、差运、货运、客运、服务、港务、电讯、工务、轮机、船舶、物料、煤务、油料、事务、人事、检查、审核、企业、统计、编辑、文书)。这是卢作孚回任后对总公司机构的重大调整。

民生公司有过光荣的历史,良好的声誉。在对调整治理结构、整顿工作方法的同时,卢作孚还设法振奋公司上下的精神。8 月 19 日,张公权应卢作孚邀请到民生公司参观并发表谈话。张公权称赞卢作孚有"热忱而克己""有旧学问而追求新智识""有事业心而到处助人"的突出美德。张公权在讲演最后说:"谚语有云,天助自助者,盼全体同仁在具有美德之卢先生领导下不断努力求进步训练,并准备战后发展之一切人才,健全并充实内部组织,庶战后

---

①《民生实业公司简讯》第 696 期,1943 年 6 月 14 日,第 1 版。

雄飞跃进,永执国内航业界之领导地位。"①9月初,卢作孚写成《民生实业公司》印成小册子,不久改为《一桩惨淡经营的事业——民生实业公司》。这是卢作孚通过回顾公司历史以冀重振公司精神的努力的一部分。在这本小册子中,卢作孚以主要篇幅回顾了民生公司艰苦奋斗的历史,并提出战后航业发展设想。②

9月7日,卢作孚出席民生公司总公司第76次周会,并就业务管理问题进行了系统的阐述。他首先强调在公布组织规程后,要拟定出办事细则以作为公司职员的基本遵循。其次各级机构要及时进行工作检讨,课对股进行检讨,随时个别进行;室处对课进行检讨,每周三到周五进行;全公司检讨是每周五的联席会议,联席会议上的书面报告每月加以汇集,编为公司报告,报送董事会以及航政局、交通部。他讲到的第三个问题是在管理上公司需要一个可以集中情报、分析情报的参谋本部,每天对于船舶动态、轮船修理情况、乘客动态、货物动态、燃油动态、燃煤动态、资金动态等七件事的数目字(情报)掌握清楚,并报告总经理室。此外,还要有水位报告、屯驳船动态报告,每天、每五天、每半月、每月根据需要造具报告,专卷送达总经理室。他要求公司的表报文电,必须由主管部门负责人员办理,不能由他人代办。公司就根据上述各种情报进行决策,"指挥几十个码头,几十只趸船,百多只驳船,九十几只轮船"③。讲话最后,他特别提及最近撰写的《一桩惨淡经营的事业——民生实业公司》,公司每课送一两册,要求大家传观,使大家由此了解民生公司过去和现在所遭遇的种种困难,激励大家共同

① 《张公权部长讲演提要》,《民生实业公司简讯》第708期,1943年9月6日。
② 卢作孚:《一桩惨淡经营的事业——民生实业公司》,第30—31页。
③ 《专载·卢总经理讲话》,《民生实业公司简讯》第709期,1943年9月13日,第4版。

奋斗,渡过难关。大约此后,民生公司逐渐在"每天开门七件事"的基础上,形成业务管理上针对性极强的"调船制度"。

　　民生公司成立十八周年纪念会于 10 月 10 日召开,卢作孚在讲话中把民生公司的历史分为三个时期(阶段)。他说:第一个时期是 1925—1931 年,为公司的试验时期。这个时期公司有 3 只轮船、2 条航线。试验项目有航期、客运、货运 3 种。试验结果是从无定期开航到有定期开航。有定期开放之初做不到定期到达,又逐渐改善,而做到定期开航,定期到达。客运则不分舱级,使乘客俱得便利,包括舱位、饮食、浴室、安全设备、卫生事项、茶房训练等都有很好的安排。货运则注意交货提货手续简便,并务使在运输过程中保障质量,时间上务求其迅速准确,并尽可能使轮船航运与公路、铁路等运输相衔接,以期使客商有手续简便、到达迅速之感。第二个时期是1931—1937 年,是公司的发展时期。航线、船只、吨数都有很大的增加。同时增添机械试验,协同开矿,造铁路,并协助纺织事业。第三个时期是1937—1943 年,为撤退时期。从上海到镇江,到南京,到汉口,到沙市,到宜昌,到三斗坪,最后到美人沱,民生公司船只损失甚多,但不断建造并接收其他船只。卢作孚强调:"我们总不怕困难。民生公司全部历史就是困难两个字。我常说:'困难来了,我就来了。'困难愈大,我们的力量愈大。有力量就没有困难,今后国家的困难,也许要一天一天地减少,但是事业的困难,却也许一天一天地加多加重。这就要看任职人员努力的力量了。"①卢作孚关于公司历史的讲话,总结了民生公司所具有的昂扬的企业精神,策励公司员工不怕困难,解决困难。

　　10 月 11 日,卢作孚以民生公司总经理名义,公布实行民生公

①《民生实业公司简讯》第 714 期,1943 年 10 月 18 日,第 2—3 版。

司人事委员会组织大纲及办事细则,调整公司组织,成立民生公司人事管理委员会。① 修正后公布的《民生实业公司人事管理委员会组织大纲》在第四条明文规定:"关于本公司人事之任免、调遣、升迁、给假、考绩、奖惩、救助,暨职工福利各事项,及其他关于人事管理之执行事项,由各主管室处部缮具提案单,并开列理由及办法,送总务处交由人事课审查后,加具处理意见,提由本会开会核议,再送由总经理核定,交会发送人事课执行。"②

从 5 月 31 日回任总经理到 11 月初的 5 个多月中,卢作孚采取了一系列措施,如加强业务管理和人事管理,回顾公司历史提振员工服务精神,取得了初步的成效。11 月 3 日,卢作孚出席民生公司第 84 次周会并讲话,指出民生公司该年度损失船只多,加上航线缩短和重庆国民政府实行统制等原因,上半年公司航业亏损 4 500 万元,近月月亏更达 1 200 万元以上,公司经营上困难加大。但公司经过整顿,业务管理和人事管理有显著的进步:秘书室的材料整理很有条理,各种表报可使人一览无余;各处室中心工作的汇编,可以明了各处室正努力的事项;文书方面如文稿的撰拟、文件的联络等均逐渐走上轨道;稽核室的检查工作已开始推动,预算的严密审核,也有新的进展;总工程师室对于修船提出好多重要建议。业务方面短航客运及货运改进很多,尤以渝合装货,渝涪班船装盐最为显著;运务处码头趸船的整顿,客人上下轮船秩序的整理,都有显著进步;服务方面如标准航运的研究,礁滩调查,过去出事原因调查与记录,各船个性考察与记录、行船章程等,都经准备作为训练

────────────────

① 《民生实业股份有限公司通函》(第 63 号),重庆市档案馆藏,民生机器厂档案,0207/1/1。

② 《民生实业公司人事管理委员会组织大纲》(1943 年 10 月修正发布),重庆市档案馆藏,民生机器厂档案,0207/1/22。

资料；包括大副、二副、引水等在内的船员及舵工训练与考试，均有显著成效；轮机科对于节省燃料，颇用力量且有效果；供应处在改善油的贮备、煤的运输与收支等手续，以及铲除弊端方面也很有成绩；五金材料能供给无缺，也算难能可贵了；财务方面实行五天报告，改进调款方式，使公司减少向外借款，省去不少利息；实施半月收支预算，使全部收支能得到控制，进步尤其显著；总务方面对于布置改善办事室最为显著。①

这5个月，实际上只是卢作孚回任后重振民生公司的开始。此时的民生公司规模庞大，问题众多。在诸多问题中，有的是老问题，有的是新问题。有的与战时环境有关，有的则显然有更复杂的原因。实际上，这是一个在中国特有的历史文化背景下，在大规模战争环境中，如何维护和发展一个大型民营现代企业，以及大型民营企业如何支撑民族战争的大问题。因此，重振民生公司的努力，也是创建新世界的"迎头赶上"努力的一部分。

为丰富职工的精神生活，卢作孚于1943年11月中旬决定恢复公司刊物《新世界》期刊，"介绍现代技术及管理之实际知识与经验，以期对于我国经济建设有所贡献"，"使将来之新中国能迎头赶上战后世界之潮流"。② 复刊的《新世界》拟注重6个方面的问题：第一，介绍新发现与新发明；第二，介绍新的建设与改革；第三，介绍新的运动；第四，介绍现代战争所必需动员的人力与物力；第五，介绍成功之事业与人物；第六，介绍今人之嘉言懿行。复刊的《新世界》还聘请杨开道为总编辑，张主任秘书为经理，吕主任稽核负责印刷责任，童经理、杨经理、李经理、刘副经理等分任译述与编

---

① 《民生实业公司简讯》第718期，1943年11月15日，第1版。
② 《〈新世界〉即将复刊》，《民生实业公司简讯》第718期，1943年11月15日，第4版。

辑。值得一提的是,民生公司聘请的总编辑杨开道是中国第一代社会学家。1944 年 3 月 15 日,《新世界》正式复刊,由社会学家杨开道任主编。复刊词中说复刊后的《新世界》着重介绍与新发现和新发明相关的人物及其他;新的建设以及管理制度、生产方法的改进;农业改良、合作、公共卫生、工作竞赛等新的社会运动。① 大型企业主办的期刊,不仅是企业员工了解企业内外的重要渠道,而且是形塑企业文化精神的不可替代的重要平台。

公司需要改进的地方太多,如船上常有的"西崽"。西崽与茶房实习生、服务员不同,是船上临时雇佣的勤杂工。1943 年 12 月中旬,卢作孚条示民生公司主管部门整顿各轮西崽,条示如下:"自十二月十七日起,一律停止派用(西崽),其已派用如有不法行为,及不按公司规定者,经人举发或经公司派人查出之后,即予停职处分,不另补充。"②革除西崽,是提高服务质量,加强管理的重要举措。

大型现代企业的管理,既是实际问题,也是学术问题,具有在理论上进行归纳的价值。具有企业管理和行政管理方面丰富经验的卢作孚,在回任民生公司总经理后,曾应中央训练团之邀,在 1944 年初为该训练团党政训练班、党政高级训练班讲授工商管理和业务管理纲要的总论。③ 在讲稿中,卢作孚阐述了工作人员的志趣和兴趣,组织、计划、预算、管理上几个主要的对象,几种必要的记录,稽核与考核,管理者的使命等问题,而归纳起来,开宗明义地指出:业务管理的方法是用包括自然科学和社会科学在内的科学

---

① 《新世界复刊词》,《新世界》复刊号,1944 年 3 月 15 日,第 1—2 页。
② 《民生实业公司简讯》第 724 期,1943 年 12 月 27 日,第 3 页。
③ 卢作孚授课的讲稿分别是《工商管理》(1944 年 1 月)和《业务管理纲要·总论》(1944 年 4 月),分别收藏于重庆图书馆和上海图书馆。

方法建设秩序,其要求在于提高效率,能否实施的关键在于工作人员的训练。自然科学的训练要使工作人员有技术、有效率,社会科学的训练的关键在于工作人员的志趣和兴趣,主要是心理建设,是管理工作最重要的第一步。① 在管理上,追求秩序和效率,而秩序的建立和效率的提高要通过人的训练才可以实现,这是卢作孚管理思想的核心。

1944 年 7 月 19 日,民生公司总公司举办第 121 次周会,出席周会的人员有总公司各处、室、科和物产部职员 272 人以及即将结束的驾驶人员训练班的第一期学员 66 人。总经理卢作孚在周会上专门就驾驶管理问题发表了讲话,他说:驾驶部分的问题,看似为技术问题,其实大部分是管理问题。因为如果缺乏完善的管理,即使有优良的技术,仍然发生种种事故,使优良技术化为乌有。近年来民生公司各轮船驾驶、引水员的技术颇有进步,如民权(昔年万流船)一类大船,过去要在重庆水位 12 英尺才能运营,现在 6 英尺水位就可以运营。但公司航运部门的海损及行船纠纷仍层出不穷,从去年 5 月至今年 4 月一年间,搁浅、擦撞、浪沉木船等海损事件为数极多,甚至有一只轮船在一年内发生 5 次海损的情形。而考察和研究后发现这些海损发生原因,都是可以避免的。其发生的原因,都是驾驶疏忽。可见,海损事故频发的原因,实际上是管理问题而不是技术问题。他要求各驾引人员,除求技术上进步外,还须管理上周到。船长、大二副对于有关航行河床各种图、书、记录,要仔细阅读,并于轮船航行时,按图、书、记录检讨航行前途可能发生的各项问题,随时通知领江注意。领江舵工等也应把自己的实际经验,与船主、大二副随时商讨,并加以记录,作为后学者的

---

① 卢作孚:《业务管理一·总论》,1944 年 4 月,上海市图书馆藏,第 2 页。

凭藉。他强调:人类的进步贵在能累积前人经验,并将其发扬光大。一个人一生的经验有限,千百人千百年的经验终究值得重视。他还指出:临时出事而努力弥补应付不足取,临时出事以致焦头烂额者最不可取,最应该给多年不出一事的人,平时谨慎用事的人记功和奖励。①

1945年1月,在美国考察的卢作孚写信给民生公司,指出民生机器厂的工作效率需要提高,要解决运输、材料库及工场的配置问题,尤其要解决江边工场的配置问题,并提出具体解决办法。他指出:"冬季应以轻便轨铺于江边,绕经一切停船码头,直达厂下。再用绞车上下,使运输迅速而省人工,更不致因待人工而停运输。零料库废去后,应有材料配备室,有秩序的排列已经计划定的材料,以便取用。缺者立购。江边工场必须相当集中,待修轮船,依次停靠,应多加趸船,并多加跳板,使任何船上人员,可以直接上岸上船,不须绕越若干工作船只或等待划子,每三数只船必须有督工人员监督工作,并为联络周围解决困难。此大半在目前即可解决者,请商福海兄办理。"②

3月中旬,仍在美国参观的卢作孚又致函总公司,要求选派人员到美国实习。为此,民生公司迅速由相关主管部门订立了选派职员赴美实习办法并立即发布实行。③《民生实业公司选派职员赴美实习办法》如下:

一、本公司为推进业务发展航运,就公司现有职员中分期选派合格人员前赴美国实习。

① 《民生实业公司简讯》第754期,1944年7月24日,第1版。
② 《民生实业公司简讯》第786期,1945年3月5日,第2版。
③ 《民生实业公司简讯》第787期,1945年3月12日,第1版。

二、实习职员每次选派五人至十人,由总务处就公司各部分办事员以上之人员,甄选应派名额之二倍,再由总经理选择决定之。

三、实习职员之甄选,须合于下列各项:

1. 国内外大学或专科学校毕业,有确实证件者,或在本公司服务年久,业务经验丰富,经总经理特选者;

2. 体格健全,经检查合格者;

3. 服务期中无过失者;

4. 具备以上资格人员应具有英文根底,以能直接会话及写读为标准。

四、实习职员在美国所实习之事项及实习地点,由本公司事先指定之。

五、实习职员在实习期内,须按月将实习情况及心得函报公司,实习期满后,应编具体报告书缴送公司。若遇公司有委托事件,应按时办理并函报。

六、实习职员行前之治装费及往返旅费,在美国之生活、实习等费,俱由公司供给,其各项数目,由公司另行按时酌定之。

七、实习职员出国期间,其在公司应得之薪津仍按月照发,并照常享受公司应得之福利及晋级、加薪等待遇。

八、实习职员在美国不得兼任其他事务或代其他事业办理委托事件,或写寄报告等事。①

后来民生公司高级职员宗之琥回忆:"在(加拿大)造船期间,

---

① 《民生实业公司选派职员赴美实习办法》(1945 年 3 月),重庆市档案馆藏,金城银行重庆分行档案,0304/1/396。

民生公司还选派了不少技术人员前往加拿大，一面监造，一面学习，培养了一批人才。这些船从加拿大开回来时，不少轮船长和轮机员都是民生公司自己的。"①在加拿大借款造船的过程，实际上也是卢作孚在技术和管理上训练高级职员，努力使民生公司的技术和管理理念跟上时代步伐的过程，是卢作孚一贯主张的人的训练的根本。

三、业务经营与财务状况

1943 年 9 月 22 日，民生公司周会报告中讲到，公司现有船只 98 只，共计 27 290 吨，正常航行者 51 只，修理中者 12 只，停泊者 18 只，拖头 10 只，待施救者 3 只，待修复者 4 只。② 稍晚一点的资料称，川江轮船公司有 10 余家，船舶共计 173 艘，34 848 吨，其中民生公司 98 艘（其中可以航行川江者 94 艘，不适宜航行川江者 4 艘），27 237 吨，其他公司 70 艘，7 611吨。③ 这表明，民生公司在川江轮船航运业中具有无可替代的重要地位，同时民生公司的船只老旧、残破情形严重，亟待补充新船。

同年 11 月 11 日，民生公司与广大华行合办的民安产物保险有限公司在重庆成立，资本1 000万元，合资双方各占半数。卢作孚任董事长，邓华益任监事，广大华行方面杨经才任经理，卢绪章任协理。④ 卢绪章的公开身份是从上海内迁的宁波帮商人，实际上是中

---

① 宗之琥：《我与民生公司》，上海市政协文史资料研究委员会编：《上海文史资料选辑》第 48 辑，上海：上海人民出版社 1984 年版，第 80 页。

②《民生实业公司简讯》第 711 期，1943 年 9 月 27 日，第 2 版。

③《民生实业公司简讯》第 713 期，1943 年 10 月 10 日，第 4 版。

④《重庆市金融市况调查》(1943 年 11 月 15 日至 21 日)，重庆市档案馆藏，交通银行重庆分行档案，0288/1/156。

共中央南方局领导下以商人身份作掩护的地下工作者,是《与魔鬼打交道的人》中主人公的原型。卢绪章后来回忆说:"大华行作为私营商业企业创建于1933年。后来业务逐步拓展,我们党认为这是在大后方里一个值得利用的机构,从1939年下半年起,广大华行在周恩来同志直接领导下,通过开展贸易业务,秘密为党筹集经费,掩护地下活动。广大华行的经营范围,也从西药、医疗器械扩大到化工、钢铁、五金、纸张等行业。1943年,我们还同原民生轮船公司总经理卢作孚先生合作,创办了民安保险公司,这进一步提高了广大华行的声誉。"①民生公司方面在当时应该不清楚广大华行的真实背景,但与广大华行合资创办民安保险公司,对于广大华行和中共南方局顺利开展相关工作,确实发挥了非常积极的作用。

卢作孚回任后采取了一系列强有力的措施力图重振民生公司,取得了一定成效。但在严酷的战争环境,不合理的经济统制之下,民生公司的经营业绩难见起色。有关银行关于民生公司1943年的征信调查报告说:该公司航业部营业情形,自七七事变以后即年有亏折,以1943年度亏损更加严重。该年度全年营业总收入为50 298万元,平均每月收入4 100万元左右。总支出为55 243万余元,平均每月约4 940万元,平均每月收支差额为400万元左右。收支不平衡的主要原因:一是货运减少。1943年年度货运远较往年为少,因下游主要航段于5月间鄂西战局进入紧张阶段后,货源一度断绝,此后敌机又随时侵袭,航运屡停,货运比率远较往年为低。二是应差频繁。差船吨位约占航行船总吨位30%以上,而差费甚微,不敷成本的很多,以致差费收入仅占营业总收入的8%。

---

① 卢绪章:《一个继承了传统美德的国际企业家》,宁波市政协文史委员会编:《包玉刚与宁波开发开放》,第17页。

特别是应差船只常遭敌机炸沉,船只本身损失虽可得政府津贴部分修理费,但可以航行的船只减少,业务能力受很大影响。如1943年被炸沉没的民勤、民俭及民主3艘轮船,都是民生公司的主力船只。三是物价飞腾。煤、油是航业主要燃料,1943年初嘉阳煤每吨为410元,年末煤价就到每吨1 200余元,涨幅接近3倍。再如代柴油,年初每吨15 000元,年末涨到84 000余元,涨幅约达5倍。四是公司各项开支都按市价成本计算,使账面亏损额增大。如煤油五金等项,公司颇有准备,而进价有的很低,使用的时候按照市价计算,账面额自然增加很多。1943年度重庆国民政府当局两次批准调整运价,第一次自6月1日起,渝坪线增加50％,渝叙、渝涪、渝合、叙嘉各线增加30％,其他短航线不变。第二次自10月21日起,各线一律增加30％。据称调整后运价提高的百分率,仍在各项物价涨率以下。①

1944年4月10日,民生公司召开第十九届常年股东大会。董事长郑东琴在会上报告:1943年公司航业部亏损6 300余万元,以附属事业如民生机器厂、物产部盈余填补上述亏损后,尚有4 900余万元的亏损。再以承领政府补助的船只打捞、修复费,及划拨的防险准备金填补,品选纯损为825万余元。② 就亏损面值而言,堪称天文数字。如果考虑到民生公司五金材料等在购储之初的价格因素,亏损额会大大降低。尽管如此,公司利润被剥夺殆尽,也是事实。

更严重的问题是负债迅速增加。到1944年5月,民生公司的

---

① 中国第二历史档案馆编:《中华民国史档案资料汇编》第5辑第2编《财政经济》(10),第579—580页。
②《民生实业股份有限公司第十九届常年股东大会决议录》,重庆市档案馆藏,金城银行重庆分行档案,0304/1/396。

负债额达到1.8亿多元,而且多是短期负债。公司资料载:民生公司负债大半都是商业银行的借款,长期的仅 1 个月,短期的则仅借3—7 日,以日拆计息。民生公司的负责人,尤其是财务方面的责任人,天天借债,天天还债。困难加深的原因被认为有 5 个方面:一是受军运影响,正常运输秩序无法维持;二是受待遇影响,船员工作热情逐渐消沉;三是公司需要应付的问题太多,管理人员精力无法集中于主要业务;四是一部分管理人员疲于奔命,精力难以为继;五是轮船勉强航行,容易发生意外。经卢作孚极力争取,民生公司从国家银行借了一笔较低利率的款,又争取到一部分修复被炸轮船的补贴费,才暂时渡过了难关。此后由于物价不断上涨,支出逐日增加,民生公司仍然月月亏折,而且亏折数额愈来愈大。重庆国民政府的政策是不许调整票运价,而给予一定的事后补贴,但是这种事后补贴和部分补贴的政策,填补不了实际亏折数额。[①]

　　1944 年 6 月 22 日,民生公司在总公司召开第十九届第一次董监联席会议,郑东琴、戴自牧、石荣廷、耿布诚、黄炎培、吴晋航、苏汰余等出席,郑东琴为会议主席,卢作孚等人列席了会议。会议讨论了董事会各种报告和总公司各项专案报告等。黄炎培日记载:午后,民生公司董监事会,读《公司未来之危机与使命》文。[②] 该文的正式名称是《抗战时期民生公司现在之危机及未来使命》,其中写道:自 1939 年以来,历年亏损已达到 1 327 万余元,1942 年无法弥补的亏损达 825 万余元之多,"负债日深,千疮百孔,罗掘具穷"。导致巨额亏损的主要原因在于物价上涨,支出激增,而客货差运价格虽有调整但"远落物价张率之后"。该文也总结归纳了民

---

① 《民生实业公司简讯》第 838 期,1946 年 3 月 4 日,第 2—3 版。
② 黄炎培著,中国社会科学院近代史研究所整理:《黄炎培日记》第 8 卷,第 280 页。

生公司在全面抗战时期的主要贡献,包括协助国民政府中央全部西迁、协助兵工厂全部西迁、协助航空委员会全部西迁、协助民营工厂西迁、协助各学校西迁、输送川军出川、输送壮丁出川,经常担任差运的轮船吨位占公司航行吨位 30%—40% 以上。其结论为"今日民生公司实已至山穷水尽之境,其为国家报效已尽其最大力量,因而遭受最大之损失"①。这篇长文的目的在于通过向重庆国民政府方面详陈公司内部情形、亏损原因、负债实况、复员配备、修船计划、困难事实以及解决办法等,呼吁当局对民生公司"加以扶助,裨能发挥最大运输力量为国家报效"②。同时,该文专门有"民生公司对于战后复员计划及船只之分配"一节,显然在为战后复员作准备。

同年 8 月,交通银行征信调查员马英云撰《民生实业公司动态调查报告》,讲述民生公司概况、组织和人事、业务动态、财务状况等颇详细。关于民生公司概况,报告中写道:"迄今已拥有大小船舶八十八艘,全部资产账面值已达四万万五千万元以上。战时环境困难倍蓰,如业务殊费周章,财务尤感据拮。惟大体言,该公司基础已根深蒂固,匪独目前为川江航业之巨擘,抑亦为战后我国航业之领导者,自可断言。"报告对于公司财务状况仍颇为乐观:"(民生公司银行借款、四行贴放、政府补助、发行公司债、比期借款)各项运用金,以政府补助金为最巨,惟该项补助金,系赔偿应差船只沉没修理之用,非系公司之负债。公司现在之长期负债,为四联之七千万元,下年度起开始还本。短期负债为我行之二千万元,应于

---

① 《抗战时期民生公司之危机及未来使命》,重庆市档案馆藏,金城银行重庆分行档案,0304/1/395。

② 《抗战时期民生公司之危机及未来使命》,重庆市档案馆藏,金城银行重庆分行档案,0304/1/395。

本年十一月结清,其他则数额不多。总之,借自四联之长期债七千万元,清还一月期以下之短期债后,公司财务症结,似已解除,即利息一项每月亦可减少三百万元之谱。"①

可见,民生公司财务困难的主要原因,在于国民政府的限价政策和差费过低。9 月 22 日,民生公司在总公司召开第十九届第二次董监联席会议,卢作孚列席了会议,会议决定批准总公司建议改聘总公司处务经理郑璧成兼任总公司秘书室主任;决定批准总公司建议投资中国公估行 30 万元;决定批准总公司关于投资民安保险公司的建议,除已交 100 万元外,再追加 65 万元和应得 35 万元利息,合计为 200 万元;决定批准总公司建议,在卢作孚出席国际通商会议期间,总经理一职由公司常务董事戴自牧代理。② 卢作孚回任总经理 16 个月不到,再次出现远离总经理岗位的情况。

抗战爆发后,民生公司下游航线缩短,收入受到极大影响,于是发展短线航运,增加客运,使客运数从 1937 年的 52 万人,增加到 1944 年的 500 万人。不过由于客运票价受到严格限制,客运收入仍不及货运收入。③ 1944 年公司亏损 1 462 万余元。④

1945 年 7 月 26 日,民生公司董事会在重庆民生大楼召开第二十届第一次董监联席会议,会议由钱新之主持。会议通过决议,批

---

① 中国第二历史档案馆编:《中华民国史档案资料汇编》第 5 辑第 2 编《财政经济》(10),第 578—585 页。

②《民生实业公司董事会第十九届第二次董监联席会议纪录》,重庆市档案馆藏,金城银行重庆分行档案,0304/1/400。

③《民生公司在长江》,《新世界》1945 年 11 月号,1945 年 11 月 15 日,第 11 版。

④《民生实业股份有限公司第二十届常年股东大会决议录》,重庆市档案馆藏,金城银行重庆分行档案,0304/1/396。

准民生公司拟向《新民报》新增投资 19.5 万,拟向四川机械公司新增投资 500 万元(以该公司应付运费拨付),拟向民安保险公司新增投资 86.6 万元以及新增民生公司印刷社资金 400 万元等议案。① 7 月,民生公司增资为法币 8 000 万元,分 80 万股,每股 100 元,改组后重新登记,获得经济部新字第 814 号执照,业务分航业、机器(民生机器厂)、水电(合川电灯自来水厂)、物产(物产部)、投资(恒顺机器厂等)五大类。② 投资部分,民生公司除与汉阳周恒顺合作,在重庆李家沱设立恒顺机器厂,协助民生机器厂办理轮船修理;民生公司还与武昌大成纺织公司合作,合组大明纺织厂于北碚三峡染织厂原址;与河南焦作中福公司合作,合组北碚白庙子天府煤矿公司;与上海大鑫钢铁厂合作,合组渝鑫钢铁厂于土湾;此后,民生公司又陆续参加若干其他事业,如重庆轮渡公司、民安保险公司、航运意外保险公司、江合煤矿公司、嘉阳煤矿公司、富源水力发电公司,前后共计 40 余家单位。总之,在全面抗战时期,民生实业公司"成为真正实业公司,而非单纯航运公司矣"③。全面抗战爆发前,民生公司订造轮船,以及大船岁修、特修,均依赖上海各造船厂,重庆民生机器厂的业务不过局限在紧急修理与小船修理,巨大工程只有 1934 年将万流轮改造为民权轮一次,且具有尝试性质。全面抗战爆发后,上海船厂沦陷,若干敌机伤沉大船均需就地打捞,拖渝修理。因此,民生机器厂在 1937—1938 年间迅速扩充,能够担负起公司全部船舶的修造责任。1939 年,到该厂大修的轮船

---

①《民生实业公司董事会第二十届第一次董监联席会议纪录》,重庆市档案馆藏,金城银行重庆分行档案,0304/1/400。

②《民生实业股份有限公司》(1946 年 9 月 27 日),上海市档案馆藏,上海联合征信所调查档案,Q78/2/16257。

③《民生公司在长江》,《新世界》1945 年 11 月号,1945 年 11 月 15 日,第 10 页。

39 艘,小修的轮船 70 次,施救轮船 16 艘。①1940 年大修轮船 49 艘,小修轮船 222 次,施救轮船 8 艘。①1938 年到 1939 年 11 月,该厂职工从 457 人迅速增加到 1 297 人。资本也增加到 120 万元,资产更增加到 440 余万元。②到 1939 年年底,民生公司的轮船达到 99 艘(其中包括租船 6 艘)。③公司原有油轮颇多,全面抗战时期柴油来源断绝,无法行驶,于是决定在重庆自造煤船,先后共新造 17 艘,又新造渝合线浅水油轮 2 艘。因战时钢板不易搜购,仅有 2 艘新船为钢壳,其余 17 艘则就地取材,以后方出品三角铁做筋,四川本地木材作壳,也还经久耐用。锅炉也由民生机器厂自造,轮机有一部分为恒顺机器厂代造,后方自造锅炉、轮机,实以民生公司为第一次。为支付上项新船造价,民生公司又于 1941 年发行第二次公司债 700 万元,由各银行认购。④在 1940—1945 年 6 年间,民生机器厂一面改建修复沉坏旧船,一面新造轮船 40 艘,为大后方交通能力的增进,作出了重要的贡献。⑤

全面抗战爆发后,下游航线缩短,收入不振,民生公司于是着重发展川江短航,增加客运。公司客运人数,由 1937 年的 52 万人,增到 1944 年的 500 万人,其中短航旅客占近 95%,但票价低廉,以致客运收入仍较货运略少,而短航客运收入则仅为全体客运收入的 79%。战时后方一切物资价格均极高涨,航运需用的五金材料

---

① 王洸:《战时航政与航政建设》,《经济建设季刊》第 1 卷第 2 期,第 62 页。

② 周茂柏:《一年来之民生机器厂概况》,《西南实业通讯》第 2 卷第 1 期,1940 年 7 月 1 日,第 17—21 页。

③ 童少生:《抗战中之民生公司》,《西南实业通讯》第 2 卷第 2 期,1940 年 8 月 1 日,第 14 页。

④《民生公司在长江》,《新世界》1945 年 11 月号,1945 年 11 月 15 日,第 10 页。

⑤《民生公司战时贡献,六年来造船四十艘》,《中央日报》,1945 年 8 月 26 日,第 3 版。

与燃料尤甚,而票价因受政府限制,经常只及器材指数的 10％,7
年间"川江踽踽之困苦可想而知矣"①。

　1945 年 8 月,中国抗战迎来了最后的胜利,这个胜利来之不
易。为了这个胜利,民生公司尽了自己的力量。在整个抗日战争
时期,民生公司运送出川抗战的部队和壮丁共有 270 多万人,武器
弹药 30 多万吨。② 特别是在宜昌撤退抢运中,民生公司的巨大贡
献,尤其显著,令人难忘。

第二节　民生公司的战后扩张计划

　卢作孚在 1943 年 5 月底回任总经理后的重大措施之一是筹划
战后公司轮船航运经营的充实和扩大。扩充的办法是通过借款,
在海外造船。为实现在海外借款造船的目标,民生公司几乎动用
了一切可以动用的人力、物力、财力资源。

一、民生公司筹划战后扩张

　1943 年 7 月 28 日,民生实业公司就由协理魏文翰出面,商请
即将赴美考察的张嘉璈与美方商谈订造轮船计划③,这是迄今为止
我们所知道的有关民生公司计划在海外造船以准备战后扩充的最
早信息。在此后定稿于 9 月初的小册子中,民生公司总经理卢作
孚不仅回顾了公司艰苦奋斗的历史,而且提出了战后航业发展的
设想:"希望国家对于战后的航业,必有整个的筹备,必责成几个主

---

①《民生公司在长江》,《新世界》1945 年 11 月号,1945 年 11 月 15 日,第 10 页。

②《民生实业公司简讯》第 885 期,1945 年 11 月 5 日,转引自凌耀伦主编:《民生公司
　史》,第 176 页。

③ 姚崧龄编著:《张公权先生年谱初稿》,第 343 页。

要公司分担各主要航线的责任，而由政府妥为分配；何家公司主力用在远洋，何家公司主力用在扬子江，使各竭其全力发展其主要航线，相互间配合而不致相互间冲突，这是国家必定把握的大计。其余都是轮船公司自己的事。民生公司在国家整个航业筹划之下，也当然是主要负责的轮船公司之一，本着它战前的计划和现在的基础，扬子江上游仍应以绝对优势，保持航业上的长期和平，使不再发生惨（残）酷的斗争，扬子江中下段，它应该是几个主力中的一个主力，使足以与它的上游航业联系；沿海它也许视能力参加，以与扬子江联系，它不得不有几条互相救济的航线，使不致因为一条航线不景气，而受致命的打击。这是它自己努力的，也必荷蒙政府予以准许的。"①显然，卢作孚和民生公司对已经在重庆重建总局的国营轮船招商局心存戒备，希望当局处理好国营和民营的关系。

　　11月29日，卢作孚与熊式辉、何廉等人商谈航政。卢作孚表达了在海外尤其是在美国借款造船以扩大民营航运业的愿望。他说：战后中国航业需要船只，只有取之日本。美国船多，但不合中国之用。因为美国船吃水达20英尺，中国没有那样多的深水港。美国船载重量达万吨，中国没有能够处理如此大量货物的码头。改装美国船也不可能，浚港太费时日。此外，美国较好的船只，绝不可能无偿送给中国，而且战后各国都需要船只，美国不能不追求对它更有利益，更有保障，更有关系的国家而进行交换。因此，中国所望于美国者，只有造船厂的机器与工人，但这不能期望别人赠送，必须以借款或投资方式与之洽商才行。此后的投资，政治性质者必然减少，将转变为经济性质，讲利益，讲保障，不然希望很小。借款应该较为简单，若是投资，则"优待股本"，不涉及管理权者，不

① 卢作孚：《一桩惨淡经营的事业——民生实业公司》，第30—31页。

必加以限制。"普通股本"于管理权有关者,可考虑使外资不超过内资,而且各层级职员,必须任用中国人,国际航线,限制可适当降低标准。航业管制航业,不若航政管理航业。国营不若民营,官商合办虽有董事会,仍必然仰承官方意志,中国茶叶公司就是显著的例证。在官办或官商合办事业未能做到企业化以前,绝对不宜主张官办或官商合办。① 在谈话中,卢作孚对于官办和官商合办明确地表达了反对的意见。

　　1944 年 8 月初,中国出席国际通商会议代表人选最后确定为张嘉璈、陈光甫、范旭东、卢作孚、李铭、贝祖贻等 6 人,分别代表中国银行业、化工业、运输业、进出口业。随行的顾问确定为中国植物油厂总经理张嘉铸、新华银行总经理王志莘、云南蚕桑新村总经理葛运成、永利化学公司总工程师侯德榜和华侨商界巨子李国钦等 5 人。② 对于参加在美国举办的这次国际通商会议,卢作孚态度十分积极。为了解情况,卢作孚专门委托已经在美国的中国代表和顾问,了解会议发起人以及其他国家的意向,可惜只得到"发起人不在,其他国家代表还未来"的一个回电。卢作孚还分别拜会来华的美国战时生产局局长纳尔逊、美国驻华大使馆的相关人员以及相关人士,甚至与英国驻华使馆的人员晤谈,以了解与会议有关的情况。③

　　8 月 30 日,中国全国工业协会在重庆欢宴中国出席国际通商会议代表,卢作孚应邀出席交换意见。④ 同日,在约集卢作孚等出

---

① 熊式辉著,洪朝辉编校:《海桑集:熊式辉回忆录》,第 433 页。
②《国际通商会议及中国六代表》,《新世界》1944 年 10 月号,1944 年 10 月 15 日,第 1—11 页。
③ 卢作孚:《国际交往与中国建设》,凌耀伦、熊甫编:《卢作孚文集》,第 571—572 页。
④《欢宴出席国际通商会议代表并拟举行九案座谈会》,《工业通讯》第 12 期,1944 年 9 月 10 日,第 6 页。

席国际通商会议代表和顾问面谈并商定赴美各项办法后,国民政府行政院秘书长张厉生、经济部部长翁文灏等向蒋介石提出签呈文,呈请以上人员组成的代表团可携带随员孙恩三、解寿缙、童少生等3人,并请拨给美金 6 000 元作为补助费,作为代表团在美国交际及雇佣人员的费用。① 9 月 7 日,上述签呈文得到蒋介石批准同意。后该项费用由财政部支给。

卢作孚主张借鉴当时苏联经济建设的办法,采用计划经济,制定国家经济发展计划。8 月,卢作孚在北碚写成《战后中国究应如何建设》一文,分送张群等政界友好。文中指出:战后建设在政治方面要求独立自主和民主,经济方面要求工业化,文化方面要求普及教育,应该以经济建设为中心,集中力量进行经济建设。经济建设应该采用计划经济的方法,使生产事业、交通事业、贸易事业、金融事业在国家预定的计划下发展。关于计划包含的范围,卢作孚认为:"国家产业的全部是互相有关系的,所以需要全部互相配合……如盼整个经济建设计划迅速完成,且比先进国家更迅速完成,则全部计划包含农林、牧畜、工矿、贸易、交通、金融及一切产业,集中所有人力、物力、财力在全部计划上经营,其范围必须包括四万万五千万人的活动在内,不仅包括政府直接经营的事业在内,亦不仅包括若干大的企业之由民间经营者在内,甚至于不仅包括大多数人民的经济活动在内,用以训练人民从事经济活动的教育事业,用以管理人民从事经济活动的政府机关,应通通(统统)包括在内。"②

---

① 《张厉生、翁文灏签呈》(1944 年 8 月 30 日),台北:"国史馆"藏,国民政府军事委员会侍从室第二处档案,卢晓蓉提供。

② 卢作孚:《论中国战后建设》,《新世界》1946 年 2 月号,1946 年 2 月 15 日,第 11 页。

9 月 25 日,中国全国工业协会、中国战时生产促进会、中国西南实业协会、迁川工厂联合会、重庆市国货厂商联合会等 5 个工业团体 60 余人,在重庆复兴路 15 号迁川大厦大礼堂举行国际通商会议美方建议九项提案座谈会,卢作孚应邀出席,听取有关方面和人士意见。①

二、加拿大借款造船初次谈判

1944 年 10 月 1 日,北碚各单位,以及上海复旦大学、中国西部科学院等在中国西部科学院为卢作孚出席国际通商会议举行欢送会,卢作孚出席并发表讲话。他在讲话中指出:中国需要工业化,国家要使用好法律和计划这两个维持秩序的重要武器。法律规定人民行动的范围,计划规定人民行动的方向和途程。如果掌握好法律和计划这两样武器,中国的发展必定会比进步很快的苏联更迅速。② 10 月 5 日晨 6 时半,卢作孚率同童少生、孙恩三从重庆乘中航专机启程赴会,中间在昆明作短暂停留后继续航行,当日抵达印度的加尔各答,同机还有出席国际通商会议的代表陈光甫、范旭东,顾问王志莘、张嘉铸等人。③

6—7 日,卢作孚一行在加尔各答参观了海港、轮船等。④ 8 日,卢作孚一行自加尔各答起飞,中间在新德里稍作停留后继续航行,

---

①《国际通商会议美方建议九项提案座谈会记录》,《工业通讯》第 13 期,1944 年 10 月 10 日,第 7—10 页。

②《卢作孚先生讲词》,《嘉陵江日报》,1944 年 10 月 12—15 日,第 4 版。

③《民生实业公司简讯》第 765 期,1944 年 10 月 9 日,第 3 版。

④《民生实业公司简讯》第 765 期,1944 年 10 月 9 日,第 3 版;《民生实业公司简讯》第 766 期,1944 年 10 月 16 日,第 2 版;《民生实业公司简讯》第 767 期,1944 年 10 月 23 日,第 2 版。

当日抵达卡拉奇。① 9 日，卢作孚参观了卡拉奇海港的码头、仓库
及起重设备等。② 其间的 6 日，受中国航业界委托到美国考察的民
生公司协理魏文翰访晤同样在美考察的张嘉璈。此时，魏文翰已
经参观了不少美国轮船公司和造船厂，并与这些企业单位负责人
交换过意见。魏文翰向张嘉璈谈了自己的主张，他认为中国政府
应尽快设立航业公司，向美国多要轮船，并将美国政府计划供给中
国的轮船收回自己管理，以便培养人才，其次应向美国要求供给修
理设备及港埠设备。③ 17 日，卢作孚等中国代表团一行 7 人乘坐
美国航空大队的飞机抵达美国纽约，中国驻纽约总领事于俊吉及
华侨 10 余人到机场欢迎。④ 25 日，卢作孚在纽约参观一家船厂，
该船厂的仓储和地铁、吊车、起重机等运输设备给卢作孚留下深刻
印象，为此他致函民生公司研究学习以便进行改善。⑤ 27 日，卢作
孚一行抵达美国首都华盛顿。⑥

　　11 月 10—17 日，国际通商会议在纽约召开，52 个国家的代表
出席，卢作孚出席了大会。⑦ 会上，卢作孚代表中国航业界就航业
问题提出 3 项主张并获得大会通过。⑧ 会后的 26 日，随卢作孚出
席国际通商会议赴美国的童少生致函民生公司李邦簌、杨成质 2
位经理，述卢作孚在美加近况：打算在纽约进医院检查身体，治疗

---

① 《民生实业公司简讯》第 767 期,1944 年 10 月 23 日,第 2 版。
② 《民生实业公司简讯》第 767 期,1944 年 10 月 23 日,第 2 版。
③ 姚崧龄编著:《张公权先生年谱初稿》,第 409—410 页。
④ 《民生实业公司简讯》第 767 期,1944 年 10 月 23 日,第 2 版。
⑤ 《民生实业公司简讯》第 776 期,1944 年 12 月 25 日,第 3 版。
⑥ 《民生实业公司简讯》第 776 期,1944 年 12 月 25 日,第 3 版。
⑦ 《民生实业公司简讯》第 772 期,1944 年 11 月 27 日,第 3 版。
⑧ 《民生实业公司简讯》第 776 期,1944 年 12 月 25 日,第 3 版。

痔疮后,到美国南部和西部海岸各地参观,随后到英国考察航运业。① 当时重庆《新商业》杂志也刊载孔祥光《民生公司素描》一文,称卢氏拟到英国考察航运,并谓:"卢氏预备在美国购买商船数万吨,回国时,他一定会替民生公司带回一套新的事物与技术,他会使民生公司成为一个真正现代的航业公司,以负起反攻及复员时运输,改善航运及发展航运的重任。"②

二战时期,加拿大的造船工业有很大的发展。1946 年 1 月 12 日在上海举行的工业界座谈会上,曾经担任经济部统计处统计长,刚从国外考察归来的吴半农就说:"加拿大是一个很值得佩服的国家,他们只有 1 100 万人口,但战争以来他们的工业已突飞猛进。他们的造船、军需等工业发展得很快,其他工业的进步亦大。1 100 万的人口,远不能容纳这膨大的生产力,于是他们不得不在国外找市场。"③对此,在美国的卢作孚也很感兴趣,自然也有所了解,他还想亲自前往作一番考察。1945 年 1 月底,卢作孚从美国转赴加拿大考察④,直到 3 月中下旬返回美国纽约。这次考察使卢作孚对加拿大的造船工业有了直接的观察和了解,对此后民生公司在加拿大造船具有重要意义。

3 月下旬,卢作孚一行人回到纽约,并参观了福特公司总厂。随行的孙恩三说:"回纽约参观福特工厂,其本厂之大不知大到如何程度,占地总有好几百英亩。工厂所需钢铁材料,皆自运矿砂在厂中冶炼。其本厂运矿砂船只总吨比民生公司还大。厂中废纸甚多,工人饭食皆用纸盒,工厂有专人收拾废纸,工厂内部有相当规

① 《民生实业公司简讯》第 780 期,1945 年 1 月 22 日,第 3—4 版。
② 孔祥光:《民生公司素描》,《新商业》第 1 卷第 1 期,1944 年 11 月,第 51 页。
③ 《中国工业界的企望》,《经济周报》第 2 卷第 5 期,1946 年 1 月 31 日,第 12 页。
④ 《民生实业公司简讯》第 786 期,1945 年 3 月 5 日,第 1 版。

模之造纸厂,悉以此项废纸为原料。该厂规模虽大到如此,亦非完全独立,外面尚有供给福特零件之工厂四千家之多。"①在纽约期间,卢作孚遇到了担任过民生机器厂厂长,此时为资源委员会中央机器厂厂长,刚从加拿大到纽约的周茂柏。经过周茂柏介绍,卢作孚认识了加拿大政府驻华盛顿商务代表兼美国善后救济总署顾问的皮尔士,皮尔士表示愿意帮助卢作孚在加拿大实现借款造船的计划。②于是,卢作孚放弃了在美订造新船的计划,偕同童少生、孙恩三等人访问加拿大,拜会了加拿大政要,并先后参观了蒙特利尔、多伦多等地的造船厂,并经过加拿大驻华大使欧德伦将军的推荐与皮尔士的撮合,卢作孚与加拿大台维斯公司和圣劳伦斯公司初步达成建造总造价 1 275 万加元的多艘大中型客船的造船协议。③向加拿大银行借款造船,是抗战胜利前夕卢作孚扩展民生公司的一个重大决策,对此后的民生公司影响甚大。

　　4 月 6 日,卢作孚在纽约往晤张嘉璈。卢作孚表示:"加拿大造船信用借款,已作最后决定,俟宋子文来美正式许可,即可签订合同。美国进出口银行亦有同样表示;即美加两方面,均需政府担保。又亨利·凯撒愿与民生公司合办一船坞,不日可签合同。"④10日,卢作孚与亨利·凯撒签订合办船坞合同,各出资 50 万美元,并相机合营航业。卢作孚还特邀张嘉璈参观签字。⑤ 13 日,前往旧

①《民生实业公司简讯》第 798 期,1945 年 5 月 28 日,第 2 版。

② 童少生:《回忆民生轮船公司》,周永林、凌耀伦主编:《卢作孚追思录》,第 209 页;王世均:《民生公司向加拿大借款造船的经过》,周永林、凌耀伦主编:《卢作孚追思录》,第 277 页。

③ 卢国纪:《我的父亲卢作孚》,第 366 页。

④ 姚崧龄编著:《张公权先生年谱初稿》,第 453 页。

⑤ 姚崧龄编著:《张公权先生年谱初稿》,第 453 页。

金山参加联合国大会的宋子文一行抵达华盛顿。① 在华盛顿期间，
卢作孚拜会了宋子文，请宋代表国民政府为民生公司加拿大借款
造船计划提供担保。17日，卢作孚访晤张嘉璈，表示已经见到行政
院代院长宋子文，宋对于民生公司向加拿大借款造船，表示须交垫
款15％。至于请政府援助问题，宋表示须加以研究，并须得到时任
国民政府主席的蒋介石的核准方可办理。② 显然，宋子文对于民生
公司借款造船态度消极，不太愿意给予积极的扶助。卢作孚于4
月24日下午4时乘飞机返国。卢作孚此次赴美前后历时7个月，
途中耗时1个月，在美加6个月，期间前一段时间准备会议，中间1
个半月参观游览，最后1个月接洽整理。③

　　回国后，卢作孚于5月初为加拿大借款造船相关的借款担保
和所需200万美元官价外汇一事具呈国民政府主席蒋介石、国民
政府交通部及战时生产局，详陈了借款造船办法并请求国民政府
提供担保。不久交通部部长俞飞鹏和战时生产局局长翁文灏面
告卢作孚，谓："呈请担保加拿大借款造船案，经行政院院务会议
讨论，院长指示，以本公司对抗战颇有供（贡）献，应予扶持，所需
外汇二百万美金，照法定汇率折合法币约四千万元，宜由政府加
股，以免一般援例。"④对于如此大规模官股的加入，卢作孚表示
异议，决定民生公司自筹200万美金自行解决。⑤ 由此，民生公司

① 吴景平：《宋子文政治生涯编年》，福州：福建人民出版社1998年版，第457—458页。
② 姚崧龄编著：《张公权先生年谱初稿》，第454—455页。
③《民生实业公司简讯》第798期，1945年5月28日，第1版。
④《民生实业公司董事会第二十届第一次常务董事会议录》，重庆市档案馆藏，金城银行
　重庆分行档案，0304/1/400。
⑤ 吴晋航：《民生公司概述》，《文史资料选辑》编辑部编：《文史资料选辑》第12辑（合订
　本第3卷），第97页。

努力推进的加拿大借款造船并希望国民政府提供担保一事,遇到严重困难。

　　但是,在加拿大借款造船一事关乎战后重建和扩充,民生公司方面绝不会轻易放弃。6月18日,卢作孚就请求政府为借款造船担保一事,再次呈文国民政府主席蒋介石以及交通部、战时生产局,"陈明所需现金外汇,原拟照政府规定结汇办法,请就自筹,而不足之部分准予购足,但法定汇率太低,政府标准,或有困难。故拟援照加拿大借款办法,请政府贷予外汇,仍分期由公司归还外汇,并认利息。如仍不便核准,公司当向商业银行或其他事业筹借所需百分之十五之现金外汇,只请政府担保百分之八十五长期借款"①。6月20日,军事委员会委员长侍从室致电卢作孚回复谓:"呈悉,该公司向加拿大借款造船,其长期价款之项,准由政府为其担保,已电行政院、财政部办理矣。"②7月16日,财政部代电回复卢作孚,称转奉国民政府主席蒋介石代电,自应遵办,并已函外交部通知加拿大政府。③ 同月31日,行政院会议关于民生公司加拿大借款造船担保问题作出3项决议:"(一)百分之十五现款所需外汇可由政府结汇。(二)百分之八十五长期借款亦可由政府担保,但该项船只应归政府所有,由政府租给该公司使用。(三)详细办法由交通部拟定呈院核办。"该决议8月7日经战时生产局局长翁文灏转告民生公司。此后交通部奉命拟定的12条《民生公司向加

①《民生实业公司董事会第二十届第一次常务董事会议录》,重庆市档案馆藏,金城银行重庆分行档案,0304/1/400。

②《民生实业公司董事会第二十届第一次常务董事会议录》,重庆市档案馆藏,金城银行重庆分行档案,0304/1/400。

③《民生实业公司董事会第二十届第一次常务董事会议录》,重庆市档案馆藏,金城银行重庆分行档案,0304/1/400。

拿大借款造船由政府担保办法》更进一步规定：该项长期贷款由政府担保，所需 15％的现款外汇由民生公司自行筹措，所造成的轮船作为第一抵押品全部抵押于政府，在借款未还清以前，民生公司"对于该项船舶不能设定任何权利或转移"。8 月 14 日，日本无条件投降，国民政府需要利用民生公司的运输力量进行复员运输，蒋介石于是再次指示行政院从速办理民生公司加拿大借款担保事宜，宋子文约见卢作孚作出 3 点表示："加拿大借款可立即进行洽商；政府可准予担保；所造轮船全部抵押于政府。"

　　8 月 23 日，民生公司董事会在重庆总公司召开第二十届第一次常务董事会议，会议由郑东琴主持，卢作孚列席了会议。此次董事会批准民生公司总公司致第二十届董事会第一次会议公函。总公司公函说明了借款经过情形和内容：1944 年卢总经理赴美出席国际通商会议时，曾有加拿大厂商到纽约，商讨愿为民生公司造船，并愿请示其政府给予贷款，之后卢总经理即去加首都，与加政府人员一度商讨结果，对所需船款只需中国政府保证，可贷与 85％。当时民生公司和卢作孚与加方商谈的造船具体计划和借款还本付息的内容是：（一）造船计划：造宜渝船及拖头共 12 只，每只长 167 英尺，价值加币 625 000 元以内，共计加币 7 500 000 元以内；造申宜及申渝船 6 只，每只长 280 英尺，价值加币 1 250 000 元以内，共计价值加币 7 500 000 元以内。造船 2 项总价值不超过加币 15 000 000 元，其中 15％交付现金，85％为长期借款，总数在加币 12 750 000 元以内。（二）还本付息期限：自交船第 3 年起开始还本，分 10 年还清。（三）利息：利息最高不得超过 4.5 厘，待正式立约时确定。（四）政府担保：由民生公司出具期票，由加拿大政府为民生公司向船厂保证到期付款，使其期票能转售于银行，先由中国政府致文加拿大政府，为民生公司保证到期付款。在造船需要的一年期间,民生公司需要交付15％即加币1 712 500元(合2 000 000美元)。① 此次会议还讨论了宋子文辞去常务董事的函请,决定来年召开股东常会时再办理此事。②

10月,著名企业家范旭东在重庆病逝,去世前对于国民政府迟迟不予他在美期间向美国进出口银行商定的1 600万美元贷款以担保一事异常郁闷。当时社会上纷传,范旭东是请求政府担保不成被气死的,而卢作孚也快要被气死了。11月20日,行政院秘书长蒋梦麟致函民生公司,正式通知已经接奉行政院长谕令,民生公司向加拿大政府借款1 500万加币造船请求政府担保一案,"准予办理"③。经过民生公司半年多的努力,加拿大借款造船并由国民政府提供担保事终于有了结果。

三、加拿大借款造船合同的再次商谈

1945年12月29日,民生公司在总公司召开第二十届第四次常务董事会议,会议由郑东琴主持。卢作孚列席了会议,并报告了公司向加拿大借款造船有关事项进行的情况,以及再赴加拿大谈判和签署合同的计划。他说:

> 本公司向加政府借款造船,关于呈请政府担保事,已于上月底奉交通部代电,转知行政院饬遵之政府担保办法。其条文如下:(一)民生公司向加拿大政府造船借款百分之八十五

---

① 《民生实业公司董事会第二十届第一次常务董事会议录》,重庆市档案馆藏,金城银行重庆分行档案,0304/1/400。

② 《民生实业公司董事会第二十届第一次常务董事会议录》,重庆市档案馆藏,金城银行重庆分行档案,0304/1/400。

③ 凌耀伦主编:《民生公司史》,第330—333页。

长期借款,准由政府担保。其余百分之十五现款所需外汇,应由该公司自行筹供。(二)购得之船舶,应全部抵押于政府,作为第一抵押品。(三)造船借款合同,由民生公司与加拿大政府径行洽订。(四)还款办法,依照民生公司与加拿大政府所定合同,从第三年起,按月提存本年应还之本息,缴存政府指定之国家银行。(五)各该项船舶营业收入,不足偿还该年应还之本息时,应在其他航业收入项下按月提足。(六)民生公司如不能还款,而由政府偿还时,作为第一抵押品之船只,应照抵押品惯例,改由政府处置,俾清债务。(七)民生公司在借款未还清以前,对于该项船舶,不能设定任何权利或转移。(八)该项船舶经营之账目,应由政府指定存款之国家银行派稽查随时查核之。(九)该项船舶修理费用,由民生公司负担。(十)该项船舶在平时应保平安险,战时应保兵险及意外险。(十一)政府如有运输上之需要,该项船舶应优先供应政府使用。(十二)本办法经行政院核准后实行。至于赴加订船,及赴美与凯塞尔商订合创造船厂,与在美加之一般业务活动,俱须请由董事会分别签发授权书,俾便进行。公司同行之人,为童经理少生、李总工程师允成、张经理澍霖、张工程师文治等,行期在明年二月中。①

会议议决并通过了已经准备好的董事会《委任权状》,"委任本公司总经理卢作孚为正式合法代表,有权在中国或外国为公司并以公司名义,以及为公司附属事业,及代替与代表附属事业,从事接洽、允诺、租赁、包船、购买、收纳,接受船舶、机器设备及其附件,

---

① 《民生实业公司董事会第二十届第四次常务董事会议纪录》,重庆市档案馆藏,金城银行重庆分行档案,0304/1/401。

或为公司及其附属事业之利益，与个人、商号或公司往还，俾得经商，觅致经纪人，或设立新公司，而其条件契约悉依渠意者，以及从事接洽、允诺、购买接受、收纳、出售、交付、抵押、典质，以及以任何方法、形式处置货物，从事诉讼，以及其他财产、特权、权利之保有或诉讼事项"。"赋予该合法代表，全权处理与实行一切事务之契约有关或因契约而必需、必要、便利与权宜者，无论其为何种用意与目的，而为本公司及其附属事业在有全权代表在场当时所以应为或能为者，兹特以本委任权状证明该合法代表或其代表人员，得依法办理前述各项事宜。"①至此，民生公司内部完成了加拿大借款造船的一切准备。

为接洽便利计，卢作孚再赴加拿大，以政府官员考察航业名义。1946 年 1 月 18 日，卢作孚致函交通部部长俞飞鹏，谓："作孚此次出国荷蒙核转，已由宋院长签请主席核准，令文现已到外交部，随行人员有徐国懋、李允成、张文治、童少生、张澍霖。原呈作孚系用大部顾问名义，徐国懋、李允成、张文治系用专家名义，童少生系用秘书名义，张澍霖系用翻译名义，皆作为作孚随员。在国外须用官员护照乃感便利，顷商外交部主管人员，彼盼由大部再去一函，声明作孚系被派考察航业，徐国懋、李允成、张文治、童少生、张澍霖均系作孚随员，外交部即可照填官员护照。谨此函陈，敬乞裁可，无任感幸。"②这样的安排，与其说是便于与加方接洽，不如说是便于与中国驻加拿大使馆方面接洽方便的特殊安排。中国早期现代企业对外交往的困难情形，由此可见一斑。4

①《民生实业股份有限公司与加拿大帝国银行、透浪多银行、自治领银行签订借款合同》，广东省档案馆藏，民生实业公司广州分公司档案，49/1/73。
② 黄立人主编：《卢作孚书信集》，第 821 页。

月8日,为授予卢作孚全权到加拿大办理借款合同事,民生公司董事长郑东琴在董事会秘书刘子周证明和陪同下亲赴美国驻中国重庆大使馆当加拿大副总领事罗伯特(B. M. Robt)之面,在由刘子周翻译成英文的公司授权书上签字、盖章。① 至此,卢作孚再次赴加拿大办理借款造船事宜的手续,才办理完毕。

4月9日中午12时,即将出发的卢作孚召集民生公司总公司经理副经理襄理以上人员,在公司总办公处便餐并开会。他在讲话中向公司各高级职员提出3项要求:"(一)严守办公时间。公司一部分同仁工作相当辛苦,常常超越办公时间几个钟头以上。但是有一部分同仁,却恰恰相反。希望此后严守办公时间,并将工作紧张起来。(二)检讨各部门工作。各处室要检讨各课的工作,各课要检讨各股各组的工作,各股各组要检讨各个人的工作。使每一部门,每一个人的工作,都紧张起来,严肃起来! 不必要的人员,立即抽调加以训练。训练的范围,有文书、会计、统计、物料管理。第一批抽调的人训练完毕,再换调第二批、第三批……一直全部人员训练完毕为止。这些技术的训练,每一个都是必要的,希望大家都有很浓厚的兴趣。(三)相互联络。此次出国,正在公司空前未有的危险时刻,切望各处室遇事联络,相互帮助解决。尤其郑主任秘书璧成,与何经理乃仁,对内要联络,对外要多接头。财务上的困难,望李经理邦篯多跑,不仅在重庆是不断地要研究清楚,船要跑得好,人要安排好,而且不要出事。业务上的困难,要望邓经理华益多帮助解决。此外,一部分重心在上海,杨经理成质一个人在那里,相当辛苦,李经理邦篯,何经理乃仁如果有机会公出上海的

---

① 《民生实业股份有限公司与加拿大帝国银行、透浪多银行、自治领银行签订借款合同》,广东省档案馆藏,民生实业公司广州分公司档案,49/1/73。

话，亦望从旁加以帮助。"①鉴于公司支出激增，收入有限，财务日趋艰难，卢作孚行前又向总公司高级职员指示2项办法，"（一）凡公司职工非因最特殊事件停止借支；（二）停止私人委托各地公司垫款购买物品，其有生活必需品确因在某地价廉时，可集资以现金委托消费合作社代办，上列两项规定从五月十六日起实行。又凡各分部四月以前职工有客户暂记欠款时，应在每月薪津总额内扣还三分之一，陆续扣清为止。再凡总分公司各部相互委托购买物品及划拨款项，非因最特殊事件时，应凭总公司财务处核准通知后，始得代办代付"②。

4月10日晨，卢作孚从重庆乘飞机起程经印度赴加拿大，同行者有民生公司总公司部门经理童少生、上海分公司经理张澍霖、总工程师李允成、副总工程师张文治等人，到机场送行的有公司董事会董事长郑东琴、总经理室主秘书郑璧成、经理何乃仁、经理李邦箎等10余人。公司以外尚有青年会、金城银行、富源公司等团体代表多人，当日飞机抵加尔各答，13日再由加续飞。③ 4月30日，卢作孚从印度加尔各答乘飞机飞英国。④ 5月2日，卢作孚乘飞机抵达英国伦敦。⑤ 5月11日，卢作孚从英国乘飞机赴加拿大。资料载："卢总经理等一行5人，于本月（5月）11日自英乘机赴加拿大，翌日（12日）飞抵加拿大东部之蒙特利尔城，13日至渥太华。

———————————

①《总经理赴加拿大解决造船问题》，《民生实业公司简讯》第844期，1946年4月15日，第1版。

②《民生实业公司简讯》第848期，1946年5月13日，第2版。

③《总经理赴加拿大解决造船问题》，《民生实业公司简讯》第844期，1946年4月15日，第1版。

④《民生实业公司简讯》第848期，1946年5月13日，第1版。

⑤《民生实业公司简讯》第848期，1946年5月13日，第1版。

因要公急于处理,于 16 日赴纽约。闻所接洽事项甚为圆满云。"①5
月 12 日,卢作孚乘飞机抵达加拿大东部城市蒙特利尔。② 5 月 13
日,卢作孚抵达渥太华。③ 5 月 16 日,卢作孚因公事急于处理,自
加拿大赴美国纽约。④ 5 月 18 日,国民政府任命卢作孚为中国出
席第二十八届国际劳工大会雇主方代表。⑤ 6 月 3 日,卢作孚在纽
约主持成立了民生公司纽约办事处,以童少生为办事处主任,后改
杨成质为主任,负责采购船舶所需钢材、配件、油料等。6 月 6 日,
卢作孚在西雅图参加了有 40 个国家代表与会的国际航海大会。6
月 20 日,卢作孚从美国旧金山乘飞机返国,应付民生公司面临的
困难局面。国内通货膨胀严重、物价暴涨,加之国民政府相关部门
严重拖欠民生公司差运费,致使民生公司无法应付各种开支,面临
瘫痪的危险。卢作孚回国后,其在国外的随行人员继续在美国、加
拿大就借款和约问题进行相关工作。6 月 28 日,卢作孚经日本到
达上海。之后采取措施,尤其是通过向国民政府联合勤务总司令
部预借差运费的办法暂时渡过了困难。

加拿大借款造船虽然困难重重,却成为民生公司新生的希望。

四、加拿大借款造船合约的签署

在万分困难之中,民生公司的希望所在只有加拿大借款造船。
第二十一届股东大会的次日,即 1946 年 7 月 29 日,《嘉陵江日报》
刊载卢作孚谈话,表示民生公司向加拿大借款 1 500 万元已经谈判

①《民生实业公司简讯》第 849 期,1946 年 5 月 20 日,第 1 版。
②《民生实业公司简讯》第 850 期,1946 年 5 月 27 日,第 1 版。
③《民生实业公司简讯》第 850 期,1946 年 5 月 27 日,第 1 版。
④《民生实业公司简讯》第 850 期,1946 年 5 月 27 日,第 1 版。
⑤《民生实业公司简讯》第 850 期,1946 年 5 月 27 日,第 1 版。

成功,只等国内谈判(政府担保)顺利解决,即可出国签字。该项贷款可供造船15 000吨之用。①

1946年9月9日,为签定加拿大借款正式和约,卢作孚由上海乘菲律宾航空公司的飞机到美国旧金山,经纽约转加拿大。这是卢作孚为造船第三次出国到加拿大。10月30日至31日,卢作孚在蒙特利尔与加拿大帝国银行、透浪多(即多伦多)银行、自治领银行等3家银行正式签定信用借款协议,由3家银行向民生实业公司提供信用借款加拿大法定货币1 275万元,使用截止日期为1951年6月1日。合约内容如下:

> 本合约于一九四六年十月三十日由下列双方签订:民生实业股份有限公司,为依照中华民国法律组织,而在继续营业之公司,其总公司设在中国重庆(嗣后简称"公司"),为本合约之甲方。
>
> 加拿大帝国银行、透浪多银行及自治领银行为加拿大特许银行中之三家,其总行各设于透浪多城、翁大利俄城(嗣后简称"银行"),为本合约之乙方。
>
> 公司系在中国经营,自有轮船、矿场、电气、工业及其他事业,并经营之。公司为业务关系即将购买加拿大制造之货物,并需要加拿大人服务,准备制服各该货物之成本及服务之费用,要求银行借款,其最高总额,以加拿大法定货币一千二百七十五万元为限。
>
> 银行承允依照本合约随后所列之条款如数贷放,惟须俟奉到中华民国及加拿大政府之保证后方得为之。各该保证系依照《输出信用保险法案》(加拿大法案1744 - 45 第三十九章

---

① 《民生公司借款成功》,《嘉陵江日报》,1946年7月29日,第4版。

及修正案)之规定,分别于此约附件(A)及(B)中,予以具体列明,以为公司确实履行合约义务,与确实偿还所述借款之依据。

一九四六年十月三十一日

兹经双方同意签定合约如下:

第一条　银行将为公司开立信用透支账户,其累计总额以不超过加拿大法定货币一千二百七十五万元为限,由公司络[陆]续使用,直到一九五一年六月一日并包括该日为止。各款支用方法说明如下:

(a)由公司提出书面要求,同时或先行备具加拿大财政部长或其正式委派之代表或代理人(嗣后统括简称为"部长")之核准书,经由加拿大帝国银行(嗣后简称"帝国银行")代表上述三家银行,随时依照本合约第一条(c)之规定,发出"不可撤之信用状",给予公司书面要求及财部核准书中所指定之输出商,其有效期限,不得超过一九五一年六月一日,而其支额不得使累计总额超过上述限额。各该信用状中所列举之付款,必须由指定之输出商,开具汇票并同时备具下列证明文件:(1)财政部长特派之人员或机关(嗣后简称"政府核准代理人")所签字之证明书,载明该笔款项,系依前述法案之规定,用以支付向加拿大输出商购买该国制造之货物所需之成本,或支付加拿大人服务之费用,及(2)其他证明文件或单据,经公司要求,发给信用状之书面中提及或财政部核准书中提及者。

除第一条(a)说述者外,兹经了解与同意,设若在帝国银行发给信用状以前,财政部长于其核准书内,或其他致帝国银行之书面要求中,列明公司必须将有关之合约中所有公司之一切权利、名义及利益以移转或抵押形式,交与帝国银行,以为发给信用状之条件与附加保证时,公司必须照办,并以各该合约之正式或复本一份,交给帝国银行。

(b) 帝国银行应依照各该信用状支付输出商所开汇票之款项,开立透支账户,当透支已达或超过六十万元时,公司经帝国银行之要求,应开出期票三纸,每张二十万元,抬头分别开明交由各该三银行各执一张。该项期票,由一九五一年六月三十日开始,分十年平均摊还,分别于开出期票之日起,按年利三厘(百分之三)计息,由民生实业股份有限公司每年分四期于三月、六月、九月及十二月之最后一日照付,惟公司亦得按第三条之规定,先期支付按期摊换之本金。

嗣后每当透支账户除已交之期票抵补者外,其余款已达或超过六十万元时,公司经帝国银行之要求,即经开交同样期票三纸,总额六十万元,并计利息,一如前述,分别交与各该银行,以迄一九五一年六月一日,或在较早期间,已将一千二百七十五万元借款提前支用净尽,则公司经帝国银行之要求,须开出同样形式之最后期票三纸,分别给予各该银行,每纸开明透支余额之三分之一,并计利息。设若所述透支账户在已交期票后之六个月中,其余款超过三十万元而尚未达到或超过六十万元,则帝国银行得于该六个月终了之日,要求公司开交同样形式之期票三纸,其合计数额为五万元之倍数,而尽可能近于所已透支之数额并计利息,分别交与各改银行。

在开具(b)所述之期票以前,所已透支之款项,其使用之一段期间,亦须依照前述利率,按季付息,于公司在银行开设之活期账户中出账。

（c）当信用状尚未发至一千二百七十五万元时，公司随时得以书面并附具即期期票，连同财政部长之核准书，要求帝国银行开立特别信用账户，每户以一万元或万元之倍数为额，一如核准书内所列明者。公司即可对该账户签发支票或支付单，又银行照付，惟该项支票或支付单必须先行附具由政府核准代理人签字之证明书，其条件或效用一如（a）内所述者。

当此即期期票之累计总额，已达或超过三十万元时，公司经由帝国银行之要求，应开具三张期票（译者案：此系指远期期票而言），每张十万元，分别开明各该银行抬头，交由各该银行收执。同时换回同额之即期期票。该项交由银行收执之期票，应依第一条（b）相同之条件，按同样方法，分期摊还，并计同额利息。嗣后得随时如此办理之。惟设于一九五一年六月一日或该日以前，或在较早期间，该项信用借款一千二百七十五万元已支用净尽，则公司经由帝国银行之要求，应按同样条件，开具最后期票三纸，交与帝国银行。每纸票额，为未经换回之即期期票总额之三分之一。

在开具（c）所述之期票以前，此项特别帐户所已支用之款项，其使用之一段期间，并须依照前述利息以年利三厘（百分之三）按票付息，于公司在银行开设之活期账户中支出。

第二条　公司应于本合约依照第十条之规定生效后三十日以内，向此三家银行开设活期存款账户，以自己之款项存入，其数额每家不得少于五十五万元。各该银行对于公司向该账户签发之支票或支付单，同时或先行具备有财政部长之核准书者，照数付款，惟其累计总额不得超过存入之数额。公司得随时要求各该银行将该项活期存款转移为定期存款，由银行发给定期存款收据交由公司收执。该项定期存款收据不得抵押与转让,以年利半厘(百分之一或二分之一),按每期三十日或三十日之倍数,计算利息。该项利息须俟公司将该项定期存款收据交入银行时方予结算,而即转存于活期存款账户中。同时该项定期存款之本金,亦即复行转为活期存款,嗣后仍得随时依照本合约第二条之规定,转为定期存款。

第三条　依照第一条(b)(c)二节之规定,分期摊还之借款,公司有权先行于到期前一年之六月三十日或十二月二十一日,由公司任择一日清偿之。除上述情形外,各该银行亦得于利期之日以前,随时接受分期摊还之款项,惟接受与否听银行之便。

第四条　按照第一条(a)之规定,依据每一信用状而开发之每一汇票,经由帝国银行支付后,帝国银行应得手续费为其付款百分之八分之一($1/8 \times 1/100$)。此项应由公司于汇票支付后,立即照付。亦可由公司在该银行开设之活期存款中出账。

第五条　公司同意对于银行借支之款项系用以支付向输出商购买加拿大制造货物之成本,与加拿大人服务之费用,悉依前述法案之规定,而不作其他用途。银行对于依据信用状而发之汇票,以及公司所用之支票与支付单支付款项时,完全以第一条(a)与(c)规定之证明书为凭,即认为所付款项,系作为向输出商购买加拿大制造之货物,或加拿大人服务之费用,符合前述法案之规定,且此项证明书,应为确定之证件。

第六条　公司应依约确定履行其一切义务,偿还银行依据所发之信用状支付或待开各汇票之款项及其垫付之款项,以及公司依约所开期票之利息。

第七条　银行对于下列人员二人共同签名代表公司为任

何要求、指示，或抵押合约或货物，申请发给信用状，出具期票、支票或支付单时，得即凭以照办。其姓名如下：童少生、张澍霖、杨成质、李邦、王世钧。或任何一人，或多人，由卢作孚先生代表公司签名，以书面指派者。或任何一人或多人之签名，经财政部长批准，而认为系通过正式委派代表公司者。

第八条 公司对于各该银行之一切要求或通知，应按下列地址投寄：

魁北克省蒙特利亚市加拿大帝国银行经理

魁北克省蒙特利亚市自治领银行经理

魁北克省蒙特利亚市透浪多银行经理

或该银行之其他职员或办事处经各该银行以书面通知公司者。

各该银行对公司之一切要求或通知，应投寄魁北克省蒙特利亚市果捷丁西路四二〇号或其他地址公司以书面通知银行者，上述对于公司之要求或通知，以平常邮件贴足邮票按上列地址寄出以后，即应认为业已妥当递达。

第九条 本合约认为系成立于加拿大之翁大利俄省，将来发生任何有关合约之问题，或因合约而引起之任何事故时，应依照该省法律解释并由公司提请该省法庭处断之。

第十条 本合约须俟帝国银行奉到中华民国政府保证书及加拿大政府之保证书（其形式分别如附件［A］及［B］）后方生效力。关于加拿大政府之保证书必须由国务院令正式授权而其方式系经银行认为满意者。该项院定之签证抄本应送交一份与帝国银行，银行一经受到该抄本，即须正式通知财政部长与公司声明业已收到。

第十一条 本合约有副本数本同时执行，每本皆为原本，各副本合并之成为合约一件。

　　兹为证明起见,合约各本皆经各该银行正式委派之高级职员亲自加盖印章,公司方面则由总经理卢作孚先生依据授权书亲自签字盖章。该授权书之摄影抄本及公司董事会决议此事之决议案英译本,兹随附本合约之后,作为附件(C),签字之年月日,即为本合约开端所列之年月日。

　　签字者　卢作孚(签字)

　　其私人律师(签字)

　　加拿大帝国银行总经理 R. S. Waldis(签字)

　　透浪多银行副总经理 J. N. Corson(签字)

　　自治领银行 R. Rol(签字 No. 19208)

　　见证人　Tien Pao Sheng　民生实业股份有限公司方面

　　R. M.(签字)帝国银行方面

　　H. J. L.(签字)透浪多银行方面

　　D. H. H.(签字)自治领银行方面

　　　　　　　　　　　　　　　　　　一九四六年十月三十日①

　　上述文件中,见证人 Tien Pao Sheng 为渥太华中华民国大使馆首席秘书。11 月 12 日,加拿大政府批准为 3 家银行作了担保。②该日,由加拿大国务院助理书记官赫尔签署的加拿大国务院公函载:

　　民生实业股份有限公司依照合约之借款及其票据,中华

---

①《民生实业股份有限公司与加拿大帝国银行、透浪多银行、自治领银行签订借款合同》,广东省档案馆藏,民生实业公司广州分公司档案,49/1/73。
②《民生实业股份有限公司与加拿大帝国银行、透浪多银行、自治领银行签订借款合同》,广东省档案馆藏,民生实业公司广州分公司档案,49/1/73。

民国政府业已予以保证。兹由该国驻加拿大大使要求加拿大政府对于中华民国政府之保证再予以保证,加拿大政府若有损失,皆由中华民国政府偿还。民生实业股份有限公司与各该银行签订之条款,已列明于合约之中。兹要求加拿大政府予以保证,故附上该合约之正式抄本,随附有中华民国政府出具给各该银行之保证书式样,及拟请加拿大政府出具之保证书式样。财政部长与贸易部长之报告,认为此项保证是以便利与发展中加两国间之贸易,且截止本日止,依《输出信用保险法案》第二章第二十二(a)第一款之规定,仍在担保之款项,若加入此项保证额一千二百七十五万元,其累计数额尚未超过二万万元。

故国务院总理经财政部长及贸易部长之建议(并经外交部长之同意),依照《输出信用保险法案》修正案之规定,兹特授权财政部长代表加拿大政府允其所请,依照前述条款,给予保证,以其累计总额不超过加拿大法定货币一千二百七十五万元为限。①

由此,民生公司向加拿大银行借款造船的相关手续终于在历尽波折后正式完成。

手续完成后,卢作孚在加拿大魁北克设立了民生公司办事处,以便利与加拿大圣劳伦斯公司(St. Lawrence Ship Yard)和台维斯公司(Geo. T. Davis and Son Ship Yard)这2家造船公司洽商造船及相关事务。当时,1 275万加元借款可造9艘轮船,于是民生公司决定建造9艘"门"字号豪华长江客轮。合同规定,6艘中型客轮

①《民生实业股份有限公司与加拿大帝国银行、透浪多银行、自治领银行签订借款合同》,广东省档案馆藏,民生实业公司广州分公司档案,49/1/73。

在 1947 年夏秋交货,3 艘大型客轮在 1948 年夏季交货。其中,新轮中的虎门、玉门、雁门 3 艘轮船,重载速率为 16 海里,动力各5 000匹马力,船长 283 英尺,船宽 50 英尺,吃水 12 英尺,可装货1 100吨,并载客449 人,均有舒适的舱位,全船3 073吨。[①] 关于民生公司在加拿大借款建造 9 艘轮船一事,后来成为世界船王的董浩云曾向卢作孚提出过不同意见,但未被采纳。1953 年董浩云曾经评论说:"民营轮船公司在购置船舶方面,亦有迹近浪费国家财力者,最显著的为民生实业公司建造川江新船大小九艘,其价值连同配件共达美金一千五百万元,该项价款,其八成系由政府代该公司担保向加拿大贷借。大型如玉门、虎门等,每艘达美金二百五十万元,装货量仅约一千吨,小型如祁门、龙门等,每艘竟达美金一百余万元,载重量仅约三百吨。以上数字,其由国外驶返之回航费用等尚不在内。以如此高价建造仅供内河客运船舶,显不经济。在技术上试用铝质作甲板上之装舣设备,事属尝试,据闻后来发现并不耐久,亦极不合宜。撇开民生公司立场,就整个国家战后重建水上运输程序,与夫充实海外运输力量、争取外汇,以及海上国防需要言,均殊非得计。此或当时国人对远洋航业认识不足,我尝感到可惜,倘使那时卢作孚先生听从我的劝告,以同样代价建造一万吨级如蓝烟囱世界班速率十八浬之远洋海轮,则效果必大改观。"[②]董浩云是经营远洋航运的世界船王,偏好超大型海轮,其经营理念与立足于川江和长江谋发展的卢作孚自然有很大的不同。

　　11 月,卢作孚带领一批人员到美国参观造船厂,决定在新造轮

---

① 许晚成记述:《船主奋斗史》,第 60 页。

② 金董建平、郑会欣编著:《董浩云的世界》,北京:生活·读书·新知三联书店 2007 年版,第 62 页。

船上采用价格较廉的美制柴油机。卢作孚还采纳童少生的建议，以两三百万美元的代价，购买了美国军用剩余物资大型登陆艇4艘（宁远、怀远、定远、绥远）、中型登陆艇4艘（后命名为乌江、资江、赣江、渠江）、大型油轮1艘（太湖）、小型油轮2艘（1号、2号油艇）、半成品驳船16只（301—316驳）和加拿大扫雷艇3只（后命名为生灵、生民、生黎）等。① 在美国还为太平洋轮船公司购买了3艘远洋旧货轮（后来命名为黄海、东海、南海）。民生公司总计在美国、加拿大购置船舶20多艘，吨位近3万吨，这使民生公司船舶总吨位达到空前的高峰。由于这些船舶花费了民生公司的所有储蓄，而且需要昂贵的改造费用，这也给公司带来了难以清偿的债务负担。②

　　1947年3月27日，卢作孚从美国回到上海，旋即发电报请宗之琥到上海，表示民生公司要发展沿海业务，上海是中心，要他到上海协助工作。宗之琥当即表示同意。③ 此前卢作孚家人已经于2月把家迁到了南京。

第三节　战后复员运输与公司状况

　　抗战胜利后，民生公司以十分单薄有限的航运力量，率先在长江航线恢复商业运营并积极开拓沿海航线。为减轻借款造船造成

---

① 沈建工：《航运业专家童少生》，四川省政协文史资料委员会编：《四川文史资料集粹》第3卷，第668页；宗之琥：《我与民生公司》，《中华文史资料文库》第13卷，第637页。

② 凌耀伦主编：《民生公司史》，第338页。

③ 宗之琥：《我与民生公司》，上海市政协文史资料研究委员会编：《上海文史资料选辑》第48辑，第74页。

的资金压力,民生公司不得不大规模压缩各项投资事业。在急剧变化的政治社会条件下,民生公司依然在执着地追寻"服务社会,富强国家"的企业梦想。

<h3>一、长江航线的恢复与复员运输</h3>

1947年9月1日,民生公司总公司函知董事会,聘任张澍霖为上海分公司经理。9月2日,民生公司派定的宜昌分公司经理率领职员6人乘民来轮抵达宜昌,恢复该埠业务并在宜昌设立修理厂。此后,民生公司又派员赴沙市、汉口、南京、上海恢复业务,民生公司战后复员的工作由此开始。① 这时后方急待东下的人员有200万—300万人,民生公司每月能够下运的人员为5 000—10 000人。当时民生公司船只大部分被国民政府当局征用应差,其中应差船航行重庆和宜昌之间者有民本、民权、民贵、民彝、民康、民来、民熙、民万、民和、民政等10只之多。②

民生公司航务处经理郑璧成、襄理张华贵等与周海清商量以小轮船尝试渝沪线的复航。被征用的民熙轮成为应差试航汉宁线的首选。③ 在日本投降后的第10天,以杨凤洲为船长的民熙轮,搭载800名宪兵和前往武汉筹备恢复汉口分公司的杨银樵,在周海清的率领下,从重庆出发,开始前往南京、上海的航程。民熙轮安全抵达宜昌,但宜昌以下航线,有日本军队和中国海军所布的众多水雷,这成为复航的大障碍。民生公司设法向中国海军部找到宜昌以下所放水雷分布图。在宜昌下游鼓楼背地方,既无航标,又担

① 《复员期间之民生公司》,《嘉陵江日报》,1946年5月14日,第2版。
② 《民生公司在长江》,《新世界》1945年11月号,1945年11月15日,第11页。
③ 《复员期间之民生公司》,《嘉陵江日报》,1946年5月14日,第2版。

心有水雷,民熙轮只有用救生艇探察水雷,寻找航路。沿岸的农民因为七八年未见中国旗、中国兵,如今见到民熙轮上的中国旗、中国兵,万分激动,竞相敲打铜锣、竹筒,燃放鞭炮。船到汉口停泊于江海关码头,市民观者如潮,万众欢腾。其间,周海清与船上的宪兵团团长到码头时尚未正式接收日军司令部的有关航行图,于是要求日本派小兵舰领航前行。这样2天后,民熙轮从武汉下驶,周海清在日本小兵舰上指示应该注意之处。此后,黄石港、九江、安庆、芜湖、南京各段,均由投降日军方面派出兵舰领航。9月21日,民熙轮到达南京,成为抗战胜利后从上游开来的第一艘轮船。到南京后,周海清船长又乘火车到上海,雇舟把黄浦江进出口航道考察一番,即返回南京,乘民熙轮返回宜昌。不久,周海清又率领海星轮由宜昌抵达上海。① 可见"战后复员第一步工作,民生公司船只几均在第一线服务"②。第二艘抵达南京港的民生公司轮船是民和轮。民生公司尚有民联轮自9月15日上午8点半从猫儿石启航,乘客500人,载货350吨,长江航业复员委员会派联络员1人,民生公司派护航队6人、医护人员6人随船。该船16日到宜昌,18日经过沙市,21日上午10时抵达南京。民联轮当时被称为首次通航渝宁的非应差轮船,成为第三艘抵达南京的上游轮船。除民联轮外,招商局和民生公司轮船大部分被征调。③

　　民生公司董事周孝怀于8月27日从上海发电报给卢作孚和民生公司董事会,询问公司轮船何时可以开赴上海。由于各种原因,民生公司迟至9月10日才收到周孝怀的电报,这是全面抗战

① 许晚成记述:《船主奋斗史》,第55—56页。
②《民生公司在长江》,《新世界》1945年11月号,1945年11月15日,第11页。
③《实业动态·交通》,《西南实业通讯》第12卷第1,2期合刊,1945年8月31日(实际时间在9月底),第31—32页。

爆发以来,周孝怀与卢作孚及民生公司的首次电讯联系。① 其间,9月6日周孝怀已经见到了从重庆抵达上海的杨成质,并被告知上海分公司经理将由张澍霖担任。周孝怀于9月7日再次从上海致电卢作孚和民生公司董事会。② 民生公司董事会于9月13日收到周孝怀9月7日电后,董事会和董事长郑东琴分别致电周孝怀表示慰问。

9月27日,民生公司董事会在重庆总公司召开第二十届第二次常务董事会议。会议讨论了下游复员的各处分公司组织及人事安排等,决定恢复申汉两处分公司及南京、沙市2个办事处。宜昌分公司由三斗坪迁回宜昌,撤销巴东、云阳2个办事处,并规定申汉2处分公司为第一等分公司,实行分科办公,宜万2处分公司为第二等分公司,泸叙2处分公司为第三等分公司,二、三等分公司实行联合办公。张澍霖、杨成质、袁子修分别被任命为申、汉、宜分公司经理,张寂生、任于君分别被任命为沙市、南京办事处主任。③

10月10日,国民政府对抗战有功文武官员颁授胜利勋章,卢作孚为胜利勋章受奖者之一。④ 16日,卢作孚、戴自牧、李肇基等人,乘民生公司民联轮东下,直驶上海,视察并指导沿江各埠分公司及办事处业务。除卢作孚等人外,该轮乘客全部是国民政府派

---

①《民生实业公司董事会第二十届第二次常务董事会议录》,重庆市档案馆藏,金城银行重庆分行档案,0304/1/396。

②《民生实业公司董事会第二十届第二次常务董事会议录》,重庆市档案馆藏,金城银行重庆分行档案,0304/1/396。

③《民生实业公司董事会第二十届第二次常务董事会议录》,重庆市档案馆藏,金城银行重庆分行档案,0304/1/396。

④ 周开庆:《卢作孚传记》,第9—10页。

遣到各收复区的接收人员,尤其以接收东北以及台湾人员为多。①
在千头万绪的纷繁复杂中,民生公司的复员运输正式拉开了帷幕。

　　此时,民生公司能行驶长江下游的运输力量十分有限。资料
载:"截止日本投降,长江开放时为止,民生公司计有三千吨以上下
游大轮一艘,一千吨以上渝申大轮三艘,五百吨以下渝宜或渝申轮
船十艘,尚有五百吨以下枯水可航行渝宜轮船数艘,朝野上下水路
出川工具,大半在于是矣。"②以如此有限的水上运输力量,面对由
政府机关、企事业单位、普通人民组成的庞大而急切的复员、返乡
人群,民生公司困难、紧张的情形可以想见。而且,就在复员运输
开始之际,新的问题产生了。10月,民生公司实行额外津贴,但是
工资仍然远远低于国营的轮船招商局,引起船员和职工的不满,怠
工、罢工情况开始不断出现。民生机器厂工人秘密成立工人民主
工作队,领导工人要求增加工资。同时,民生公司复员运输能力与
实际需要之间矛盾突显,资料载:"因后方急待东下人员过多,总数
当在二三百万人以上……自十月至十一月,民生公司只能开出甲
乙级船只三十余次,下运乘客约一万余人。十二月起枯水季节到
临,交通部船舶调配委员会受命统筹东下船只调配事宜,渝宜段调
有乙级船十七艘航行,其中十四艘为民生船舶,估计全月可下运乘
客一万余人。宜汉段调有甲乙级船只十艘,其中六艘为民生船舶,
估计全月亦可下运万余人。以后运量可能增加二三倍,而以后方
待运人、物之多,即水陆空三面进行,恐亦需时一年以上,始能将使
命完成。"③

---

① 《民生实业公司简讯》第818期,1945年10月15日,第1版;《民生实业公司简讯》第
　819期,1945年10月21日,第1版。
② 《民生公司在长江》,《新世界》1945年11月号,1945年11月15日,第11页。
③ 《民生公司在长江》,《新世界》1945年11月号,1945年11月15日,第11页。

11月12日,卢作孚在民生公司业务训练班作了为时2个小时的讲话,历举任峡防局局长时各种训练中极有意义的活动,说明团体生活最重要的条件是有计划、有组织、有秩序,勖勉学员尊重秩序。公司《简讯》载:"上周星期一(十一月十二日)适值总理诞辰例假,卢总经理作孚抽时间亲临本公司业务训练班训话。讲话时间达两小时,为卢总经理返国后第一次较长之讲话。总理历举以前担任峡防局局长时多次训练中种种极有意义之生活与活动,以证实团体生活有计划有组织有秩序为兴趣之最要条件,勖勉各学员尊重秩序组织学习体验。次论现代世界有两个宝贝东西,一个是自然科学的发展,一个是社会科学的发展。把自然科学运用起来,诸如机械工程、土木工程、化学工业等,就是技术。换言之,凡运用科学方法,加之于一种物质上,而使其有更好的结果,以供给人们享用的就是技术。至于把社会科学应用起来使两人以上的人群能够很好的共同工作,则为管理。真正运用技术的只是实验室中少数人,往后则仅须如法制造的一样做去,全属管理问题,诸位将来在公司担任的工作也都只要(是)学习管理,并运用管理方面。极有兴趣之例,皆总经理经历及在美国所见,最后略述民生公司在战前及战后之工作任务,勖勉各学员努力刻苦学习,成为工商管理专家云。"①

11月22日,民生公司董事会在重庆总公司召开第二十届第三次常务董事会议,会议由郑东琴主持,卢作孚列席了会议。会议听取了总公司业务处经理童少生、运务处经理王德润、供应处专员萧瑞珍、财务处经理李邦、人事副处经理刘子周代表各部门所作的业务报告,及总公司有关人事专案等报告。民生公司总公司公函内

---

① 《民生实业公司简讯》第823期,1945年11月19日,第1版。

部公开:调派总务处经理李肇基任汉口分公司经理,聘公司顾问何乃仁兼任总务处经理,调总公司船务处经理杨成质驻上海分公司,忠县办事处主任朱树调上海分公司。批准总公司拟向中国乡村建设学院捐款150万作为该院基金,向北碚科学博物馆捐款300万元作为该院基金的公函议案。①

12月1日,重庆国民政府为筹划还都南京事宜,由交通部在重庆成立全国船舶调配委员会,统一调配全国船舶,办理复员运输。国营招商局理事长刘鸿生被任命为该委员会主任委员,卢作孚和国民政府军政部联勤总部参谋长郗恩绥被任命为副主任委员,招商局总经理徐学禹任秘书长。② 12日,卢作孚出席民生公司朝会并作了《怎样提高工作兴趣》的讲话,讲话阐明了工作兴趣对于工作效率的重要性,并对提高工作效率提出了3项办法。3项办法即:要虚心检讨自己有无好的技能;有无解决技能之办法;有无解决技能之能力。最后,卢作孚鼓励公司上下"应努力加强工作秩序与建设,再在工作方面不断求进步与学习"③。

在抗战胜利后的4个月中,民生公司从事复员运输187航次。1946年上半年,民生公司从事复员运输102次,先后运送国民政府军公物资9.2万吨,人员和军队20多万人次。④

在主持以重庆为起点的复员运输事宜的同时,卢作孚开始筹划向长江下游、沿海以及南洋方面拓展业务。⑤ 1946年1月30日

---

① 《民生实业公司董事会第二十届第三次常务董事会议纪录》,重庆市档案馆藏,金城银行重庆分行档案,0304/1/400。

② 张后铨主编:《招商局史·近代部分》,第510页。

③ 《民生实业公司简讯》第827期,1945年12月17日,第1版。

④ 周永林、凌耀伦主编:《卢作孚追思录》,第205页。

⑤ 周开庆:《卢作孚传记》,第10页。

上午 8 时,民生公司新年度首次朝会在重庆朝天门举行,总经理卢
作孚在讲话中告诫公司同仁要明是非、注重方法,负起责任。凡是
觉得不合理的事情,要马上加以反省,痛痛快快改正。闲暇时希望
多读书,多研究,力求进步。①

二、航运业在极度困难中的希望

　　1946 年 2 月 18 日,卢作孚乘飞机飞上海,同行者有民生公司
经理何乃仁、副经理顾久宽。② 此行任务在于调处民生公司上海船
员全体请长假问题。26 日,卢作孚以到上海调处船员全体请长假
失败等因,向民生公司提请辞去总经理职务,请公司另择贤能接
替。③ 辞呈谓:"作孚自民国三十二年回到公司以来,奉职无状,日
益增加公司之困难。因为收入不敷支出,连年亏折,同人受尽生活
之穷苦,股东甚至无股息可分,若干孤儿寡母、文化事业,战前赖年
终分息以为支撑者,今皆断绝生计或经费之来源,轮船则逐年减
少,债累则逐年增加。初以为抗战胜利之后,营业可以自由,收入
可以调整,股本可以扩充,政府顾念战时之努力,可以给予若干助
力,职工生活可以由此稍舒,战时损失可以多少弥补,股东可以多
少分红,今皆大谬不然,不但困苦如故,且愈加严重。最近因上海
物价激涨,他公司调整船员待遇,本公司在万分无法中,亦正依据
调整,但仍不为现在上海之船员所谅,屡经洽商,尚无结果。同时
修理及燃料费用,亦复骤增,而各种收入,无相应之调整,实绝无法
应付此收支相差太巨之困难。此外所感环境之牵掣,日甚一日,险

①《民生实业公司简讯》第 834 期,1946 年 2 月 4 日,第 1 版。
②《民生实业公司简讯》第 838 期,1946 年 3 月 4 日,第 1 版。
③《民生实业公司简讯》第 838 期,1946 年 3 月 4 日,第 1 版;《民生实业公司在第二十届
　第六次常务董事会议纪录》,重庆市档案馆藏,金城银行重庆分行档案,0304/1/400。

象环呈,将使事业陷于绝境。此皆由于作孚应付无能,实应引咎辞去总经理职务,务请大会另拣贤能接替。最近作孚累夜失眠,精神亦难支持,自二十七日起,无法再照常办公,并请大会先指定人员料理日常事务。实为公司前途之幸。"①

在向公司提出辞呈的同时,2月26日,卢作孚向国民政府行政院、交通部提出改善企业经营环境的若干原则及办法。要求调整3月票运费,并要求明定今后依照物价指数按月调整票运费原则。《简讯》载:"卢总经理为本公司面临重大之困难,已竭尽一切应付之力,终无济于事,除向董事会坚决辞去总经理职务外,并不忍坐视此已有二十年历史、在抗战期中曾于国家有所贡献之事业,竟崩溃于此复员之际,特向行政院、交通部陈述磋商船员待遇经过及燃料、修理、五金费用激增情形,立予参照过去亏损及物价变动情形,调整三月份票运费,并定今后依照物价指数按月调整票运费之原则。"②

2月27日,民生公司董事会在总公司召开第二十届第五次常务董事会议,决定一面恳切慰留卢作孚,请其照常办公,一面再由公司董事会分别吁请国民政府和民意机关予以救助,以减轻公司困难。民生公司董事会发给卢作孚慰留公函,谓:"台端二月十六日函,为应付困难,引咎辞职,请另拣贤能接替,并因精神难支,自二十七日起,无法再照常办公,请先指定人员料理日常事务等因。本会特于是日午后,召开本届第五次常务董事会议,出席各常董佥以本公司在抗战期间,对于国家社会,报效实多,关系极大,纵所损

①《民生实业公司在第二十届第五次常务董事会议纪录》,重庆市档案馆藏,和成银行档案,0300/1/402。

②《民生实业公司简讯》第838期,1946年3月4日,第1版。

失一时无法弥补,而其功绩决不容如此埋没。目前困难虽益加重,但若共谋解决,究不至陷于绝境。至于上海部分船员之不体谅,多方劝解,必有感悟之时。环境之牵掣,虽日甚一日,然大局逐渐开朗,事业处境,亦将随之改变。台端艰苦卓绝,久为众股东之所信赖,各职工之所尊崇,凡属上开各事项,尤赖大力推动,方易收成果,使事业渡过难关,臻于发皇光大。当经一致决议,'慰留并请照常任职。一面再由本会分别签请政府及民意机关,予以救助,以减轻公司困难'等语,纪录在卷,相应函复,即希鉴察,照常办公,并盼善自珍卫为幸。"①

2月,全国船舶调配委员会迁往上海。重庆改为分会,由卢作孚主持,宗之琥负责日常工作。重庆分会所调度的主要是民生公司的船舶,因此调度组的正副组长、运务组的副组长,都是民生公司派来的。同月,民生公司的太湖轮首航青岛。同年秋,民生公司在青岛设立办事处。

3月1日,卢作孚再次致函民生公司董事会提出辞去总经理职务。② 正如朱荫贵教授指出的那样,抗战胜利后中国社会经济的一个明显现象,就是在国民政府宏观经济政策主导下,国家资本企业急剧膨胀。其中轮船招商局、中国纺织建设公司、资源委员会工矿电企业、中国粮食工业公司等,资本和规模都有几倍、几十倍的膨胀。同时,"民间资本企业的实力则大大衰退,发展空间

① 《民生实业公司在第二十届第五次常务董事会议纪录》,重庆市档案馆藏,和成银行档案,0300/1/402。
② 《民生实业公司在第二十届第六次常务董事会议纪录》,重庆市档案馆藏,金城银行重庆分行档案,0304/1/400。

受到很大限制"①。同一日,民生公司董事会为公司收支不敷,面临崩溃,分别呈国民政府、行政院、交通部、军政部、国民参政会,恳请补贴。② 3月2日,民生公司各处室包括秘书室、稽核室、总工程师室、总务处、供应处、航务处负责人联名向国民政府发出题为《与死挣扎急待救济的民生公司》的"最后的呼吁",呼吁政府救济。呼吁中说:

> 迄至目前,民生公司更面临了较三十三年五月尤为严重的问题。它的支出不能与之俱增的情形,以今年为最甚。当上海工潮纷起,招商局船员要求按物价指数调整待遇,招商局不得已而按物价指数调整了。民生公司立刻援例调整,但不为它在上海的船员所同意。它现有十只以上的主要轮船在上海,船员相率请假,经上海分公司婉劝无效,总公司派员前往说明亦无效。最后总经理亲往面为恳切说明,并就招商局江轮范围作更大之调整,迄于归来之日仍未获得协议。船员生活诚有甚大之困难,尤其在上海物价剧变的市场中。但原系亏折的事业,更加重薪工的开支,更感无法支持了。总计今年一月份收入八万万余元,照已允调整的数字,仅薪津膳一项的开支,已近五万万元,余下来的还不够煤、油两项的开支,其余的各项必要支出,更分文无着了。而最可惊人的支付是修理费,还不要问在重庆、宜昌、汉口等处修理的和将要修理的轮船。单是现在上海修理的十只轮船,在三个月内就得付出十

① 朱荫贵:《抗战胜利后的轮船招商局与民生公司》,徐祖远主编,黎志刚特约主编:《国家航海》第12辑《民生公司专辑》,上海:上海古籍出版社2015年版,第118页。
②《民生实业公司在第二十届第六次常务董事会议纪录》,重庆市档案馆藏,金城银行重庆分行档案,0304/1/400。

几万万元，须从一月份起按月摊付。因此它在一月份的亏折已逾三万万元，二月份必将亏折之数，远不止此，以后更难逆料了。如何能够容许它继续存在呢？

它的任务全在国家，但不幸它是一个私人企业，尽管私人没有什么好处，自抗战以来股东没有红利，甚至没有股息，董事监察和经理人员没有红酬。就在战前，股东分红亦不过等于市场很低的利息；而即此少数红利，多数股东亦未领去，仍被劝转为股份并再加股份。职工分红，向为上下一律，董事监察和经理人员绝未特殊提酬。除二三银行股份外，没有任何大股东。董事监察一部分代表事业，另一部分代表一群朋友，没有一个是代表自己资本的。自创办以迄于今的总经理，亦至今是一个穷汉，没有置得任何私产，商场没有他任何私人的生意，银行没有他私人的任何存款或往来。他现在就是为了亏折得太厉害，没有方法可为弥扑，环境的困难太大，没有方法可以克服，被迫得辞职了。如果终于无法挽留，让他离开了这个事业之后，便立刻显示出他只是一个净人。这正可代表了这个事业，对国家社会服务的一种牺牲精神。民生公司这样的一个私人事业，实在是牺牲了一群私人，尤其在抗战八年中，一方面牺牲了股东，另一方面牺牲了职工！但它对于国家，又确是有过不小的帮助，不仅它本身，乃至它投资有关的事业，如像天府的煤，渝鑫的钢，恒顺的机器，大明纺织染厂的布，都是对于国家战时有帮助的，尤其是天府，大大地帮助了战时的首都，战时的工业和交通！

但它却在国家战胜以后的今天，面临生机立断的最后关头！每月要亏折到数万万元，绝对无法自救。迫得它不能不最后哀鸣，不得不向政府呼号求援助了！它的成本如职工薪津、燃料、五金、器材、修理费和一切必要的开支，受上海、南京、汉口的物价激涨而增加。但它的收入：差费、运费、票费仍不能比例的增加。它没有要求合法利润，只希望最低需要的收支平衡！它所最感困难的问题是主要的收入在重庆，而主要的支出乃在物价奇涨的上海。偏在此时许多轮船必须到上海去修理，若干器材也须从上海去购置。修理抗战八年来创巨痛深的轮船，每只动逾万万的费用，这绝不是它自身的能力所能胜任的。它真被迫得不能不向政府呼吁了。如果政府不体恤它，不援救它，它将立刻全部陷于崩溃！虽然一桩私人企业的失败不足惜，但它究竟曾于国家多少有过帮助，而且现在仍有帮助。它是为了帮助国家而走到今天这样绝境的。万望政府在它尚有最后一息的今天，给予可以起死回生的援救；对它的巨大亏折数额，及巨大修理费用，予以补贴；对它的差运票费收入，确定适应开支适应物价指数调整的原则，不再一成不变的数额。假如没有如此彻底的救济，它立刻无法支付薪工、膳费、燃料、修理各费及其他各项开支，只有立刻全部崩溃了。

同人等非为自身工作于民生公司之故而呼吁，实为爱护此一国家需要的民营企业而呼吁。此一事业缔造不易，在国家抗战中已有一段光荣历史，原已为我政府及社会各方面所顾惜。我政府当局必不忍听其崩溃于国家正准备开始建设之顷，必予援救，并加扶持，以劝未来从事民营企业者之努力。

同人等故敢作此最后的呼吁，惟我政府当局及社会人士共鉴察之！①

---

① 《民生实业公司简讯》第 838 期，1946 年 3 月 4 日，第 4 版。

3月3日,《国民公报》报道民生实业公司困难严重。报道说:抗战结束后,复员开始,该公司主要轮船70%以上应差,有时竟全部应差,而免于应差的轮船,亦90%载运公物及公务人员,对政府的贡献不可谓小。目前国家可以整个接收敌伪轮船,大批购买轮船,若干新发起公司,新集资力亦可购买或订造新船,而该公司反而一筹莫展,本身既无力增添新船,亦无力恢复旧有轮船,本年1月亏折已逾3亿元。以后更难逆料,政府如不加援救,"势将陷于全部崩溃"①。

3月4日,民生公司董事会用公函形式复函卢作孚,请查照2月26日董事会公函,照常任职。② 3月6日,卢作孚以民生公司总经理身份呈文行政院、交通部,要求调整票运费。③ 在呈请报告中,卢作孚说:"按物价调整票运价一节,实为根本救济商公司以后生存之唯一办法。因鉴于以往请求调整皆在物价大涨之时,自请求以迄核准,恒需相当时日,其间因物价上涨所生之差异,累积而成无法弥补之差额损失。"④3月22日,民生公司为海员待遇等事呈文行政院、交通部、社会部,对政府主张提高工资表示反对。呈文中说:"公司于国家八年抗战中艰苦服务,兹又竭其疲惫垂绝之力,服务国家复员之繁重工作。当此生死关头,不要求合法利润,乃至不要求股息。不顾及生产工具之折旧提存,仅求收支勉可相敷,以

① 重庆市档案馆、重庆师范大学合编:《中华民国战时首都档案文献·战时工业》,第316页。

② 《民生实业公司在第二十届第六次常务董事会议纪录》,重庆市档案馆藏,金城银行重庆分行档案,0304/1/400。

③ 《总经理呈行政院 要求调整票运费》,《民生实业公司简讯》第838期,1946年3月4日,第1版。

④ 凌耀伦主编:《民生公司史》,第388页。

尽其奄奄一息之力量于国家社会。乃复遭遇不断之牵掣，必使其服务之最后精力，为意外工潮所消耗，终亦将于最短时期，被迫歇业。"①3 月 28 日，民生实业公司举行董事会第二十届第六次常务董事会议，公司董事长郑东琴主持会议。董事会报告慰留总经理卢作孚继续任职等案。②

4 月 17 日，《国民公报》以"复员运输大成问题，民生公司负荷奇重"为题，报道复员运输中的民生公司负担沉重。该报道说：目前渝京之间，除川陕、西南的 2 条公路和十分有限的空运外，主要还是依靠川江水陆航运，这个责任大部分又套在民生公司的头上。民生公司的负责人谈："目前民生公司开行渝宜间的复员船，总数不过十一只，而其中几只还是被拉着当差船的，实际包括公教在内的民运复员船只有八九只，每只每月来回跑三次，每月不过运走四五万人，若靠这样的川江航运，整个迁都的完成，将不知要到哪年哪月。自从最近开始还都，各机关到民生公司登记包船的已有三十四起，普通登记的有一万一千人，因之政府最近去交涉两百个国大代表赴京的位子都不可能。"③宜昌以下开行的船很少。川江运输困难的原因，民生公司方面认为：一是江水没有上涨，不能开大船；二是用煤的缺乏，渝汉间航行的用煤，完全要从重庆向下带。这些困难怎么解决或改善？民生公司认为，4 月底在上海修理的船可能有 10 只陆续出厂参加复员航行，但是若要自行从黑市购买船用燃煤，这是一个很大的问题。当时。黑市煤价上海每吨 50 万元，汉

---

① 凌耀伦主编：《民生公司史》，第 389 页。

② 《民生实业公司董事会第二十届第六次常务董事会议纪录》，重庆档案馆藏，金城银行重庆分行档案，0304/1/400。

③ 重庆市档案馆、重庆师范大学合编《中华民国战时首都档案文献·迁都 定都 还都》，第 227 页。

口、南京每吨需 20 万—30 万元。民生公司的感觉是"在官营资本
压制下的民航业的今天，要想担负这样一个艰巨的复员运输工作，
实在是心有余而力不足"①。国民政府胜利后接收的敌船有 2 300
艘之多，却没有 1 艘分配给民生公司。政府自己航行的不过 710
艘，而拨交招商局的就有 230 艘。但招商局也没有负起这个运输
责任。招商局的船大、船多、用人少，民生公司船小、船少、用人多，
又不能使用官价煤。民生公司目前完全靠借债来支持，4 月预借后
方勤务部 4 亿，四联总处 6 亿，中央信托局数亿。这样的借债来支
持，实在不能算办法。目前每月收入是 16 亿—17 亿，支出需 22
亿，每月相差 5 亿—6 亿，因此民生公司曾向政府呈请不航行，但为
目前的需要政府不批准，只给了一点补助费，并不能解决根本的
问题。②

　　1946 年 4 月 29 日，交通银行委托联合征信所作关于民生公司
调查报告，结论是"民生公司成立有廿年之历史，其规模及资产，逐
年均在膨胀中，实为主持人苦心经营之成绩。在股东方面，历年分
红甚少，间有微言。战前公司船只，管理完善，接待周到，久为社会
所称誉，公司亦因此而压倒川江各航业。惟抗战以来，因船只增
多，及供不应求关系，设备、管理及接待等已大不如前。又以组织
庞大，员工众多，人事与工作亦不免染有一般社会之恶习。卢氏亦
注意延揽干练人才，以增加公司新血液，惟旧势力甚大，少壮派欲
言革新，亦殊不易。公司有目前之基础，此时修理旧船，增加新船，
亦不遗余力，一俟航运恢复自由，再辅以其他部门之发展，在我国

① 重庆市档案馆、重庆师范大学合编：《中华民国战时首都档案文献·迁都 定都 还都》，
　第 227 页。
② 重庆市档案馆、重庆师范大学合编：《中华民国战时首都档案文献·迁都 定都 还都》，
　第 227—228 页。

民营航业中,自有其重要地位。重要问题,仍在管理与工作效率,目前之周转困难,以该公司对外关系之多,不难克服也"①。交通银行与民生公司的金融联系由来已久,所言大体可信。

5月14日,民生公司自抗战胜利以来,承担繁重的复员任务。《嘉陵江日报》载:"自十月至十一月间。民生公司只能开出甲乙级船只三十余次,下运乘客约一万余人。十二月起枯水季节到临,交通部船舶调配委员会受命统筹东下船只调配事宜。渝宜段调有乙级船十七艘航行,其中十四艘为民生船舶,估计全月可下运乘客一万余人。宜汉段调有甲乙级船只十艘,其中多数为(民生)公司的轮船,估计每月亦可下运万余人。以后数量可能增加二三倍,而以后方待运人、物之多,即水陆空三面进行,恐亦需时一年以上,始能将使命完成。故民生公司复员服务工作,恐需继续至三十五年枯水时为止也。"②

关于民生公司轮船复员运输的情形,曾经于1946年5月21日至29日从重庆乘坐民本轮前往南京、上海的加拿大驻中国大使馆一等秘书切斯特·郎宁有过相关的记述:

> 死去还魂的民本轮平稳地停靠在远处江水的主流上,做好了开上海的准备。如果它能顺利通过三峡,到了上海立即大修。
>
> 轮船上旅客上货载的场面,我在汉口和上海都常见,那喧嚣和混乱令人不敢相信。但那天那情景却是我在中国二十年所没见过的。一群群"递漂"的小舢板围满了轮船,舢板上装满一排排的行李和人。乘客们自己用绳往上拽行李,甲板上到处有人

---

① 《民生实业公司调查报告》(1946年4月29日),重庆市档案馆藏,交通银行重庆分行档案,0288/1/169。

② 《复员期间之民生公司》,《嘉陵江日报》,1946年5月14日,第2版。

在对下面的亲友大声吆喝，发出指示。舢板上的行李上完，人们又开始靠绳索和亲人的手帮忙，往拥挤不堪的甲板上爬。

找不到办法上船。碰巧公司一个代表看见了我，急忙赶来帮忙。他从医院藤椅上扶下了我，雇了一只舢板。我们好容易才穿过迷宫样的小船群，来到梯子面前。

他们答应过给一个澳大利亚人、一个挪威人和我特等舱位，已经收了费，但是我们马上就明白，不但特等舱没有了希望，就连头等舱、二等舱甚至三等舱也是没有希望的了。公司代表陪我们来到锅炉房旁一个五英尺宽九英尺长的舱位。那里有一道窄门通向甲板，没有窗户。因为我发过烧，身体还虚弱，估计还得躺床上，我就选了那两个六英尺长的床位的下铺。挪威朋友睡上铺。留给那澳大利亚人和他的中国助手的就只有那五英尺长的上铺和下铺了。剩下的空间除了能放下个洗脸盆的地盘外，全被大家的行李占据。饭只好坐在下铺上吃。

民生公司的代表抱歉地解释说，我们的"特等舱"舱位已经被蒋介石征用给他的俘虏龙云了。龙云到了南京将要受到监视，不让再回云南。

……送饭了，服务员很有经验。他在一群群的甲板旅客之间巧妙地穿行，把饭、蒸菜和茶一一送上，却没有烫到任何人，这倒是个小小的奇迹。

……

晚饭后大家安顿下来，打起了瞌睡。那位澳大利亚朋友给他的床打了大量 DDT，预防臭虫。为甲板乘客和我们准备的厕所在船尾的最后。要去厕所就得在船中部的甲板乘客里穿过或是跨过——他们付的票价说不定比我们还贵。到了厕所就会发现几十道薄木板门排过船尾，每道门通向一个悬在水上的小厕位间。可以从方便的洞口望见奔腾旋卷的江水。谁也不会受到诱惑在那里停留太久的。[①]

郎宁乘坐的这艘民本轮,是民生公司在全面抗战爆发前建造的头号豪华轮船。这艘曾经使民生公司引以为傲的著名轮船,到抗战胜利后竟然老旧破败到如此程度,船上秩序如此混乱,令人感叹。

为敦促国民政府厘定战后航业政策,卢作孚于7月23日致函行政院院长宋子文,谓:"近经调查,招商暨民营各公司旧有及新购轮船已逾七十万吨,经交部完成登记手续者亦已逾六十一万吨。在华北各港口货运尚未畅通,大连、朝鲜、日本各港口尚未自由通航以前,轮船将有过剩之虞,万望提前召集航商,确定航业政策,加强民营公司组织,划分航线,并列计各线目前及最近将来恰合需要之轮船及不能容纳之吨量,俾航商明了全部状况,勿再盲目购船,致愈增加未来困难。乞速裁择为幸。"[②]该敦促函发出后,如石沉大海,没有任何结果。

7月26日,民生公司召开第二十一届股东大会,董事长郑东琴报告一年来公司经营情况。谓:1945年度民生公司业务仍在亏折中,航业部亏损达140 828万元,虽有其他部门盈余及政府所给补贴费与修船补助费填补了大部分,但净亏损仍有2 215万元。1946年亏损情形更形严重,一因政府复员及军公运输较战时尤为紧迫,而所给运费远不敷成本。民生公司船舶几乎全部供上项使用,所以损失非常大。二因政府对于运费及客票费继续维持限价。虽3

_____

① ［加拿大］切斯特·郎宁著,孙法理译:《朗宁回忆录:从义和团到人民共和国》,北京:中国工人出版社2008年版,第80—81页。

② 黄立人主编:《卢作孚书信集》,第824—825页。

月曾调整票运费一次，但是按照上一年请求时的物价调整，该年物价仍不断高涨，因此收入与成本悬殊。三因民生公司船舶在战时过度使用，胜利后不能不彻底修理，而修理费一项，该年 1—6 月已达 60 亿。有以上三种原因，所以该年 1—6 月亏损竟达 47 亿元以上，半年亏折到如此程度，此后更不知伊于胡底。7 月初，公司在重庆召开董监联席会议，随后又在上海就留住上海各董监召开会议一次，经决议应向政府作紧急呼吁，若无相当结果，则只有停业以待处理。① 总经理卢作孚为大会主席，他就 1945 年公司业务艰难概况、回国后向国民政府呼吁救济的经过以及赴加拿大借款造船情形作了报告。鉴于公司上半年亏损就高达近 50 亿元法币，宋师度等 7 人提议，如果每月亏损仍有增无减，"授权董事会，可以随时斟酌情形，宣告本公司停业；再召开临时股东会，商议结束事项"②。该提案经过修正后通过。本次会议还选举了董事和监察人，郑东琴、钱新之、徐广达、戴自牧、何北衡、宋师度、胡筠庄、耿布诚、宋子安、吴晋航、康心如、杜月笙、周孝怀、周作民、晏阳初、黄炎培、张嘉璈、石荣廷、徐可亭、霍亚民、刘航琛、徐国懋、潘昌猷、汤筱斋、浦心雅等 25 人为新一届董事，推选何廉、邓锡侯、苏汰余、李佐成等 12 人为监察人。③

　　8 月 30 日，民生公司民众轮从上海首航台北基隆，开辟了上海至基隆的航线。10 月 31 日，民生公司民众轮从基隆开赴天津，开始了

<hr />

① 《民生实业股份有限公司第二十一届股东常会决议录》(1946 年 7 月 26 日)，重庆市档案馆藏，金城银行重庆分行档案，0304/1/401。
② 《民生实业股份有限公司第二十一届股东常会决议录》(1946 年 7 月 26 日)，重庆市档案馆藏，金城银行重庆分行档案，0304/1/401。
③ 《民生实业股份有限公司第二十一届股东常会决议录》(1946 年 7 月 26 日)，重庆市档案馆藏，金城银行重庆分行档案，0304/1/401。

民生公司对于北洋航线的经营。12 月,民生公司在台北设立办事处,后于 1947 年 7 月将该办事处迁往基隆并改组为分公司,先后辟有基隆—天津、基隆—海口、基隆—汕头、基隆—厦门各航线。[①]

9 月 27 日,上海联合征信所《民生实业股份有限公司》调查报告,对民生公司作出最新动态考察,谓:该公司业务范围分航业、机器事业、水电工业、物产及投资五大类,现分述如下:第一,航业。现有轮船 90 艘,行驶路线上游有渝泸线、渝叙线、渝嘉线、叙屏线;下游有渝宜线、渝申线、宜汉线、宜申线;短航线有渝涪线、渝长线、渝沙线、渝合线、渝碚线、渝唐线、渝寸线、渝磁线、渝鸡线;新辟航线有申台线等。90 艘中经常航行者约 50 艘,其余 40 艘备修理时替代之用。第二,机器事业。在重庆江北青草坝有机器制造厂 1 所,专造轮船机器及各种机械。第三,物产。在重庆设有物产部,经营国内外各种物产运销业务。第四,投资。投资有关交通、经济、生产等事业,如四川天府煤矿、渝鑫钢铁厂、重庆公共汽车公司、北川铁路公司、四川水泥公司、上海中华造船厂、上海民安保险公司等 30 余家。第五,水电工业。合川县办有电灯自来水厂。[②]该调查报告载民生公司上海分公司财务情况:上海分公司部分,自 7 月 1 日至 9 月 20 日止,货运收入 1 273 175 217 元,客运收入 89 372 135元,港务收入 29 225 301元。负债方面,向中中交农四行长期借款有10.8 亿元,短期借款有 46.9 亿元。费用方面,自 7 月 1 日至 9 月 20 日共耗煤斤费 148 616 625 元,修理费用计 2 223 316 930元。

---

① 凌耀伦主编:《民生公司史》,第 343—344 页。
②《民生实业股份有限公司》(1946 年 9 月 27 日),上海档案馆藏,上海联合征信所档案,Q78/2/16257。

　　9月初,宗之琥应卢作孚之邀进入民生公司任总公司顾问。在民生公司,他看到民生公司每日的调船会议和围绕调船会议的一些生产活动保持着朝气蓬勃的优点,同时也看到上层人员有些显得暮气沉沉。宗之琥记述道:"为什么会发生这种情况,我后来曾和卢作孚交换过意见,他认为主要是由于抗日战争开始后,他有一段时间离开了民生公司,没有把自己的精力集中于民生公司所致。"①

　　1946年年底,民生公司船舶总数达到90艘,与1945年的81艘相比增加了9艘②,但供应状况并没有明显的好转。1947年3月18日,延安《解放日报》载关于民生公司消息称:由于国民政府拉差等原因,民生公司在1946年损失60亿元:"在蒋介石去年大打内战中,民生公司船只应差运兵运粮,运费与成本相较,损失达六十三亿余元,被拉差船只经常达四十四艘,占行驶船只五分之一至四分之一。如以应差次数计算,平均每天即有十艘船应差。去年度该公司负债总额共达一百卅伍亿元。该公司只有两个前途,一是倒闭,一是苟延残喘,后者可能性较大,但苟延结果仍是要倒下去。"③

　　事业发展需要整肃风纪,民生公司于1947年3月20日发出通函。通函说:"查本公司服务社会已二十年,其间协助工商,便利人群之往迹,完成后方水上运输任务,曾有不少可歌可泣之事实。此灿烂辉煌之历史,皆为我全体职工奋历万千艰辛所造成。方今建国伊始,未来任务将益繁重,不仅应保持已往精神,更应淬历(砺)

---

① 宗之琥:《我与民生公司》,上海市政协文史资料研究委员会编:《上海文史资料选辑》第48辑,第73页。

② 《民生实业股份有限公司民国三十五年第廿一届决算书》,1947年,北碚图书馆藏,无页码。

③ 《拉差无底境,民生轮船公司损失六十余亿元》,《解放日报》,1947年3月18日,第1版。

奋进、以餍各方之殷望,尤当整肃风纪,使事业日益发皇。往者船员中有极少数分子,曾发生见利忘义之行动,如夹带黄鱼,私设铺位,贩运私货及违禁物品,与乎聚众赌博等项,时日推移,竟及于多人。辗转传播,寝假成风,几置事业于不顾。长此以往,其后果何堪设想。"[①]

3月24日,民生公司主任秘书郑璧成为民生公司各种重要事项致函即将归国的卢作孚,信中列举民生公司迫切需要建树良好风气消灭一切弊端、亟应解决公司收支的严重不平衡、处理政府实施经济紧急措施情况下的职工待遇、海洋航业恶性竞争、民生公司股本升值、本年召开股东大会等问题。"许久未通信,以为驾将返国也。现阶段重要问题特分列如次:一、事业迫切需要,仍在建树良好风气,消灭一切弊端。返国后如一时不出国,请将此事列入应行办理之重要事务中。盖积非成是,积重难返,颇碍事业进行也。二、收支不能平衡,即今年洪水旺月收支亦不能平衡,此为当前最大问题。一二月亏七十余亿,洪水季平均每月亦至少差三十亿以上。现四月份预算办出,不敷四十九亿余。目前应行办理之事:1.召开业务会议。川江区已经开过会,全部业务会在申抑渝开?请即酌定。现在飞机已复航,无论渝申皆方便也。2.加价问题。渝上游及短航近已调整,长江未准加,此刻似乎不易请准,因政府对经济紧急措施方开始也。3.贴补问题。因不能加价,政府愿即贴补重庆各同业一二月份之损失,已提出本日又由华益用公会名义电催交部。闻政府拟以百亿补贴,招商占百分之四十,民营占百分之六十,其标准如何不得知。又闻川江不管制自由营业,果耳,亦欠公平,盖川江许多航线皆不易再加也。如采用贴补,应请政府一视同仁,并照损失全部贴补。4.差船问题。川

① 凌耀伦主编:《民生公司史》,第397页。

江因公司有历史关系,负担最大,即宜昌以下,近来公司差船亦多,枯水主要船来、苏、勤、熙长差,宜昌以下,彝、和长差,其余小船及临时租差者随时皆有,租费又低,收入与支出约为一与四之比。公司亏折期中尚须借贷,以贴差船之损失,政府刻薄寡恩,莫此为甚。应请减少差船,增加差费。三、职工待遇问题:1. 政府经济紧急措施冻结生活指数后,规定以后薪资不再增加,上海一部分船员近书面请求增加,公司当然不能接受。惟其函内谓他公司已有黑市办法,此必系摇惑作用,但各公司必有同样情形,请联络以采用一致之态度。2. 旬日前川江引管会允引水公会之请,将渝宜向临时送船引水费六百余万加一倍,赵冠先已转向全国引管会请示矣。如此费增加成功,其余引水费亦必援例,政府新公布之办法打破,其他必蜂起,将不胜其扰。已商由华益兄用公会名义反对,当日再电京反对。请促麟伯兄接洽交部及引管总会,对加引水费一倍不予批准。3. 香港办事处待遇欲援川康银行例,照法币数改支港币,诸友皆觉其太高,请与少生兄商一合理数字。四、海洋航业竞放水脚,已如民生公司初期之川江情况。联营办法即川江从前之大打官,历史告诉并非成功之办法,最大问题即在今后大家皆不必努力也。目前固不宜反对,但须与政府及同业商讨第二步之办法。五、最高国防会议议决工矿股本皆须升值,民生自难例外,非谓以后之纳税问题,今年股东会似必提出,以慰股东之望也。申各经济事业如何升法,请与研究决定。六、本年股东大会定期何日开会,请即函示。"①真是千头万绪,为此卢作孚曾致函民生公司重庆总公司调查处理。随后,民生公司进一步采取措施改善经营状况,使 1947 年出现了短暂的扭亏为盈的局面(参见附录)。

---

① 黄立人主编:《卢作孚书信集》,第 831—832 页。

三、相关工矿事业的情形

集中财力物力在加拿大借款造船,加上抗战胜利后复员时期原后方地区经济在总体上迅速收缩,民生公司不得不一方面大大收缩投资事业的范围和规模,另一方面在困难情形下仍尽可能地拓展新的业务以开拓发展空间,以求在发展中解决困难。

在抗战时期获得巨大发展的投资事业中,恒顺机器厂、渝鑫钢铁厂、大明染织厂在各自的行业中都曾经占据过重要地位。抗战胜利后,这些企业在产权、经营等方面也都发生了重要变化。恒顺机器厂厂长周茂柏在抗战胜利后担任了中央造船厂厂长,并从重庆民生机器厂和周恒顺机器厂抽调了一批技术人员。经过协商,周家还在抗战胜利后不久就周恒顺机器厂的命运与民生公司达成一项过渡性解决方案:恒顺机器厂迁回武汉汉阳原址,由该厂在宜昌设一分厂为民生公司修造轮船。随后,重庆周恒顺机器厂把原来从汉阳厂迁渝的较好的机器设备拆迁回汉阳,稍次的设备拆迁到宜昌,较差的设备才留在重庆。① 之后,双方又经过反复协商,到1946 年夏,周家与民生公司就撤伙办法达成一致:汉阳厂的产权归周仲宣,宜昌分厂归民生公司,重庆厂的资产在经过必要的扣除后双方均分。② 同时,渝鑫钢铁厂由于大鑫钢铁厂大部分内迁职工迁返回上海而大为削弱,大明纺织印染厂中民生公司的股份则全部转让给了刘国钧企业。③

天府煤矿在抗战胜利后尽管负担了巨额的复员经费,使一大

---

① 周智佑编著:《周恒顺百年商道——一个工业家族的历史足迹》,北京:海洋出版社2011 年版,第 85 页。

② 周智佑编著:《周恒顺百年商道——一个工业家族的历史足迹》,第 93—95 页。

③ 凌耀伦主编:《民生公司史》,第 370—371 页。

批工矿人才经国民政府调往东北和华北一带担任接收和主持工矿事业的任务,但该矿仍是战后复员时期民生资本集团中唯一在规模上得到扩大的企业。1945 年 11 月 10 日,天府矿业公司、嘉阳煤矿、全济煤矿合并改组成立的天府煤矿股份有限公司召开第一届第一次董监事联席会议,会议推举卢作孚为公司董事长,何北衡、康心之、孙越崎、秦慧枞为常务董事,聘孙越崎为总经理,黄云龙为协理。① 1946 年 1 月 1 日,由天府公司与嘉阳煤矿、全济煤矿合并而成的天府煤矿股份有限公司正式成立,总公司设在重庆,资本总额 2 440 万元,卢作孚为董事长,卢作孚、何北衡、刘航琛、孙越崎等 15 人为董事,宁芷村等 5 人为监察人,孙越崎为总经理。② 1 月 7 日,天府煤矿公司开始接收三才生煤矿公司的矿厂、戴黄铁路、黄桷树办事处等。③ 天府煤矿在扩大规模的同时,还取得相当优异的经营业绩。1946 年 7 月 26 日,天府矿业公司举行股东大会,报告上一年公司赢余 2 700 余万元。④ 整个 1946 年,天府煤矿公司产煤量增加到 468 811.71 吨。这一产煤量,占当年重庆区燃料供应量的 70%。⑤ 同时,天府公司也面临着资金不敷周转,物价上涨成本过高,机械窳败、故障丛生,旧厂采煤面藏量枯竭等诸多亟需解决的困难问题。

---

① 《天府煤矿股份有限公司第一届第一次董事暨监事联席会议议决事项》(1945 年 11 月 10 日),重庆市档案馆藏,天府煤矿公司档案,0240/2/7。

② 《嘉阳煤矿、天府煤矿、全济煤矿公司联合股东大会程序》,重庆市档案馆藏,天府煤矿公司档案,0240/2/9。

③ 《三才生接交工作已于日前开始办理》,《嘉陵江日报》,1946 年 1 月 10 日,第 4 版。

④ 《天府矿业公司在渝举行股东大会盈余二千七百余万》,《嘉陵江日报》,1946 年 7 月 27 日,第 4 版。

⑤ 《抗战时期的天府煤矿公司》(1947 年 12 月),郑洪泉、常云平总主编,唐润明主编:《中国战时首都档案文献·战时经济》,第 702 页。

　　1945 年 11 月 10 日,广大华行与民生实业公司合作筹办的民孚企业公司在重庆广大华行总行内成立,卢作孚任董事长,卢绪章任总经理。①

　　水电公用事业,是民生公司的重要投资领域之一。1946 年 1 月 15 日富源水力发电股份有限公司第一届第五次董监联席会议在交通银行重庆分行举行,大会主席钱新之报告了公司各项工程事项进展情况,并说明了公司增股 3 000 万元的情况。由于原定重庆电力公司认购的增资股 50 万元没有交款,该项股款由民生公司认购 33 万元、交通银行认购 17 万元。② 同日该公司召开第一次股东会议,报告前一年公司盈余 422 万元。会议还讨论了分配问题,并改选了董监事,卢作孚、张叔毅、李叔明、张丽门、薛子良、刘航琛、胡子昂、罗家选、戴自牧、熊明甫、卢子英等当选为董事,宋海涵、何北衡、丁荣灿、庄叔豪、王恩荣当选为监察人。③ 2 月 12 日,富源水力发电股份有限公司第二届第一次董监联席会议在重庆民生公司招待所举行,卢作孚出席会议并与胡子昂等人一道当选为常务董事,选举戴自牧为董事长,会议还决定增设小坑岩电厂。④ 3 月 7 日,富源水力发电股份有限公司举行第二届第二次董监联席会议,卢作孚代董事长戴自牧主持会议,会议讨论了增建小坑岩电厂工程费用以及增加职工

① 李征:《卢绪章传》,第 114 页。

② 《富源水力发电股份有限公司第五次董监联席会议纪录》(1946 年 1 月 15 日),重庆市档案馆藏,川康兴业公司档案,0356/1/81。

③ 《富源水力发电股份有限公司第一次股东会纪录》(1946 年 1 月 15 日),重庆市档案馆藏,川康兴业公司档案,0356/1/81。

④ 《富源水力发电公司第二届董监第一次联席会议纪录》(1946 年 2 月 12 日),重庆市档案馆藏,川康兴业公司档案,0356/1/81。

工资等问题。① 富源水电长之外，1946 年 3 月 6 日，民生公司聘供应处副经理陶建中代理合川电水厂厂长，并兼任合川办事处主任。②

---

① 《富源水力发电股份有限公司第二届第二次董监联席会议纪录》，重庆市档案馆藏，金城银行重庆分行档案，0304/1/348。
② 《民生实业公司在第二十届第六次常务董事会议纪录》，重庆市档案馆藏，金城银行重庆分行档案，0304/1/400。

结束语:未完结的事业

　　抗日战争是中华民族从衰败走向伟大复兴的重要转捩点,是中华民族不甘心沉沦的全民族抗战,是社会动员和政治动员相结合所掀起的民族自救巨澜。在这场伟大的民族抗争中,民生公司作为一个以轮船航运为主的大型民族资本企业,以其高度的民族自觉和社会担当,把民族危机化作奋发自强的强大驱动力。面对日益深刻、严重的民族危机,民生公司一方面积极吸收现代科学技术和现代经营管理的方法和理念,另一方面继承和发扬优秀传统文化中能够适应现代社会和趋势的成分,把两者融合成为"服务社会,便利人群,发展产业,富强国家"的现代企业精神,有力地推动了企业组织的现代化,以及经营管理水平和服务质量的提高。

　　就公司经营盈亏而言,民生公司董事长郑东琴在 1948 年的第二十三届股东常会上报告说:"本公司创办以来,自民国十五年起至二十七年间,每年均有盈余。但自二十八年起至三十五年止,遂连年均在亏折中。"①到抗战全面爆发前的 11 年间,民生公司从小到大,由弱到强,很快从纷乱无序的航业状况中脱颖而出,发展成

①《民生实业股份有限公司第二十三届股东常会决议录》,第 2 页。

为以航行川江为主的内河轮船航运业巨擘,为即将到来的全面抗
战,积聚了基本的人力、物力、财力和技术基础。全面抗战爆发后,
民生公司把战前 11 年积累起来的人力、物力、财力等经济力,迅速
转化为支撑抗战的现实力量,主动、积极地投身到战时水上运输的
洪流之中。如果说,在长江中下游的内迁抢运中民生公司还只是
积极发挥了辅助性作用的话,那么,在以宜昌为起点、重庆为重要
目的地的川江航运中,民生公司自始至终承担起了主导性的现代
运输力量的重任。其中,最紧张也是最为人们称道的是被称为中
国"敦刻尔克"的宜昌大撤退。由于在宜昌大撤退中担任主力,并
以出色的组织能力和一往无前的英雄主义精神出色地完成了任
务,民生公司成为现代企业为全面抗战作出巨大贡献的典型代表。
资料载:截至 1942 年年底,即使不计普通工商物资,单就兵工人员
和物资而言,民生公司就运输了约 200 万人壮丁部队、约 17 万吨兵
工器材、约 26 万吨军品辎重。[①] 而同一时期,国营轮船招商局,从
1937 年 8 月 13 日到 1939 年年底,承运军队 50 万人、军用品 19.8
万吨、公物 8.8 万吨、商货 19.2 万吨、旅客难民 36 万人。[②] 可以
说,两家公司各有千秋,而民生公司略胜一筹。

　　在整个全面抗战时期的军公运输中,民生公司的轮船和员工
生命财产损失巨大,其中损失和损坏的轮船见表 7-1。

[①] 龚学遂:《中国战时交通史》,第 230 页。魏文瀚《民生实业公司与川江航运》(《交通建
　　设》1943 年第 12 期,第 18 页)有同样的数据,大概龚学遂的数据采自魏文瀚文。

[②] 龚学遂:《中国战时交通史》,第 229 页。

表 7-1 抗战时期民生公司船只损毁一览

船名	船质	客货设备	行驶航线	损毁日期	损毁地点	损毁情形
民铎	钢	客货	川江	1937/9/15	碚石	应差触礁沉没
民彝	钢	客货	川江	1937/8/22	重庆	汽油爆炸沉没
民来	钢	客货	川江	1938/6/26	窍角沱	汽油爆炸焚毁
民风	钢	客货	川江	1941/6/19	巴东	卸弹药爆炸焚毁
民熙	钢	客货	川江	1942/2/4	上青滩	应差装兵翻沉
生动拖轮	钢	拖船	川江	1941/12/2	黄陵庙	应差触礁沉没
民生十号驳	钢	货	长江	1941/10/23	窍角沱	应差卸汽油爆炸焚毁

资料来源:根据中国第二历史档案馆编:《中华民国史档案资料汇编》第5辑第2编《财政经济》(10),第508—509页。

除上述在应差和运送公物、械弹、汽油等危险货物中发生事故造成损失之外,民生公司船舶损失更为严重的原因是被日军侵占、炸沉、炸毁,见表7-2。

表 7-2 抗战时期民生公司船只被日军侵占、炸沉、炸毁情况一览

船名	船质	客货设备	行驶航线	被占或损毁日期	被占或损毁地点	被占或损毁情形
新顺发	木	客	长江	1940/6/19	宜昌	宜昌沦陷被占
大亨	木	客	长江	1940/6/19	宜昌	宜昌沦陷被占
民生五号驳	钢	货	川江	1940/8/20	重庆	被炸沉没
民元	钢	客货	川江	1940/9/30	巴东	被炸沉没
民生四号驳	钢	货	川江	1940/8/20	重庆	被炸沉没
民平	木	客货	川江	1940/8/20	三斗坪	被炸沉没

船名	船质	客货设备	行驶航线	被占或损毁日期	被占或损毁地点	被占或损毁情形
民众	钢	客货	川江	1940/9/4	台子湾	被炸损在修理中
民权	钢	客货	川江	1941/8/17	冷水碛	被炸损已修复
民政	钢	客货	川江	1941/8/10	徐沱	被炸沉没
民泰	钢	客货	川江	1941/8/30	明镜滩	被炸沉没
民宪	钢	客货	川江	1941/8/30	陶家溪	被炸沉没
民俗	钢	客货	川江	1941/8/30	青石洞	被炸沉没
民享	钢	客货	川江	1942/12/24	秭归	被炸损已修复
鹦鹉	木	客	川江	1942/12/25	三斗坪	被炸沉没
民主	钢	客货	川江	1943/3/16	火焰石	被炸沉没
民康	钢	客货	川江	1943/3/16	火焰山	被炸损已修复
民俭	钢	客货	川江	1943/8/24	太平溪	被炸沉没
民勤	钢	客货	川江	1943/8/24	台子湾	被炸损已修复

资料来源:根据中国第二历史档案馆编:《中华民国史档案资料汇编》第5辑第2编《财政经济》(10),第516—517、522—526页。

要奋斗就会有牺牲。民生公司的卓越之处,不仅在于其为国家为社会的忘我牺牲精神,而且在于其深具远见的谋划。为准备长期抗战,在全面抗战爆发之初,民生公司就有计划地收购和储备五金材料和船用燃油,由此使此后数年间民生公司的正常运转得到保障。与此同时,民生公司将自沿海内迁的重要科技工程技术人才,安排到民生机器厂等所属企业,不仅为国家保存了人才,也大大充实了企业的技术力量。民生公司还采用以运费合伙的方式,与迁渝的常州大成纺织公司、上海的大鑫钢铁厂、武汉的周恒顺机器厂、焦作的中福煤矿等厂矿合作,改组成立了大明染织厂、渝鑫钢铁厂、恒顺机器厂、天府矿业有限公司,使民生公司的投资事业获得空前的发展和壮大。这些广泛而颇具规模的投资，使民生公司在全面抗战时期成为名副其实的实业公司或投资公司。

　　不过，作为以轮船航运为主业的民生公司，在战火硝烟中仍憧憬着辽阔的海洋，憧憬着在抗战胜利后，"首先开办南洋航线，造较大的船行驶香港、吕宋及南洋群岛各埠；然后开办北洋航线行驶青岛、烟台、天津等埠，最后我们便要与列强从事海洋航业的竞争，东至太平洋，西至大西洋都要飘扬着悬有'民生旗'的海船。……相信我们的政府，那时一定要用全力来扶助民营航业的发展"①。卢作孚满怀信心地说：民生公司的航业要有理想，"如何使我们的航业由内河扩展到沿海，乃至于远洋，使国内外到处看到我们的轮船。如何设备各埠的码头、趸船、仓库，如何提高我们的技术水准和改善我们的管理方法，这是我们对于自己事业应有的理想。美国有一个钢铁大王，他说：我要不做事则已，要做就要做出世界上第一的好。人人做事，都要确立这种理想。一个人在事业里，一个事业在国家里，一个国家在世界里，均应要求做到第一的好。我们应该有具体的好的理想，而且控制着我们的行动，在一个秩序上去实现它"②。卢作孚在1943年回任民生公司总经理后，一方面为解决民生公司的战时困难焦思苦虑，一方面考虑战后民生公司的发展和布局。他深切希望国民政府当局对于战后航业也有一个全盘的筹划，以保障国家资本和民营资本的相互合作与配合，由政府进行分配，责成主要的轮船公司分担各个主要航线的运输。或以主力用于远洋，或以主力用于南洋，或以主力用在沿海，或以主力用

---

① 赖彦于：《未来的民生公司》，《新世界》第12卷第3期，1938年4月1日，第9—10页。

② 卢作孚：《怎样唤起我们的精神》（1939年11月），张守广、项锦熙主编：《卢作孚全集》第3卷，第1011页。

在长江,使各轮船公司"竭其全力发展其主要航线,相互间配合而不致相互间冲突,这是国家必定把握的大计。其余都是轮船公司自己的事。民生公司在国家整个航业筹划之下,也当然是主要负责的轮船公司之一,本着它战前的计划和现在的基础,扬子江上游仍应以绝对优势,保持航业上的长期和平,使不再发生残酷的斗争,扬子江中下段,它应该是几个主力中的一个主力,使足以与它的上游航业联系;沿海它也许视能力参加,以与扬子江联系,它不得不有几条互相救济的航线,使不致因为一条航线不景气,而受致命的打击。这是它得自己努力的,也必荷蒙政府予以准许的"①。对于民生公司的呼吁,重庆国民政府当局由于越来越深地陷入经济危机、越来越倾向于着重发展国家资本而没有给予任何回应。

残酷的持久抗战,对中国社会产生了深刻的影响。为赢得真正的胜利,中国社会的经济结构在有意无意间发生了深刻的变动。在战时统制经济体制下,国家资本在社会经济的各个领域特别是在现代经济部门中迅速成长壮大。相比之下,私营民族资本则在经济统制和战争破坏的双重挤压下,困难日增,其基本的生存能力、发展能力、创新能力不断下降,重要性迅速降低,甚至被视为累赘。

到抗战后期,民生公司在卢作孚回任后力图重振,其中最重要的举措就是利用到美国参加国际通商会议的机会,观察世界大势,并谋划在北美借款造船,为战后航业复员作准备。

为适应向沿海发展的需要,民生公司和金城银行于 1946 年 3 月 9 日达成合作协议。该协议中约定由金城银行借出相当于 100 万美元的法币,与民生公司联合成立海航部,业务独立但经营事务

---

① 张守广、项锦熙主编:《卢作孚全集》第 3 卷,第 1146 页。

由民生公司代理。为便于业务的开展,双方在 1947 年元旦把联合海航部更名为太平洋轮船公司。该公司资本 100 万美元,金城银行和民生公司各出资 50 万美元,其中民生公司的 50 万美元从金城银行贷款,经营管理由民生公司负责,民生公司副总经理童少生兼任该公司经理。该公司成立后,从美国购入黄海、南海、渤海 3 艘海轮从事经营①,相继开辟了上海到青岛、天津、营口的北洋航线和上海到基隆、福州、汕头、广州、香港的南洋航线。这样,民生公司通过太平洋轮船公司,初步实现了向沿海和南洋航线的拓展。

为敦促国民政府当局确定航业政策,划分航线,以避免恶性竞争,卢作孚于 1946 年 7 月致电时任国民政府行政院院长的宋子文、交通部部长俞大维,恳请国民政府召集航商举行会议以确定航业政策,加强民营公司,划分各轮船公司主要航线,并进行调查研究统计,使"航商明了全部状况,勿再盲目购船,致愈增加未来困难"②。此时,内战的熊熊火焰已经在各地燃烧,国民政府对国营轮船招商局和民营轮船公司倚重倚轻的错误航业政策也愈演愈烈,卢作孚的恳请电自然如石沉大海。由此,卢作孚和民生公司对国民政府当局更加失望,并由失望逐渐演变为绝望。

总之,在 14 年抗战中的局部抗战时期,民生公司创造了企业发展的辉煌业绩。在 14 年抗战中的全面抗战时期,民生公司创造了服务抗战和自身发展的奇迹。随着全面抗战的持续和抗战的胜利,民生公司出现动能衰竭的情形。最终,民生公司没有能够顺利

---

① 民生实业公司、金城银行重庆区管辖行:《立借款合约》(1946 年 3 月 9 日)、《金城银行、民生公司合组航海业务暂行办法》及《航海船舶代办办法》,重庆市档案馆藏,金城银行重庆分行档案,0304/1/395。

②《卢作孚致宋子文电》(1946 年 7 月 23 日),黄立人主编:《卢作孚书信集》,第 824—825 页。

实现向远洋发展的夙愿，反而越来越深地陷入经营上的困境。经营困境还使民生公司向加拿大借款造船形成的巨额债务越来越难以承受。民生公司的发展和遭遇到的困境都不是历史的宿命，而是剧烈持久的民族危机、民族战争重塑中国社会经济过程中出现的历史现象。

民生公司作为中华民族伟大复兴中发挥过非凡作用的现代早期大型企业，像浩瀚夜空中璀璨的流星，带着万丈光芒，瞬间消失在无垠的天际。同时，民生公司在其发展过程中所体现出来的以爱国主义为核心，以尊重科学、注重管理、服务社会为重要内容的企业精神又是不朽的，必将成为中华民族伟大复兴征途中永恒的集体记忆，并成为中华民族伟大复兴的精神动力之一。

附录:民生实业公司历年股本、资产、盈亏、职工概况

年份	资产(元)	股本(元)	盈(元)	亏(元)	职工人数(人)
1925		—	—	—	14
1926	77 715	46 049	20 590	—	65
1927	170 320	99 225	47 150	—	79
1928	285 432	123 000	22 401	—	116
1929	312 667	153 500	48 212	—	133
1930	547 873	250 000	98 116	—	164
1931	1 110 319	506 000	167 154	—	518
1932	2 855 244	908 000	226 512	—	1 071
1933	3 835 943	1 063 000	315 404	—	1 811
1934	4 974 720	1 174 000	164 491	—	1945
1935	7 308 233	1 204 000	400 176	—	2 836
1936	9 882 360	1 600 000	440 581	—	3 844
1937	12 156 852	3 500 000	350 023	—	3 991
1938	18 287 204	3 500 000	361 267	—	4 681
1939	28 034 625	7 000 000		438 260	7 493
1940	44 419 965	7 000 000		519 221	6 466

年份	资产(元)	股本(元)	盈(元)	亏(元)	职工人数(人)
1941	74 530 033	7 000 000		1 258 647	5 990
1942	185 801 624	7 000 000		2 811 477	6 687
1943	458 861 839	80 000 000		8 250 497	6 978
1944	1 071 224 114	80 000 000		14 634 195	7 356
1945	5 979 905 203	80 000 000		22 156 379	7 558
1946	29 553 768 175	29 582 029 926		28 261 752	7 702
1947	262 569 258 702	10 000 000 000	6 653 712 165		7 174

资料来源:民生实业公司编:《民生实业公司概况》,1937年,北碚图书馆藏;民生实业公司编:《民生实业股份有限公司概况》,1938年,北碚图书馆藏;《民生实业股份有限公司三十年度概况》,1942年刊,北碚图书馆藏;《民生实业股份有限公司三十一年度概况》,1943年,北碚图书馆藏;《民生实业股份有限公司民国三十六年第廿二届决算报告书》,重庆市档案馆藏,中国西部科学院档案,0112/1/8;《民生实业股份有限公司民国三十五年第廿一届决算书》,1947年,北碚图书馆藏;《民生实业股份有限公司民国三十七年第廿三届决算书》,1949年,北碚图书馆藏;《民生实业股份有限公司第二十四届股东常会决议录》,1949年,北碚图书馆藏;凌耀伦主编:《民生公司史》,第253、255页。

主要参考文献

一、未刊档案资料

（一）重庆市档案馆

江巴璧合四县特组峡防团务局档案，全宗号：0081

立信会计师重庆事务所档案，全宗号：0090

中国西部科学院档案，全宗号：0112

第二十八兵工厂档案，全宗号：0182

渝鑫钢铁厂股份有限公司档案，全宗号：0194

民生实业股份有限公司民生机器厂档案，全宗号：0207

天府煤矿股份有限公司档案，全宗号：0240

交通银行重庆分行档案，全宗号：0288

聚兴诚银行档案，全宗号：0295

美丰银行档案，全宗号：0296

和成银行档案，全宗号：0300

金城银行重庆分行档案，全宗号：0304

交通部长江区航政局档案，全宗号：0324

重庆轮渡公司档案，全宗号：0327

川康兴业公司档案，全宗号：0356

（二）贵州省档案馆

国民经济建设委员会贵州分会档案,全宗号:M59

（三）上海市档案馆

上海联合征信所调查档案,全宗号:Q78

金城银行档案,全宗号:Q264

（四）广东省档案馆

民生实业股份有限公司广州分公司档案,全宗号:49

（五）台北"国史馆"

蒋中正"总统"档案,全宗号:002

二、报刊资料

《中央日报》

《大公报》

《申报》

《新民报》

《嘉陵江日报》

《商务日报》

《新华日报》

《民生公司简讯》

《工作月刊》

《北碚月刊》

《民生实业公司简讯》

《新世界》

《抗战与交通》

《工商调查通讯》

《经济情报丛刊》

三、相关论著与资料、资料集

民生实业公司十一周年纪念刊编辑委员会编:《民生实业公司十一周年纪念刊》,上海:中华书局 1937 年版。

民生实业公司编:《民生实业公司概况》,1937 年,北碚图书馆藏。

民生实业公司编:《民生实业股份有限公司概况》,1938 年,北碚图书馆藏。

林继庸:《民营厂矿内迁纪略》,重庆:新新出版社 1942 年版。

《抗战中的民生公司:民生实业股份有限公司在抗战建国运动中担当的任务》,1939 年,北碚图书馆藏。

《民生实业股份有限公司三十年度概况》,1942 年,北碚图书馆藏。

周茂柏:《抗战第六年之民生机器厂》,1942 年,北碚图书馆藏。

《经济情报丛刊》第 14 辑,1943 年,重庆市图书馆藏。

《民生实业股份有限公司三十一年度概况》,1943 年,北碚图书馆藏。

天府煤矿公司编:《天府公司概况》,重庆:大东书局 1944 年版。

傅润华、汤约生主编:《陪都工商年鉴》,重庆:文信书局 1945 年版。

《民生实业股份有限公司民国三十五年第廿一届决算书》,1947 年,北碚图书馆藏。

徐盈:《当代中国实业人物志》,上海:中华书局 1948 年版。

《民生实业股份有限公司第二十四届股东常会决议录》,1949 年,北碚图书馆藏。

许晚成记述:《船主奋斗史》,香港:上海龙文书店 1950 年版。

陈真、姚洛合编:《中国近代工业史资料》第 1 辑,北京:生活·读书·新知三联书店 1957 年版。

谭熙鸿主编:《十年来之中国经济》,沈云龙主编:《近代中国史料丛刊续编》(85),台北:文海出版社。

刘航琛述:《戎幕半生》,沈云龙主编:《近代中国史料丛刊续编》(489),台北:文海出版社 1978 年版。

周开庆编著:《民国川事纪要》(1937—1950),台北:四川文献研究社 1972年版。

朱汇森主编:《中华民国史事纪要(初稿)》(1935 年 1—6 月),台北:"国史馆"1987 年版。

朱汇森主编:《中华民国史事纪要(初稿)》(1937 年 7—12 月),台北:"国史馆"1987 年版。

李璜:《学钝室回忆录》增订本(上下卷),香港:明报月刊社 1979—1982年版。

秦孝仪主编:《中华民国重要史料初编——对日抗战时期》,台北:中国国民党"中央委员会党史委员会"1981年版。

周开庆:《民国刘甫澄先生湘年谱》,台北:商务印书馆 1981 年版。

姚崧龄编著:《张公权先生年谱初稿》,台北:传记文学出版社 1982 年版。

上海社会科学院经济研究所:《江南造船厂厂史》,南京:江苏人民出版社1983 年版。

"中研院"近代史研究所编:《抗战建国史研讨会论文集》,台北:"中研院"近代史研究所 1985 年版。

周开庆:《卢作孚传记》,台北:川康渝文物馆 1987 年版。

汪辟疆:《汪辟疆文集》,上海:上海古籍出版社 1988 年版。

凌耀伦:《卢作孚与民生公司》,成都:四川大学出版社 1988 年版。

全国政协文史资料研究委员会《武汉会战》编审组编:《武汉会战》,北京:中国文史出版社 1989 年版。

凌耀伦主编:《民生公司史》,北京:人民交通出版社 1990 年版。

杨森:《九十忆往》,台北:龙文出版社 1990 年版。

重庆市档案馆编:《抗战时期国民政府经济法规》,北京:档案出版社 1992年版。

孙越崎:《孙越崎文选》,北京:团结出版社 1992 年版。

重庆市档案馆、重庆市人民银行金融研究所编:《四联总处史料》,北京:档案出版社 1993 年版。

中国人民抗日战争纪念馆、重庆市档案馆编:《迁都重庆的国民政府》,北京:北京出版社 1994 年版。

徐鼎新:《中国近代企业的科技力量与科技效应》,上海:上海社会科学院出版社 1995 年版。

杨光彦、刘重来主编:《卢作孚与中国现代化研究》,重庆:西南师范大学出版社 1995 年版。

四川省合川县地方志编纂委员会编纂:《合川县志》,成都:四川人民出版社 1995 年版。

薛毅:《工矿泰斗孙越崎》,北京:中国文史出版社 1997 年版。

中国第二历史档案馆编:《中华民国史档案资料汇编》第 5 辑第 2 编《财政经济》,南京:江苏古籍出版社 1997 年版。

宋红岗:《孙越崎》,石家庄:花山文艺出版社 1997 年版。

田海蓝、周凝华:《卢作孚与民生公司》,郑州:河南人民出版社 1998 年版。

江南造船厂志编纂委员会编:《江南造船厂志》,上海:上海人民出版社 1999 年版。

凌耀伦、熊甫编:《卢作孚文集》,北京:北京大学出版社 1999 年版。

凌耀伦、周永林编:《卢作孚研究文集》,北京:北京大学出版社 2000 年版。

周永林、凌耀伦主编:《卢作孚追思录》,重庆:重庆出版社 2001 年版。

邓少琴:《邓少琴西南民族史地论集》下册,成都:巴蜀书社 2001 年版。

王德滋主编:《南京大学百年史》,南京:南京大学出版社 2002 年版。

黄立人主编:《卢作孚书信集》,成都:四川人民出版社 2003 年版。

张瑾:《权力、冲突与变革:1926—1937 年重庆城市现代化研究》,重庆:重庆出版社 2003 年版。

中国第二历史档案馆编:《抗日战争正面战场》,南京:凤凰出版社 2005 年版。

李学通:《翁文灏年谱》,济南:山东教育出版社 2005 年版。

吴小龙:《少年中国学会研究》,上海:上海三联书店 2006 年版。

竺可桢:《竺可桢全集》第 6 卷,上海:上海科技教育出版社 2005 年版。

陈诚、何智霖编:《陈诚先生回忆录:抗日战争》,台北:"国史馆"2005年版。

四川省档案馆编:《川魂——四川抗战档案史料选编》,成都:西南交通大学出版社2005年版。

朱复胜主编:《宜昌大撤退图文志》,贵阳:贵州人民出版社2005年版。

张宪文等:《中华民国史》(1—4卷),南京:南京大学出版社2006年版。

刘兰兮主编:《中国现代化过程中的企业发展》,福州:福建人民出版社2006年版。

周勇主编:《西南抗战史》,重庆:重庆出版社2006年版。

张后铨主编:《招商局史:近代部分》,北京:中国社会科学出版社2007年版。

[德]埃里克·鲁登道夫著,张君劢译:《总体战》,北京:北京理工大学出版社2007年版。

复旦大学档案馆编:《抗战时期复旦大学校史史料选编》,上海:复旦大学出版社2008年版。

胡政主编:《招商局与重庆:1943年—1949年档案史料汇编》,重庆:重庆出版社2007年版。

黄炎培著,中国社会科学院近代史研究所整理:《黄炎培日记》,北京:华文出版社2008年版。

张燕萍:《抗战时期国民政府经济动员研究》,福州:福建人民出版社2008年版。

胡宗刚:《胡先骕先生年谱长编》,南昌:江西教育出版社2008年版。

《罗常培文集》编委会编:《罗常培文集》,济南:山东教育出版社2008年版。

熊式辉著,洪朝辉编校:《海桑集:熊式辉回忆录》,香港:明镜出版社2008年版。

翁文灏著,李学通选编:《科学与工业化——翁文灏文存》,北京:中华书局2009年版。

张研、孙燕京主编:《民国史料丛刊》(808),郑州:大象出版社 2009 年版。

茅家琦等:《百年沧桑——中国国民党史》,厦门:鹭江出版社 2009 年版。

李学通、刘萍、翁心钧整理:《翁文灏日记》,北京:中华书局 2010 年版。

清秋子:《中国人能做到:民国实业家卢作孚》,南京:凤凰出版社 2010 年版。

周智佑编著:《周恒顺百年商道——一个工业家族的历史足迹》,北京:海洋出版社 2011 年版。

唐润明主编:《抗战时期国民政府在渝纪实》,重庆:重庆出版社 2012 年版。

黄振亚:《长江大撤退全景实录》,广州:广东人民出版社 2013 年版。

四川省档案馆编:《抗战时期的四川——档案史料汇编》,重庆:重庆出版社 2014 年版。

重庆市档案馆、重庆师范大学合编:《中华民国战时首都档案文献》,重庆:重庆出版社 2014 年版。

中国第二历史档案馆编:《国民政府抗战时期厂企内迁档案选辑》(上),重庆:重庆出版社 2016 年版。

[德]埃里克·鲁登道夫著,戴耀先译:《总体战》,北京:解放军出版社 2014 年版。

吕芳上主编:《蒋中正先生年谱长编》第 5 册,台北:"国史馆"2014 年版。

[加拿大]切斯特·朗宁著,孙法理译:《朗宁回忆录:从义和团到人民共和国》,北京:中国工人出版社 2008 年版。

张宪文、张玉法主编:《中华民国专题史》第 9、11 卷,南京:南京大学出版社 2015 年版。

谭徐峰主编:《蒋百里全集》第 1 卷,北京:北京工业大学出版社 2015 年版。

卢国纪:《我的父亲卢作孚》,成都:四川人民出版社 2003 年版。

徐祖远主编,黎志刚特约主编:《国家航海》第 12 辑《民生公司专辑》,上海:上海古籍出版社 2015 年版。

苏智良等编著:《中国抗战内迁实录》,上海:上海人民出版社 2015 年版。

唐润明:《衣冠西渡:抗战时期的政府机构大迁移》,北京:商务印书馆 2015 年版。

清秋子:《百年心事:卢作孚传》,北京:新星出版社 2016 年版。

项锦熙主编:《民生公司演讲集》(上下卷),北京:人民日报出版社 2016 年版。

陈谦平编:《翁文灏与抗战档案史料汇编》,北京:社会科学文献出版社 2017 年版。

郑洪泉、常云平总主编,唐润明主编:《中国战时首都档案文献·战时经济》,重庆:西南师范大学出版社 2017 年版。

郑天挺:《郑天挺西南联大日记》,北京:中华书局 2018 年版。

卢晓蓉:《逆水行舟:卢作孚长孙女回忆录》,上海:上海三联书店 2020 年版。

索 引

后　记

　　这部书稿是张宪文教授、朱庆葆教授主持的教育部哲学社会科学研究重大委托项目《抗日战争专题研究》以及我自己主持的国家哲学社会科学重大项目《抗战"大后方"资料数据库建设》的成果之一。经过几年的努力,眼见书稿即将付梓,心中感到无比快慰。

　　在撰写过程中,本书得到了张宪文教授的指点和张燕萍的帮助。《抗日战争专题研究》项目组聘请的专家详细审阅了全部书稿,并提出了许多细致的修改意见。责任编辑莫莹萍女士认真负责,做了大量的编辑校对工作。我要对于上述各位的辛勤付出,表示诚挚的感谢。

　　书稿的出版是过去研究和思考的终点,同时也是新的思考和研究的起点。我热诚期待同行批评指正。

张守广

2021 年 5 月